搶船、搶港、搶貨櫃,你上船了嗎?
貨櫃推動的全球貿易與現代經濟

貨櫃航運
&

THE BOX

How the Shipping Container Made the World Smaller
and the World Economy Bigger

Marc Levinson 馬克・萊文森　著

吳國卿　譯

本書獻給亞倫（Aaron）、麗蓓卡（Rebecca），

以及黛博拉（Deborah）

CONTENTS

低技術創新推動全世界

寫書向來是一件孤獨的事，但與其他本書相比，《貨櫃與航運》更是一件個人的案子。這不完全是我的選擇。在我寫這本書之初，每當認識我的人問起我在做什麼時，我會得意地告訴他們，我在寫一本貨櫃的歷史書。毫無例外，我的話總會引來訝異的沉默，因為和我對話的人想不出一只無趣的金屬箱子有什麼好說的。後來我不再談起這本書，以免每次提起這個話題，氣氛都有點尷尬。

本書前一次出版引起的反應出乎我的意料。我知道貨櫃化的歷史將自明，這是個遠比讀者想像更為有趣的主題，而且我猜想，經濟學家和物流專家可能對我主張運輸成本劇降攸關我們今日所謂全球化的說法感興趣。不過，當時我完全不知道貨櫃正要蔚為一股趨勢。接著各方的邀請開始湧進。在紐約，我加入了一個建築師的平台，利用貨櫃來設計辦公室建築和公寓。在熱那亞（Genoa），我與一位把貨櫃變成暫時藝廊的創業家談話；而在加州聖塔巴巴拉（Santa Barbara），當地的博物館與一所大學攜手推廣一系列我從沒想過可以在貨櫃組合展場上舉辦的公共活動。廢棄貨櫃堆的醜陋；裝著未知內容物的數百萬個貨櫃帶來的安全威脅；大量貨物運送造成的環境破壞——這些議題都成了評論者和批評文章的焦點。

然後企業主管加入了討論。一家主要電腦製造商把貨櫃當作模組產品的譬喻，發表了一款「櫃式資料中心」（data center in a box）。一家大石油公司從貨櫃汲取靈感，藉此降低了加拿大北極區的石油探勘成本。數家顧問公司把貨櫃化的教訓應用在多種與貨物運輸無關的企業問題上。一家軟體公司開發出一種電腦系統概念，將「貨櫃化」的資料碎片從一個地點傳送至另一個地點，把貨櫃化擴大到我想像不到的領域。

學界從《貨櫃與航運》得到啟發，展開了一些學術研究的新方向。在這本書出版之前，正如我在做研究的過程中所發現的，除了工會的相關領域，很少人曾對貨櫃及其影響做過嚴肅的探討。造成這種疏忽的部分原因在於資料不完整，就如第 13 章將談到的，該怎麼可靠地估計「貨櫃如何改變一九五〇年代後的運輸成本」所面臨的種種障礙。學界不願意跨越傳統界線也阻礙了「貨櫃帶來多少影響」的研究。例如，一位對貨櫃很熟悉的物流專家告訴我，他從未思考過貨櫃對陸上運輸的影響。不過，我認為學界之所以會忽視貨櫃這麼久，主要是因為它看起來太平淡無奇。一位讀者告訴我，長期以來，有一位知名的經濟史學家一直告訴學生，雖然貨櫃是個重要的發展，但它太過簡單，不值得深入研究。本書至少有可能破除這項成見。這本書似乎提供了各式各樣的研討會和座談會一些題材，刺激了新的學術對話，探討運輸在經濟變遷中扮演怎麼樣的角色。

媒體界也展開類似的省思。自一九八〇年代末以來，評論家在專欄文章和電視頻道熱烈討論全球化的議題，好像這個議題只牽涉到數位化和公司削減成本而已。然而在《貨櫃與航運》出版後，許多新聞報導和文章都已承認，儘管通訊數位化的影響重大，世界經濟的整合仰賴電話中心和跨太平洋科技服務出口的程度，比不上以低廉的成本來運輸產品。我希望《貨櫃與航運》能幫助大眾了解，港口、道路和鐵路等基礎設施的不足可能會導致貨物運輸的成本上漲，進而對經濟造成傷害。

對《貨櫃與航運》一書的反應在許多方面令我感到驚訝，但最出乎意料的問題可能是世人普遍對於創新抱持的刻板觀念。在第 3 章我將講述，常有人問大膽創立第一家貨櫃船公司的前卡車司機麥克連（Malcom McLean）怎麼會想到貨櫃的點子。他以一則故事回答：一九三七年底，他在澤西市的碼頭排隊好幾個小時等著為他的卡車卸貨之際，突然靈光一閃，想到要是把整個卡車的車體吊到船上，應該會快很多。說這則故事是想讓我們相信，那個事件導致他在十八年後決定買下一艘戰後剩餘的貨輪，並改裝那艘船來載運三十三呎長的貨櫃。

這則靈光乍現的故事並未出現在《貨櫃與航運》這本書中，因為我相信，這件事從來沒有發生過。沒有明確證據證明此事確實發生。我懷疑麥克連的靈感之說是在不明就裡的人問他貨櫃從何而來時，他隨便掰出來的。正如我在第2章談及，船運公司和鐵路公司在麥克連到澤西市之前，早已實驗貨櫃達半個世紀之久，且一九五六年麥克連的第一艘船啟航時，貨櫃已經在北美和歐洲被普遍使用。

依我所見，麥克連對貨櫃化發展真正的貢獻與貨船上的金屬箱子無關，而是一種管理上的洞識。麥克連了解運輸公司真正的業務是運送貨物，而不是操作貨船或火車。這個見解讓他的貨櫃化方式得以成功，其他人則以失敗收場。不過，讓我錯愕的是，我很快便發現許多人對麥克連碼頭邊的靈感深深著迷，就像蘋果掉在年輕的牛頓（Isaac Newton）頭上所引發的靈感一樣，這樣的說法很能激勵人心，即使它可能是偽造的。相較之下，創新時斷時續，某人採用了某個既有的概念、另一人想出如何從中獲利——這樣的說法卻無法吸引人。這個世界喜歡英雄，雖然崇拜個人英雄的故事很少能正確地反映科技進步的複雜過程。

　　創新如何能真正運作絕對是《貨櫃與航運》的教訓之一，但對我而言，還有另一個更重要的教訓：意料之外的結果所扮演的角色。經濟學家（包括我自己）從事的是一個預測事件的行業；我們喜歡自認可以分析已經發生的事，然後獲得可以預測未來將發生什麼事的洞識。商學院的學生採取類似的方法，學習將定量分析應用於歷史資料上，以獲得與未來有關的結論。在企業界，這種透過試算表看世界的方式被視為現代管理思維，也是一些全世界最著名、最昂貴的顧問公司日常運作的方式。

　　貨櫃化的故事驗證了這種理性分析的侷限，因為《貨櫃與航運》中敘述的發展完全出乎眾人意料。畢竟，貨櫃化的開始不過是麥克連的卡車隊往返紐約和北卡羅來納間降低幾美元成本的手段。頂多算是一個小小的創新，正如一位知名船舶設計師一九五八年的評論：「一個權宜之計」。專家們認為，在美國衰頹的海岸船運業界，也許貨櫃可以搶到一小部分的占有率。很多人認為貨櫃不適合用來載運大多數種類的貨物，也不適合運載物品到遙遠的地方，例如亞洲。

　　絕對沒有人料到的是，貨櫃化開啟了巨大的改變，決定產品該在何處製造以及如何製造，且為開放運輸監管提供了重大了推力，並從旁將東亞整合到過去以北大西洋為中心的世界經濟中。貨櫃化將減少碼頭工人的工作是打從一開始就很清楚的事，但沒有人料到貨櫃將導致製造業和批發業的工人也大規模失業，畢竟他們之所以被雇用，長期以來就與附近有碼頭的地利息息相關。政治領導人、工會主義者和企業都犯了代價高昂的錯誤，因為他們未能了解貨櫃的影響。美國的鐵路公司在一九六〇年代和一九七〇年代曾竭力抗拒貨櫃化，深信貨櫃將摧毀鐵路公司的車廂業務，也無法想像到了二〇一〇年代，他們每年將載運一千四百萬個貨櫃。許多船運業大亨——最後包括麥克連本人——因為誤判貨櫃業的發展而帶領他們的船運公司到破產的境地。此外，在貨櫃船運早期的年代，當然也沒有人預見這個在美國誕生的產業後來將由歐洲和亞洲的公司宰制，原因是掛著美國國旗的船運公司傳承了市場保護和繁複的監管，事實證明，他們最終都無法在快速變遷的世界中競爭。

再者，絕對沒有任何一個參與貨櫃發展的人想像得到，那些金屬箱子會被視為安全上的重大威脅。諷刺的是，改善安全性是貨櫃當初的一大賣點：裝在上鎖貨櫃裡的貨物遭竊和損壞的可能性，遠比散裝處理的貨物來得小。一九八〇年代，船運公司和邊界控管官員驚訝地發現，走私者意識到相對隱祕、匿名且可靠的貨櫃運輸是運送毒品和非法移民的絕妙方法。在那個年代，許多人認為有圍牆和大門上鎖的貨櫃場就足以解決這些問題。

過了二十年，經歷了一連串災難性的攻擊事件後，反恐專家在評估潛在威脅時意識到，恐怖分子可能會藉著藏在貨櫃裡的輻射性武器來癱瘓世界貿易。這種威脅的嚴重性幾乎不可能估量，雖然經驗證明，決心造成大規模破壞的恐怖分子可以用可到手的材料（硝酸銨肥料、丙烷、裝填釘子的爆裂物）就能做到，無需大費周章製造「髒彈」。儘管如此，貨櫃突然間被社會大眾視為一項急迫的威脅，且沒有任何政府有周全的防範能力。大規模的支出計劃隨之付諸執行，輻射偵測設備在港口的入口出現，碼頭工人得強制配戴應該能避免滲透的識別證。這些努力能否保障安全仍然無人知曉；以衛星追蹤貨櫃（從來源地至目的地）的實驗也成效未定。不過，狂熱地嘗試提升港口的安全可能會製造出一種更難以解決的風險：政府在面對真實或想像的恐怖主義行動時，草率地下令扣押船隻或封閉港口可能會對世界各地的經濟造成嚴重的傷害。

　　貨櫃的歷史充滿著寶貴的教訓。謹慎的規劃和透澈的分析固然重要，但在面對急遽改變一個產業的根本情勢時，它們卻無法提供指引。在這種情況下，彈性是個美德。抗拒可能會犯下錯誤，但倉促行動也未必有好處。在這類情況中，「預期無法預期的發展」可能是至理名言。

　　正如在貨櫃發展的早期，沒有人想像得到一艘船可以載運一萬輛卡車的貨物，或無法夢想不久後全世界的港口每週可以處理兩百萬個四十呎貨櫃；同樣也沒有人想得到鋼製的貨櫃可以被改造成房子和雕塑藝術，或廢棄的貨櫃可能會成為嚴重的問題。貨櫃這個簡單的金屬箱子如今被我們稱作一項破壞性的技術，甚至在我們首度使用的六十年後，仍以出人意料的方式影響著我們的世界。

第 1 章

箱子形塑的世界

一九五六年四月二十六日,一架吊車把五十八個鋁製的卡車車體,吊上停泊在紐澤西州紐華克(Newark)的一艘舊油輪上。五天後,這艘名為「理想－X」的油輪駛入休士頓,五十八輛卡車等著裝載那些金屬盒,並把它們拖到目的地。一場革命就這麼開始了。

數十年後,當體型巨大的拖車主宰公路,以及夜裡隆隆作響、疾速奔馳的火車全拖著一節節的金屬盒時,我們已經很難釐清貨櫃對這個世界造成了多大的改變。一九五六年,中國還不是世界工廠,堪薩斯州小鎮上的消費者也還沒辦法輕易買到巴西的鞋子和墨西哥的吸塵器。日本家庭吃不到懷俄明州飼養的牛肉,法國的服裝設計師也還沒有在上耳其或越南剪裁、縫製自己獨家設計的衣服。在貨櫃誕生之前,產品的運輸十分昂貴，貴到連運至國內偏遠地區都划不來，更遑論世界各地了。

　　貨櫃為什麼這麼重要？重要的當然不是貨櫃本身。標準貨櫃的浪漫程度和一只錫罐沒什麼兩樣：它不過是一個以銲接或鉚釘組合起來、沒有生命的鋁盒或鋼盒，鋪有木質地板，一端開著兩扇大門。這個實用的東西，其價值不在於它本身，而在於人怎麼使用它。貨櫃是一套高度自動化系統的核心，藉著貨櫃，我們得以用最低的成本與化繁為簡的方式，把任何地方的產品運送到任何地方。

　　貨櫃讓船運變得便宜，因而改變了世界經濟的面貌。今日的港口再也看不到薪資微薄、待遇苛刻，靠著裝卸船貨維生的成群工人，組織嚴密的碼頭社會也如過眼雲煙。數個世紀以來，曾是海洋商務中心的城市（如紐約和利物浦）見證了它們的港口以驚人的速度衰微，這些港口要麼無法適應貨櫃貿易、要麼根本不需要貨櫃貿易；畢竟過去那些為了接近供應商和顧客而忍受高成本與老舊都市廠房的製造商，如今已紛紛遠離。擁有百年悠久傳承、地位崇高的航運公司被順應貨櫃船運的龐大成本壓垮。從前，那些隨著商船浪跡天涯的船員，每到異國港口就可以上岸、休個幾天的假，如今卻只能在荒僻的貨櫃泊船場停靠幾個小時，一旦高速吊車處理完船上的大金屬盒，就得立刻起錨再度出航。

新秩序

在貨櫃協助摧毀舊經濟之際，一套新的秩序也隨之建立了起來。釜山、西雅圖等沉睡的港口擠進了世界大港的排行前端，大量新港口也順勢崛起，如英國的費利克斯托（Felixstowe）、馬來西亞的丹絨柏樂巴斯（Tanjung Pelepas）等全新的港口。遠離密集人口中心的小鎮利用廉價的土地與低薪的優勢吸引工廠進駐，畢竟工廠不必再貪圖便宜的運費，緊挨著港口設廠。過去聚集成千成萬上、下游製造業的龐大工業區，現在已逐漸分散開來，由較小、較專門化的工廠取代，生產零件和半成品，並藉著不斷伸展的供應鏈彼此連結。急於攀上經濟發展階梯的貧國現在得以實現夢想，供應遠方的富國。大型工業區在洛杉磯和香港等地紛紛興起，因為該地輸入原料和輸出成品的成本直線下降。[1]

這種新經濟地理讓原本只有國內市場野心的公司開始往國際擴張，像賣給鄰居一樣輕易地出口自家產品。不過，這些公司很快就會發現，廉價的船運同樣也造福了泰國或義大利的製造商。那些原本不想往國內擴張、只想服務本地顧客的企業發現他們沒有別的選擇：不管喜不喜歡，他們都得在全球競爭，因為全球市場已經來到了家門口。船運成本不再庇護高成本的製造商（他們原本擁有的最大優勢就是接近它們的顧客）；即使加上關稅和時間延遲，馬來西亞的工廠運交至曼哈頓前鋒廣場（Herald Square）梅西百貨公司的衣服，其價格仍低於附近紐約成衣街的成衣製造商。在許多國家都設有工廠的跨國製造商已轉型成國際製造商，把原本孤立的工廠整合成網絡，以便從中選擇製造特定產品最低廉的地點，並能隨著成本或匯率的改變，隨時轉移產地。一九五六年，在地方銷售的小型製造商遍地開花；到了二十世紀末，純粹為地方市場生產的產品已經相當罕見。

當然，這對勞工而言也是憂喜參半。就消費者來說，拜貨櫃刺激的全球貿易所賜，他們享有無限多的選擇。根據一項深入的研究，二〇〇二年美國進口的產品種類是一九七二年的四倍，為消費者帶來的利益相當於整體經濟的三％，雖然這種利益並未計入官方的經濟數字中。貿易增加帶來的競爭使新產品以驚人的速度普及到市場上，也因價格壓低造福了一般的消費家庭。到處都買得到便宜的進口產品，世界各地的生活水準也因此大幅提升。[2]

另一方面，就賺取薪資的員工而言，勞工矛盾的心情可想而知。第二次世界大戰後的數十年，戰時的破壞創造了大量的需求，同時尚未發達的國際貿易也抑制了競爭的勢力。在這種特殊的環境下，北美、西歐和日本的工會勞工能靠著協商不斷爭取加薪、改善福利，政府計劃也提供愈來愈完備的安全網。

工時逐漸縮短、傷殘給付更加大方、六十歲或六十二歲退休成為常態。貨櫃卻協助終結了這段空前的榮景。低船運成本讓資本更容易流動，提高了雇主的議價能力，壓倒流動性遠遠不及的勞工。在這個高度整合的世界經濟中，深圳勞工的薪資限制了南卡羅萊納州的薪資；當法國政府下令縮短工時、而不降低薪資時，卻發現極度靈活且成本低廉的船運讓製造商能輕易把製造移轉至海外，避免成本升高。[3]

現代的貨櫃港是座規模超乎想像極限的工廠。每一個泊位（berth，全球最大的港口都有數十個）都停靠著一艘巨大無比的大洋輪船，長達一千四百呎（注：約四百二十七公尺），寬一百九十四呎（注：約五十九公尺），除了金屬貨櫃，不載其他東西。甲板上堆放著一排排的貨櫃，有紅、藍、綠、銀各種顏色，十五到二十個並排，八或十個疊在一起。甲板下還有更多貨櫃，堆疊六或八層。容納船員區的結構位於靠近船尾的船橋頂端，幾乎隱沒在疊高的貨櫃下。船員艙很小，但船員也很少。一艘載運九千個四十呎（注：約十二公尺）貨櫃、裝滿二十萬噸的鞋、衣服和電子產品的船舶，從香港穿過蘇伊士運河到德國可能要花上三週的時間，而船上的人員只要二十人。[4]

碼頭上，只要船隻一繫好，一排巨大的吊車就會立即開始運作。吊車龐大的鋼鐵結構有兩百呎高（注：約六十一公尺），重量超過兩百萬磅，兩邊的腳距離五十呎（注：約十五公尺），寬到可以容納數條卡車車道、甚至讓火車軌道穿過。吊車掛在與船側平行的軌道上，因此它們可以任意移向船頭或船尾。每部吊車可伸出一根吊臂到甲板上空一百一十五呎處（注：約三十五公尺），長度則足以跨越一艘比巴拿馬運河還寬的船。

每部吊車的頂端皆有一輛操作台車沿著吊桿移動，台車下吊著一具鋼鐵製的吊架，可鎖住二十五噸貨櫃的四個角。卸貨程序一開始，每一位操作員會把台車沿著吊桿移到貨船上方的正確位置，放下吊架、鎖住一個貨櫃，然後往台車方向吊起貨櫃，並把台車連同貨櫃迅速移往碼頭。台車停在一輛等在吊車雙腳間的橡皮輪胎運輸車上，貨櫃降到車上，然後鬆開吊架。運輸車再把貨櫃移到附近的堆儲場，而台車則再度移回船的上方，繼續吊其他貨櫃。這個程序每兩分鐘、甚至每九十秒就會重複一次，在一小時內，每部吊車可把三十或四十個貨櫃從船上吊到碼頭上。一旦卸載貨櫃騰出了船上的部分空間，裝載程序就會隨即開始，碼頭邊的活動也會更加忙碌。每當吊車放下一個卸載的貨櫃到車上後，又會從另一輛車吊起一個裝載的貨櫃，同時進行卸貨與裝船的動作。

堆儲場裡有條一英里（注：約一‧六公里）長的瀝青長條帶，卸下的貨櫃會被載到一部堆疊吊車下。這部吊車兩邊的橡膠輪子距離五十呎，寬到可以跨越一條卡車道和四排連接的貨櫃。兩邊的輪子連接著高達七十呎（注：約二十一公尺）的鋼鐵結構，因此整部吊車可以來回在一排排六層高的貨櫃上方移動。吊車鎖住運輸車上的貨櫃後，就會把它吊起來，越過其他貨櫃，放在它的堆儲地點。幾小時後，整個程序將顛倒過來，堆疊吊車會把貨櫃吊起，放到一輛貨櫃車拖的鋼鐵車架上。貨櫃車可能會把貨物送到幾百英里外的目的地，或拖到附近的火車貨櫃場，等著被裝載到專為貨櫃設計的火車低座車台上。

在今日的大型貨櫃站，老式熱鬧繽紛的碼頭景象已不復見，健壯的碼頭工人肩上扛著咖啡豆袋也成了絕響。馬龍·白蘭度在《岸上風雲》（*On the Waterfront*）飾演的健壯英雄馬洛伊（Terry Malloy）一定很不習慣。處理一艘船的每一個細微動作，幾乎全都必須在貨船抵達之前很久就經過電腦的模擬演練。電腦以及操作電腦的貨船配載員（vessel planner）決定貨櫃裝卸的順序，好加快處理的速度，以免船舶的重心不穩。

貨櫃吊車的動作和堆儲場的設備全都由電腦程式設定好了。操作每一部機器的碼頭工人都面對著一面螢幕，告訴他們接下來要處理哪一個貨櫃；他們可能坐在附近大樓沒窗戶的房間裡遠端控制著起重機，而非親身在高空操作。碼頭機具的螢幕也會告訴他們每個貨櫃該移到哪裡——倘若那些貨櫃站使用無人駕駛的運輸車在船邊載運貨櫃，並以中央系統控制堆疊吊車處理貨櫃，那麼連碼頭工人也可以免了。例如，電腦決定，載運入港貨櫃 ABLQ 998435 的卡車應該要在上午十點四十五分去貨櫃站，而載著五萬六千八百磅重的機械、運往紐華克的四十呎離港貨櫃 JKFC 119395 目前的儲藏位置為 A-52-G-6，將會被載到前艙第三層、第二排、第四槽的位子。電腦會確保冷凍貨櫃會被放在有接電的艙位，裝載危險內容的貨櫃與可能增加爆炸風險的貨櫃會分開放置。整個運作像時鐘轉動一樣，不容任何差池或人為疏失。二十四小時內，一艘船會卸下數千個貨櫃，又裝載數千個貨櫃，再度航向大海。

每一天，每個大港口都會有成千上萬個貨櫃，由卡車和火車運送而來。貨櫃車魚貫而入、開進貨櫃站大門的那一刻，掃瞄器會判讀每個貨櫃專屬的號碼，接著電腦會比對貨櫃船的載貨單，然後告知卡車該在哪裡卸下貨櫃。牽引機小組會抵達現場，連接底盤，把剛下船的貨櫃拖走。專門載運堆疊雙層貨櫃的火車會駛進貨櫃站靠近碼頭的地方，而跨在整列火車上方的巨大吊車會把一個個貨櫃從火車吊至船上。同一條軌道上，同一具吊車也會把貨櫃火車裝滿，一刻也不耽擱，直駛兩千英里外的目的地。

這些繁忙的活動結果就是一個幾乎沒有縫隙的系統，串起世界各地的貨物船運。一家咖啡製造商的一個二十五噸貨櫃，可能從馬來西亞的工廠離開，裝載到一艘貨櫃船上，二十三天內航行九千英里抵達洛杉磯。一天後，這個貨櫃正在一列開往芝加哥的貨櫃火車上，到了芝加哥又立即改由卡車運往辛辛那提。從工廠大門到俄亥俄州的倉庫，一萬一千英里的旅程可能只花二十八天，相當於每天四百英里（注：約六百四十四公里），成本比一張商務艙機票還便宜。而且一路上幾乎不可能有人會去動貨櫃裡的內容，甚至打開貨櫃。

這種高效率的運輸機器是進出口商的福音，卻是海關稽查員和安全官員的詛咒。每個貨櫃都有一張明列其中內容的載貨單，但船運公司和港口都不擔保載貨單與貨櫃的內容相符。幾個小時內，光是一艘船就能卸下九千個四十呎貨櫃，而像釜山或鹿特丹之類的港口，平均每個工作天能卸載約四萬個貨櫃，且每個貨櫃都裝了一排排的箱子，從地板疊至頂板，就算是最仔細的稽查員也不可能全部檢查。用貨櫃走私未申報的貨物、非法藥物、非法移民和恐怖分子的炸彈，和運交合法貨物一樣有效率。[5]

從理想－X號發展到每年處理數千萬個貨櫃的系統並非一帆風順。打從一開始，貨櫃的倡導者和反對者就知道，這是一項可以改變世界運作方式的發明。那趟一九五六年的首航，是某位對船運一無所知的創業家堅持不懈、把創意化為現實的結果，且在世界各地掀起了一場超過十年的戰爭。許多運輸業的巨擘想方設法要扼殺貨櫃，勢力龐大的工會領袖用盡手段杯葛貨櫃的崛起，引發數十個港口的罷工。有些港口花大錢推廣貨櫃，另一些港口則斥資擴建傳統碼頭與倉庫，期待貨櫃只是一時興起的流行。政府的反應則是困惑不解，不知該如何把握貨櫃帶來的利益，而不傷及與現況息息相關的獲利、就業和社會福利。即使是看似單純的事情，像是貨櫃鋼製配件如何讓所有港口的吊車能夠吊起任何貨櫃，也都是爭論了好多年後才塵埃落定。最後，美國在越南的苦戰說明了這種革命性的貨運方式不可輕忽的優點。

貨櫃對世界經濟的重要性幾乎無法量化，在理想的世界中，我們會想知道一九五五年從曼谷運送一千件男士襯衫到日內瓦要花多少成本，並比較貨櫃化後成本的改變。然而這種資料並不存在，但貨櫃顯然使貨運成本大幅下降。從一艘小油輪載運數十個其他貨船無法配合的貨櫃開始，貨櫃船運發展至全球規模，成為高度自動化、高度標準化的產業。處理一艘巨大的貨櫃輪所需的人員與時間，只占半世紀前處理一艘傳統貨船的一小部分。幾個船員就能管理一艘長度超過四個足球場的大洋級貨櫃輪。一輛貨櫃拖車可以把板架放在顧客的裝貨場，鉤上另一輛板架，立即開走，不會在貨櫃裡的貨物搬離後，眼睜睜看著昂貴的設備閒置。所有的改變都是貨櫃革命的結果。運輸變得如此有效率，使得貨運成本在許多情況下已不再是影響經濟決定的因素。正如經濟學家葛萊瑟（Edward L. Glaeser）和柯爾赫斯（Janet E. Kohlhase）所言：「現在我們可以假設運送產品基本上是無成本的，運送產品也不再是生產過程的重要因素。」在貨櫃誕生之前，這種說法簡直是天方夜譚。[6]

高昂成本

　　一九六一年，貨櫃尚未國際流通，光海運成本就占美國出口產品價值的一二％，也占美國進口產品價值的一〇％。美國國會聯合經濟委員會（JEC）的幕僚報告指出「這種成本往往比政府設的貿易障礙還高」，並提到美國的進口關稅平均只有七％。然而，儘管海運成本相當昂貴，海運成本卻只占跨國運輸產品總成本的一小部分。一九六〇年，一家美國中西部的藥品公司運送一卡車的藥品到歐洲內陸城市大約要花兩千四百美元（見表 1）。運輸成本包括支付十餘家服務商的費用：芝加哥當地卡車公司、以平車載運貨車廂到紐約或巴爾的摩的鐵路業者、歐洲的倉庫公司和卡車公司、保險商、歐洲的海關服務，以及最後結束這段複雜旅途的卡車貨運商。總支出的一半是港口成本。[7]

　　這個過程極其昂貴，使國際貿易往往變得划不來。兩位工程師仔細計算一九五九年的資料後，做出了結論：「就某些商品而言，運費可能高達產品價格的二五％。」一九六二年，若要從紐約運送鋼管到巴西，平均每噸的成本為五十七美元，相當於出口鋼管平均價格的一三％──這還沒把鋼管從工廠運到碼頭

表 1　1960 年從芝加哥運送一卡車藥品到法國南錫的估計成本

	現金支出（美元）	占成本比率
運送到美國港口的運費	341	14.3%
港區附近運費	95	4.0%
總港口成本	1,163	48.7%
海運費	581	24.4%
歐洲內陸運費	206	8.6%
總成本	2,386	

資料來源：American Association of Port Authority data reported by John L. Eyre. 請見本章的注腳 7。

的成本算進去。從倫敦運送冰箱到開普敦每立方呎的成本為六十八美分，而中型冰箱的批發價格為二十美元。難怪美國一九六〇年的國際貿易規模比一九五〇年來得小，甚至不如一九三〇年的大蕭條年代。許多情況下，從事貿易的成本高到根本無利可圖。[8]

　　這個程序最大的支出，就是在出口港把貨物從陸地運到船上，以及在海上旅程結束後，把貨物從船上運到卡車或火車上的費用。一位專家解釋道：「一趟四千英里的船運，可能有五〇％的成本用在進出兩端港口各十英里的運送上。」這是貨櫃最先影響到的成本項目，省卻了一關又一關的貨運處理，便可降低碼頭工人、保險、碼頭租費等開銷。陸上運輸也迅速採用了貨櫃，裝卸貨時間的縮短與運輸成本的減少，大幅降低了所有陸上產品運輸的費率。船運公司打造了專門處理貨櫃的大船，海運費率也隨之急遽下降。當貨櫃開始聯運（intermodal），船運與卡車及火車的貨櫃運輸有了緊密聯結，產品便能一氣呵成，從亞洲的工廠直接運送到北美或歐洲零售店的存貨倉庫，運輸貨物的總成本變成公司成本分析中的小零頭。[9]

不過，運輸效率只是貨櫃化影響經濟的開端而已。貨櫃不僅降低了運費支出，也節省了時間。從製造商到客戶手上，更迅速的處理與更短的堆儲時間轉化成更快捷的輸送，也降低了貨物在鐵道側線或碼頭倉庫等待運送的融資成本。貨櫃結合了電腦的力量，使得豐田和本田等公司能發展出及時（just-in-time）製造，亦即供應商只在顧客需要產品時才生產，並在指定的時間將產品以貨櫃運交給顧客。這種在貨櫃誕生之前無法想像的精準，讓製造商得以大幅減少存貨，進而省下鉅額成本。零售商也有樣學樣，仔細規劃後勤管理，減少難以估計的支出。

貨運、庫存成本的節省以及送達市場的即時性助長了供應鏈的延長，讓某國的買方能向半個地球外的賣方購買產品，且不必擔心貨物在需要時或聖誕節前運達不了。這些供應鏈愈可靠，零售商、批發商和製造商就愈願意尋求更低的生產成本——而勞工也愈有可能感受到壓力，畢竟他們的雇主能夠從更遠的地方尋找供應的來源。

有部分學者宣稱，運輸成本的降低對貿易量的影響微不足道，頂多只是小幅增加。本書駁斥這種看法。一九六六年，在貨櫃首度用於國際貿易滿十年之際，製造業產品的國際貿易成長速度是全球製造業生產成長的兩倍，也是全球經濟產值增加速度的兩倍半。儘管刺激貿易的經濟擴張很疲弱，但有某些原因加速了貿易的成長。儘管石油危機讓全球經濟低迷，但有某些因素讓製造業產品的國際商務大增。把世界經濟的重大改變歸因於單一原因可能過於武斷，但我們不應該排除海運成本急遽下降在全球經濟整合扮演重要角色的可能性。[10]

貨櫃為什麼重要？

本書的主題匯聚了數項重大研究，其中一項是探討運輸科技帶來的改變，也是眾多歷史學家和經濟學家鑽研的主題。一七八〇年代發明的蒸汽船強化了紐約港顯著的地位，而規模空前的伊利運河（Erie Canal，注：連結大西洋與五大湖水域的運河）所帶來的影響更為深遠。十九世紀海運費率的急速下降是科技變遷和航海技術提升的結果，不僅帶動了世界貿易大幅增加，也燃起歐洲尋找殖民地的渴望。鐵路發展與美國經濟成長的關係向來引發熱議，但鐵路運費的降低提振了農業生產力，將內戰前的北方團結起來，最後使芝加哥成了伸向美西數千英里的區域中樞，卻是不爭的事實。一八八〇年代發明的冷凍火車廂使肉品公司能夠運輸屠體至全美各地，取代活的牲口，使一般家庭都能買到價廉的肉品。卡車和小客車從一九二〇年代開始重新塑造了都市發展，更晚近的商務航空則連結了大城市與以往的偏遠社區，重繪了經濟地圖。本書將論述貨櫃運輸也造成了類似的巨大影響，刺激了貿易與經濟的發展，且就像蒸汽船、鐵路、飛機一樣，政府的干預既鼓舞也阻礙它的成長。[11]

第二項愈來愈多人研究的主題是創新的重要性。資本、勞力和土地這些生產的基本因素，對想了解為什麼經濟會成長繁榮的人已漸失吸引力，如今大家問的關鍵問題不再是一個經濟體能蓄積多少資本和勞力，而是創新如何讓這些資源更有效率地被運用，並生產更多的產品與服務。這個領域的研究清楚地呈現，新科技本身沒有多大的經濟利益。正如經濟學家羅森柏格（Nathan Rosenberg）所云：「創新在早期階段往往沒什麼人採用，直到後來才發展出各式各樣較為具體的用途。」抗拒新方法會阻礙採用。潛在的使用者可能保持觀望的態度，等到情況更穩定後才下手；早期使用 Betamax 錄放影機的人都知道，貿然採用一種可能無疾而終的科技風險相當大。一項新的科技就算已被驗證，往往也要等到初期投資回收了以後，才會散播開來；雖然一八七九年愛迪生就發明了白熾燈泡，過了二十年，美國家庭也只有三％使用電力照明。經濟利益並非來自創新本身，而是來自創業家最後發現具體利用創新的方法——而最重要的是，正如經濟學家布萊喬弗森（Erik Brynjolfsson）和希特

（Lorin M. Hitt）所指，來自企業藉著改變組織和自我再造，善加利用新的科技。[12]

本書的論點在於，正如一八七〇年代發現電力到電力使用普及之間歷經了數十年，貨櫃化被普遍接受也需要時間。處理碼頭貨物的成本大幅降低，並未立即轉化成總運輸成本的劇降。運輸公司的設備往往過於簡陋，未能充分利用貨櫃的優點，而他們顧客的運作方式也有不同的成本規劃。只有隨著時間的變遷，才能讓貨櫃船運發展成一套海陸運輸產品的全新系統，並開始影響貿易的模式和產業的地點。直到企業學到了貨櫃所提供的優點，它才能改變世界。世界一旦開始改變，速度將一日千里；採用貨櫃的組織愈多，降低的成本也愈多，貨櫃運輸也變得愈低廉，愈無所不在。[13]

本書牽涉的第三項學術研究，在於運輸成本與經濟地理的關係，亦即誰在什麼地方製造什麼的問題。這個關係看似不言而喻，但其實並非如此。一八一七年，當英國經濟學家李嘉圖（David Ricardo）說明，葡萄牙和英國可以藉著專精製造他們較有優勢的產品而獲利時，他假設生產成本是唯一的重要考量；葡萄牙的酒運送到英國，以及英國的布匹運送到葡萄牙的船運成本，並不在他的考量之中。李嘉圖假設運輸成本為零，然而儘管真實世界眾多證據都說明了運輸成本的影響有多重大，此後的經濟學家還是根據李嘉圖式的假設來做分析。[14]

直到一九九〇年代初期，經濟學家才開始投入大量努力研究運輸成本的地理意義。這股新研究證明了一般人的常識。若運輸成本很高昂，就算供應商只能興建較小的工廠，或付出更高的運作成本，他們最關心的還是選擇接近顧客的地點。與其他成本相比，要是運輸成本降低了，製造商就能先在國內重新選擇地點生產產品，再考慮往國際擴張，以減少日益增加的其他成本。全球化是這個過程理所當然的終點，經濟活動跨越國界，無遠弗屆。當運輸成本降至極低，製造商就會從薪資高的國家轉移至薪資低的國家，最後導致所有國家薪資水準互相靠攏。這些地理轉移可以發生得又快又突然，導致經濟活動推移時，長期工業基礎建設利用不足或遭到棄置。[15]

　　船運成本下降真的會造成如此重大的經濟變遷嗎？部分學者懷疑海運成本從二十世紀中葉以來大幅下跌的說法；也有其他學者指出，大部分國家與鄰國的貿易遠多於與遙遠國家的貿易，宣稱運輸成本仍然是一大負擔。目前的研究皆刻意採用非定量的方法來應付這些問題。一九五〇年代中期到一九七〇年代的貨運成本資料嚴重缺乏，根本不可能提供下結論的證據，但無可爭辯的事實是，運輸業競相擁抱貨櫃化本身就是這種新貨運科技大幅降低成本的強力證據。本書也不採用經濟模型來證明貨櫃的影響。由於這段期間內，全世界發生了這麼多重大的改變——匯率體制的崩解、頻頻發生的石油危機、殖民主義的終結、航空旅遊的發明、電腦的普及、數萬英里高速公路的興建以及許多其他發展——任何模型都無法隔離貨櫃化與其他力量造成的影響。儘管如此，過去半個世紀，貿易形態與經濟活動地點的重大轉變，意味著貨櫃化與經濟地理學之間的關聯極為強烈。[16]

令人不解的是，貨櫃一直未被納入這三項重大的研究領域。貨櫃沒有引擎，沒有輪子，沒有帆，無法吸引那些對船、火車和飛機，以及水手與駕駛員著迷的人。貨櫃也缺少機體，未能吸引那些研究科技創新者的注意。二十世紀中期以來，在眾多力量共同改變經濟地理學的情況下，貨櫃被輕忽了。因此，在它問世半個世紀之後，始終沒有人研究貨櫃的歷史。[17]

這本書除了敘說貨櫃偉大的故事，也試圖填補歷史的真空。本書不會以船運新聞看待貨櫃化，而是把貨櫃視為帶給全球各地勞工與消費者重大影響的發展。如果沒有貨櫃，今日的世界將會大大不同。

第 2 章

碼頭上的僵局

一九五〇年代初期,貨櫃船運連概念都尚未成形之際,全世界大多數主要的商務中心都以碼頭為核心。船運是一項都市產業,數百萬人被雇來運送、拖貨,穿越城市的街道,往返碼頭。港口邊,成群的工人背負著貨物上下舷梯,進出貨船的船艙,把箱子與桶子堆在各個角落。許多碼頭的入口設有倉庫,而在沒有倉庫的地方,興建的工廠比鄰而立。過去幾個世紀以來,製造商聚集在碼頭附近,以便輸入原料,運交製成品。不管是在舊金山還是蒙特婁、漢堡還是倫敦、里約還是布宜諾斯艾利斯,港口附近的社區總是住滿靠港口維生的家庭,這與獨特的碼頭工作以及隨之發展的文化息息相關。

雖然船隻已往返大海數千年,利用船舶運送貨物在一九五〇年代仍然是一件極為複雜的事。在託運者的工廠或倉庫,貨物必須一件件搬到卡車或軌道車上。卡車或火車再把成千上萬的貨物載至碼頭，每一件貨物必須單獨卸下，記上清單，送進堆儲場或運至沿著碼頭邊搭蓋的臨時倉庫裡。當船隻準備好裝載，每一件物品又得從臨時倉庫裡搬出來，再次清點，拖到船邊。碼頭上布滿許許多多的紙箱、木箱和木桶。可能有一批鋼桶裝的清潔劑和牛脂，旁邊堆著四百四十磅一綑的棉花和獸皮。一包包的硼砂重到要兩個人才扛得起來，零散的木頭、一箱箱剛收成的橘子、桶裝的橄欖油，以及成捲的鋼絲，都可能是同一批「散裝貨」，它們在處處可見纏繞纜索和纜線的碼頭上等候，卡車與手推車則在旁來回穿梭。

把這些貨物裝上船就是碼頭工人的工作。在碼頭上或碼頭邊的倉庫，碼頭工人會把不同的箱子和桶子集成「一落」，放置在木棧板上。有些會用纜索或網子繫好，但通常散裝的紙箱或袋子會直接堆在棧板上。堆好「一落」後，碼頭上的工人就會把纜繩穿過棧板底下綁緊。在船的甲板上，絞車操作員等待要他操作的訊號。輪到他操作時，他就會把船上吊車的吊鉤移到棧板上方，碼頭邊的工人則會把吊鉤鉤住纜繩，讓棧板吊離碼頭，移至打開的船艙口，降到艙裡。吊鉤很快就會脫卸、升起，繼續吊另一批貨物，以免工頭抱怨「吊鉤要吊人啦。」另一方面，在陰暗的船內，另一群碼頭工人卸下棧板上的每一件貨物，用四輪車、堆高機或蠻力搬到安全的地方。每一名碼頭工人都帶著一把木柄鐵鉤，用來鉤住難以抓握的貨物，單憑人力使勁移動它們。

卸貨也一樣麻煩。一艘靠岸的船舶可能載來每包一百公斤的糖，或二十磅的起士，旁邊就是兩噸的鋼捲。光是搬運其中一件貨品而不碰壞其他貨物，就已經夠難了。吊車可以把鋼捲吊出船艙，但糖和起士得靠人力搬運。卸下一批香蕉需要碼頭工人背著八十磅重的香蕉株，走下舷板。搬運咖啡豆則得把十五包各六十公斤的袋子移到一個棧板上，再用絞車把棧板吊到碼頭，然後把每個袋子搬下棧板，堆成一大堆。這種工作非常耗體力，在愛丁堡，要卸載一個船艙的袋袋水泥，就得搬運三十呎高、緊密堆疊，且滿是灰塵的袋子，並將它們一一放在棧板上。從秘魯運至紐約的銅棒大到無法靠人力處理，碼頭工人必須把這類大塊的金屬從船上搬上岸，再移動到碼頭另一邊的駁船上，接著轉運至紐澤西的工廠。一位前碼頭管理員回憶道：「因為他們得彎著腰工作，一天工作結束後，每個人回家的模樣活像隻長臂猩猩。他們連腰桿都打不直了，一直要到第二天才能抬頭挺胸。」[1]

自動化在第二次世界大戰期間誕生，但規模相當有限。一九二〇年代，工業界開始運用堆高機，到了一九五〇年代，工人也開始廣泛使用堆高機把棧板從倉庫搬到船邊，部分港口也裝設了輸送帶來卸載咖啡豆和馬鈴薯袋。不過，就算可以利用機械，人力往往是最終的手段。碼頭工人今天得有辦法處理裝載脆弱熱帶水果的小箱子，明天也要能處理數以噸計的焦碳。他們有時白天工作，有時漏夜趕工，不論天候狀況如何。悶熱的艙底、嚴寒的碼頭，以及因為下雨而滑溜溜的舷板，都是工作的一部分。被一堆鋼管絆倒，或被吊起的棧板撞上則是隨時都有可能發生的家常便飯。一九四七年至一九五七年間，馬賽有四十七名碼頭工人殉職。一九五〇年，曼徹斯特的碼頭工人在通往愛爾蘭海的運河碼頭為出海的貨船服務時，每兩名工人就有一名受傷，每六名就有一名必須住院。一九五〇年，紐約發生了兩千兩百零八起嚴重的意外，死傷比率較低。政府的安全規範和稽查幾乎不存在。局外人可能會覺得碼頭勞工團結一致相當浪漫，但對於那些在碼頭上討生活的人來說，這是一份既辛苦又相當危險的差事，受傷比率是建築工的三倍，製造業的八倍。[2]

低效率

在那個年代，船舶以散裝貨船為主，甲板下有幾層開放的空間，可以拿來處理幾乎任何一種乾貨（原書注：「散貨」〔bulk cargo〕通常指的是煤或穀物等商品，可以用一貫的程序裝載到船上，不必包裝或分類。「散裝貨」〔breadbulk cargo〕則包括個別的貨品，必須個別處理。）大戰期間，大部分的商用船隻遭到摧毀，但到一九四六年，有近三千艘商船倖存下來，可供商業服務。其中逾兩千四百艘是美國造船廠在一九四一至一九四五年間打造的自由船（Liberty Ship）。設計成作戰時的護航船隻，自由船可在七十天內以預鑄零件生產完成，航速十分緩慢，且造價便宜到犧牲了也沒關係。這些船刻意被打造得很小艘，萬一被德國潛艇擊沉，損失的貨物也不會太多；自由船的長度只有四百四十一呎（注：約一百三十四公尺）。一九四四年，美國造船廠開始製造勝利船（Victory Ship），速度遠超過自由船的十一節（原書注：一浬〔nautical mile〕約為六千零七十六呎，一‧一五英里，或一‧八五公里。十一節的航速即每小時航行十一浬，約為十二‧七英里，或二十‧四公里），但長寬只比自由船多幾呎。戰後，美國海軍賣了四百五十艘自由船給美國商務船運公司，另外也賣出約四百五十艘自由船，供歐洲和中國的商務所用。有超過五百四十艘勝利船倖存至戰後，一九四五年末，美國海軍也開始變賣它們。[3]

　　兩種船的設計都未考慮到商務效率，船的內部相當狹窄，船側彎曲，每艘船有五個小船艙，頂層較大底層較小，靠近船身中間的部分也比船首或船尾寬。碼頭工人必須知道如何填滿這種不規則的空間：畢竟對船東而言，浪費空間就是浪費錢。每個船艙各有一個艙蓋，也就是甲板上一片防水的金屬蓋。要在第一個港口卸載的貨物必須最後裝載，最靠近艙蓋，這樣才好優先卸貨；最後一個港口的貨物則被堆在船艙最裡面的角落。另外，每一件船貨必須密實裝載，才不會在海上隨著船身起伏而移動；鬆脫的箱子或桶子可能會破裂，毀壞內裝的貨品或其他貨物。經驗老到的碼頭工人知道哪些貨物要塞到沿外艙壁的不規則空間中，哪些可以穿插堆置成隔艙的牆壁，交叉安放箱子、袋子和木頭，權充臨時的牆壁，讓貨物固定位置，同時在船抵達港口又容易卸貨。如果貨物在海上移動位置，可能會導致船隻翻覆。[4]

到了航程終點，得等每一件貨物都卸載了以後，才能開始裝下一趟航程的東西。船艙裡的貨物塞得十分緊密，無法分類堆置，因此碼頭工人往往把貨物堆放在碼頭上，然後一一揀選，檢查標籤，分辨哪些貨該搬到哪個臨時倉庫，哪些應當場運走。如果貨船從國外進港，海關稽查員可能會在碼頭上巡視，抽驗木箱，估算關稅。買方代表會來碼頭確定訂貨抵達時完好無缺，肉品與農產品交易商會派附近的代理人檢驗新到的貨品。碼頭的工作人員還包括一小隊木匠和銅匠，負責修理各路檢驗人員完工後留下的破損木箱和桶子。這個時候，嘈雜的柴油卡車可能會回到碼頭，搬走它們的貨物，堆高機則會把其餘的貨物移到臨時倉庫裡。把一船混雜的散裝貨搬到臨時倉庫，再裝載另一批出港的貨物，就有可能讓一艘船留在港邊一個星期以上。[5]

　　這些碼頭上的真實景象，代表戰後時代的船運是個高度勞力密集的產業。大蕭條與大戰使得一九二〇年代以後民間建造的商船大幅減少，船運商的資本投資不足。在美國，一九三〇至一九五一年間，民間在船隻和駁船的投資只有二十五億美元，比船商在一九二〇年代十年間的投資還要少。船運公司可用每艘僅僅三十萬美元的價格，購買剩餘的自由船、勝利船和運油船，因此就算是停在港口閒置，持有船舶的成本並不高。岸邊設備的支出微不足道。最大的成本項目是碼頭工人的薪資，可能占海運總支出的一半。把付給碼頭經營者的費用也算進去，一九五九年兩位分析師總結了當時的情況：「海運成本的六〇％到七五％花在船舶停靠碼頭的時刻，而非在海上航行的光陰。」因此花大錢投資更好的碼頭或更大的船隻沒什麼意義，因為人工處理貨物使海運難以縮短處理時間，也無法提高碼頭和船舶的使用效率。[6]

勞雇關係

　　聘雇特別不規律也是傳統碼頭生活的真實情況。比方說，某日有卸載生鮮貨品的迫切需求，需要大量的工人到場；但隔天他們可能完全沒有工作。一座港口需要大量的勞力供應來應付尖峰需求，但平均而言一天所需的勞工卻少得多。碼頭工人、卡車司機和倉庫工人活在一個就業時斷時續的世界，這也是碼頭附近社區的生活寫照。[7]

　　每天早上，幾乎全世界各地的碼頭工人都得面對競爭工作的古老儀式。在美國叫做挑人（shape-up），澳洲人則稱為揀工（pick-up），英國人取了一個更生動的名稱：爭奪戰（scramble）。為了找到一天的工作，在大部分的地方，這個程序與乞求、巴結和賄賂牽扯在一起。根據蘇格蘭碼頭工人巴斯特（George Baxter）的回憶，在一九三〇年代的愛丁堡，「早上七點五十五分，工頭會站到台上，接下來就是一場爭搶工作的瘋狂混戰。」同樣的情況也在奧勒岡州的波特蘭上演：「他們會雇用一票人，也許你在星期二早上七點就到碼頭來了。也許船星期二晚上九點才會進港，但你不敢離開。你被雇用了，但你拿不到薪水。」在馬賽，一九四七年的工作日在早上六點三十分的若利耶特廣場（Place de la Joliette）拉開序幕，冬日黯黯，工人在人行道上兜圈子，直到工頭對他打出期待已久的手勢；被選上的人可以到附近的咖啡館等待工作開始，沒中的人則繼續找下一位工頭。在舊金山，男人在渡輪大廈（Ferry Building）附近的人行道上等挑人。在利物浦，他們在「碼頭工人之傘」（正式的稱呼為利物浦高架鐵路）的水泥結構下聚集，等著工頭來拍他們的肩膀。[8]

挑人不只是儀式，也開了一道後門。《岸上風雲》是電影，但賄賂碼頭的工頭往往是找到工作的代價。一九五三年，紐華克的碼頭工人穆爾曼（Morris Mullman）作證，說他拒絕捐「度假基金」給一名工會幹部之後，就再也沒有工作可做。紐奧良的規矩是每週賄賂個兩、三美元，就能確保接下來一個星期的飯碗。強迫投注是另一個向工人榨錢的方法；不下注的工人可能很難被選上。在許多港口，工頭往往經營著借錢的副業。在利物浦，專門強迫放款的碼頭工頭被稱作「高利貸人」（gombeen men，源自愛爾蘭語「gaimbín」，意為放高利貸）。碼頭工人只要向高利貸人借錢，並償付每先令三便士的利息——在很短的借款期支付二五％利息——就可以保證被雇用，因為他知道，工頭會從他的薪水扣下還款。[9]

　　來自工會和政府的壓力漸漸消除了挑選工人的部分弊病。在美國西岸，一九三四年那場激烈的罷工使得雇主喪失了雇用過程的控制權；此後雇用的順序就在工會控制的雇用廳，透過公開抽取碼頭工人的證章號碼來決定。第二次世界大戰後，澳洲的碼頭工人局接管了碼頭工作的分派。一九四七年，英國的國家碼頭工人局成立，廢除了過去的選雇做法。在鹿特丹，一九四五年和一九四六年抗議工作環境的暴力罷工，說服了雇主相信雇用全職工人會比雇臨時工更有利；到了一九五二年，鹿特丹港的碼頭工人有半數以上都為同一家公司固定工作。紐西蘭和法國相繼成立了管理碼頭雇用的機構。紐約港的碼頭委員會（Waterfront Commission）由紐約州和紐澤西州共同創立，打擊碼頭的貪腐，並在一九五三年接管了紐約港的聘雇。[10]

這些改革造成碼頭雇用體制的重大改變。雖然碼頭的勞動力在二戰後極為龐大，一九五一年，紐約有超過五萬一千名碼頭工人，倫敦登記的碼頭工人也有五萬人，但他們很少有全職的工作。隨著舊式雇用的終結，政府和工會嘗試藉著限制勞工的供應來提高碼頭工人的所得，特別是限制那些在其他非碼頭地區有工作的「零工」。新規定也限制或禁止了新人加入碼頭工人這行。獲授權的碼頭工人必須取得證照，航運公司和碼頭業者也禁止雇用非由雇用廳分派的碼頭工人。登錄的碼頭工人則會根據年資得到相應的雇用等級，雇用從最高等級的工人開始（在紐約是「A」級，馬賽則是「專業」級），同等級的工人將按隨機順序選取，較資淺的工人則必須等想工作的較高級工人都有工作後，才有機會抽籤。這種做法期望那些較不常工作的人另謀其他出路，留下一批薪資較高、有相當固定所得的工人。[11]

拜新設立的雇用廳所賜，碼頭工人不必再忍受每天都得爭搶工作的羞辱。但他們的收入依舊很不穩定，因為碼頭工作的需求極度起伏不定。在最極端的情況下，利物浦的碼頭工人公司在旺季需要的工人數量是淡季的兩倍。在倫敦，碼頭工人一直到一九六〇年才爭取到退休金，碼頭附近經常有高齡七十以上的男人出現，希望能爭取到較輕鬆的工作。即使在找不到工作的碼頭工人可領政府補助的國家，補助的金額也遠低於固定工作的薪資，且有許多碼頭工人的資格不符。一九四八年，非共產國家的主要港口中，只有鹿特丹和漢堡的半賦閒工人保證能領到相當於每週五班工作的補貼，當地大多數的碼頭工人也因此能對掙得穩定收入有所期待。[12]

碼頭工人文化

　　碼頭工人生活的獨特性造就了獨樹一幟的岸邊文化。這群人很少會為固定的雇主工作很久，他們忠誠的對象是同事，而非「公司」。許多人相信，沒有人知道或在乎他們把工作做得多好。他們的勞動既辛苦又危險，局外人根本無從了解，這也讓他們格外團結一致。碼頭工人無法控制自己的工作時間，因此很難參與有著固定工時的親友的休閒活動。奧勒岡的碼頭工人皮爾契（William Pilcher）寫道：「碼頭工人的妻子對於丈夫什麼時候會去工作所知不多，且由於上工時間的長短也不確定，她也不太清楚丈夫會不會回家吃晚飯。」當然，收入極不穩定。平均而言，大多數碼頭工人賺取的時薪比當地的勞力工作高——當然，這僅限於他們有工作的時候。不定時的半天工或失業可能會持續好幾天或好幾個星期，這段期間他們就只有微薄的收入。另一方面，大多數的碼頭工人喜歡工作不定時的特性。一位碼頭工人可以選擇某個特定的日子不去工作，也可以決定去釣魚而不上工，這完全取決於他的選擇。[13]

正因這種獨特性，一位社會學家曾說：「與任何大都市的其他產業相比，碼頭工作展現出更獨特的工作階級社會性。」碼頭工人往往一輩子都住在碼頭附近。在英國曼徹斯特，二戰後受雇的碼頭工人有五四％居住在碼頭方圓一英里內；雖然住家通常又小又破舊，社區環境也十分簡陋，但社會學家發現，「只有少數的碼頭工人想搬離此地。」在西澳大利亞州的夫利曼特（Fremantle），一九五〇年代的碼頭工人有半數住在離碼頭兩英里的範圍內。在一九六〇年的南布魯克林，布魯克林碼頭旁挨著一個以義大利裔為主的社區，五個勞工中就有一個是卡車司機或碼頭工人。[14]

通常來說，碼頭工人的父親、兒子、兄弟、叔叔伯伯舅舅和堂表兄弟都在碼頭工作，而且通常住得很近。陌生人與非我族類並不受歡迎。在倫敦和利物浦，愛爾蘭人統治著碼頭，來自西印度群島或非洲的非白人移民沒有機會找到工作。在美國南方，幾乎四分之三的碼頭工人是黑人，白人與黑人分屬不同的當地工會，且往往為不同的船工作；最顯著的例外是紐奧良黑、白碼頭工人別開生面的聯盟，他們派出相同的人數，為每一艘船的每一批貨工作，但最終這個聯盟在雇主的壓力下瓦解了。在波士頓，愛爾蘭裔控制的碼頭工人工會持續抗拒雇用黑人，即使一九二九年有許多黑人被雇來填補罷工空缺，他們也不為所動。紐約的國際碼頭工人聯會（ILA）雖然沒有明文規定，但實務上各個分會對愛爾蘭人、義大利人和黑人一視同仁；巴爾的摩分會則把白人與黑人區隔了開來。西岸的國際碼頭與倉儲工會（ILWU）雖然禁止種族歧視，但到了一九六〇年代初期，波特蘭和洛杉磯分會幾乎還是純白人的天下；波特蘭分會甚至取消了某個穀物處理小組代表工會的資格，只因他們發現其中有幾名組員是黑人。[15]

　　即使在種族和族裔不是主要問題的地區，碼頭工會也會公開歧視外來者，以便把工作機會留給會員的親人。工作雖然艱苦又危險，但對於沒有唸完高中的藍領勞工來說，薪資還是比任何現成的工作來得優渥。在碼頭工人家庭，帶一個十六歲的兒子去參加挑人，拜託工頭特准雇用，幾乎是一項成年禮。在波特蘭的碼頭工人中，最常見的父親職業就是碼頭工人。在比利時安特衛普（Antwerp），有五八％的碼頭工人是碼頭工人之子。曼徹斯特的比例是四分之三，其餘的人則是娶了碼頭工人的女兒，靠著岳父的協助進入碼頭。碼頭工人卓特（Eddie Trotter）回憶道，在一九五〇年代的愛丁堡，「除了碼頭工人的兒子、孫子，兄弟或姪子，沒有人能做碼頭工人的工作。」一九六二年，英國首相麥米倫（Harold Macmillan）面對碼頭工人再度罷工的威脅時，曾道：「碼頭工人是十分奇特的一群人，不是父親和兒子，就是叔叔和姪子，就像上議院一樣，代代相傳，不用動腦筋。」[16]

惡劣的工作環境、不穩定的經濟，以及碼頭生活的孤立，形成了這群人獨特的風俗習慣。碼頭工人自認強悍且獨立，能幹任何粗重的活。本身是碼頭工人、同時也研究碼頭工人的皮爾契（William Pilcher）發現，他的同事不但重視，還會刻意建立豪飲和好打架的名聲。他說：「他們喜歡自認粗獷又隨興的人，這也是他們給外人和對彼此的印象。」這種自我形象也是公眾的印象。一項一九五〇年發表的調查顯示，在三十項職業的地位印象中，碼頭工人排名第二十九，僅高過清道夫，雖然當時碼頭工人賺的錢高於全國平均薪資。不管是男人、女人，還是社會各階層的人，對他們的印象都一個樣。身為碼頭工人，就是全球碼頭兄弟會的一分子，他們有共同的人生觀，也有共同被主流社會排除在外的自覺。[17]

勞工的好鬥性是碼頭工人環境使然的產物。世界各地的碼頭工人都很了解，他們的福祉全仰賴集體行動，否則外頭大量急著找勞力工作的人會把他們的薪資壓低到挨餓的邊緣。他們的雇主大多不是得保護資產和名聲的船運公司和港口營運公司，而是受雇為特定碼頭或特定船隻服務的包商。這種制度讓船東有空間逃避改善工作環境的責任，船東可以宣稱，管理碼頭工人之責應由包商來付。監管方面缺少中央機構，以致於問題常常反映在工會方。由於沒有固定的方法可以解決雇用爭端，互相競爭的工會既急著表現強悍的一面，又無法強迫自己的會員接受和解，導致罷工經常發生。一點點不滿就能使整個港口停擺。一項調查十一個國家的研究發現，碼頭工人、礦工和船員因勞資爭議而損失的工作日比其他職業來得多。以英國為例，一九四八到一九五一年間，碼頭罷工導致近一百萬人日的勞動損失，一九五四年的損失更是高達一百三十萬人日。碼頭工人對扮演勞工激進主義的先鋒感到自豪。[18]

　　歷史教訓加強了這個孤立的情況。在工業化國家，碼頭工會的勢力在十九世紀中期崛起後又式微，工會衰弱的時期，工人的工作難免會加重，薪資也會降低。一九二八年，澳洲碼頭營運業者打敗了一場激昂的罷工後，宣布削減週末薪資，並開始雇用半日班工人，取消了全日班這個工會的重大成就。在美國的各個碼頭，集體談判的權力並未獲得法律上的保障，第一次世界大戰後，船運和碼頭公司決心拆解碼頭工會，大體上也都達到了目的。一九二三年，雇主打敗工會後，紐奧良碼頭工人的薪資從每小時八十美分降到四十美分。一九一九至一九二四年間，從西雅圖到聖地牙哥，西岸的雇主在每個港口驅逐碼頭工會，降低工人的薪資並增加他們的工作量。要求雙班制很常見，部分碼頭要求工人按件計酬而非支領時薪，以加快裝卸貨物的速度。法國碼頭工人帕西尼（Alfred Pacini）回憶道，一九五〇年雇主打垮馬賽的工會後，「碼頭工作已變成沒有法令管制的工作。」一群愛丁堡碼頭工人的回憶，生動地闡述了傳統碼頭工人的生活情境：一九四七年，國家碼頭勞工局（NDLB）成立，並在愛丁堡為工人蓋了一棟「設備齊全的建築」，裡面有個人置物櫃和淋浴間，兩者都是民間雇主從來沒想過要提供的。[19]

這些懷舊的勞資關係歷史帶來兩個讓全球船運業備感頭痛的問題，首先是偷竊。偷竊一向是碼頭的問題，而二戰後高價值產品貿易的成長使得偷竊更加猖狂。部分碼頭工人把偷竊視為經濟條件惡化的正當反應，但即使在工會合約或政府干預已提高工人薪資的地方，偷竊仍是相當嚴重的問題。一位一九五〇年代的蘇格蘭碼頭工人回憶道，一九六〇年代流傳著一個英國笑話，有位碼頭工人因偷竊金塊遭捕，被罰從下次薪水扣掉等值金條的錢，「我氣的是我偷太少了。」碼頭工人常會誇口說自己懂得從船艙裡密封的大酒桶偷威士忌來喝的技術。在波特蘭，電晶體收音機和瓶裝烈酒之類的小東西常被工人順走，供家人和朋友私下使用，但不能拿去轉賣。在犯罪猖獗的紐約就沒有這層限制。葛瑞斯航運公司（Grace Line）發現，連七十公斤重的麻布袋裝咖啡豆也無法倖免；該公司買了一具加封條的磅秤，以免與偷竊集團掛勾的檢驗員動手腳，確保離開碼頭的卡車上載運的咖啡豆袋重量無誤。[20]

　　碼頭工人強烈不信任雇主帶來的第二個問題，在於工人會抗拒任何可能裁撤工人的行動。碼頭工會只要建立據點，就會堅持以合約保護工人來對抗歷史悠久的雇主濫權。操作艙蓋需要的人數、船艙或甲板的人員配置、吊起一批貨物的最大重量、工人使用的設備，以及無數人員運用的其他細節，都被列入一頁又一頁的集體談判合約裡。利物浦的船運公司屢屢嘗試取消一項輪流上工的規矩，即一半的碼頭工人在工作，另一半人休息（通常是到附近的酒吧），一兩個小時後，那些人回來工作，換另一半休息。世界各地的港口都發生過因雇主想改變工作方式而引發的罷工。一九二八到一九五四年間，洛杉磯的勞工生產力下降了七五％，原因是工會和資方為了機械化而鬥爭；西岸港口一九五四年每小時平均處理的貨物比一九五二年少了九％。一九五〇年，紐約港處理一噸的貨物需要一‧九人時（man-hours），一九五六年卻需要二‧五人時。在英國，一九四八年到一九五二年，每人每年處理的噸數沒有增減，一九五三年由於貨物量大增，人時提高了三分之一，接著又在嚴苛的工作規範壓迫下大幅降低。[21]

　　解決高昂船運處理成本之道顯而易見：與其裝運、卸載、轉運，重新裝載成千上萬散裝的貨物，為什麼不把船貨裝進大箱子裡，只要搬運箱子就行了？

最早的貨櫃

　　把船貨裝在大箱子裡的概念早已存在數十年。十九世紀末，英國和法國的鐵路公司就嘗試過以木貨櫃搬運家具，用吊車把木箱從鐵路平台車移到馬車上。第一次世界大戰末，機動卡車開始廣為民間所用，辛辛那提汽車站公司（Cincinnati Motor Terminals Company）想出了可互換車身的點子，車身的輪子可用吊車裝卸。有遠見的發明家曾提出「一種標準化的單位貨櫃，形式上是個可拆卸、封閉式的卡車車身，能通過吊車，在鐵路平車、卡車板架、倉庫地板與船舶之間輕鬆搬運。」第一家採用這個構想的美國鐵路業者是紐約中央鐵路公司（New York Central），一九二〇年，他們推出了側邊連接的鋼製貨櫃，可六個並排在一起，置於淺底的軌道車上，貨櫃的兩端都可以放下，方便上下貨。[22]

　　勢力龐大的賓州鐵路公司（Pennsylvania Railroad，也是美國最大的運輸公司）成了這個創意的強力支持者。然而賓州鐵路的問題在於，他們的顧客要運往同一地點的貨物不夠多。舉例來說，一家小工廠可能會占據一個側線上的車廂一星期之久，直到不同買家所訂的貨物把車廂填滿。鐵路公司必須把這部車廂聯結至一列貨運火車，接著運到最近的轉運站，把載運的貨物卸下車廂，分門別類後，再裝載到其他開往不同地點的車廂。賓州鐵路的變通方法是用一個只有寬九呎（注：約二‧七公尺）的鋼鐵貨櫃，大小約為一般車廂的六分之一。託運人可以填滿一個貨櫃運往底特律，一個貨櫃送至芝加哥，另一個載去聖路易。貨櫃可以用堆高機裝載到軌道車上，到了轉運站，堆高機就能輕易地把貨櫃轉移到正確的列車上。根據鐵路公司的估算，在轉運站為散裝貨分類的成本每噸為八十五美分；運輸一個五噸裝的貨櫃每噸運費只要四美分，而且使用貨櫃可以減少搬運損壞賠償以及所需車廂的數量。[23]

　　部分鐵路公司利用貨櫃不單是為了降低運費，而是要改變他們向託運者收費的方式。一八八〇年代美國聯邦著手訂定規範以來，州際商務委員會（ICC）一直堅持不同的商品各有其運費，而且都得經過 ICC 核准認可。不過，採用貨櫃後，鐵路公司不處理商品；貨櫃的尺寸和裝載的重量比裝載哪一種商品更為重要。史上頭一遭，鐵路公司提供純粹根據重量計算的費率：例如走芝加哥到密爾瓦基的北岸線，運送一個三噸的貨櫃，每一百磅的費率為四十美分，但運一個十噸的貨櫃，每一百磅只要二十美分，無論貨櫃裝載的貨物為何。一九三一年，經過四個月的聽證後，ICC 裁定，根據重量的費率違反法律。雖然 ICC 發現貨櫃是「值得稱讚的設備」，但委員會表示，鐵路公司載運一般商品貨櫃的收費，不能比裝載等重昂貴商品的貨櫃便宜。在這項裁決下，貨櫃對鐵路公司也不再有經濟效益。[24]

一九二〇年代，為了應對卡車這個新的競爭，其他國家的鐵路也開始使用不同的貨櫃系統。雖然長程卡車運輸在道路原始、往往未鋪設路面的情況下不切實際，卡車在短程運輸還是有明顯的優勢，鐵路公司也一直想方設法削弱卡車運輸成本低廉的有利條件。在澳洲，陽光餅乾公司（Sunshine Biscuit）利用貼了公司廣告的貨櫃，以開放式、有木側邊的火車平台車運送產品。一九二七年，倫敦米德蘭與蘇格蘭鐵路公司（LMS）運送了三千個貨櫃，法國國家鐵路公司（SNCF）的宣傳也說，貨櫃是農民運送肉品和乳酪到城市的好方法。一九三三年，法國國家鐵路與其他鐵路公司攜手組成了國際貨櫃局（International Container Bureau），專門推廣歐洲的國際貨櫃運輸。一九三〇年代初期，有好幾家美國和加拿大的沿岸船運公司嘗試載運貨櫃和卡車拖車，葛瑞斯航運則打造了用金屬強化的木製車廂，以降低紐約與委內瑞拉航線貨物的失竊率。喬治亞中央鐵路公司（Central of Georgia Railroad）成立了海運公司（Ocean Shipping Company），在薩凡納（注：Savannah，喬治亞州第五大城）和紐約之間運送裝了貨物的鐵路車廂——這種做法使喬治亞中央鐵路得以控制其運載的貨物，不必交由其他鐵路公司處理。[25]

戰後，實驗再度展開。水陸兩棲的登陸艇被回收利用，作為沿岸地區運載卡車的「運車船」，也改良了原本為搶灘作戰運送軍隊與坦克而開發的技術。一九四八年，國際貨櫃局（ICB）重新成立，美國軍方也開始使用小型鋼鐵貨櫃（稱為康耐斯櫃〔Conex〕）運送士兵的個人用品。一九五一年，正值丹麥的聯合船運公司（United Shipping Company）開啟貨櫃服務、在丹麥的港口間運送啤酒與食物之際，第一艘專為貨櫃運輸設計的船誕生了。匹茲堡的德拉沃公司（Dravo Corporation）創製了七呎九吋（注：約二‧四公尺）長的鋼製運輸櫃，到了一九五四年，這種運輸櫃在全球各地的使用量超過三千個。一九五一年，密蘇里太平洋鐵路公司（MPR）推出了裝有輪子的鋁製「快速櫃」，阿拉斯加汽船公司（Alaska Steamship Company）則自一九五三年開始在西雅圖和阿拉斯加的港口間，運輸木製和鋼製貨櫃。一九五五年，白口育空線鐵路公司（White Pass and Yukon Route Railroad）打造了一種特製的貨櫃船，在溫哥華、英屬哥倫比亞、阿拉斯加的史凱威（Skagway）之間運輸小型貨櫃；在這之前，這些貨物得運上火車，行駛一百一十英里至加拿大育空地區的白馬市（Whitehorse）。海上火車航運公司（Seatrain Lines）則採取另一種方式使用貨櫃，他們把一整列火車廂裝到船上，從美國的港口載到古巴。這些嘗試的規模都不大，但殊途同歸：讓貨物經過緩慢而低效率的港口時，成本能夠降低。[26]

但這些嘗試一點也不成功。一倍頗具影響力的歐洲海運專家承認：「處理貨櫃並未節省任何成本，與當初的構想背道而馳。」一項一九五五年的普查發現，非共產的歐洲國家使用了十五萬四千九百零七個船運貨櫃。這個數字很龐大，但貨櫃本身的體積卻不大：五二％的貨櫃體積小於一百零六立方呎，比長寬高各五呎（注：約一‧五公尺）的箱子還小。幾乎所有的歐洲貨櫃都是木製的，沒有櫃頂的也不在少數；使用者把貨物堆進櫃中，再蓋上帆布——這對搬運貨物來說並不是個有效率的系統。由比利時國家鐵路公司（NMBS/SNCB）推廣的貨櫃，原本的設計用意是為了方便利用斜坡道滑進貨車廂，但仍需一道額外的處理程序。美國的貨櫃通常是鋼製，提供較好的保護，但成本也比較高；一個裝好的貨櫃有四分之一的重量來自貨櫃本身。[27]

第二次世界大戰後，全球各地處理貨櫃的主要方式與散裝貨運相比幾乎沒什麼優勢。一九五五年，一位知名船運公司的主管曾道：「貨櫃帶來的阻礙比優點還多。」許多貨櫃的四個角上鑽有鋼孔，碼頭工人必須爬上去鉤住它們才能吊起貨櫃。缺少載重限制意味著吊卸貨櫃可能會很危險。不過，以堆高機而非絞車來移動貨櫃時，經常會損壞貨櫃。船運公司仍然需要很多昂貴的碼頭工人，來處理與貨櫃一併運來的散裝貨，並從船艙內逐一把貨物搬上碼頭。法國碼頭工人協會的主管曾表示：「散裝貨占用船艙的空間，肯定比裝在貨櫃裡的空間小。」浪費

的空間相當可觀——可能超過一〇％。以貨櫃載運貨品而言，
一〇％的閒置船運空間等於一筆龐大的罰款。

在國際船運中，海關當局往往會對貨櫃本身和貨櫃內容雙
雙課徵關稅。此外還有運送空貨櫃回到原來地點的成本，一九
四八年，法國國家鐵路公司的主管李維（Jean Levy）承認：「這
是貨櫃運輸發展的一大阻礙。」一九五六年的研究發現，從賓州
的倉庫運送食物到拉布拉多（注：Labrador，加拿大東北大西洋
岸地區）的空軍基地，使用貨櫃的成本比傳統方法高了一
〇％——如果貨櫃留在拉布拉多的話。若把空櫃運返賓州的成
本也計算進去，貨櫃運輸的成本會比散裝貨運貴七五％。[28]

到了一九五〇年代初期，貨運站成為運輸瓶頸已是個不爭
的事實。一九五四年，美國政府贊助了一項不尋常的研究，使
得貨物處理嚴重落後的情形昭然若揭。研究的對象是一艘很常
見的 C-2 型貨船戰士號（Warrior），船東是華特曼汽船公司
（Waterman Steamship）。這艘船由美國軍方包租，但一九五四年
三月，當它從布魯克林航向德國的布萊梅港（Bremerhaven）
時，船上載運著一般商船的典型貨物，並由民間的碼頭工人卸
載。在政府的同意下，研究人員取得了這趟航程的資料以及極
為詳盡的貨物明細（見表2）。

戰士號裝載著五千零一十五噸的貨物，主要是食物、已完
成交易的商品、家用品、郵件、機械與車輛零件。它也載運著

表 2　戰士號上的貨物

	件數	重量比率
木箱	74,903	27.9%
紙箱	71,726	27.6%
袋	24,063	12.9%
盒	10,671	12.8%
綑	2,880	1.0%
包	2,877	1.9%
件	2,634	1.8%
軸	1,538	3.5%
罐	888	0.3%
桶	815	0.3%
車輛	53	6.7%
板箱	21	0.3%
運輸裝置	10	0.5%
捲	5	0.1%
未明	1,525	0.8%
總數	194,582	98.4%

資料來源：U.S. National Research Council, Maritime Cargo Transportation Conference, *The SS Warrior*, p. 8.

五十三台車。各種大大小小規格的貨物，總件數將當可觀：總計十九萬四千五百八十二件。

　　貨物從一百五十一個美國城市，分一千一百五十六批運抵布魯克林，從第一批貨物抵達碼頭到船開航，為時超過一個月。每項貨品運抵時都會先放在棧板上，接著被堆到臨時倉庫裡，碼頭工人會把貨物連同棧板吊進船艙，然後以人力把棧板一一移除，再把貨物安置好，並使用價值五千零三十一．六九美元的木材和繩索，把所有東西綁牢。碼頭工人每天工作八小時一班，週日休息，共需要六個工作日才能把貨物裝載上船（包括損失一天的罷工）。航越大西洋要花十‧五日，到了德國的港口，二十四小時輪班的碼頭工人要再花四天卸貨。整體看來，這艘船花了一半的時間在港口碼頭邊。從戰士號抵達布萊梅港碼頭到貨物抵達最終目的地，總共花了三十三天；從船離開紐約港算起，則花了四十四天；而從第一批貨物離開美國工廠到歐洲的目的地，總共耗時九十五天。

　　戰士號上所有貨物的運輸成本總計二十三萬七千五百七十七美元，不包含船舶駛回紐約的成本，也不含運輸途中存貨的利息。在這筆金額中，海運本身的成本只占一一‧五％。兩邊港口的貨物處理占三六‧八％。這個比率低於船運公司主管通常對外宣稱的五〇％──但主要原因在於德國的「經濟奇蹟」尚未推升碼頭工人的薪資；研究報告的作者發現，要不是因為德國碼頭工人的薪資不到美國碼頭工人的五分之一，港口成本將會更高。這項研究的結論是，降低美國港口接受、堆儲和裝載出口貨物的成本，是降低船運總成本的最佳解。除了提高碼頭工人生產力，以及取消低效率的工作規範等一般建議外，報告作者也呼籲相關單位應從根本重新思考整個程序：「也許，當貨物要包裝、移動、儲藏時，找出方法避免貨物散裝才是補救之道。」[29]

改善船運的方式攸關到許多人的利益。託運者希望運輸成本更為低廉、偷竊和損壞減少、保險費降低。船東希望打造更大的船，不僅能在海上航行更久、賺取更多營收，也希望船停在港口的時間能縮短。卡車公司希望把貨物運到碼頭或接運貨物時，不必浪費等待的時間。港口都市的商務當局迫切期盼提高港口進出的流量。但儘管各方殷切期待改變、儘管許多人勇於實驗，但船運業提升生產力的努力始終聚焦在訂定更嚴格的規範，要碼頭工人更賣力工作。沒有人找到更好的方法來解開碼頭的僵局。最終，解決之道來自一個對船運毫無經驗的局外人。[30]

第 3 章

卡車司機

第二次世界大戰後，美國的經濟欣欣向榮，但海運業卻未見榮景。美國參戰時，所有的商船都被政府徵召，許多船直到一九四七年七月才歸還民間，距離戰爭結束已將近兩年。德國潛水艇擊沉了數艘商船後，沿海船運完全停擺，且到了一九四五年，沿岸航運的流量仍不及戰前的水準。卡車趁機搶占美國國內的運輸市場，每一艘進港商船的貨物還是得花好幾天的時間辛苦處理，使得航運業在成本上無法與卡車競爭。一九五一年，加州參議院的委員會警告：「在貨物處理成本降低之前，沿岸海運不可能復甦。」[1]

然而，儘管美國的大型航運公司並不特別賺錢，相對來說，他們仍受到保護。外國船運公司禁止經營沿海服務和美國島嶼領土的航線，此外，新創立的美國船運公司除非向 ICC 證明，加入市場不會傷害其他航運業者，否則不得經營國內航線。國際航線的競爭也受到限制，因為幾乎所有的船運公司都隸屬於稱作「同盟」（conference）的卡特爾（注：Cartel，指多家公司為控制價格與限制競爭而聯合組成的同業聯盟，是一種壟斷集團），同盟則會為每一種商品訂定統一的費率。掛著美國國旗的國際船運業者會得到美國政府的補貼，以彌補美國船員較高的薪資，而國內和國際航運公司——基於法令規定，國際航運要由不同公司營運——都可取得戰後剩餘的船隻。儘管效率低落，海運業並未感受到要改變的立即壓力。於是改造船運業的重責大任就這麼落在一個沒有任何海運經驗的局外人肩上：一位無師自通的卡車大亨，馬爾康・波索・麥克連（Malcom Purcell McLean）。

嗨，麥克！

一九一三年，麥克連生於北卡羅萊納州東南偏遠沼澤區的小鎮麥斯頓（Maxton）。麥斯頓這個小鎮過去曾被稱作「鞋跟」（Shoe Heel），十九世紀時，當地居民以蘇格蘭高地的移民為主，當地的報紙叫做《蘇格蘭族長報》（Scottish Chief）。根據當地傳說，鞋跟之所以被改名成麥斯頓，是因為一名火車乘客從車窗大喊「嗨，麥克（Mac）！」時，有十個人回應（注：麥斯頓音似「麥克之鎮」〔Mac's town〕）。麥克連出生時，麥斯頓約有三千五百名居民，大部分是貧窮的農民。電力照明直到一九〇一年才普及到麥斯頓所屬的郡縣羅比森郡（Robeson）。麥斯頓有電話服務，但附近的地區沒有；直到一九〇七年，羅比森郡最大城鎮藍伯頓（Lumberto）的居民必須搭火車到麥斯頓才能打長途電話。[2]

往後的歲月裡，麥克連曾描述，自己的生平就和美國作家愛爾傑（Horatio Alger）的故事一樣，他的母親藉由要他在路邊賣雞蛋賺取佣金，教他做生意。事實上他的生活沒有那麼艱苦。儘管他的家庭稱不上富裕，也不是沒有謀生之道。麥克連的父親也叫馬爾康（Malcolm Purcell McLean，原書注：小麥克連出生時被取名馬爾康〔Malcolm〕，他持續使用這個名字一直到一九五〇年，才把拼法改成 Malcom），根據一九四二年刊載的訃聞，他來自「地方上有名望、關係良好的家庭」。一八八四年的郡地圖顯示，有六位麥克連家族的成員在鞋跟鎮附近務農，另有幾位麥克連親族在藍伯頓務農或擔任律師。安格斯・威爾頓・麥克連（Angus Wilton McLean）有可能是老麥克連的遠房表兄，他們二人的母親皆來自波索家族；安格斯在一九二〇至一九二一年間擔任美國財政部助理部長，並在一九二五至一九二九年間擔任北卡羅萊納州長。一九〇四年，老麥克連靠著家族關係找到了一份鄉里間的郵差工作，以補貼務農的所得。一九三一年，小麥克連剛高中畢業，當時正值大蕭條的最低谷，家族關係又幫他在當地的一家雜貨店找到了管理貨架的差事。當附近紅泉鎮（Red Springs）的石油公司缺一位加油站經理時，地方關係再度幫上大忙，家族朋友借了錢給麥克連，讓他購買第一批汽油存貨。[3]

一九五〇年，麥克連在《美國雜誌》（*American Magazine*）上敘述，他的發跡始於他得知卡車司機若從二十八英里外的法耶特維爾（Fayetteville）把加油站的油運過來，就可賺得五美元。麥克連便自告奮勇運油，加油站老闆借給他一輛停在車場的舊拖車，於是麥克連卡車貨運公司（McLean Trucking Company）便在一九四三年三月開張，校長兼撞鐘，經營加油服務的麥克連同時也是唯一的司機。不久後，家族關係再度派上用場，一位當地人士同意賣給麥克連一輛二手砂石車，採用分期付款，每週三美元。有了卡車後，麥克連贏得了工程進度管理署（WPA）載運砂土的合約，當時這個聯邦公共工程計劃單位在羅比森郡雇用了超過一千一百人。雇了一名卡車司機後，麥克連賺的錢還夠再買一輛新卡車，用來為當地農戶載運蔬菜。根據一段廣為流傳的軼事，有一次麥克連窮到付不起運貨途中的過橋費，只好將一把扳手留給收費員當作質押，等他在紐約賣完貨再贖回來。[4]

這則白手起家的軼聞不足以傳述麥克連勃勃的野心。一九三五年，二十二歲的麥克連從事卡車事業僅僅一年，就已擁有兩輛卡車和一輛拖車，雇用九名自備裝備的司機，從北卡羅萊納運鋼桶到紐澤西，載棉紗到新英格蘭的工廠。一九四〇年，準備參戰振興了美國經濟，成立六年的麥克連卡車公司已擁有三十輛卡車，資產約二十三萬美元。戰爭期間麥克連卡車大肆擴張，取得了更多貨運路線。儘管他一路打官司打到美國最高法院，反對七家競爭者的大規模合併最後以失敗作收，但他的卡車營運絲毫未受影響。一九四五年二戰結束時，麥克連旗下欣欣向榮的事業已有一百六十二輛卡車，主要負責把紡織品和菸草從北卡羅萊納運到費城、紐約和新英格蘭南部的業務。一九六四年的營收為兩百二十萬美元，幾乎是一九四〇年的十倍。三十四歲的麥克連已豐衣足食，但他認為這只是個開始。幾年後他寫道：「我看出唯一的機會就是擴張、擴張，再擴張，把一家小型貨運公司打造成大公司。」[5]

控制成本的高手

一九四〇年代末的經濟為小型的卡車公司提供了眾多的成長機會，隨著鐵路貨運量減少，長途卡車貨運在一九四六到一九五〇年間成長了逾一倍。不過，想分得這塊大餅，就得獲得ICC的支持。ICC從一八八七年就開始管理鐵路運輸，一九三五年，《聯邦汽車運輸業法案》（*Motor Carrier Act*）也把州際卡車運輸的管理權交給 ICC。ICC 控制幾乎所有的「公共運送人」（common carrier，指的是提供給大眾的卡車服務），公共運送人只能載運 ICC 准許的商品，行走 ICC 允許的路線，並收取 ICC 核可的費率。如果新公司想要提供服務，或是舊公司想開闢新路線、載運新商品，就得請律師向委員會申請許可。要做任何重大改變就必須舉行聽證會，讓其他卡車或鐵路公司有機會表達反對的聲音。法規導致貨運業的效率極低；獲准在田納西州納許維爾（Nashville）和賓州費城間載運紙製品的卡車公司，不能順道載運輪胎、油桶或化學品來填滿半空的卡車，且回程若沒有獲准載運的貨物，就必須空車返回。ICC 關心的是秩序而非效率。法規藉著限制競爭來保護既有的卡車公司，也藉強迫卡車公司收取遠高於鐵路公司的費用來保護鐵路業者。最重要的是，ICC 希望保持運輸業的穩定。[6]

　　法規扼殺了運輸業的競爭精神，但麥克連展現出他終其事業生涯一貫的創意，不斷找出跨越法令規範障礙的方法。如果獲准經營新路線過於困難，何不收購一家已經有好路線的貨運公司？如果收購卡車公司太過昂貴，何不乾脆租一家？戰後的勞工動亂使得許多卡車公司經營困頓，麥克連屢次把握機會，在一九四六到一九五四年間，麥克連卡車公司透過至少十次不同的交易，收購或租賃了貨運路線，把網絡從亞特蘭大擴展到波士頓。從一九四七年到一九四九年，這家公司增加了六百輛卡車，並利用了美國政府作為公司的融資來源：退伍軍人可獲得政府的低利貸款，從事獨立的卡車司機工作，麥克連藉此鼓勵老兵創立個體事業，聚集起來一次大批購買設備，並與他們簽約，為麥克連卡車公司載貨。[7]

堅持不懈地降低成本是麥克連卡車成功的關鍵。卡車公司能吸引到許多新生意的唯一方法，就是提供比競爭業者更低的費率。卡車公司的推銷員會拜訪潛在顧客，了解可能有多少貨物要運往哪些地點，並研究目前的貨運商向 ICC 申請的費率有多高。接著這家卡車公司可能會提議以較低的費率搶生意，但必須向 ICC 證明他們提議的費率依舊有利可圖。實務上，這表示一家公司除非成本較低，否則不可能以低價打敗競爭者。麥克連的算盤打得很精。舉例來說，一九四六年，麥克連與大西洋國家汽車貨運公司（Atlantic States Motor Lines）達成了租用路線的交易，在這之前，該路線因為罷工而停止營運。大西洋國家汽車貨運手握許多很不錯的條件，包括有權使用高速公路，可以讓麥克連卡車在北卡羅萊納到西北部間節省七十英里的路程。縮短行程就會減少駕駛時間，因此可以降低費率。一九四八年，麥克連卡車向佳福德貨運（Garford Trucking）收購路權，藉此取得從新英格蘭往南的貨運路線，使載運菸草北上的卡車不必空車返回——代表麥克連可以降低北上貨運的費率。[8]

舉個激烈的費率競爭之例，就能凸顯麥克連控制成本的高明手腕。一九四七年三月，麥克連卡車提議削減近一半的菸草貨運費，從北卡羅萊納的德罕（Durham）到亞特蘭大，整車貨的收費為每一百磅〇‧六八美元，不滿整車則是每一百磅一‧一〇美元。當時其他卡車公司的整車費率為每一百磅一‧三四美元，零散貨為每一百磅一‧七〇美元。麥克連甚至想與速度慢上許多的鐵路貨運競價，但遭到鐵路業者抗議，說他「不公平、破壞市場」。麥克連卡車列出詳細的成本，稱菸草產品的貨運成本比其他商品還低，因為菸草貨運的管理成本每車每英里只要一‧〇二美分，低於其他貨物的平均成本，菸草的銷售與行銷成本比其他貨物低五〇％到六〇％，貨運站的成本也比其他整車託運貨物每車每英里低三美分。考慮菸草貨運的比重以及麥克連菸草貨運保險求償的記錄後，ICC 否絕了散裝貨費率的提議，但認為整車費率的提議「公平且合理」，使得麥克連卡車得以大幅擴張菸草業的業務。[9]

　　在麥克連卡車成長的期間，節省成本的創新手法不斷實現。該公司在北卡羅萊納的溫斯頓－薩冷（Winston-Salem）建立了卡車業第一座自動化的貨運站，並利用輸送帶在卡車與卡車之間搬運貨物以節省人力。當時大多數的卡車使用汽油引擎，麥克連是第一家使用柴油引擎卡車的大公司——而且在那個年代，卡車司機通常得自己購油。麥克連與公司貨運路線沿線的加油站達成折扣交易，並交代司機只能在這些加油站加油。公司卡車的車廂兩側呈鋸齒狀，而非流線型；麥克連宣稱，北卡羅萊納大學的專家告訴他，鋸齒狀的側邊可以降低風阻，因此會比較省油。到了一九五〇年代初，麥克連卡車開始雇用年輕的大學畢業生，讓他們接受美國企業史上第一堂正式的管理訓練課程。剛踏出大學校門的年輕小夥子必須先到溫斯頓─薩冷報到，第一個工作是學怎麼開卡車。經過六個月的載貨訓練後，學員被派往貨運站，花幾個月的時間裝卸卡車貨物。接著是在辦公室實習，學習麥克連卡車如何向潛在顧客提案，而這需要仔細分析服務顧客的成本。所有訓練完成後，學員才會回到最初被指派的職務，通常是在北卡羅萊納的羅里（Raleigh）、波士頓或費城，做推銷貨運的服務。[10]

沒多久，麥克連卡車便以充滿活力聞名於庸俗的卡車貨運業。一九五四年，該公司成為美國最大的卡車公司之一，營收在所有業者當中排名第八，稅後獲利則排名第三。一九四六年，該公司的資產只有七十二萬八千一百九十七美元，到了一九五四年，已激增至一千一百四十萬美元，公司自有的卡車數量達到六百一十七輛。要如此快速成長，唯一的方法是借錢。一九四六年，麥克連卡車的長期債務只有二十萬美元，一九五一年增加了三十倍，來到六百二十萬美元，因為公司訂購的車輛愈來愈多。一九五四年開始代表國家城市銀行（National City

Bank）放款給麥克連的萊斯頓（Walter Wriston）曾說：「他非常擅長槓桿操作。他很懂現金流。當時，如果你到鐵路公司跟人家談現金流，他們會問，你到底在說什麼。」國家城市銀行後來改名為花旗銀行（Citibank），在萊斯頓的領導下成為全球最大的銀行。[11]

當然，高負債的風險也大。只要營收成長減緩，公司償債就有可能出問題。高度槓桿操作的公司不得不提高效率，麥克連本人和負責公司日常營運的弟弟詹姆斯（James McLean）都對效提升率充滿熱情。他們深知公司的運作，曉得如何壓縮成本。一位昔日的員工回憶道：「第一次上工時，我開著卡車通過大門管制室，過磅秤，讓卡車加上封條。他們會啟動碼表，告知指定的路線：『你要走 3A 線到第二加油站，然後往……』根本不能自己作主。」但麥克連自己開過很多年卡車，了解最容易控制成本的方式就是讓員工參與。例如，壓低保費和修理費會讓司機更有安全意識。新手司機必須與資深司機搭配，訓練他們熟悉往返溫斯頓─薩冷到亞特蘭大的路線。新手單飛第一年若未出意外，資深司機可以獲得一個月薪資的紅利。這種激勵方式很有效：老手有強烈的財務動機訓練新人，新手司機也知道如果自己想留在公司，開車最好要小心謹慎。[12]

麥克連不是個能坐享成功的人。一般來說，成功的生意人喜歡參與民間與慈善活動，但他對此不感興趣。他是坐不住的類型，他喜好競爭、策劃，隨時想著做生意的事。在麥克連過世前不久，一位長期同僚回憶道：「他沒辦法坐下來超過五分鐘。你得跟他打牌，或者討論生意的事。跟馬爾康去獵鵪鶉一定得事先跟他打賭，看誰打到最多、最大隻。」他創意不斷的腦袋不斷冒出賺錢的新點子。[13]

大搞收購

就這樣，一個天馬行空的點子在一九五三年冒了出來，當時麥克連正為公路愈來愈堵塞而煩心，怕那些能以極低的價格向政府購買剩餘船隻的航運公司，可能會削弱他的卡車事業。與其走擁擠的海岸公路，何不用船舶載運卡車拖車廂，往返沿岸的港口？到了年底，麥克連提議興建碼頭，讓卡車能開上坡道，把拖車廂放在特別設計的船上。當時的高速公路又少又會繞遠路，這些船將在北卡羅萊納、紐約港和羅德島之間運送拖車廂，避開日益惡化的交通堵塞。載運車廂的船一抵達港口，就有別的卡車來領拖車廂，將它們送達目的地。[14]

在一九五〇年代的環境下，這是革命性的計劃。法律的規定使得卡車和船完全扯不上關係：卡車公司經營卡車，船運公司管理船隻。當時有少數幾家船運公司和駁船公司使用船載運卡車，就像麥克連想做的那樣，但它們只是單純提供水上運輸給任何願意付錢的卡車業者。卡車公司用自家的卡車，拖自己的車廂，上自己的船，把車廂載到沿岸港口，然後再用卡車運到目的地，這個構想違背了 ICC 的基本觀念。這個卡車－貨船計劃也出乎各界意料，因為當時大家都認為沿岸船運事業的氣數已盡。紐約的碼頭在一九五〇年代初期處理的國內貨物，只有大蕭條時期的一半，三十年來沒有人把大筆的金錢投資在海岸船運上。麥克連的興趣完全出於對成本的考量。ICC 擁有國內船運的監管權，且它容許船運費率遠低於鐵路和卡車費率，以彌補較緩慢的服務。若麥克連能用船載運卡車廂，將可讓他在北卡羅萊納和西北部間以低價與其他卡車公司競爭。

到了一九五三年底，一家代表麥克連卡車公司的房地產業者開始尋找碼頭地點。這個時機再好不過了，由紐約州與紐澤西州共同成立的紐約港務局（Port of New York Authority）正急著想擴張逐漸衰弱的港務，該局一九四七年接了管紐澤西州紐華克虧損的碼頭，希望把新業務吸引到這個昏昏欲睡的木材港來。正對著紐約市的紐華克正好符合麥克連卡車的需要，那裡有開闊的空間可以停放卡車，且方便進出一九五一年啟用的紐澤西收費高速公路。更好的是，從麥克連的觀點來看，紐約港務局有權發行收益債券（revenue bond），可以興建碼頭，再租給麥克連卡車公司，公司不必自己籌資。港務局對麥克連的概念很是心動，局長托賓（Austin E. Tobin）和管理海上貨運站的主任金恩（A. Lyle King）甚至成了公開倡導以火車和船舶運輸卡車拖車的有力人士。[15]

在紐約港務局準備麥克連卡車的新碼頭時，麥克連自己的想法也不斷演進。一九五三年，他提議收購一家小型的駁船公司樂芙蘭（S.C. Loveland），為的是取得沿岸的海運權。後來他的野心變得更大。一九五四年，他一邊收購樂芙蘭，一邊翻閱穆迪公司（Moody's）的財務手冊，並在無意間發現了華特曼汽船公司。華特曼的總部位於阿拉巴馬州的莫比爾（Mobile），是一家基礎穩固的大型船運公司，航線遍及歐洲與亞洲。華特曼旗下的小分公司泛大西洋汽船公司（Pan-Atlantic Steamship）擁有四艘船，專門往返波士頓與休士頓港。麥克連馬上就看出這家公司吸引人之處。泛大西洋汽船在一九五四年紐約碼頭工人大罷工中受創極重，一整年只跑六十四班船，但擁有可以航行十六個港口的寶貴資產。其母公司華特曼汽船沒有任何負債，資產包括三十七艘船和兩千萬美元的現金。麥克連試探地提出初步提議，發現沒有四千兩百萬美元不可能買下華特曼。[16]

緊接著，一連串史無前例的金融與法律操作便開始了。首先，ICC 禁止卡車公司擁有船運公司，為了規避此條例、順利提出申請，麥克連於一九五五年一月創立了一家全新的公司，名為麥克連工業（McLean Industries）。雖然麥克連工業是公開上市的公司，實際上卻是家族控股的事業；麥克連擔任總裁，弟弟詹姆斯是副總裁，姊姊克拉拉（Clara McLean）則是秘書兼助理財務長。三姊弟再把卡車公司交由信託控制，他們則為信託受益人。麥克連保留了五百萬美元的股票，受託人則被授權出售其餘股票。信託文件一簽好，麥克連姊弟便辭去麥克連卡車的董事職務，接著在一小時內，麥克連工業即取得了泛大西洋汽船的控制權。為了打造新的事業，美國最知名的卡車大亨放棄了他一手建立的事業，僅基於一些未經測試的海運構想。[17]

數家鐵路公司對這樁交易提出抗議，說麥克連實際上同時控制著麥克連卡車和麥克連工業，違反禁止同時擁有卡車與船運公司的法律。最後 ICC 同意了這樁交易，但註明「交易程序根據顧問的建議而生，且並非刻意違犯法令」。無論如何，一九五五年九月，受託人賣光了麥克連卡車的股票，平息了法律上的問題。麥克連在過程中並未占便宜，他出售麥克連卡車得到一千四百萬美元，一九五五年，他的淨值為兩千五百萬美元，相當於二〇一五年幣值的兩億美元。日後有人問他是否曾經考慮，在跨入海運事業時為自己部分的財富避險，他斬釘截鐵答道：「沒有。」麥克連解釋：「你非得全神投入不可。」[16]

泛大西洋公司只是道開胃菜。一九五五年五月，麥克連工業提議收購華特曼本身。麥克連和他的銀行家小組策劃了一場極為複雜的金融交易。麥克連工業將支付華特曼七萬五千美元，要他們停止所有的國內服務，並交出 ICC 的營運許可證，企圖取消 ICC 對這項併購的管轄權。接著，麥克連工業將向國家城市銀行借款四千兩百萬美元，幾乎達到該銀行借出單筆款項的法律上限。麥克連工業再發行優先股，籌措另外的七百萬美元。達成交易後，華特曼的兩千萬美元現金和其他資產將用來償付半數的貸款。萊斯頓在國家城市銀行的上司光是想到銀行兩千兩百萬美元的錢仍然有風險，就幾乎中風。誰曉得麥克連的卡車─船運服務會不會有客人？誰會提供設備的融資？船上的拖車廂能否熬得過海上的風暴？到了最後一刻，這批銀行家奉令取了消交易。萊斯頓打電話給下榻紐約埃塞斯飯店（Essex House）的麥克連說：「你最好趕快過來，事情不是很順利。」當麥克連趕到華爾街，邁入國家城市銀行總部時，萊斯頓建議麥克連必須親自說服銀行的高層主管，要求核准放款。銀行家小組告訴麥克連，這筆貸款的風險太高，萊斯頓的經驗不足。其中一位說：「他還是個實習生。」麥克連反脣相譏：「他可能還是個實習生，但再過不了多久，他會變成你們的老闆。」麥克連日後回憶道：「他們說『也許我們再研究一下。』」最後，貸款通過了。[19]

但交易尚未完成，而且還有另一家競購者（亦由國家城市銀行提供融資）也對華特曼愈來愈感興趣。為了避免出任何差錯，律師們決定，整樁交易必須同時完成。五月六日，華特曼的董事會和麥克連的銀行家與律師在莫比爾的董事廳開會時才發現，董事會的法定人數不足。一名華爾街律師馬上就搭電梯下樓，攔住一名行人，問他是否想輕鬆賺得五十美元。這個人很快被選任為華特曼的董事，湊足法定人數。接著華特曼的董事會成員同時辭職，由麥克連提名的人選接任。新董事會立即投票決定支付兩千五百萬美元的股利給麥克連工業，然後這筆錢在一通電話下立即匯至國家城市銀行。會議結束時，競標對手的律師向董事會提出阻止股利匯出的法律文件，但銀行已經收到錢了，且華特曼已歸麥克連所有。這段故事充分展現了麥克連對財務精打細算的能力，他只從自己的口袋掏出一萬美元，就取得美國最大的船運公司之一，手法就是日後大家所知的融資併購（leveraged buyout, LBO）。萊斯頓回憶說：「就這層意義來看，華特曼是史上第一樁融資併購案。」[20]

麥克連的戰利品是一家從未負債的公司，截至一九五五年底，公司的銀行和船舶抵押貸款激增到兩千兩百六十萬美元，幾乎是稅後收益（兩百三十萬美元）的十倍。麥克連的部分做法後來成為融資併購的標準，也就是處理掉不想要的華特曼資產來償付債務；他在併購後不到兩個月就出售了一家旅館、一座旱塢和數項事業，籌措了近四百萬美元。負債累累的麥克連開始運籌帷幄，爭取政府的贊助。美國聯邦政府對以船載運卡車拖車廂愈來愈感興趣，泛大西洋公司取得了六千三百萬美元的政府貸款保證，訂購了七艘可以直接把車開上甲板的新船，每艘船可載運兩百八十八個拖車廂，並可節省超過七五％的貨運處理成本。[21]

　　這筆錢後來並未動用，因為麥克連重新思考了他的計劃。他發現，用船載運拖車廂的效率並不高：拖車廂下的輪子會浪費船上許多寶貴的空間。麥克連冥思苦索，想到了一個更為激進的點子。政府的海運獎勵計劃讓航運公司可用極低的價格購買二戰剩餘的油輪。泛大西洋公司準備購買兩艘，經改裝後，這種船可以用來載運卡車車廂——與它們的鋼座、輪軸和輪子分離的廂體。去掉鋼架和輪子，每個車廂可以減少三分之一的空間。更棒的是，車廂可以堆疊起來，這是有輪子的拖車廂辦不到的。按照麥克連的構想，卡車將拖著車廂到船邊，裝載二十噸貨物的車廂將脫離鋼製的底座，被吊至甲板上。到了航程的終點，再把車廂吊至一輛拖車的空底座上，拖運到目的地。[22]

　　這個構想被拿來模擬計算麥克連卡車的客戶百齡壇啤酒（Ballentine Beer）所用的成本。紐約港務局的分析師計算，從紐華克到邁阿密，以傳統的沿岸船運載運一批啤酒，包括用卡車載到港口、卸貨、堆疊在臨時倉庫、移出臨時倉庫、以吊網吊至船上裝載等，每噸的成本為四美元；抵達邁阿密港口的卸載費用也大約是這個數字。採用貨櫃這個替代方案——在釀酒廠把啤酒裝到貨櫃裡，再把貨櫃吊到一艘特別設計的船上——估計每噸的成本只要二十五美分。載運相同的產品時，就算把貨櫃的成本也算進去，貨櫃船運的成本將比散裝貨運便宜九四%。[23]

若要執行這項任務，油輪當然不是理想的船隻，卻能降低財務上的風險。如果從休士頓回紐華克，沒有人想以貨櫃載貨，這些船仍然可以載油賺點錢。麥克連所描繪的這種「吊上吊下」的吊裝船（注：lift-on/lift-off ship，簡稱 LOLO，貨物進出以吊裝的方式堆放到船上，由港邊的起重機吊卸貨櫃），是他想用政府的貸款保證會打造的滾裝船（注：roll-on/roll-off ship，簡稱 RORO，滾裝船的船側裝有艙門，好讓堆高機等車輛經由斜坡道進出船舶，裝卸貨物）之先驅，但拖車廂貨船的計劃被擱置在一旁，最後宣告放棄。[24]

掀起革命之前

即便後來普遍認知貨櫃船運的構想是麥克連首創的，但在一九五五年初，當麥克連放棄以泛大西洋公司的船載運整輛拖車廂的計劃、改為只載運車廂之際，他買不到現成的設備。市面上已經有小型的鋼製貨櫃，但就像一些船運公司偶爾為之的做法，把這種鋼櫃拖吊到貨艙，跟其他散裝貨一起載運，顯然對降低成本沒有多大的助益。卡車車廂也買得到，但要把數十萬磅重的車廂吊離車架和輪子，絕非普通設備所及。急著開創新營運的麥克連要求他的部屬找出方法實現他的構想。到了三月，一位叫坎普頓（George Kempton）的泛大西洋公司主管打了通電話給譚林傑（Keith Tantlinger）。

三十五歲的譚林傑是華盛頓斯波坎（Spokane）布朗工業公司（Brown Industries）的工程長，也是當時業界有名的貨櫃專家。布朗公司從一九三二年就開始打造拖車廂，而譚林傑除了為卡車公司設計拖車廂，還在業界會議促銷布朗的產品。一九四九年，他設計了第一個現代船運貨櫃，一種三十呎長的鋁櫃，可堆疊兩層，用於西雅圖與阿拉斯加之間的駁船貨運，也可放在板架上，由卡車拖運。訂單量只有兩百個貨櫃，除了初期引來的好奇，再也沒有後續訂單。譚林傑回憶說：「大家都感興趣，但沒有人肯掏腰包。」[25]

麥克連在經營卡車公司時從未與布朗工業做過生意，不過，現在既然跨行做船運事業，他需要譚林傑的專長——而且是馬上。第二天早上，譚林傑飛到泛大西洋公司的所在地莫比爾。麥克連開門見山粗聲道：「我知道你很懂一切與貨櫃有關的知識。」接著他解釋了自己的計劃。他提議使用三十三呎長的貨櫃（之所以選擇這個尺寸是因為 T2 油輪上可用的空間可以被三十三整除），而這個尺寸至少是當時常見貨櫃的七倍。麥克連的構想不是把它們跟其他船艙裡的貨物一起裝載，他提議在兩艘油輪甲板錯綜複雜的油管上，以稱作飛行甲板（flying deck）或輕甲板（spar deck）的金屬架，固定這些貨櫃。輕甲板要承載八個並排的貨櫃。這個構想還包括在貨櫃的各個面附帶六個鋼製零件，每個一呎長，底部有個小孔，當貨櫃垂吊到甲板上時，鋼製附件將垂直滑進輕甲板金屬架的糟，再以桿子插入金屬架下的孔，將貨櫃鎖住。最重要的是，泛大西洋公司所規劃的貨櫃將可輕易地在船隻、卡車和火車之間轉移。[26]

麥克連的卡車貨運總管艾格（Cecil Egger）已經開始利用兩輛舊型的弗魯赫夫（Fruehauf）卡車拖車廂做實驗，並把 A 型鋼製托架銲在各邊以增加強度。譚林傑很快便看出這種做法行不通：這些貨櫃要以凸出底部的鋼製零件固定，因此不可能堆疊起來，A 型托架則會使拖車廂變得太寬和太高，無法在公路上拖運。譚傑林告訴麥克連，標準的布朗貨櫃以鋁製側壁和頂部來承載大部分的重量，應該能符合需求。麥克連訂製了兩個三十三呎貨櫃，說好兩星期後在巴爾的摩伯利恆鋼鐵（Bethlehem Steel）的造船廠交貨，即改造兩艘油輪之處。到了指定交貨日，譚林傑原本應該在巴爾的摩的勛爵飯店（Lord Baltimore Hotel）與泛大西洋公司的主管見面吃早餐，但他們並未出現；於是他打電話到造船廠，得知他們已經在那裡了。譚傑林匆匆趕至現場，麥克連、詹姆斯、坎普頓和艾格正在貨櫃頂上跳來跳去。譚林傑曾告訴麥克連，極薄的鋁製櫃頂之強度足以支撐貨櫃而不會變形，麥克連等人試著駁倒他的說法，但沒有成功。驗證布朗貨櫃確實可靠後，麥克連下了兩百個貨櫃的訂單，並要求不太情願的譚林傑搬到莫比爾擔任他的首席工程師。

　　譚林傑的工作之一是說服為海運保險商制訂標準的美國驗船協會（ABS），載運貨櫃的理想－X號適合在海上航行，而美國海岸防衛隊則希望能確保貨櫃不會危及船員的安全。經過協商後，海岸防衛隊同意做測試。泛大西洋公司要求卡車公司的工人把裝了煤球的紙箱堆滿兩個貨櫃，比照一般貨運的重量測試，但成本很低。這些貨櫃被繫在改裝過的 T-2 油輪甲板架上，往返紐華克和休士頓之間。每趟航行海岸防衛隊都會檢查貨物，直到有次航程中碰上了大浪，才說服了這個掌管船運的機構相信貨櫃的安全性。測試期間的照片顯示，每一趟航行中，貨櫃裡的紙箱都保持乾燥，而且位置完全沒有移動，因此獲得了 ABS 的認可。

　　接著是裝載貨物的問題。一九五○年代大多數的貨船都有裝備絞車，可以在任何港口裝卸貨物，但標準的船上絞車無法吊起二十噸的貨櫃而不使貨船失去平衡。解決之道是利用賓州徹斯特（Chester）某座停用的船塢上閒置的兩具可迴轉大吊車。這兩具吊車的吊桿有七十二呎高（注：約二十二公尺），原本設計來在沿著碼頭與船隻平行的軌道上移動，泛大西洋公司把它們給拆了，縮短了二十呎的結構，然後運到紐華克和休士頓的碼頭；在兩個港口的工人則開始加強碼頭，以適應增加的重量，並安裝鐵軌和高負載的電力，供吊車使用。以吊車垂吊貨物也是譚林傑新發明的省錢設備，使用的是長度和寬度超過貨櫃的吊架桿（spreader bar）。有了吊架，碼頭工人就不必爬梯子上每個貨櫃頂，把吊車垂下來的鉤子鉤住貨櫃。吊車操作員只要坐在比碼頭高六呎的小控制艙中，就可降下吊架到貨櫃上方，扳動一個開關就能把鉤子鉤住貨櫃的每個角。貨櫃一吊起來，移動到該去的位置後，再扳動另一個開關就能解開鉤子，地面上的工人完全不必碰觸貨櫃。[27]

麥克連希望在一九五五年推出泛大西洋公司的新服務，但政府的動作沒這麼快。直到一九五五年底，聽證會已經過了好幾個月，ICC 終於裁決鐵路公司的反對無效，授權讓泛大西洋公司在紐華克和休士頓之間載運貨櫃。爭取海岸防衛隊的許可延宕也使得首航日期一再延後。一九五六年四月二十六日，一百位顯要人士在紐華克港享用午餐，並觀賞一部吊車只花七分鐘的時間，就把一個貨櫃吊到理想－X 號上。整艘船的裝載只花了八個小時，並在同一天啟航。麥克連和公司的主管則飛往休士頓觀看貨船抵達。一名在場人士回憶道：「他們都在二號碼頭等待船抵達，當船駛入港口航道時，所有碼頭工人和其他人都圍過來看。他們對甲板上載著貨櫃的油輪都嘖嘖稱奇。我們在休士頓見過數千艘油輪，從來沒有一艘像它那樣。人人爭睹這個奇怪的東西，難以置信自己看到了什麼。」不過，對麥克連而言，真正的勝利要等成本計算出來方能見真章。一九五六年，從一艘中型貨船卸載散裝貨每噸要花五‧八三美元；麥克連的專家計算，卸載理想－X號的貨物每噸只要十五‧八美分。有了這麼漂亮的數字，貨櫃的前景看來是無可限量。[28]

泛大西洋公司的海一陸服務正式開張，每星期在紐華克與休士頓之間雙向各開一班船。泛大西洋公司本身禁止擁有卡車，但可與卡車公司簽約，在顧客卸貨的碼頭接運貨物，把貨櫃載到最終的目的地。從四月到十二月，泛大西洋公司共完成了四十四趟貨櫃航次，行駛東部和墨西哥灣沿岸。麥克連的典型作風展露無遺，他手下的工程師計算了甲板額外的小空間後，決定把油輪的載運容量從五十八個貨櫃增加到六十個，然後再增至六十二個。要是還有什麼方法能從這兩艘老舊的油輪榨出任何額外的收入，麥克連絕對不會放過。[29]

鐵路和卡車貨運業再度卯足全力扯後腿，他們激烈抗議麥克連未經ICC核准就併購了華特曼，已公然違反州際商業法（ICA）。雖然華特曼為了規避ICC的管轄，已經放棄了國內的營運權，但ICC並未接受他們的棄權，且泛大西洋公司要求「暫管」華特曼的權利，使兩家公司仍然維持關係企業的身分，更讓整樁交易露出了破綻。一九五六年十二月，ICC審查員同意了業者的申訴。這位審查員表示，雖然麥克連「是一位有遠見、有決心，相當能幹的主管」，但他未經委員會核准就收購華特曼違反了法律。作為懲罰，他提議強迫麥克連撤出華特曼的投資。一九五七年，ICC 拒絕了審查員的建言，讓麥克連繼續掌管泛大西洋和華特曼公司，而且更重要的是，他手上仍然保有華特曼的船隊。[30]

　　麥克連絕非貨櫃船運的「發明者」。各種形狀尺寸的金屬貨櫃已經使用了數十年，在理想－X 號首航前，早有無數的報告和研究支持貨櫃船運的構想。早在一九二九年，美國汽船業者海火車船運公司（Seatrain Lines）就曾特別打造載運金屬製火車廂的船，並以吊車在碼頭邊協助上下貨。眾多的先例導致歷史學家忽視了麥克連成就的意義。法國歷史學家波魯埃（Rene Borruey）宣稱，麥克連的貨櫃「只是重新改造了長期沿用的運輸方法，最早可溯及二十世紀初。」美國歷史學家費茲傑羅（Donald Fitzgerald）也附和他的說法：「與其說是革命，一九五〇年代的貨櫃化只是海上貨物運輸發展史中的一章。」[31]

　　當然，狹隘上來說，這些評論說得沒錯。一九五〇年代初期，海運貨物處理的成本太高是個公認的嚴重問題，也有許多人討論，貨櫃或許是個解決方法。麥克連並非貨櫃構想的原創者。但歷史學家辯論的先例沒有提到麥克連的成就改變了產業的性質。雖然也有許多公司試著把貨物裝進貨櫃裡，但早期的嘗試並未從根本上造成貨運經濟的轉型，也未造成深遠的影響。

　　從今日的眼光看來，麥克連的遠見相當尋常，但在一九五〇年代卻十分激進;他深諳船運事業的根本是運載貨物,而非行駛船舶。這種洞見帶領他發現了與過去截然不同的貨櫃化觀念。麥克連了解,降低船運成本所需的不只是金屬箱子,而是處理貨物的全新方法。這個系統的每一部分——港口、船、吊車、堆儲設施、卡車、火車,以及船運商本身的運作——都必須改變。這種認知使他走在運輸業幾乎所有人的前端好幾年。他的遠見所引領的重大改變,讓推動貨櫃化數十年的國際貨櫃局(ICB)專家都大為驚訝,正如該機構的一位領導人日後坦言:「當時我們並不了解,美國正在展開一場革命。」

第 4 章

系統

一九五六年秋季，美國東岸各個碼頭醞釀了一場罷工。面對泛大西洋和華特曼的船隊有可能會停擺，麥克連決定儘量利用這段罷工的時間。他把六艘華特曼的 C-2 貨船轉移至泛大西洋公司名下，把它們派到華特曼位於莫比爾的船塢。他們重新啟用這座二戰後已停用的船塢，並把這批貨船改裝成貨櫃船。構想是把船艙改造成蜂巢狀的金屬格，可以容納三十五呎的貨櫃，比理想－X 號載運的貨櫃再長兩呎。這些船經改造後將於一九五七年再度出海。當然，當時並沒有純貨櫃船的標準模式，金屬格也不存在，而且從來沒有人把貨櫃疊到五、六層高。貨櫃放進金屬格應該要多緊密？船航行在大海上時，六層高的貨櫃會怎麼樣？還有要是港口沒有陸上吊車，船隻該如何卸貨？一如以往，麥克連的行事風格並沒有因為這些細節而耽擱。他只要求部屬把這件事辦好。[1]

　　C-2 貨船和泛大西洋公司的 T-2 油輪不同，原本是設計來用五個船艙載運大量的散裝貨，因此改裝它們不至於有太大問題。寬敞的甲板有六十三呎到七十二呎寬，艙門很大，因此整個貨櫃堆儲區的上方相當寬敞。艙裡固定貨櫃的艙格是難度較高的挑戰。在莫比爾的阿拉巴馬州立碼頭上，譚林傑建造了一個二十呎高的模型。艙格的導引裝置是一些垂直的鋼條，有九十度的彎角可夾住貨櫃的邊角，裝在液壓起重機上，可以升高下降，以模擬船的傾斜。吊車則嘗試以不同的角度，把貨櫃放進或移出艙格，同時用儀器測量貨櫃及艙格在不同傾斜角度所承受的壓力與應變。經過數百次的測試，譚林傑得出了結論：每一個艙格應該比它容納的貨櫃更長一・二五吋，更寬〇・七五吋；小於這個尺寸會讓吊車操作員難以把貨櫃放入艙格導引器，太大貨櫃則會在航行中移來移去。打造好艙格、安裝在船艙上後，C-2 貨船可以載運兩百二十六個貨櫃，幾乎是理想－X號的四倍。[2]

機械天才

　　載運量較龐大的大船，上下貨也較為複雜，較小型的 T-2 油輪所用的方法已不敷使用：如果卸載一個貨櫃要花七分鐘，一艘船若要載滿兩百二十六個貨櫃，就得停在港口超過二十四個小時。操作程序的每一個方面都必須重新設計，才能加快處理的速度。譚林傑發明了一種新型拖車板架，邊緣是傾斜的，如此一來可以讓吊車垂降的貨櫃自動被導引到適當的位置。新的鎖扣設計也讓碼頭工人只需拉起或放下板架的各角，就能鎖定或解開貨櫃，省去使用鐵鍊以避免貨櫃滑脫卡車的繁瑣苦活。這些改變讓卡車可以迅速卸下或裝上貨櫃，駛離碼頭，不會占用寶貴的碼頭空間。貨櫃本身也經過重新設計，採用厚重的鋼製角柱，以便支撐堆在上頭的更多貨櫃；新的冷凍貨櫃把冷凍機裝入貨櫃的側壁，如此一來就能與非冷凍貨櫃堆疊在一起。新設計的門採用凹入後角柱的鉸鍊，不會從側邊凸出。

這些新貨櫃的八個角上都裝有一種特別的鋼鐵鑄件，經過特殊設計，每個鑄件都有一個長橢圓形的孔，來搭配一項最重要的發明：扭轉鎖定器（twist lock）。這種裝置有一個圓錐部件的尖端向下，另一端則朝上，可在貨櫃堆疊時插入角柱的鑄件。當一個貨櫃垂降到另一個貨櫃上頭時，碼頭工人可以快速轉動把手，將兩個貨櫃緊緊鎖在一起。準備卸貨時，只要將把手拉到另外一邊，貨櫃就可馬上解開。[3]

等到艙格與貨櫃設計完成後，泛大西洋公司才能專心解決新作業程序的另一個重要問題：吊車。紐約和休士頓碼頭邊的大吊車無法滿足新需求，另一個麥克連想拓展業務的港口則根本沒有大吊車。使用船上的吊車是最直接的辦法，但既有的船上吊車無法吊起重達四萬磅的三十五呎貨櫃，也沒有一家海運吊車製造商能按照麥克連雄心勃勃的時程，在九十天內設計並運交一具測試用的原型吊車。絕望之餘，長年在華盛頓州工作而熟識伐木業者的譚林傑建議打電話問問看製造柴油動力伐木吊車的公司。以酒量聞名的康貝爾（Robert Campbell）經營一家工程公司，專門重新設計並改裝船舶和碼頭，他找上華盛頓州塞德羅伍利（Sedro-Woolley）的史凱吉特鋼鐵公司（Skagit Steel & Iron Works）。

　　史凱吉特鋼鐵的老闆麥辛泰爾（Sidney McIntyre）從未做過與船有關的工作，對電動吊車也不是很熟悉，但他同意打造一具吊車。根據康貝爾的描述，他是個「機械天才」。不到九十天，史凱吉特鋼鐵便打造了一具龐大的吊車，掛在一個可以跨越整艘船的巨大鋼架上。C-2 貨船的舵手室位於船的中央，因此每艘船需要兩架吊車，一架在船首，另一架在船尾。吊車在船兩側的鐵軌上前後移動，可以在船上的任何地方橫移，立刻停在任何貨櫃的上方，將它垂直吊起。可摺疊的長臂讓吊車可以伸到碼頭上方吊卸貨櫃。[4]

　　艙格與高架吊車的結合，使得處理貨櫃的速率再創新高。卸載第一排艙格後，船就能同時裝卸貨櫃，方式有如生產線：吊車移到碼頭，把貨櫃放置在一輛拖車的空板架上，再吊起位於另一輛拖車上的待裝貨櫃，將它放進空艙格裡。兩具吊車每小時可裝卸各十五個貨櫃，第一艘經改裝的 C-2 貨船蓋特威市號（Gateway City）只需要八個小時，就能卸載並裝載整船貨櫃。美國國會海洋商事委員會主席伯恩納（Herbert Bonner）說，這些新船「是我們這個時代美國商業海運最偉大的進步。」當時，譚林傑還不是很有把握。一九五七年十月四日，蓋特威市號首航之前，他經過紐華克的一間伍爾沃思零售店（F. W. Woolworth），買下店裡所有的模型黏土。接著他以小刀將黏土切成許多小塊，將它們擠進頂層貨櫃與艙格金屬架之間的間隙。三天後，蓋特威市號抵達邁阿密碼頭，他取出黏土，檢查貨櫃移動了多少距離。黏土上的印痕顯示，它們只移動了十六分之五吋（注：約〇‧八公分），證明貨櫃船在海上的搖晃不會讓成堆疊的貨櫃滑移，也不會有相關的危險。[5]

到了一九五七年底，泛大西洋公司的六艘純貨櫃船有四艘加入營運，每隔四天半就有一艘船會從紐約南下，或從休士頓東行。一九五八年初，最後改裝的兩艘 C-2 貨輪也加入了船隊。理想－X 號和另一艘姊妹油輪已被出售，連同四百九十個最初的三十三呎貨櫃，以及三百輛搭配的板架車。泛大西洋公司海－陸服務的容量已比一年前擴增了四倍，看似即將展開爆炸性的成長。[6]

實際上，泛大西洋公司卻航向暗礁。一九五八年三月，麥克連打算使用兩艘純貨櫃船展開波多黎各的服務。波多黎各是個頗具潛力的市場，受到島國的限制，波多黎各幾乎所有的消費產品都仰賴船運供應；身為美國的屬地，波多黎各受美國《瓊斯法》（*Jones Act*）的管轄，該法案規定，波多黎各與美國港口之間的貨物必須使用美國建造的船舶運輸、船上一定要雇用美國船員。限制競爭使得少數服務波多黎各的船運公司能收取極高的費率，因此麥克連認為，泛大西洋公司的貨櫃船可以輕易搶占市場。他的如意算盤裡並沒有碼頭工人。當第一艘貨櫃船從紐華克啟程、抵達聖胡安（注：San Juan，波多黎各首府）時，當地的碼頭工人拒絕卸載貨櫃。談判延宕了四個月，兩艘船在港口空耗，所費不貲。最後泛大西洋公司屈服於工會的要求，雇用二十四人一組的工人處理貨櫃船，作為定期服務要從八月開始的交換條件。這次的耽擱加上處置現已老舊的油輪，使得麥克連工業陷入財務困境。一九五八年，他們的淨虧損達四百二十萬美元，幾乎吃掉之前三年的獲利。[7]

麥克連並未就此放慢腳步。他下了一個結論：泛大西洋公司的根本問題，在於船運產業被動又遲緩的文化。像泛大西洋這樣的國內船運公司皆在高度規範的環境下營運，幾乎沒有容納創業精神的空間。而在國際間營運的美國航運公司，如華特曼，則可以加入國際費率卡特爾。掛著美國國旗並雇用美國船員的船隻擁有承攬龐大美國政府貨物運輸的權利，包括軍方物資，許多船運公司還有領政府的補貼。這種保護文化使得華特曼這類的公司坐擁厚利，華特曼莫比爾總部大樓的大廳設有一顆會旋轉的大地球，十六樓還有豪華的主管套房。華特曼公司培養不出麥克連想要的那種匠心獨具、有強烈進取心、急著想征服世界的員工。麥克連決定改變這種文化。一九五八年六月，當時的泛大西洋公司只有經營貨櫃船，他決定把泛大西洋搬至紐華克碼頭附近一座由鳳梨倉庫改裝的新總部，並刻意把經營傳統散裝貨輪的華特曼留在莫比爾。

泛大西洋公司的新辦公室氣氛大不相同。麥克連用了一間裝潢很簡單的玻璃門辦公室，面對一個開放式的大樓層，裡頭有一張張辦公桌並排而置。每天早上，麥克連會在樓層徘徊，核對最新的現金流報表，或新船建造計劃的進度；他打破作業階層，直接取得他要的資訊。不過，公司的氣氛全由他姊姊克拉拉所掌控。她的辦公桌位於樓層中央，可以監控每個人與每件事。她知道誰晚進辦公室。她還會裝飾辦公室；當獲得升遷的經理搬進自己的玻璃門辦公室時，會發現她已經幫他們選好所有家具，包括牆上掛的畫。一名主管回憶道：「如果你自己在牆上掛一幅畫或日曆，第二天早上就會收到克拉拉的紙條。」她訂定一切的規矩：只能在咖啡間喝咖啡，不能打個人電話，每天晚上要清理辦公桌。她會親自檢查每一張打卡記錄表，批准每個人的任用。[8]

麥克連不是唯一對貨櫃化感興趣的船業大亨。一九五四年，當麥克連正為他在東岸提出的拖車開上船計劃租用碼頭時，美森航運公司（Matson Navigation）開始贊助貨物處理的學術研究。總部設在舊金山的美森航運也在考慮要不要採用貨櫃，但方法與麥克連南轅北轍。

美森公司

一八八二年成立的美森航運是一家管理鬆散的家族控股公司，從夏威夷的一艘船起家，發展成一個運輸集團。美森擁有加州的油井、油輪，以及在夏威夷群島儲存石油的油槽。此外，美森也有客輪，並在威基基（Waikiki）海灘興建旅館吸引旅客。這家公司擁有夏威夷的甘蔗農場，並以自己的貨船把糖運送到美國本土。二戰之後的幾年，美森旗下連航空公司都有。但這些事業都沒賺什麼錢，最大的問題在於，公司的許多大股東並不想賺大錢。美森董事會的成員包括夏威夷甘蔗與鳳梨農場的主人，他們只在乎怎麼以低廉的成本把產品運到市場上。因此美森的船運服務就算有賺錢，也是運氣成分居多。[9]

一九四七年，情況開始有了轉變。美森家族說服了資深商船主管庫辛（John E. Cushing）延後退休，出任三年的總裁。庫辛為這家公司首度建立了預算制度，並認真解決生產力低落的問題。一九四八年，美森公司裝設了一套革命性的機械系統，以散貨而非百磅袋子的散裝方式來運送糖。散貨糖的運輸需要龐大的投資——在夏威夷興建貯存粗糖的大糖倉、一隊負責把糖從工廠運到碼頭的卡車、把糖從卡車上移到糖倉頂端的輸送帶，以及更多的輸送帶，以免糖在糖倉裡循環的過程中結成硬塊。這些投資大幅降低了運輸成本。有了糖的經驗，美森公司認為自動化是可行的。在庫辛退休後不久，美森公司決定深入探究，在美國西岸與夏威夷之間載運一般貨物的處理是否也能機械化。[10]

美森公司從容不迫地進行他們的計劃。但麥克連掌舵下的泛大西洋公司是從無中生有打造一個全新的事業，並靠著迅速行動來降低風險。美森公司不趕時間，它有龐大的既有事業要保護，董事會成員也緊緊掌控著公司的荷包。一九五六年，在委託學界研究兩年後——這兩年間，麥克連已把構想化為實際運作的事業——美森設立了一個公司內的研究部門，並雇用地球物理學家威爾登（Foster Weldon）主管其事，在這之前，他曾參與過北極星核子潛艇的研發。

這與泛大西洋公司恰好形成鮮明的對比。麥克連的工程師（像是譚林傑和康貝爾）都不是學術界出身，但他們在業界有豐富的經驗，也都被告誡不要公開誇耀他們的背景。威爾登是名校巴爾的摩約翰霍普金斯大學（Johns Hopkins University）的教授，在營運研究這個新的科學領域是號響叮噹的人物，專門研究如何以有效率的方法管理複雜的系統。泛大西洋公司初期採用的技術是邊做邊學的結果，使用的是老舊的油輪、造船廠的吊車，貨櫃的尺寸則視油輪的大小而定，並假設營運一旦開始起飛，一切就會漸入佳境。威爾登認為這種得過且過的策略難以令人信服。他意有所指地寫道：「所有運輸公司對『最理想的』貨櫃系統所需的設備，都發展出各自的理論，但就連哪一種貨櫃尺寸最符合運輸經濟學，都缺乏量化的資料。」他說，他的目標是建立有用的資料，並為美森公司找出開創貨櫃船運的**最佳**方式。[11]

　　威爾登很快就碰上了為美森公司策略定調的問題。該公司約有半數的一般貨物適合貨櫃運輸，但貨物的流量卻不平衡：每每公司從夏威夷送一噸的貨物到美國本土，就會從本土運三噸的貨物回夏威夷。西向船班的營收必須用來彌補大量從夏威夷往東返航的空貨櫃。更糟糕的是，美森公司大部分的業務來自加州的食品加工業，且往往是運送小量的貨物到夏威夷群島上的家庭雜貨店。美森公司必須在加州整併小量的貨物填滿整個貨櫃，並在檀香山打開貨櫃，再把每批貨物分送到不同的目的地──這會增加貨櫃運輸的成本。不過，從另一方面計算，威爾登發現，如果能省去把每件小貨物從卡車搬到船上、再從船上搬到卡車的程序，貨櫃運輸就能節省美森既有業務的一半成本。「這種成本從以前開始就一直慢慢升高，而且只要用人力處理，就會永無止境繼續上升。」他說：「目前碼頭工人薪資快速增加的趨勢毫無改變的跡象，而生產力則卻未跟著提升。」在自動化的迫切需求下，威爾登想出了一套採用貨櫃的方法：如果美森公司能順著路線，依序把小批貨物裝載到貨櫃上，負責運交貨物的卡車即可在檀香山接運貨櫃，並立即沿著路線送貨。每家雜貨店的貨物只要在卡車抵達商店的時候處理，貨櫃化在夏威夷的經營就能符合經濟原則。[12]

即使貨櫃行得通，它們的尺寸應該多大？威爾登的分析指出，貨櫃愈小，直接從託運者送至收貨者（不必重新裝卸）的整櫃數量就愈多；但另一方面，把兩個十呎的貨櫃裝載到船上再卸下所花的時間，是一個二十呎貨櫃的兩倍，不利於公司對吊車和船隻的投資。用電腦分析數千次美森公司的貨運資料後──在一九五六年，這個工作必須製作數千張穿孔卡──威爾登的研究團隊得到了結論：就夏威夷的貿易而言，二十到二十五呎的貨櫃最有效率；再大的貨櫃會浪費太多填不滿貨的空間，小於二十呎的貨櫃則會浪費太多裝卸時間。他們建議美森公司最好一開始先像泛大西洋公司那樣，在甲板上放置貨櫃，貨艙裡則裝載傳統的散裝貨。美森只要把十五艘 C-3 貨船中的六艘改裝成甲板型貨櫃船，就可在檀香山到洛杉磯，以及檀香山到舊金山之間開闢每週定期的貨櫃服務。威爾登發現，就算貨櫃業務的規模一直很小，這種做法仍然能保持獲利。如果業務成長，美森公司就可以再改裝更多的貨船來載運貨櫃。他的結論是，這種貨櫃化的方式「在初期發展階段將創造有利的條件，進可攻退可守，可視情況全力發展，在需要謹慎以對的時刻，也能隨時喊停。」[13]

　　一九五七年初，美森公司的管理階層接受了威爾登的建議。剛上任的航運規劃師哈蘭德（Leslie Harlander）擔起了總管工程的責任。哈蘭德受命雇用了一名助理，並開始詳細規劃貨櫃業務的所有內容。上級明確指示他必須小心花錢，此外，他也必須證明每一項選擇的投資報酬率比其他選項還高。[14]

　　哈德蘭的兄弟唐恩（Don）是專門設計吊車的工程師，一九五七年七月，兄弟倆開始規劃所需的吊車。十月的時候，他們前往休士頓觀察泛大西洋公司改裝的蓋特威市號首航進港。蓋特威市號是 C-2 級的貨船，比二戰期間推出的 C-3 貨船略小也略慢，船上配有海—陸服務的兩具新型吊車。要是兩具吊車同時運作，蓋特威市號處理貨櫃的時間絲毫不輸給小得多的理想－X 號。不過，哈蘭德兄弟馬上就看出船上吊車有個缺點。泛大西洋公司的兩名吊車操作員各坐在甲板上方，面對兩盞彩色燈號。綠燈告訴操作員他可以把吊車架移到船側外，把貨櫃放到碼頭上，紅燈則要他等候。如果兩具吊車因為疏忽而同時把重四萬磅的貨櫃懸吊在船側，重量失衡可能會導致貨船翻覆。美森公司的計劃是服務少數幾個大港口，而非許多小港口，因此沒有必要冒這種風險。第一個重大決定一望而知：陸上式吊車才是最佳的策略。[15]

　　一九五六年，泛大西洋公司趕著推出服務，把其他公司留下來的造船廠吊車改裝截短，然而，美森決定不行此道。泛大西洋公司最早使用的吊車是船運界熟知的旋臂式吊車，這種吊車能從甲板上吊起一個貨櫃，弧形擺動到碼頭上，但這種設計使它難以精確地把貨櫃垂降到拖車板架上，所以會減慢整體操作的速度。相較之下，美森公司的吊車從頭開始設計，目標是在五分鐘之內卸載一個進口貨櫃、裝載一個出口貨櫃——比泛大西洋公司的第一具吊車再少兩分鐘。美森公司的吊車裝有從碼頭上延伸九十五呎長的吊桿，長度足以橫跨美森船隊的每一艘船。操作員必須控制一輛台車，把吊梁移到船的上方，降到一個貨櫃上，吊起貨櫃，然後以每分鐘四百一十呎（注：約一百二十五公尺）的速率移回碼頭上。這樣的高速可能會使每個以長纜索垂吊的貨櫃在甲板上空搖晃。哈蘭德設計了一種特殊的吊架來解決搖晃的問題，並以他兒子一九五七年的聖誕節禮物 Erector Set（注：類似樂高的拼組式玩具，可組裝成車輛、機具、橋梁、建築等不同樣貌）製作了一個模型，測試其可行性。[16]

　　威爾登的研究結論建議打造二十呎到二十五呎長的貨櫃，

哈蘭德的工作則是把它們設計出來。一九五七年底，美森公司找上一家卡車拖車廂的製造商拖車移動公司（Trailmobile）來製作兩個原型貨櫃和兩座板架。另一家包商則負責打造兩具吊架和一個模擬船上貨櫃艙格的鋼製框架。隨後是一連數月的測試。設備上附有用來測量應變的器具，不同重量與密度的貨櫃被放進艙格中，吊起來，放在板架上，建立起整套應變的數據。測試的艙格被擺置成各種角度，好決定貨櫃與形成艙格角落的垂直角架間需要多少距離。裝了貨物的貨櫃被堆疊起來，以測量最底層貨櫃的壓力，推高機也被開進貨櫃裡，測量底板能承受多少重量。

結果出爐，哈蘭德的小組決定，對美森公司而言，最具經濟效益的尺寸是八‧五呎高、二十四呎長（注：約為二點六公尺高、七點三公尺長）的貨櫃，比泛大西洋的貨櫃短了十一呎。這些規格參考了威爾登的發現，也就是每節省一磅的重量價值為二十美分，貨櫃內每增加一立方呎的空間，則價值二十美元。為了提升結構的完整性，貨櫃頂部將採用整片鋼板，而不是用板金螺絲將數片鋼板接合起來，就像拖車移動公司之前製造的公路拖車廂那樣。鋼製角柱必須能承受一萬兩千磅的重量——數層貨櫃堆疊起來就是這麼重，比泛大西洋第一個貨櫃的角柱所能支撐的重量還多。貨櫃門由雙層鋁製作，中間有加固夾層，設計的重點在於互相榫合，而非呈直線相接，以承受船在大海中搖晃造成的扭曲壓力。底板鋪上有舌槽榫的北美黃杉。有些特殊的吊車和堆高機需要有特製附件才能與貨櫃相容，基於成本考量，這些特製附件都被排除在外。哈蘭德解釋：「隨便一個額外功能就有可能使一個貨櫃增加兩百美元的成本。如果設備的成本增加了一〇％，整個獲利結構就會出現明顯的改變。」[17]

　　一九五八年初，麥克連正準備為泛大西洋公司開闢波多黎各的新航線時，太平洋海岸工程公司（PACECO）從十一家競標者中脫穎而出，贏得為美森公司建造第一具吊車的合約。太平洋海岸工程對美森公司不尋常的設計有意見，並宣稱不會為貨櫃搖晃、台車的問題，或美森指定的操作速度負責。哈蘭德同意，設計的部分將由美森公司負起全責，於是太平洋海岸工程便開始建造一座聳立在碼頭上的 A 型怪物，怪物的兩隻腳相隔三十四呎，可以讓兩輛卡車或兩列軌道車從下方通過。拖車移動公司也按照美森指定的規格，打造了六百個貨櫃和四百輛車架。美森公司開發出一套繫縛的手法，可以讓貨櫃在甲板上最多疊至五層高（視重量多寡），而不致在海上受損。[18]

　　同時，威爾登的研究團隊繼續研究如何更有效運用美森的船隊。研究人員租用了一部每分鐘租金高達數百美元的 IBM704 電腦，為美森公司的營運建立完整的模型，並把逾三百種商品、公司服務的每個港口一年之中不同時節的貨運量和成本等資料，都納入模型當中。然後再加入港口勞動成本、碼頭與吊車利用率、每艘船的載運量等數據，以針對一些實務問題提供即時的答案：一艘開往夏威夷的大型貨船是否該停靠希羅（Hilo）和拉奈（Lanai）？還是應該在檀香山把貨物轉到支線的船舶上？船應該在一天的什麼時候離開檀香山，以便把運送一船鳳梨到奧克蘭的總成本降到最低？這種模擬在一九五〇年代還很新，且從未在船運業運用。[19]

一九五八年八月三十一日，美森公司跨入了貨櫃時代，旗下的夏威夷商人號（Hawaiian Merchant）從舊金山載著甲板上的二十個貨櫃和船艙中的散裝貨啟航。不久後，夏威夷商人和其他五艘 C-3 貨船都能同時載運七十五個貨櫃，並藉由舊式吊車吃力地裝卸，直到美森航運公司在舊金山灣東邊的阿拉米達（Alameda）設立好新吊車。一九五九年一月九日，全球第一具貨櫃專用吊車開始運作，每三分鐘可裝載一個四萬磅的貨櫃。照此速度，阿拉米達貨櫃站每小時可處理四百噸的貨物，是一般碼頭工人使用船上絞車處理貨運量的逾四十倍。一九六〇年，洛杉磯和檀香山也架設了類似的吊車。[20]

到了那個時候，美森公司已進入威爾登計劃（於一九五七年初擬訂）的第二階段。另一艘 C-3 型貨船夏威夷公民號（Hawaiian Citizen）除了甲板，船艙內也被改裝，能夠載運六層高、六個並排的貨櫃。船的結構連接了四根垂直的鋼角架，固定船艙裡的各層貨櫃。在每根角架的上方有一條大鋼角，引導由吊車垂吊下的貨櫃到適當的位置。為了讓吊車可以處理到每一層貨櫃，艙蓋的尺寸被加大至長寬五十四呎和五十二呎，大到得先用吊車把艙蓋吊開，才能開始處理艙裡的貨櫃。五個船艙中，有一個船艙裝備了冷凍系統和電插座，供冷凍貨櫃使用，如果七十二個冷凍貨櫃中，有任何一個貨櫃的溫度太高或太低，輪機房就會亮起警告燈。裝滿船艙、蓋上艙蓋後，還可以追加其他貨櫃，在艙蓋上再放兩層，使一艘船能容納四百零八個二十五噸貨櫃。保持穩定一直是個問題，尤其是在往來夏威夷的滿載航程中；美森公司的解決之道是，必要時在裝載前就先調整貨櫃，讓最重的貨櫃置於每疊貨櫃的底部，降低船的重心。

耗資三百八十萬美元的改裝在六個月內完成了，一九六〇年五月，夏威夷公民號開始在洛杉磯、奧克蘭和檀香山的三角航線上航行。船一開進港口，碼頭工人就會先移開綁在甲板貨櫃上的繩索，吊車會把甲板貨櫃吊至由運輸車拖曳的車架上，拖至貨櫃集結場供下一階段的運送。甲板一搬空，吊車就會吊起一排貨櫃上的艙蓋，並開始卸載第一排艙格中堆疊六層的貨櫃。然後吊車會轉為雙向作業，一輛運輸車會把一個出口的貨櫃拖到吊車下，旁邊則會有一輛空車架。每三分鐘吊機會垂降到船上，吊起一個進口的貨櫃，搬移到等候的車架上，然後從另一輛車架吊起一個出口的貨櫃,吊進船中。每處理完一排貨櫃,吊車便會沿著碼頭移動,把吊桿對準下一排貨櫃的位置。與必須把一半的時間都耗在港口上的其他貨船相比,夏威夷公民號每趟的航程為十五天,卻有十二天半的時間都在海上賺錢。美森公司保守的主管對此感到非常滿意,一九六四年,他們同意花三千萬美元添購貨櫃船。[21]

此刻,在關係緊密的海運業界,人人都在談論貨櫃。不過,高談闊論仍然遠多於實際行動。除了太平洋岸的美森公司和大西洋岸已改名為海陸服務公司(Sea-Land Service)的泛大西洋公司外,提供定期貨櫃船運服務的船運公司並不多。船運公司必須淘汰掉二戰時代的船隊,但此時船運業似乎即將進入科技改變的時代,使得他們躊躇不前。

華頓商學院不會教你丟銅板

貨櫃即將改變船運業似乎是個不爭的事實,但還沒有明顯到會帶來一場革命。著名的造船工程師高德曼(Jerome L. Goldman)說,貨櫃只是「權宜之計」,對降低成本無所助益。許多專家認為貨櫃是一項利基技術,適合用於沿岸和美國島嶼屬地的航線,但在國際貿易上並不實用。把數千萬美元投資在可能會被證明為錯的技術上,風險相當高。海陸服務公司的船上吊車確實很新穎，但沒多久就傳出，保養維護是一大問題，經常導致船班延誤。經營跨太平洋航線的美國總統輪船公司（American President Lines, APL）打造了一種附有一對輪子的貨櫃，如此一來不必裝板架，卡車就可以拖著跑，但改變貨櫃結構會增加成本，讓他們不得不放棄構想。葛瑞斯航運的經驗更是提供了一則鮮活的教訓，他們曾運用七百萬美元的補貼，把兩艘貨船改裝成貨櫃輪，再花三百萬美元在車架、堆高機和一千五百個鋁製貨櫃上，換來的是委內瑞拉碼頭工人拒絕處理該公司廣為宣傳的貨櫃船。因為錯誤判斷了貨櫃船運的政治與經濟因素，該公司最後只好認賠，把船賣給海陸服務公司。一位葛瑞斯航運的主管懊惱道：「觀念可行，但時機點不對。」[22]

海陸服務公司也發現貨櫃營運遇到了瓶頸。他們在波多黎各的服務因為公牛輪船公司（Bull Line）的競爭而居於劣勢。一九六〇年四月，公牛輪船開闢了一項拖車船運的服務，一九六一年五月再增加了貨櫃船運的服務，迫使麥克連縮減原本欲改裝貨櫃船的數量。美國本土的業務也不見起色。雖有幾家食品和藥品公司（如納比斯可〔Nabisco〕和必治妥〔Bristol-Myers〕）立即簽訂了從紐約地區的工廠到休士頓的船運合約，休士頓的化學廠也利用貨櫃運送肥料和殺蟲劑到東北部，但大多數的大型工業公司對貨櫃船運並不熱衷。結合海運與空運的服務也只吸引到少數的顧客，例如由海陸服務公司從紐約船運到紐奧良，再由空運公司把貨送往美國中部。泛大西洋公司位於紐華克的主貨櫃站，一九五七年的貨運流量為二十二萬八千噸，一九五九年，波多黎各航線開張之際，激增至一百一十萬噸，接著便突然停止成長。一九五九年，再次發生的碼頭工人罷工造成了嚴重傷害，一九五七年到一九六○年，海陸服務公司的營收下滑，貨櫃船運共虧損了八百萬美元。麥克連工業被迫停止發放股利。[23]

迫於形勢，一九五九年麥克連企圖收購海火車船運公司，該公司是他們東岸唯一的沿岸船運對手，還一直阻撓華特曼爭取國際航線的營運補貼。海火車船運的管理團隊拒絕了併購的提議。競爭者間謠傳麥克連工業瀕臨破產。沒有補貼又不賺錢的華特曼公司面臨可能會被收購的命運，此時公司的現金已經耗盡，且不再擁有一九五五年吸引麥克連的龐大船隊。[24]

麥克連下了一個結論：問題出在海運界的心態。泛大西洋公司的員工在面對海運業者慢吞吞的做事方法時，不知道該如何向企業的運輸部經理推銷船運，這些經理關心的不是船，而是如何以低廉的成本準時把貨物送到顧客手上。麥克連雇用了一批積極進取的年輕卡車公司主管，企圖扭轉這個情勢。一九五五年，他放棄麥克連卡車公司時，曾同意不會挖角麥克連卡車的員工。但此刻，許多從前的員工仍然二十幾歲或三十出頭，他們開始在泛大西洋公司升遷到重要的位置，與另外一些從其他大型卡車公司挖角來的年輕幹才一起工作。

「他們正好在召募新人。」一名當時被錄用的人回憶道：「就像美式足球選秀一樣，他們在召募最佳的四分衛。」許多人被邀請到紐華克，但未被告知麥克連要他們做什麼工作。到了現場，他們做了智商和性向測驗——在一九五〇年代這種做法還很罕見。麥克連想要的是聰明伶俐、進取心強和有創業精神的人；測驗分數不及格就不錄取。教育程度不重要；雖然麥克連在大都會歌劇院有一個固定的包廂，他對學究氣質卻很不屑，新錄用的人也會被告誡要改變說話的文法，融入眾多卡車司機。造船工程師庫辛（Charles Cushing）回憶道：「沒事幹的時候，我們會玩丟銅板進洞的遊戲。」他是一九六〇年進入公司的麻省理工學院畢業生，「華頓商學院（Wharton School）才不會教你丟銅板。」[25]

通過考驗的人被賦予許多重責大任。從麥克連卡車挖角來的查科斯基（Bernard Czachowski）負責管理泛大西洋與獨立卡車公司的關係，這些卡車公司必須接運、轉送大西洋的貨物，攸關公司的營運。來自羅德威貨運公司（Roadway Freight）的楊格（Kenneth Younger）負責協助管理波多黎各的營運。一九五二年剛跨出校門的理查森（Paul Richardson）加入了麥克連卡車的主管訓練計劃，在麥克連分割卡車公司時仍留在原公司，一九六〇年，他接受了泛大西洋公司新英格蘭銷售經理這個新的職缺，八個月後便負責全國的銷售營運。理查森的秘密武器是一張簡單的表格，印著堂而皇之的標題「總運輸成本分析」。這張表格以並列的方式比較卡車、鐵路和貨櫃船運輸的貨物成本，不只包括運輸的費率，還有地方接運、倉儲和保險等成本。他還指示銷售業務要加總各個欄位的數字，好顯示貨櫃運輸可以節省的成本，並與一家公司一年期間運輸貨物的數量相乘。最底行列著每年節省下來的成本，如此一來呈現的金額較大，比傳統上比較每噸幾美元的數字更容易引人注意。[26]

一九六○年初，泛大西洋公司改名為海陸服務公司，以凸顯這是一家走在海運業尖端的新事業。公司每週工作七天，內容刺激而繁重。不用寫備忘錄，主管之間起衝突是家常便飯，經理必須經常會面解決彼此的歧見，接著採取行動。公司會固定考評績效，獎勵不是發現金，而是配發這家快速成長的公司的股票。數十年後，這些海陸服務公司的員工回憶起那段為貨櫃船運披荊斬棘的日子，都認為那是他們一生中最光輝的時代。其中一個人說：「那是一家充滿挑戰、步調快速的公司。麥克連指派任務給我們，而我們不問問題，只管設法達成。」員工私底下都直呼麥克連的名字馬爾康，但當面會稱他麥克連先生。他掌控全局，隨時檢查數字，確定公司的現金流量。[27]

一九六○年，公司大幅虧損了一百五十萬美元後，麥克連再度以一貫的作風面對他遭遇的困難：繼續舉債經營，愈陷愈深。一九六一年，海陸服務公司購買了四艘二戰的油輪，並在一家德國造船廠進行改裝，插入中段船身加長船的長度。這類「加長型」的船可以載運四百七十六個貨櫃，是海陸服務公司既有貨櫃船的兩倍，更是理想－X號的八倍。競爭對手抱怨，德國的改裝使得海陸服務公司的船不符合「美國船」行駛國內航線的資格，但抗議無效。一九六二年，美國政府批准了麥克連的申請，這些船開始在紐華克和加州之間提供服務，使海陸服務公司成了唯一擁有東西岸航線的航運公司。貿易失衡使得東西岸之間的貨運需求起伏不定：往東的貨物主要是來自加州中央山谷的罐裝水果和蔬菜，每個月要處理一萬噸，但往加州的船每個月只會載運七千噸的貨物，許多貨櫃是空的。不過，這個問題也確保了東西岸的海運不會有激烈的競爭。貨運量根本不夠多。[28]

財務管理

　　即使海陸服務公司已擴展到西岸，麥克連仍持續關注波多黎各。對於美國的船運公司而言，波多黎各是相當有吸引力的市場，該地的經濟飛快成長，自由邦政府也在大力推動經濟發展計劃。名為「拔鞋帶行動」（Operation Bootstrap）的計劃提供了優渥的稅務鼓勵，吸引數百家美國製造商進駐這個在一九五〇年代仍極為貧窮的農業島。他們必須從美國本土進口原料，利用廉價的波多黎各勞力從事組裝，再把產品運回美國。從一九五三年到一九五八年，波多黎各的民間固定投資增加超過一倍，經濟產值每年增長八％到一〇％。經濟繁榮發展，代表船運的需求快速增加——且拜美國管理船運業的複雜法律所賜，只有美國國內的船運公司能經營這些生意。外國公司以及接受國際航線補貼的美國公司不得經營波多黎各的船運。[29]

　　一九五八年起，海陸服務公司開始航行至聖胡安，但服務品質低落。公司並未在該地設立航運站。運往聖胡安的貨櫃經常裝著許多顧客的併貨，並在碼頭附近的鋁棚倉庫開櫃；由於通知顧客貨運已抵達的系統並未建立，貨物經常在那裡一堆就是好幾個月。用卡車拖往島上其他地方的貨櫃經常失竊，被改裝成店鋪、倉庫或住家。一名波多黎各營運部的主管回憶道：「那裡一片混亂。」海陸服務公司在波多黎各爭取市占率的努力進展相當有限。該地最大航運公司公牛島嶼輪船公司（Bull Insular Line）掌管了半數以上從美國本土到波多黎各的貨運，從波多黎各到美國的貨運則有九〇％都在他們的控制範圍。[30]

　　一九六一年三月，麥克連工業提出了一個出乎業界意料的想法：收購公牛島嶼輪船。一千萬美元的價碼對一家已耗盡資源的公司來說十分吃力，麥克連工業一九六〇年龐大的虧損已蝕掉所有的保留盈餘。海陸服務公司的淨值為負一百一十萬美元，雖然麥克連的會計讓情況看起來比實際還糟。公牛島嶼輪船也負債累累，在之前的兩年，他們與海陸服務公司互相競爭，虧損了不少錢，因此公牛島嶼輪船的老闆很想賣掉公司。這椿交易吸引麥克連之處在於，要是成了，海陸服務公司在波多黎各就可以得到幾近獨占的地位——而這也是聯邦反托拉斯當局反對的原因。公牛島嶼輪船的董事接獲政府的電報，建議他們停止把公司賣給麥克連，因此他們一下子就找上另一位買主。麥克連被迫採取報復的手段，嘗試阻擋公牛島嶼輪船取得兩艘海軍舊船。[31]

接著發生了出乎意料的幸運轉折：公牛島嶼輪船的買主是一家私人控股的海運集團，因為過度擴張而陷入財務困境，先是停止改裝他們為公牛島嶼輪船收購的那兩艘貨船，接著在一九六二年六月，該集團完全停止營運。隨著公牛島嶼輪船宣告破產，麥克連輕輕鬆鬆買下那兩艘船，海陸服務公司也在一夕之間成為完全仰賴美國船運的波多黎各島上最大的船運公司。趁著新的競爭者尚未進入波多黎各之際，海陸服務公司迅速鞏固自己的地位，提供從紐華克到聖胡安每兩天一班的貨櫃服務，並增加從西岸和巴爾的摩到聖胡安的班次。一九六二年到一九六三年間，他們斥資逾兩百萬美元，在聖胡安興建兩座新貨運站。此外，基於政治考量，他們開闢了波多黎各港口龐塞（Ponce）和馬雅圭斯（Mayaquez）的航線，雖然這兩個港除了鮪魚罐頭外，沒有多少貨物可供貨櫃運輸，但提供貨櫃貨運為麥克連博得拔鞋帶行動創辦人、也是波多黎各經濟發展中最有權力的人物莫斯科索（Teodoro Moscoso）的好感。[32]

海陸服務公司在波多黎各的擴張正好碰上了該島的經濟起飛。一九五〇年代，拔鞋帶行動吸引了許多勞力密集的小型工廠進駐波多黎各，許多工人第一次從事領薪水的固定工作，所得增加也使消費者的支出大幅攀升。從一九五四年到一九六三年，零售業的實質銷售增加了九一％。大部分商品來自美國本土，裝滿本土－波多黎各貿易中南向的貨船。當這個島嶼升高的薪資不再吸引勞力密集的工廠時，拔鞋帶行動又推出了引進大型資本密集製造商的計劃。一九五五年只占波多黎各經濟產值一八％的製造業，到一九六〇年提高到二一％，一九七〇年再增至二五％，其中大部分的成長來自非傳統產業，例如製藥和金屬製造業。一九六〇年代，波多黎各與美國本土的總貿易成長了近三倍，絕大部分都靠船來運輸。[33]

海陸服務公司從這種經濟榮景獲益——但他們也作出了貢獻。波多黎各仰賴船運的經濟一向受制於高昂的運輸成本。一九四七年至一九五七年，美國的整體物價上漲了三一％，本土與波多黎各之間，每噸船運的費用增加了約五〇％。在這十年間，聯邦監管當局核准了五次一般費率的提升，實際上等於增加了波多黎各消費者的稅賦，以補貼低效率的美國船運公司。

一九五八年，麥克連跨入波多黎各的航線，立即衝擊了為公牛島嶼輪船帶來豐厚利潤的費率結構。在接下來的十年，海陸服務公司估計，從紐約到聖胡安的消費產品貨運成本下跌了一九％，整車貨物船運每噸的平均費率則下跌了三分之一。工業零件南下和成品北上的船運費率降低，擴大了在波多黎各設廠的優勢，麥克連工業也在當地設立了新的分公司，以協助在那裡設廠的製造商。到了一九六七年，海陸服務公司每週運送一千八百個貨櫃往返波多黎各和本土，進出波多黎各工廠的貨櫃就占了一半。[34]

　　無懈可擊的地位為海陸服務公司在波多黎各打下了穩固的基礎。截至一九六二年底，海陸服務公司擁有七千八百四十八個貨櫃、四千八百七十六輛車架，以及三百八十六輛拖車；一九六五年底擴增到一萬三千五百三十五個貨櫃，旗下有航行十五個港口的十五艘貨櫃船，並以波多黎各作為服務維京群島的樞紐。這個擴張的王國中心是一棟建在紐澤西州伊莉莎白港的新辦公大樓，大樓正對著碼頭上新的海陸貨櫃站，也是第一個專為貨櫃運輸興建的船運站。這座大樓和伊莉莎白港的其他設施一樣，由紐約港務局興建，海陸服務公司一毛錢也沒出。「許多人以為麥克連在建一座大寶塔。」一九六二年加入海陸服務公司的杜梅（Gerald Toomey）表示：「他知道自己在做什麼。這棟大樓幾乎未花公司一分一毫的錢，為公司省下了相當可觀的支出，是一樁最好的交易。」[35] 到了一九六三年，海陸服務已經是一家大公司，擁有近三千名員工，而且愈來愈難管理。電腦在一九六二年問世，但只用於薪資管理等行政業務；在伊莉莎白港，海陸服務公司用高掛在八角形控制室牆上的磁性黑板來追蹤進出的貨櫃，每當一個貨櫃送進堆儲場，就會有一名員工用一根長竿移動磁板上的標示金屬片。每天工作結束時，員工會拍下黑板的照片，留作永久記錄。貨櫃經常會神秘失蹤，尤其在波多黎各，那裡因為倉儲空間缺乏，許多收貨者會想盡辦法占用運來的貨櫃來儲存貨物；總部會列出失蹤超過一個星期的貨櫃清單，地方稽查員也會在經理還沒打來追問前，就忙著打電話到處尋找失蹤的貨櫃。貨櫃裝載規劃員必須仔細研究記錄各個貨櫃重量和目的地的清單，想出裝載每艘船的最佳方式。直到一九六五年，這個工作才被電腦接管。[36]

　　麥克連再也無法事事躬親，但基本上他的管理方法沒有改變。麥克連還是每天都會在總部出現。一名長期在海陸服務公司任職的會計回憶說：「我們經常在公司裡碰到他，他會說：『早安，今天早上還好嗎？』麥克連是一流的推銷員，他會讓你覺得他認識你這個人。」當巴爾的摩或傑克遜維爾（注：Jacksonville，佛羅里達州最大的城市）要蓋一棟整併貨櫃的建築時，麥克連會到現場選擇地點。若公司需要冷凍貨櫃，經理們會花個兩天吵到底要買多少個，最後麥克連會說：「我知道大家都很用心，但我已經下單訂了五百個。」一九六三年，購買阿拉斯加貨運輪船公司（Alaska Freight Lines）的契機一出現，麥克連甚至懶得調查這家公司的財務狀況，更別說研究冬季進出安克拉治（Anchorage）港口的營運問題了；麥克連迫不及待，畢竟馬上跨進阿拉斯加航線的大好機會稍縱即逝。[37]

最重要的是，他始終盯著錢看。貨運站隨時會用電報把訂船位的訊息傳進總部；職員會隨時更新記錄，顯示每一個貨櫃花了多少天、為公司帶來多少營收、裝載了多少噸的貨物；地區分析則會記錄海陸服務公司貨運的陸上運輸模式。每月的財務報告會透露公司從紐華克到德州載運每種商品的營收，並提醒一個十八噸的烈酒貨櫃的利潤，是一個裝滿玩具的四噸貨櫃的兩倍。每週報表會記錄現金流量。對作好成本控制的要求從未停止，在龐塞港處理貨物，每一百磅能節省一‧六美分，一年就能省下一萬四千三百美元。一組工人每小時多處理一個貨櫃，一年就能節省十八萬美元。限制長途電話只能打三分鐘，可以省下六萬五千美元。後來擔任海陸服務財務長的霍爾（Earl Hall）回憶道：「當時公司對財務績效的注重程度之高，今日的任何公司可能都比不上。」一九六一年，海陸服務公司邁入第六年，公司的貨櫃業務終於轉虧為盈。後來，在麥克連還當家作主的日子，海陸服務再也沒有虧過錢。[38]

第 5 章

紐約港之戰

對於提供泛大西洋公司落腳之處的紐約港務局來說，貨櫃化的來臨是上天賜予的禮物。而對於紐約市來說，卻是一場災難。市政府官員投入了大量的金錢，想讓紐約保有船運中心的地位，卻頻頻失利，紐約不可能適應船運業這樣的變遷。雖然投注了龐大的心血，新科技的出現使這個美國最大的港口顯得老舊落伍，紐約市的經濟也隨之一落千丈。

一九五〇年代初期，貨櫃船運的概念尚未形成之際，美國製造業產品的海運貿易有三分之一都由紐約處理。若以金額來看，紐約的角色更為重要，因為紐約港專門處理高價值的貨運。紐約的成功得來不易，畢竟作為港口，紐約有許多重要的不利因素。紐約的碼頭——在二十世紀中葉總共兩百八十三個，其中有九十八個能處理大洋船舶——碼頭沿著曼哈頓和布

圖 1　紐約港地圖

魯克林河岸而設，不過主要的鐵路連接卻位於港口對岸、跨越哈德遜河那頭的紐澤西。來自北邊、南邊和西邊停車場的貨運火車會被派至位於內陸的大型機廠，車廂依目的地分類，並由調車機車（switch engine）拖至沿著港口紐澤西側排列的各個鐵路貨運站。

　　每家鐵路公司都擁有一隊由拖船所組成的駁船，負責把貨橫越港口，往返於碼頭和自家的紐約貨運站，或運至專門停泊出海船舶的碼頭。從亞克朗（注：Akron，俄亥俄州第五大城，曾有「世界橡膠首都」的美譽）運來輪胎、送到開往歐洲的船上，需要不斷變換軌道和轉運。這種做法經濟上之所以能生存，完全是因為聯邦監管機構 ICC 規定，鐵路公司收取到布魯克林和曼哈頓的費率，必須與到紐澤西的費率相同；事實上，鐵路公司被迫提供免費的跨港駁船服務，使紐約能夠與其他的東岸港口競爭。[1]

令人不悅的碼頭

一九二〇年代，卡車業開始成長，紐約碼頭的缺點日益明顯。到了二十世紀中葉，進出紐約碼頭的貨物約有半數由卡車運送，而非靠鐵路運輸。穿過林肯隧道或荷蘭隧道（注：穿越哈德遜河下，連接曼哈頓與紐澤西的隧道）後，卡車司機不得不開進碼頭邊的擁擠街道，因此一九五二年，紐約當局禁止非開往碼頭的車輛行駛第十二大道，亦即曼哈頓中城的濱河街道。如果來自西邊的卡車要開往布魯克林的碼頭，就必須辛辛苦苦開過曼哈頓，再選一座橋跨越東河。卡車通常得排隊等候一、兩個小時，才能進入碼頭的臨時倉庫接運或遞送貨物。這些臨時倉庫的設計通常會讓卡車（有些則是讓火車）從倉庫的一邊裝卸貨，另一邊則供貨船上下貨使用。出口的貨物會用堆高機或人力從卡車上卸下來，堆儲在臨時倉庫裡，直到貨船抵達，然後再搬到碼頭裝上船；每一項處理程序的成本加起來，數字便相當可觀。[2]

要以卡車運載，就要聘雇「公共裝卸工人」（public loader）。公共裝卸業是紐約獨有的產業，他們是一群工人，擁有為卡車在特定碼頭裝卸貨物的獨家權利，背後有 ILA 這個碼頭工人工會當靠山。數十年來，船運公司、市長、州長，以及希望由自己的會員包攬這個工作的碼頭工人工會，一直嘗試除掉這群公共裝卸工人。這些工人隸屬於極度腐敗的 ILA「一七五七地方分會」，表面上這個分會是他們所效力的「合作組織」之擁有者。不過，事實上，公共裝卸工人私底下由 ILA 的領導人員所控制，他們與一個卡車組織聯手創立了「卡車裝卸管理局」（Truck Loading Authority），公告裝卸貨物的「官方」費率——每包一百磅的杏仁片或大理石礫五‧五美分；每一百磅的汽車零件、輪胎或魚內臟六‧五美分；每一百磅的罐裝啤酒八美分——下午五點以後即算加班，費率為一倍半。其他爭取處理裝卸工作的公司遭到暴力破壞；想突破公共裝卸工人的非法壟斷、嘗試用自己的工人裝卸貨物的托運者，也經常發現貨船離港了，他們的貨物還被留在碼頭。一九五三年十二月，即使新成立的碼頭委員會禁止了公共裝卸工人攬貨，惡勢力仍繼續控制著碼頭的進出。[3]

港口是紐約市很重要的就業來源。一九五一年，戰後的港口運作已恢復正常，光是水路運輸、卡車和倉儲就有超過十萬名紐約人受雇——鐵路公司的員工和市政府渡船系統的人員還不算在內。另有一萬四千名紐約人在「運輸服務業」工作，包括處理國際貿易的經紀商和船務代理商；當時的船運相當複雜，每一個環節都必須分別安排、各自付費。全美「運輸服務業」的員工有三分之一住在紐約。一九五〇年代初期，全美的批發貿易有四分之三在紐約交易，雖然並非所有貨物都會經過此處。一九五一年，全美的民間企業員工（不包括鐵路員工），二十五人中就有一人從事商品批發業；但在紐約，這個比率是十五人就有一人。[4]

此外，還有為了方便船運而設在河岸邊的工廠。在二十世紀的前二十五年，許多食品加工廠建在哈德遜河沿岸與布魯克林濱水一帶，數十家生產染料、油漆、化學品和特殊化學物質的工廠，在皇后區的長島到布魯克林灣脊區（Bay Ridge）之間零星散布。到了二十世紀中葉，紐約擴張的製造業雇用了超過三萬三千名化學業員工、七萬八千名食品加工業員工，還有造船、電機等需要低廉運費的行業雇用的數千名工人。據保守估計，一九五六年，紐約市有九萬名製造業員工與從紐約港進口的商品有「相當密切」的關係。[5]

造船業與修船業又雇用了數千人，再加上為船運業服務的

表 3　紐約市港口相關員工數（1951 年）

產業	員工數	公司數
商品批發	206,315	22,135
水路運輸	67,453	637
卡車與倉儲	36,164	3,494
化學品與同類產品	33,472	1,129
運輸服務	13,968	1,030
紙漿、紙與紙盒	12,977	294
原生金屬工業	11,452	249
石料、黏土與玻璃製造	9,880	590
船隻修理	9,469	84
肉類產品	7,345	183
石油提煉	1,161	7
穀物加工產品	1,061	30
總計	410,717	29,862
備註：紐約市總員工數	3,008,364	

資料來源：U.S. Census Bureau, *County Business Patterns* (1951)

律師、銀行家與保險經紀人，總共有五十萬名員工的生計直接仰賴紐約港。下曼哈頓滾球綠地（Bowling Green）附近，船運公司的辦公室處處可見，幾個街區外的約翰街（John Street）上也有許多提供服務的保險公司。在人口最稠密的行政區布魯克林，與船運有關的辦公室比較少，但該區提供的碼頭工作數量較多，有十三％的工作直接來自碼頭。[6]

這個強大的經濟引擎在二戰後的幾年已開始顯露疲態。戰爭期間，紐約的地點曾協助紐約港擴大了市場占有率，因為布魯克林和紐澤西沿岸的煉油廠與軍事貨運站曾派出數千艘船橫渡北大西洋。一九四四年，所有美國水路出口的近三分之一是由紐約港處理的，但一九二八年，紐約港處理的貨物卻有兩倍之多，更是一九三三年大蕭條年代最嚴重時期的五倍。不過就算是戰爭期間，專家就已提出警告：紐約港的地位岌岌可危。戰後這些警告似乎被證實了，歐洲經濟疲弱導致進口減少，使得紐約港的貨物流量急遽下滑。雖然歐洲的復甦曾短暫提振了出口，韓戰又使美國的經濟倒退至戰時狀態，對外貿易銳減。美國所有港口的總進出口價值從一九五一年的一百八十五億美元，減少至三年後的一百五十六億美元，出口受創尤其嚴重，主要是因為工廠的生產從消費產品轉移到戰爭物資。[7]

紐約港在這場出口流量的戰爭中節節敗退。第二次世界大戰刺激了美國西岸和南部的經濟增長，與羅徹斯特（Rochester）和克利夫蘭（注：這兩個城市皆位於五大湖南岸）的工廠相比，達拉斯和洛杉磯的工廠通過紐約港運輸的可能性要小得多。預定一九五六年啟用的聖羅倫斯航道（St. Lawrence Seaway）將讓輪船可以在五大湖港口和歐洲間直航，當時便有人預測，一九六五年紐約港的出口貨運將流失八％，進口則流失三％。[8]

陸上運費居高不下則是另一個阻礙。紐約官員經常抱怨鐵路公司偏袒費城、巴爾的摩或諾福克（Norfolk）這幾個城市，但實際上鐵路與卡車業者服務這些地方的成本比較低；鐵路車廠可以直接到達碼頭，不必駁運至港口，卡車遇上的交通阻塞也比較少。就卡車貨運而言，紐約的費率劣勢比鐵路貨運更為明顯，從克里夫蘭載運一卡車貨物到紐約碼頭的成本，與到巴爾的摩的成本相比，每噸可能高出四美元。卡車公司經常設法把到紐約港所耽誤的時間成本加在顧客的帳單上，比起送至曼哈頓其他地點，把貨送到碼頭所收取的費用每噸會加收六十到八十美分，公司也因此經常遭顧客向聯邦海事局（FMB）投訴。[9]

然而，紐約港的許多問題是自己造成的。一九一五年到一九四五年這三十年間，勞工與雇主維持著極為和睦的關係，但在戰後，勞資爭議成了常態。一九四五年、一九四七年、一九四八年、一九五一年和一九五四年都發生過造成部分或整個碼頭關閉的罷工事件。從一九四五年到一九五五年，法律地位獲得紐約港承認的工會組織 ILA 與共產黨支持的全國航海工會（National Maritime Union），以及美國勞工聯盟（AFL）彼此鬥爭。一九五三年，AFL 舉發了 ILA 的貪瀆，並設立新的美國碼頭工人聯合會（American Federation of Longshoremen），企圖取代 ILA。隨著公共裝卸工人的勢力式微，卡車司機工會極力爭取在碼頭上裝卸卡車的權利，並在一九五四年爆發了與碼頭工會工人的暴力衝突。個別的碼頭經常發生罷工事件，一直到 ILA 贏得了一連串的選舉，在一九五〇年代末期重新掌握大權。航運業者在背後為 ILA 撐腰，畢竟儘管 ILA 貪腐不堪，但與互相競爭的工會相比，卻是個可靠的談判對手，可以避免不斷發生的衝突。在整個一九五〇年代，紐約港動不動就會發生碼頭工人罷工，導致船運商轉而利用其他港口。[10]

犯罪也把船運公司趕離紐約。貨物竊盜十分猖獗；大多數的產品皆以小紙箱或板條箱包裝，因此偷取手錶、烈酒，或幾乎任何東西都不是難事。在紐約州州長杜威（Thomas E. Dewey）的呼籲下，涵蓋兩州的碼頭委員會於一九五三年成立，並藉著禁止公共裝卸工人和控制碼頭工人的雇用，開始有效遏阻犯罪。該委員會刻意減少工人人數以提高他們的所得，希望他們不再需要偷竊。不過，雖然碼頭委員會禁止了六百七十名有犯罪前科的人從事碼頭工作，每五個碼頭工人中還是有一個有前科。貨物盜竊仍然是相當嚴重的問題──嚴重到紐約港務局和市政府拒絕合作拍攝一部由詹姆斯・賈格納（James Cagney）主演的喜劇片，唯恐這部取名為《偷大不偷小》（Never Steal Anything Small）的電影帶給觀眾錯誤的印象。[11]

如果陸上運輸成本、工人罷工和犯罪還不足以阻礙紐約港的船運，老舊的設計也會令船運公司連連搖頭。羅斯福街的東河碼頭可以追溯到一八七〇年代，西二十六街的哈德遜碼頭則建於一八八二年，市政府擁有的克里斯托福街碼頭建於一八七六年。這些碼頭和數十個差不多的碼頭，就像伸向港口的細長手指，當年的設計要船舶在水道中轉九十度，把船頭對向河岸，並用纜繩繫在碼頭上。部分碼頭的寬度甚至無法讓一輛大卡車迴轉。若要取得這些老舊碼頭的租用權，船運公司必須每年支付每平方呎碼頭面積〇‧九六美元到兩美元，是東岸其他港口的三到六倍。一九四七年，紐約市發起了整修碼頭、加強防火設施的計劃，但官員估計興建新碼頭的成本極高，許多碼頭實際上已崩塌到河裡。廢棄的岸樁和崩陷碼頭飄浮的廢墟，既是航行的阻礙，也有礙觀瞻。一九五四年，紐約港務局長托賓曾說：「到一九八〇年，捕鯨博物館裡將容納不下這種在一八七〇年符合需求、但早在一九二〇年就已老舊過時的碼頭。」[12]

　　儘管掛著紐約港務局的名號，該局掌管海運事務卻是比較晚近的事。一九二一年創立以來，這個管轄兩個州的單位主要的工作一直著重在興建和管理橋梁與隧道；早期紐約港務局曾嘗試解決紐約地區鐵路運輸路線和貨運站糾結的問題，但遭到鐵路業者抗拒而失敗，後來該局便不再涉入貨物運輸的管理。[13]但正如政治科學家沙瑞（Wallace S. Sayre）和考夫曼（Herbert Kaufman）一九六〇年所指出的，紐約市政當局（包括港務局）的獨立性和廣泛的政治支持，鼓勵他們「找尋有活力的新出路」。一九四〇年代，紐約與紐澤西的州長都要求港務局參與貨運事物，但理由卻大不相同。紐約州長杜威認為，港務局也許有辦法把組織犯罪趕出碼頭。紐澤西州長艾吉（Walter Edge）

則希望該局在港口的紐澤西這一側開闢碼頭。托賓與港務局董事長庫爾曼（Howard Cullman）抓住了這個機會，他們認為，推動一些港口計劃可以爭取到外界的支持，讓港務局擴展至他們最想跨入的事業：機場。[14]

失血

　　一九四七年，新的州級機構紐約世界世貿公司（New York World Trade Corporation）提議接管紐約市所有的碼頭，然後再收購所有的民間碼頭和碼頭倉庫。紐約市長歐德維（William O'Dwyer）拒絕了這項提議，並要求港務局檢討紐約的碼頭。經過三個月的研究，港務局提議出售一億一千四百萬美元的收益債券，並興建十三個新輪船碼頭、四個鐵路車廂接駁站，和一個一百五十萬平方呎的農產品貨運站，每年支付紐約市五百萬美元租金。這不是一項小工程：以二〇一五年的物價計算，牽涉的金額將近十二億美元，超過紐約市過去數十年在碼頭上的總支出。這個提案很快便遭到猛烈砲轟。ILA 表示反對。紐約市負責經營碼頭的海事與航空局（Department of Marine and Aviation）也反對；該局在一九四七年曾發動過一場激烈的戰爭，想阻止港務局接管兩座紐約的主要機場卻未成功，此刻他們不想再失去另一項管轄下的資產。最重要的是，紐約的政治人物不想讓港務局進入他們的地盤。市政官僚相信，碼頭是一座潛在的金礦，而非只是一堆老舊過時的基礎設施。正如當時的曼哈頓行政區首長、同時也是市府評估委員會主席的華格納（Robert F. Wagner）後來的提問：「碼頭是賺錢的事業；他們幹麼不接管衛生局？」評估委員會在一九四八年拒絕了港務局的提案，一九四九年，修正過的提案也被再度駁回。[15]

正當紐約市的官員認為他們能讓紐約的碼頭現代化，港務局不必介入，財務困頓的紐澤西紐華克市卻不敢抱持這種幻想。紐華克虧損累累的市立碼頭設施近乎崩垮，因此一九四七年紐華克同意把碼頭（和機場）租給港務局。從一九四八年到一九五二年，港務局共斥資一千一百萬美元疏浚航道、重建碼頭，接著又宣布他們將興建紐澤西州歷來最大的貨運站，專為華特曼輪船公司量身打造，吸引該公司從布魯克林遷到港口這端。華特曼貨運站將設有一座與河岸平行、長達一千五百呎的碼頭，以便船隻能更快速地停泊和上下貨，這是紐約市任何碼頭都比不上的。眼看著紐華克大興土木，一家大輪船公司也投靠過去，紐約市主政者建議乾脆放棄紐約的碼頭。紐約《世界電訊報》（World-Telegram）的社論說：「我們一直認為港務局的碼頭控制計劃對紐約市有利。持續的拒絕，只是代表紐約市為了政治目的而想牢牢抓住碼頭的控制權。」港務局的一名發言人宣稱，該局不想再與紐約市重新展開談判。[16]

一九五三年底，華特曼貨運站即將竣工，港務局第一次聽聞麥克連卡車想在紐約港興建一座貨運站的風聲。卡車公司竟想租用位居重要地點的碼頭，這比把卡車開到船上的想法還更奇怪。不過，這個計劃的時機卻恰到好處，港務局的官員當時急著吸引更多的業務，好在紐華克港的成功錦上添花，因此他們很樂意滿足麥克連卡車的需求。在紐華克的河岸邊，港務局能提供停放卡車的空間，緊鄰著鐵路軌道，要進出新建好的紐澤西高速公路也很方便。拜發行收益公債所賜，港務局有能力支應建設新設施所需的財務。這些優勢全是紐約市比不上的。麥克連和港務局海運部的主任金恩很快便達成了交易。[17]

港務局開始擴張新的碼頭勢力，與麥克連簽好約後，該局提議在紐華克港為橡膠進口商興建一座貨運站——潛在的用戶將從布魯克林破舊的廠區遷移過來。一九五五年中，港務局終於取得了港口紐約市這邊的據點，買下了兩英里的民間布魯克林碼頭區——該局曾兩度婉拒收購這些碼頭，但他們發現此刻的政治氣氛很適合買進。港務局在布魯克林添置資產的大消息，掩蓋了他們在紐澤西的另一項投資：一九五五年十一月，港務局用九百三十萬美元為諾頓李利公司（Norton Lilly & Co.）在紐華克興建了有四個船位的貨運站，吸引這家船運公司從布魯克林搬至港口對岸的紐澤西。[18]

接著是最雄心勃勃的行動。一九五五年十二月二日，紐澤西州長梅納（Robert Meyner）宣布，港務局將開發一片四百五十英畝的私有潮汐沼澤地，位於紐華克港的南方。這座新的伊莉莎白港是美國史上最大的港口計劃，最終目標是可以同時停靠二十五艘遠洋船舶，使紐澤西可以處理紐約港四分之一以上的各式雜貨。從前，港務局對伊莉莎白的沼澤地沒什麼興趣，麥克連想用船來載運卡車車廂的點子改變了港務局的看法。如今，港務局的規劃者預期，沿岸船運將再度興起，新的伊莉莎白港將有充足的碼頭和腹地，可用於「為了特別改裝的船舶載運大型船運貨櫃所擬定」的計劃。新港甚至不需要臨時倉庫，而這是興建碼頭成本最高的部分。第一艘貨櫃船還未啟航，港務局就已經表明，未來的貨櫃船運將以紐澤西為中心，而不是紐約。[19]

港口紐澤西側熱鬧滾滾的發展引起了紐約市的警覺。往昔紐澤西的碼頭以冷清寥落聞名；紐華克港稀疏的船運流量以木材為主，在整個一九四〇年代僅占整個港區非石油船運的二%左右。不過，隨著船運公司遷離紐約，紐華克的占有率勢必會升高。在雜貨船運成長遲滯的情況下，紐澤西多處理一噸貨物，紐約就會少一噸，並搶走紐約的工作機會。[20]

這麼簡單的算術對紐約的政治人物來說卻有點困難。擔任曼哈頓區首長多年的華格納對碼頭很是熟悉，在他一九五三年當選市長前，就創設了一個由工會和各族裔團體所組成的特別委員會。他唯一未能拉攏的主要族群是義大利裔，他們在選舉中一面倒地投票給競選連任的英柏理特諮詢里（Vincent Impelliteri）。一九五四年底，華格納首度提出市政預算，宣布提高海事與航空局的支出至一千三百二十萬美元，是以往的兩倍多，目的之一就是攏絡這個供應大多數紐約碼頭工人的族群。口角戰爭很快就爆發了。一九五五年的夏天，紐約市海事與航空局長奧康納（Vincent O'Connor）指控港務局嘗試「杯葛」市府的努力，並表明紐約市已下定決心面對碼頭的挑戰，不會出讓寶貴的河岸房地產給港務局。奧康納原本是位律師，與 ILA 的關係相當密切，也關心碼頭工作流失的問題。同年九月，市長華格納把重建碼頭列為四大資本支出重點計劃之一，與教育、交通和汙染防治並列。[21]

碼頭問題也引起了紐約州政府的關切。港務局犧牲紐約、推動紐澤西的做法，讓紐約州長哈利曼（Averell Harriman）覺得很敏感，但他也知道紐約市沒有預算重建碼頭。伊莉莎白港的計劃宣布了一個星期後，哈利曼的首席幕僚賓罕（Jonathan Bingham，曾任華格納的競選演說撰稿人）打電話給港務局長托賓的副手盧肯斯（Matthias Lukens）和港務局董事長庫爾曼，說州長對於諾頓李利公司從布魯克林遷往紐澤西一事感到「很心煩」。「他也表示，他不確定我們是否該花這麼多錢，讓紐澤西搶走紐約市的生意。」盧肯斯在留存作檔案的機密備忘錄中這麼報告。根據庫爾曼的說法：「賓罕說他完全了解紐約碼頭破敗的情況，但他認為州長不應該公開表示紐約碼頭應由紐約港務局來接手經營。」[22]

　　一九五五年，貨櫃還未成為現實，麥克連也尚未正式跨入船運業，他的計劃只吸引到極少數人的注意。由於市長華格納決心把船運業留在紐約，奧康納提出了一項興建新碼頭和轉運倉庫的六年計劃，於是紐約市開始在碼頭上投入大量的資金。一九五六年的市政預算包括一千四百八十萬美元的碼頭建設經費，是總值一億三千萬美元的港口計劃的頭期工程款。在一九五〇年代中期，這些計劃走在技術的尖端，碼頭都與河岸平行，客運站與貨運站分開，鋪了路面的中庭可以讓卡車倒車至轉運倉庫的卸貨月台。計劃將興建五座新倉庫來處理從港口對岸駁運過來的鐵路貨物，另有一座供冠達郵輪公司（Cunard Line）跨大西洋客輪使用的新客運站。最重要的工程是一座耗資一千七百萬美元的碼頭，專供荷美航運公司（Holland-America Line）的貨運和客運使用，顯然是為了給港務局一記當頭棒喝；這家在紐澤西扎根六十六年的公司將遷移到曼哈頓，扭轉港務局吸引業者遷往紐澤西的風潮。[23]

　　經過數十年的通貨膨脹，這些數字難以闡明紐約市的計劃規模有多龐大。市長華格納所提議的六年港口重建計劃在一九五六年將耗資一億三千萬美元，換算成二〇一五年的幣值為十億一千萬美元。縱觀全美，成長迅速的洛杉磯港從一九四五年到一九五四年的十年間，共投資了兩千五百萬美元的建設經費；光是華格納所提議的荷美船運站，花費就占這個數字的三分之二。

然而，這些提案都無法解決紐約市碼頭的根本問題，這裡的船運成本就是無法與其他港口競爭。根本的地理劣勢仍然存在，新的駁運站可能會讓以紐約為目的地的鐵路貨運處理更為方便，但想藉由船運出口的鐵路貨物仍然得從對岸駁運過來，卸到碼頭上，然後重新裝載至出海的貨船。運貨到碼頭的卡車仍需在荷蘭隧道、林肯隧道，以及沿岸的道路與交通阻塞搏鬥。此外，重建碼頭也無法解決港口勞力的問題，連第一座重建的碼頭也因 ILA 會員可以優先受雇的爭議而延遲啟用。一九五五年夏季，奧康納直接告訴 ILA 的領袖，該工會的做法「是紐約市致力出租某些地區的好碼頭的絆腳石」。[24]

華格納自己的市政規劃委員會也對奧康納的港口計劃抱持著懷疑的態度，他們建議紐約市應該要重啟把碼頭轉移給港務局的談判；「港務局好像可以確保他們會更充分開發並利用港口，對紐約市的經濟會更有利。」市長未加理會。大興土木是華格納任內的主要政績，他無意把碼頭建設交給他無法掌控的機構。華格納與工會組織的關係密切，而紐約市的工會領袖擔心要是港務局接管碼頭，將會損及他們的勢力。華格納在紐約缺乏特定族裔的基礎——當時頗具影響力的黑人政治人物瓊斯（Thomas Russell Jones）回憶道：「紐約會去投票的德裔選民不多。」（注：華格納為德裔，他的父親是普魯士出生、移民至美國的政治家）——使他必須尋求在碼頭工作的黑人、愛爾蘭裔與義大利裔社區的支持。他在這方面做得很成功：一九五七年，華格納第一次競選連任，拿下了約半數的義大利裔選票，與一九五三年相比大有起色。企業也支持重建港口的計劃。由大通國家銀行（Chase National Bank）主席洛克斐勒（David Rockefeller）創立的新公民組織「下城—下曼哈頓協會」呼籲，除了東河的四座碼頭外，所有下曼哈頓的碼頭都應保留給商業船運使用。一九五八年該協會發表了成立宗旨，並提到：「我們支持海事與航空局目前的計劃，繼續在本區尋找適合的碼頭，進行現代化的工程，並以自給自足的方式出租。」[25]

港口支出以前所未見的規模增加。一九五七年九月，三井船舶株式會社（Mitsui Steamship）同意遷移到布魯克林一座價值一千零六十萬美元的新貨運站（由市府所有），荷美航運也簽訂了使用曼哈頓新船運站的二十年租約。到了一九五七年，奧康納已開始計劃在一九六二年前投資兩億美元發展碼頭，相當於二〇一五年幣值的十七億美元。把碼頭賣給港務局的呼聲已完全沉寂。另一方面，此刻港務局的托賓和金恩已相信貨櫃是大勢所趨，港務局對接管紐約市碼頭也已失去興趣，因為那裡絕不會有足夠的空地和運輸網絡得以發展貨櫃船運。雖然港務局正在布魯克林進行改造計劃，把二十七個過時的碼頭改建成十二個新式碼頭，他們也了解必須在貨櫃船運興起、這些重建的碼頭變得過時之前，儘快回收投資的成本。當時的港務局港口規劃主任圖卓立（Guy F. Tozzoli）回憶道：「我們已經知道，在布魯克林的重建工程可以回收投資，但未來不會有前景。」港務局更為關心的是，紐約市正在發動一場可能會壓抑碼頭租金的補貼戰爭。托賓抨擊紐約市與荷美航運的租約「完全不適當」，指稱紐約市每年補貼四十五萬八千美元，採取「藉補貼民間船運業者來降低既有的碼頭租金水準的新政策。」奧康納駁斥，「港口八爪章魚」正發動「所有的宣傳努力，企圖阻止紐約市為市民保衛碼頭，紐約市絕不屈服於一個罔顧公眾責任、只會牟取利益的跨州機構」。[26]

　　同一時間，市政規劃委員會也在宣揚他們的觀點：紐約市的經濟前途不能指望港口。這個委員會希望在下曼哈頓的東河地區興建新辦公室和住宅大樓，一九五九年，委員會表示，重建廢棄的碼頭並非利用寶貴河岸土地的最佳方式。奧康納見招拆招，拉攏了頗有影響力的公園局長摩西斯（Robert Moses）以及規劃委員會的一名委員，從規劃委員會內部發動攻擊。奧康納寫道：「規劃委員會宣稱紐約港的潛力必須從過去幾年的表現來判斷，而不是積極展望未來的發展，這是典型的消極規劃，一點建設性也沒有。這似乎與紐約的活力格格不入。」[27]

　　不言而喻，紐約市的龐大投資恐怕將盡付東流。一九五五年，奧康納首次提議興建五座新貨運站以處理跨港駁運之際，駁船共處理了紐澤西與紐約市碼頭間九百五十萬美噸的貨物。到了一九六〇年，紐約市已在新的駁船貨運站上花了一千萬美元，駁運的貨物已經流失三分之一，且還在持續減少。哈德遜河邊，專為葛瑞斯航運的客貨運服務所用而重建的五十七號碼頭雖然十分現代化，但快速擴張的飛航服務使它還未啟用就已顯得落伍過時。光靠新碼頭顯然不足以保住紐約港的商務地位。紐約官員從未注意到的貨櫃，即將成為封上棺材的最後一根釘子。[28]

新時代襲來

　　泛大西洋公司的貨櫃服務推出僅僅六個月，每週就已在紐華克和休士頓之間載運一百二十個貨櫃。泛大西洋在紐華克的貨運站變成一個繁忙的轉運中心，碼頭工人在此把小量的貨物整併成完整的貨櫃。一九五七年初，營運還不滿九個月，泛大西洋公司又在紐華克租下另外六英畝的土地，是原本空間的六倍大，用來堆儲貨櫃和車架。一項政府資助的研究發現，與傳統船運相比，貨櫃船運每噸可節省三九％到七四％的成本。為此，由船運業高階主管組成的推進器俱樂部（Propeller Club）在一九五八年的年會花了一整天的時間討論貨櫃。沒有人懷疑傳統船運馬上就要大難臨頭。[29]

隨著貨櫃船運量激增，紐華克的地位也扶搖直上。一九五六至一九六〇年間，紐華克港的貨運噸數增加了一倍，紐約市這邊的吞吐量卻小幅下滑，使紐澤西占整個紐約港流量的比率在短短四年內從九％提高到一八％。一九六〇年改名為海陸服務公司的泛大西洋公司，占紐華克雜貨運輸的三分之一，卻僅占整個紐約港雜貨船運的六％。這些成就都是在紐約港國內貨運幾乎停頓的情況下達成的，因為國內貨運幾乎已全數遷離曼哈頓。[30]

海陸服務公司紐華克貨運站的南邊，挖泥機和堆土機正開始建造伊莉莎白港。經過兩年的規劃、化解當地官員的疑慮和抗議後，港務局在一九五八年開始展開一項大規模的工程：一條九千呎長、八百呎寬和三十五呎深的航道，就在紐華克港的正對面；數千呎的河岸碼頭；鐵路軌道；以及寬達一百呎的車道。港務局的規劃者預測，伊莉莎白港每年將處理兩百五十萬噸的貨櫃船運，是紐華克港的四倍。這裡的工程與紐約市碼頭的重建有著明顯的不同。一九六一年，紐約市海事與航空局長奧康納在一場討論紐約市港口發展的演講中，從未提到「貨櫃」這兩個字，他正在興建的碼頭將會服務載運雜貨、旅客和行李的船舶。相較之下，伊莉莎白港打從一開始就是專為貨櫃運輸設計的港口。幸運的是，若要在沼澤地上興建港口，港務局得先疏浚一條航道，並以疏浚的淤泥填滿碼頭區，再等淤泥固定。碼頭和車道一直到一九六一年才開始興建，那時麥克連的貨櫃構想已經有了進一步的發展。終於竣工時，伊莉莎白港第一批的泊位旁都各有約十八英畝大的鋪面區域，用以降低從堆儲場搬運貨櫃到船上的成本。港務局發行的雜誌解釋，這種設計「能讓拖車川流不息地開到船邊，就像『生產線』一樣。」[31]

一九六二年，伊莉莎白港全新的海陸服務貨運站正式啟用，營運規模是紐約市無法想像的大。麥克連爭取到政府核准，可從紐華克經過巴拿馬運河航行到西岸，海陸服務公司的貨運量也一飛沖天：一九六二年他們在紐約港處理的國內雜貨船運量，創下一九四一年來的新高。這些貨物幾乎全都經由海陸服務在紐澤西的碼頭運載，幾乎完全沒有經過紐約市。一九五〇年代初期悠閒的港口活動已經一去不復返。混雜貨櫃與散裝貨的船運——正如紐約市興建的新碼頭將處理的貨運——極不符合經濟效率，因為處理非貨櫃貨物所增加的靠港時間，侵蝕了貨櫃化節省下來的成本。由於沒有空間可以堆儲成千上萬個貨櫃和車架，也無法處理每艘船賴以接運貨物的數百輛卡車和火車廂，紐約市的碼頭根本沒有競爭力。對整個紐約港而言，貨櫃化在一九六二年仍只是個餘興節目。貨櫃貨運占紐約港雜貨量的比率只有八％，且僅限於國內貨運。紐約港的國際運輸依舊留在曼哈頓和布魯克林，且完全不使用貨櫃。但趨勢正在改變。隨著海陸服務公司擴展至加勒比海，過去由布魯克林的公牛輪船公司碼頭所獨霸的島嶼船運，逐漸轉移到海陸服務公司伊莉莎白港的貨運站。一九六四年，紐澤西占紐約港雜貨運輸的比率攀至一二％。

　　儘管紐約市繼續投入大把大把的資金，包括興建一座兩千五百萬美元的碼頭供美國輪船公司（United States Lines）處理快艇船運，但這些碼頭的前景仍然日益黯淡。一九六四年到一九六五年，海事與航空局要求再撥款四千萬美元興建碼頭。急於捍衛河岸使用權的 ILA 則提議，曼哈頓的河岸開發應該要結合碼頭與公寓。但強悍的奧康納已經離職，華格納政府的聲望也逐漸消蝕，於是市政規劃委員會無所畏懼，直接挑戰繼任者布朗（Leo Brown）。一九六四年，委員會提出警告：「我們相信，嘗試逆轉時鐘，再重建兩英里的曼哈頓河岸貨運碼頭既沒有必要也不恰當，更是不可行的。」不管怎麼說，根本問題並沒有解決。船運公司主管繼續抱怨碼頭上的小貪瀆，以及各個碼頭「陸地與水上貨運商轉運貨物時永遠一片混亂。」再多的水泥也無法吸引船運公司停靠紐約的碼頭。[32]

　　港務局則趁著貨櫃運輸逐漸跨入國際貿易市場之際，馬不停蹄地擴張。到了一九六五年，有六家船運公司宣布將在一九六六年提供歐洲航線的貨櫃服務，並已下訂單打造數十艘新船。要在曼哈頓甚至布魯克林處理這種業務已不再是問題，但只有伊莉莎白港有足夠的空間容納激增的貨櫃設施需求。

一九六五年底，港務局加緊擴建伊莉莎白港，建好了五座碼頭和六十五英畝的堆儲場。當時至少有七家輪船公司表達有意願從紐約市不合時宜的碼頭遷移到對岸。短短十個月後，港務局又推出了另一項擴張計劃，將使伊莉莎白港能夠同時處理二十艘貨櫃船。貨櫃的潮流如此強勁，港務局再也不必假裝曼哈頓和布魯克林能恢復它們在船運界的地位。「我們展望紐約港未來十年的發展時，心裡已經有底了，許多貨物處理將得從紐約市建築物密集的港口中心，遷移到紐華克─伊莉莎白這邊。」港務局海運部主任金恩接受電視訪問時說：「事實上，現在大家都在討論這件事，也在計劃建造新的貨櫃船。」當紐約市官員要求港務局要在布魯克林和斯坦頓島（Staten Island）建貨櫃站，作為批准興建世界貿易中心的交換條件時，他們只得到港務局「會再深入研究」的承諾。對紐約市的輿論界來說，紐約港的重心遷移到紐澤西已成了完全可以接受的事。《紐約時報》（*New York Times*）寫道：「港務局是跨越兩州的機構，他們必須以一個實體來看待紐約港，並根據地理分布和經濟原則來建立設施，而非政治。」[33]

數字可以道盡紐約港的故事。一九六〇年，只有海陸服務公司獲准（在與 ILA 簽約的條件下）運輸貨櫃，貨櫃船運占紐約港雜貨處理量的不到八％。所有雜貨運輸的四分之三仍經由布魯克林和曼哈頓。一九六六年，伊莉莎白港第一階段已完工並啟用，紐約港有近三分之一的雜貨由對岸的紐澤西處理，而且有一三％以貨櫃載運。「紐約港——美國貨櫃之都」成為港務局在世界各地打廣告的標語。金融業開始公開談論曼哈頓河岸其他「有價值的活動」，例如興建公寓大樓和小遊艇碼頭。曼哈頓的碼頭陷入沉寂，以致於某位 ILA 幹部指控，海事與航空局長布朗是「很稱職的停車場管理員。」[34] 紐約市碼頭業者和政客的反擊手段是嘗試阻撓世界貿易中心的興建，以及在市政廳部署糾察員。一九六六年，紐約市長林賽（John V. Lindsay）任內的副市長普萊斯（Robert Price）曾問道：「如果港務局能投資伊莉莎白和紐華克，那他們為什麼不在紐約花點錢，幫忙創造一些永久就業機會，以安置那些因為布魯克林海軍造船廠的遷移而失業的人？」他認為問題根本出在不公平的待遇：「紐約市處理三分之二的遠洋貨運，卻只得到港務局三分之一的投資。」港務局唯一能做的回應是，他們承諾會在相對還很現代化的布魯克林繼續處理散裝貨，但「隨著散裝貨運減少，短期或遙遠的未來不太可能在這裡興建新的傳統碼頭。」[35]

　　儘管林賽政府公開抨擊此事，市府官員此刻已經認清，曼哈頓的碼頭不會有前景。一九六六年，公園局長荷文（Thomas

Hoving）要求批准把格林威治村的四十二號碼頭改建為休閒用途；海事與航空局的抗議無效，被迫讓出碼頭建築的上層。到了隔年，有十幾家船運公司已向造船廠下了訂單，打造船艙內和甲板上都可載運貨櫃的純貨櫃船。至少有六十四艘巨型貨櫃船正在製造，港務局大肆宣傳的一項研究也顯示，紐約港七五％的雜貨可以用貨櫃來載運。當 ILA 曼哈頓地方分會要求與林賽開會、要紐約市興建新的碼頭來挽救他們的就業時，就連新上任的海事與航空局長哈伯格（Herbert Halberg）都建議：「從海運業的需求來看，在曼哈頓興建他們（ILA）所要求的數量的船運站並不符合目前的經濟規劃，也並非理想的市政規劃。」[36]

工會做出了最後的掙扎，他們請了前市長華格納的海事與航空局長奧康納來遊說市府興建碼頭。奧康納提出在下曼哈頓興建共構貨運站（結合船／鐵路／卡車為一體）的計劃，頂層還有一條飛機跑道。另一項計劃則是在東河興建「垂直碼頭」，使用為自動化車庫發展的技術把貨櫃從船上吊至建在空中的堆儲場。這些天馬行空的計劃都毫無用處。港務局一九六九年的報告寫道：「除了少數例外，各大遠洋船運公司在紐約港營運的貨櫃船都停靠在伊莉莎白港。」一九七〇年，在一項興建新客輪航運站的提議發引熱烈辯論之際，林賽決定一勞永逸，讓紐約市退出港口事業。「親愛的托賓，」他以幾年前無法想像的語氣寫信給港務局長托賓：「考慮我們有的選擇後，我相信最適合興建並營運這座航運站的機構是港務局。」這座客輪航運站後來建在曼哈頓，紐約港務局不久後改名為紐約與紐澤西港務局，紐約市政府從此再也不杯葛這個機構，任他們在遠離紐約的地方興建一座龐大的新港口。[37]

　　隨著貨櫃逐漸取代傳統船運，一九七〇年，紐澤西占紐約港雜貨運輸的比率激增到六三％。兩年後，總計五十四萬九千七百三十一個貨櫃流經紐澤西的碼頭。這對紐約市的傷害顯而易見。從一九六五年到一九七〇年，港務局的布魯克林碼頭處理噸數下跌了一八％。ILA 主席葛里森（Thomas Gleason）抱怨：「貨櫃正在挖我們的墳，逼得我們走投無路。」所言並不誇張。在一九六三—六四年度，曼哈頓雇用一百四十萬人日的碼頭工人。到了一九六七—六八年度，雇用數滑落至一百萬以下，一九七〇—七一年度跌破三十五萬人日，到一九七五—七六年度只剩十二萬七千零四十一人日——在短短十二年間，碼頭工人的雇用劇減九一％。曼哈頓海運處理業的總雇用人數，包括辦公室的工作，從一九六四年的一萬九千零七人，減至一九七六年的七千九百三十四人。布魯克林的情況稍好，主要歸功於港務局的投資，但也沒有維持太久。曼哈頓碼頭工人的聘雇開始長期走下坡後兩年，布魯克林也步上後塵，從一九六五—六六年度的兩百三十萬人日，減少到一九七〇—七一年度的一百六十萬人日，一九七五—七六年度只剩九十三萬人日。直到一九七一年，碼頭委員會關閉了設於布希碼頭（Bush Docks）的雇用廳，該地區與毗鄰的布魯克林陸軍船運站的碼頭工人雇用，在十年間銳減了七八％。布魯克林昔日欣欣向榮的貨運處理業已成了明日黃花。[38]

同一時期，紐澤西這岸的成長率超過所有人的預測。碼頭裝卸業者和船運公司都在抱怨人手不足。一九七三年，在紐華克港和伊莉莎白港營運的船運公司有四十家。儘管貨櫃化大幅提升了效率，新港口不斷擴張使得聘雇從一九六三年到一九七〇年間增加了三〇％。

到了一九七〇年代中期，紐約的碼頭大體上已成為過眼雲煙。一九七四年，駁船共載運了十二萬九千噸的貨物到等候的貨船上——只有一九七〇年的十分之一不到，也是一九六〇年的十五分之一。部分船運仍留在布魯克林，但在一九五〇年代末期重建、並因它們的租用者而被戲稱為「小日本」的第六、七和八號碼頭，也隨著五家日本大型船運公司遷至紐澤西而閒置。曾是布魯克林碼頭台柱的公牛輪船在波多黎各的業務也急遽萎縮，並於一九七七年結束營運。一九六三年，第十四街以北、哈德遜河的四個碼頭區被改建成新式碼頭供美國輪船公司使用，但一直閒置又租不出去，成為紐約市不甘心接受其大港地位已經沒落的紀念碑。多年後，新租戶終於出現，切爾西碼頭（Chelsea Piers）重新開放，但用途和之前完全不同：休閒娛樂。[39]

衝擊

　　碼頭沒落的影響波及整個紐約市的經濟，尤其對布魯克林最貧窮的社區而言，打擊最深。一九六○年，布魯克林八百三十六個人口普查區中，只有二十三個區有至少有一○％的勞動人口從事卡車和海運業的工作。攤開地圖來看，這些人口的統計區域呈帶狀分布，與河岸平行，從北邊的大西洋大道延伸到南邊的日落公園。這些人口有許多共通點：大量移民，主要是義大利裔；低所得；教育程度極低。在南布魯克林的六十七區，五七％的成人接受的學校教育不到八年。在如今稱作卡波丘（Cobble Hill）的四十九區，六四％的成人學歷未超過八年級。南布魯克林的六十三區住了一千零七十一名失業勞工——其中只有四名大學畢業。到了一九七○年，全區的運輸業就業人口急遽滑落，總人口也快速減少。衰退的程度可從幾年後進行的住宅調查看出：一九七五年，在日落公園和溫莎台這個住了十萬居民、毗鄰碼頭的地區，一棟私用住宅也未曾興建。[40]

　　對於那些不在碼頭工作的運輸與物流業勞工而言，貨物處理革命性的改變所帶來的傷害更大。從一九六四年到一九七六年，全美的卡車與倉庫業勞工人數增加，但紐約的人數在一九七○年以後急遽減少。停靠紐約市的貨船變少，卡車載運到碼頭或接運貨物的需求也轉弱。轉運倉庫被棄置，或被改成其他不需要那麼多人手的用途，例如停車場。一種全新的貨物流通方式已經產生。密封的貨櫃裝滿著出口貨物，被運到紐華克和伊莉莎白港，堆放在空地上等待貨船抵達；只有必須合併到貨櫃裡的小量貨物才需要用到倉庫來併貨。進口貨櫃被直接從碼頭拖至建在紐澤西州中部和賓州東部開闊的大片土地上新蓋的單層倉庫。在那裡，企業可以享受較低的勞動成本，並利用方便進出港口、不斷擴展的高速公路網絡。在這些地區，卡車與倉儲業就業人口的成長才能趕上全國的趨勢，紐約則瞠乎其後。

批發業向來是紐約的主要產業，但這個行業的就業在全美蓬勃發展的時候，在紐約卻是受傷慘重。假設從一九六四年到一九七六年，這些行業在曼哈頓和布魯克林的情況反映的是全國的趨勢，這兩個行政區的就業會增加二十萬人，主要是勞動工人或白領職員。然而，在這段期間，紐約損失了超過七萬個港口相關行業的工作，相較之下，全美類似行業的就業人口增加了三二％。

貨櫃化使運輸成本降低的事實也衝擊到製造業，不但使得工廠的就業機會減少，也隨著工廠遷出紐約打擊了相關的卡車與物流工作。紐約市的工廠就業在一九五〇年代中期就開始減少，比貨櫃普及早了十年，但直到一九六〇年代，紐約的製造業仍然相當興盛強韌。一九六四年，紐約五個行政區有近三萬家製造業者，雇用約九十萬名員工。該市的製造業約有三分之二位於曼哈頓，以成衣和印刷業為主。工廠的生意一直維持穩定到一九六七年，接著便突然大幅滑落。從一九六七年到一九七六年，紐約有四分之一的工廠關門大吉，製造業的工作流失了三分之一。去工業化的範圍極為廣泛，四十七類重要的製造業中有四十五類的就業人數出現雙位數的下降。[41]

工業的損失有多少可以歸咎於貨櫃？這個問題沒有明確的答案，因為貨櫃化只是一九六〇年代末期到一九七〇年代中期影響製造業的眾多因素之一。這段期間有許多高速公路完工，為工業發展打開許多都會的郊區地帶。紐約高昂的電費也趕走了不少工廠。人口遷往南方和西方的趨勢加速，不利於紐約的工廠滿足擴展的市場。一九七〇年代初期的經濟減緩導致全國性的工廠就業減少，紐約的工廠首當其衝，尤其是因為這些工廠的設備過時，且往往建築老舊，缺乏土地可以擴張或重建。

不過，無庸置疑，貨櫃化消滅了在紐約市經營工廠的一個重要理由：船運的便利。長期以來，紐約市的地理位置為供應外國或遙遠國內市場的工廠提供了運輸成本上的優勢，船運貨物所需的處理比內陸工廠少。貨櫃降低了地理位置對船運成本的效益。如今企業可以把位於布魯克林或曼哈頓的多樓層擁擠工廠，換成位於紐澤西或賓州的現代化單層工廠，既可在新地點享受低稅率和低電費，以貨櫃載運產品到伊莉莎白港的成本還遠低於曼哈頓或布魯克林的工廠。這是真正發生的情況：一九六一年到一九七六年，企業紛紛撤離紐約市，當時離開的製造業工作有八三％遷移的地點，再遠也不超過賓州、紐約州北部，以及康乃狄格州。[42]

一九六二年，布魯克林河岸仍然碼頭林立，船舶櫛次鱗比，有許多寬敞的轉運倉庫，離那些龐大、多樓層的工廠建築只有短短幾步的距離。整個一九六〇年代，船運轉移到紐澤西，加上一九六六年布魯克林海軍造船廠關閉，對一度是美國最大製造業中心的紐約市造成難以復原的打擊。布魯克林過去占有紐約市製造業的極高比率，到了一九八〇年，這個比率相對來說已經無足輕重。經濟情況壞到布魯克林人成群結隊遷出這個行政區，一九七一年至一九八〇年間，該區人口減少了一四％。調整通膨因素後的個人所得連續八年下滑，直到一九八六年，布魯克林的勞工所得水準才恢復到一九七二年的水準。[43]

貨櫃不是一九六〇年代和一九七〇年代紐約市經濟式微的唯一原因，但卻是一項相當重要的因素。貨櫃技術的發展極為迅速，對運輸業的重大影響也遠超過其熱情擁護者的想像。貨櫃的誕生以世人從未想過的方式衝擊了舊船運中心的經濟，紐約只是其中的一個，首當其衝。

第 6 章
工會分裂

　　葛利森（Teddy Gleason）與布里基斯（Harry Bridges）這個
兩人幾乎是真心討厭彼此。口若懸河的葛利森是愛爾蘭裔，紐
約碼頭邊的貧民區出身，他以個人的魅力、和善的幽默、無限
的耐性，以及超乎常情的容忍貪瀆，一手將代表從緬因州到德
州各地碼頭工人的 ILA 串連了起來。布里基斯則是澳洲出生的
苦行主義者，歷經過無數場艱苦戰役，在太平洋岸碼頭的協助
下建立了 ILWU，也因此成為碼頭工人的傳奇人物。兩個人幾乎
對每一件事都意見不合，包括他們的工會應該如何因應自動化
對碼頭工人就業所帶來的威脅。從一九五六年起的十年，他們
倆以大相逕庭的方式對抗極為類似的問題。兩位領導人打從一
開始就了解，自動化可能會危及數以萬計的工作，並使碼頭工
人——他們的工會會員——變得無足輕重。結果他們各以不同

的方式為工會爭取到不同凡響的利益——交換的條件是容許貨櫃重新塑造長期以來的碼頭運作模式，以及環繞碼頭的生活方式。

葛利森先是在紐約主持一個 ILA 的地方分會，在自動化逐漸變成勞資關係的重要議題之際，他出任國際 ILA 主席「船長」布雷德利（William Bradley）的第一副手。一九五四年，由碼頭公司與船運公司所組成的紐約船運協會（NYSA）與 ILA 協商地方合約時，紐約船運協會提出了一項非比尋常的建議。託運廠商已開始把綁在棧板上的出口貨物運到碼頭來，希望貨物能連同棧板一起裝運至船上。由於使用堆高機在碼頭上或船艙內搬運棧板很容易，船運協會要求工會每個船艙只用十六人一班的工人，而非以往的二十一或二十二人。ILA 很快便計算出協會的提議將讓一艘五個船艙的貨船損失三十個工作。工會表示反對，船運協會便打退了堂鼓。[1]

兩年後，泛大西洋公司進駐紐華克港，起初此舉並未引起工會注意。紐華克港就像紐約港的其他部分一樣，也根據 ILA 的合約運作。葛利森認識麥克連——一九三九年，ILA 就曾組織過麥克連卡車公司的部分倉庫工人——一九五六年理想－X 號首航時，工會也同意處理泛大西洋公司的貨櫃。部分工會領袖明白表示他們厭惡貨櫃，但 ILA 還有一大堆更棘手的問題要處理：內部的紛爭；其他工會組織嘗試推翻 ILA 獨占紐約碼頭的地位；紐約港的合約即將在九月三十日到期，ILA 首要的談判要求是以單一的合約涵蓋所有大西洋和墨西哥灣沿岸，卻遭到船運公司主管的強烈反對。紐華克港的工會成員擔心他們分派工作的制度不保，將影響他們的所得平等。在這種複雜的背景下，兩艘小船載運幾個貨櫃並不是曼哈頓西十四街工會總部該關心的優先要務。此外，正如一名 ILA 幹部後來在國會作證的言論，泛大西洋公司提供了新的業務，能增加碼頭工作，而非搶走舊工作。泛大西洋公司的貨櫃輪服務，以及在該公司的貨運站把小貨運合併成完整貨櫃的工作，由兩個 ILA 的地方分會瓜分，一個是黑人工會，另一個是白人工會，彼此的默契是二十一人一班的工人將不必裝卸貨物，但也不會阻礙工作。[2]

自動化導致衝突

一九五六年秋季，當 ILA 協商新合約時，自動化變成了重大的問題。觀察過麥克連的貨櫃運作後，紐約船運協會要求雇主有權利只雇用他們所需數量的碼頭工人，「任何一種目前未在運作的運作形式」都適用。紐奧良甚至傳來噩耗，那裡的雇主要求將碼頭工作界定為「把貨物從碼頭的堆貨台搬運到船上」──這種文字描述將阻斷 ILA 裝運或卸載貨櫃，或在貨運站裡搬動貨櫃的權利。兩項提議最後都被撤回了，經過十天的罷工，工會達成主要目標的絕大部分，贏得了涵蓋自緬因州到維吉尼亞州的工人薪資與退休金的單一合約。工會在紐約的首席談判代表葛利森對於自動化相關的要求絲毫未作退讓，但戰線已經劃下。罷工結束後，總統指派的調查小組冷言道，縮小碼頭工人每班人數的提議「已成了工會爭議的焦點」。[3]

到了一九五八年，ILA 已經趕走了在紐約競爭的工會對手，可以全神貫注處理自動化的問題。貨櫃船運的第一批統計數字已經出爐，ILA 開始有所警覺。經過兩年的營運，麥克連工業告訴股東：「裝卸一艘貨櫃船的時間幾乎只有傳統貨船的六分之一，只需三分之一的勞力。」其他船運公司也在研究貨櫃，而且與泛大西洋公司不同，他們想把併櫃的工作移到非碼頭的內陸地點，離開 ILA 的轄區。引爆爭議的是專門從事南美船運的葛瑞斯航運公司。一九五八年十一月，葛瑞斯航運新的輪船聖塔羅莎號（Santa Rosa）停靠在休士頓。這艘船的設計讓貨櫃和散裝貨可以從船側的門上船，而非吊進船艙和甲板。葛瑞斯航運以容易裝卸為由，要求每一艘貨艙只雇用五或六人。ILA 的七九一地方分會立即拒絕為這艘船工作。公司堅持不肯退讓，ILA 便宣布抵制所有非 ILA 會員裝載的貨櫃，泛大西洋公司除外。紐約 ILA 地方分會協會主席費爾德（Fred Field）怒不可遏，指控船運公司「以預先裝載貨櫃兜攬貨運」。[4]

隨著緊張情勢升高，十一月十八日 ILA 停止工作，在麥迪遜廣場集結了兩萬一千名碼頭工人，發表機械化已造成威脅的演講。工會領袖要求雇主「分享利益」，堅決不接受削減每班的工人數。對工會而言，這個問題關係重大：要是葛瑞斯航運得逞，碼頭所需的工人數將銳減。十二月，密集的協商達成了暫時性的協議：ILA 同意，一九五八年十二月十二日前，使用貨櫃的船運公司（包括葛瑞斯航運）可以繼續雇用 ILA 的工人，但每一個船艙必須雇用二十一人。十二月十七日，港口勞工仲裁人宣稱：「雙方正在想辦法圓滿解決貨櫃的問題。」[5]

實情並非如此。一九五九年一月，使用貨櫃的協商重新啟動，但沒有結果。問題持續擺爛到八月，也就是所有東岸和墨西哥灣沿岸港口協商新合約之際。在這場涵蓋紐約港的重要談判中，ILA 要求船運公司應「分享自動化的果實」。他們提議以減少每班碼頭工人數一或二人，交換每天工作六小時，以及無論來自何處，每一個貨櫃都要由碼頭上的 ILA 會員來「卸載和裝運」──也就是要清空船艙再重新填滿。當然，卸載與裝運是 ILA 硬為會員製造出來的工作，會讓貨櫃化節省下來的成本化為烏有。幾天後，紐約船運協會提出一個概念：雇主將保障固定碼頭工人的工作，以交換不受限制的自動化。[6]

在傳統的勞資關係中，資方若提議以保障工作來交換自動化的權利，密集的協商往往會繼續進行。但與 ILA 協商，就是會不斷地橫生枝節。在幾乎無預警的情況下，工會安排會員九月十四日要投票——合約到期前兩週——決定 ILA 是否應與 AFL-CIO 結盟，亦即六年前的 AFL，他們曾因 ILA 的貪腐而驅逐過 ILA。當工會試著說服會員投贊成票時，所有工作都停擺，直到投票以些微差距通過才恢復協商，這時距離合約到期日（一九五九年九月三十日）只剩幾天。談判出現轉機，合約到期前的幾個小時還有一些細節尚未敲定。葛利森與紐約船運協會主席蕭邦（Alexander Chopin）同意延展合約十五天。費爾德抗議此舉違背了 ILA 長期以來的信條「沒合約，不工作」，於是他所帶領的曼哈頓分會立即展開罷工。幾個小時後，涵蓋南方港口的另一個協商破裂，從北卡羅萊納州到德州的碼頭工人開始大罷工。面對兩起叛亂，葛利森取消了延展合約，並發動罷工，卻因此與勢力龐大的 ILA 布魯克林分會長安納斯塔西亞（Anthony Anastasia）發生了衝突。安納斯塔西亞是脾氣火爆的義大利移民，對葛利森和支配 ILA 領導權的其他愛爾蘭人沒什麼好感，他指揮自己的會員繼續工作，並指控葛利森支持罷工不過是為了讓費爾德得益。十月六日，法院暫時結束了這場混亂，命令港口重啟至少八天。[7]

雇主也沒有比工會團結到哪裡去。各家船運公司都有自己的自動化計劃，而唯一了解貨櫃營運的泛大西洋公司卻不參與談判。十一月初，嚴肅的談判重新展開，船運協會拒絕了工會在碼頭裝卸所有貨櫃的提議，但同意支付貨櫃稅以補償因貨櫃化而受害的碼頭工人。協商的細節十分繁瑣。雇主提議支付遣散費給失業的碼頭工人。工會則希望保障碼頭工人的所得，並駁斥遣散費不切實際，因為碼頭的工作都是按日聘用，自動化會讓每個人的工作都減少，而非只是一部分人失業。

　　一九五九年十二月，結果終於揭曉，一項三年的合約宣告紐約的雇主將有自動化的權利，交換條件是保護碼頭工人的所得。除了這些廣泛的原則，所有的細節都交由仲裁處理。一名ILA領袖洋洋得意：「船運公司同意分我們一杯羹。他們可以從貨櫃省下龐大的成本，並且願意把一部分的現金轉移給我們。」船運協會的說法也很類似，主席巴奈特（Vincent Barnett）寫信給會員說：「輪船公司和託運者首度面臨全面的考驗，必須深入評估貨櫃的新發展所牽涉的經濟因素。」長期以來擔心紐約碼頭逐漸沒落的民間輿論宣稱，新協議將是拯救紐約港的工具。《論壇報》（Herald Tribune）寫道，新合約「將大幅提振紐約凌駕其他港口的優勢，發展用於國際船運的大型貨櫃。」《紐約時報》認為，新合約「將帶來大量湧進的貨櫃」。[8]

　　貨櫃並未大量湧進，因為商定的只是大原則，並沒有具體細節。三位仲裁者包括葛利森、船運公司代表，以及中立的第三者，他們花了幾個月的時間思考細節，嘗試居中協調：船運公司怕貨櫃權利金將成為業者的長期負擔，ILA則擔心船運公司會設法規避支付權利金。最後在一九六〇年秋季，仲裁者以二對一的投票決定，紐約港的雇主使用貨櫃處理設備將不受限制 —— 交換條件為貨櫃船每運一噸的貨櫃貨物必須支付一美元，貨櫃與散裝貨兩用的貨船每噸貨櫃貨物支付〇‧七美元，由傳統散裝貨輪搬運的貨櫃每噸支付〇‧三五美元。為了安撫工會，仲裁者也規定，船運公司或碼頭業者在自己的貨運站裝運或卸載貨櫃時，必須雇用 ILA 的工人。[9]

一九六〇年的仲裁宣判後，紐約港已正式向任何願意載運貨櫃的船舶開放。但實際情況卻非如此。仲裁者規定貨櫃權利金必須支付到一個基金，但卻拒絕說明該基金將如何花這些錢。此外，仲裁者忽略了一點：他們並未好好界定「貨櫃」這個詞。仲裁小組的工會代表葛利森預測，這些疏忽將導致進一步的勞資衝突。他說得沒錯。

ILA 在太平洋岸的兄弟工會 ILWU 則採取了截然不同的方式因應碼頭的自動化。

ILWU 在太平洋岸的港口與雇主有淵遠流長的暴力鬥爭關係，這個工會一度是 ILA 的太平洋分會，歷經一九三四年一場血腥的西岸大罷工後才獲得承認，並在其後的四十年間發動過一千三百九十九次合法與非法的罷工，以主張其權利。不斷衝突的結果是繁複的規範，包括成文與不成文的條例，管理著港口一切的運作。例如，一項正式的條例規定，如果碼頭工人被指派到某艘船的某個船艙工作，他就只要做那項特定的工作就好，直到船開航；如果一個船艙的貨物裝載完成了、另一個船艙還沒，前一船艙閒下來的工人不能被調去協助其他工人。另一項規定雖然沒有白紙黑字寫下來，但要求工人領班強制執行：當卡車運送以棧板包裝的貨物到碼頭上時，必須先把每項貨物移開棧板，放到碼頭上；接著碼頭工人再把貨物放到棧板上，以便吊入船艙，其他碼頭工人再在船艙中拆解棧板，安置每一項貨物——所有的成本加起來高到託運者發現，一開始根本就不該使用棧板。[10]

後來，一名 ILWU 的高層幹部承認，這些規定「不容許任何想像空間和創新」。工會認為，這些規定是保住工作和讓競爭者成本統一不可或缺的辦法。與 ILWU 談判的碼頭業者都願意接受這些規定，以免惹來沒完沒了的罷工事件。工會的長期財務長高布拉特（Louis Goldblatt）宣稱，碼頭業者實際上滿喜歡這類的規定，因為船運公司會支付他們更高的費用，比工人的工資高了三〇％。因此愈多工人裝卸貨物，碼頭業者就賺得愈多。[11]

這些嚴格的工作規定之所以會被接受的另一個原因，在於眾人別無選擇。一九四八年，碼頭業者協會曾在合約談判中試著鬆綁規定，但愚蠢的是，他們的做法卻是對布里基斯發動個人攻擊。這位工會主席年輕時在澳洲就是個政治激進分子，向來不隱瞞他對社會主義的同情；雇主把共產主義者的標籤貼在布里基斯的身上，宣稱他們不與共產主義者打交道。這些手法反而助長了布里基斯在碼頭的聲望。在合約到期之際，ILWU 發動了罷工，領導幹部成功地讓會員在九十五天的罷工期間始終團結一致。最後，大型船運公司把碼頭業者協會及其極端反共的顧問推到一邊，接管了談判事宜。工會達成他們最重大的目標：終於能面對面與幕後支付他們薪資的船運業者談判，擺脫扮演中間人而卻未握有財務大權的碼頭公司。[12]

勞工權益

太平洋最大的船運公司美森航運當時正面臨著財務壓力，只好說服其他公司應該「以新的觀點看待」勞資關係。這些公司同意保留這些工作規範，交換一則合約條款：碼頭業者可以使用新設備和新方法，但不得在不增加工資的情況下要求工人加快工作速度。創新再也不是必定引發罷工的關鍵。如果有人要求碼頭工人做危險或過多的工作，工會代表和管理人會試著解決問題，但裝卸貨不會間斷；如果調解不能在工作地點達成，爭端會很快就會轉移到更高的階層，必要時會訴諸有拘束力的仲裁。這些條款創造了新的開放氣氛，只要工人能享到節省下來的成本，工會就會經常修改規定，允許新的設備進來並減少每組的工人數。根據兩位加州勞工專家的觀察，貨運量比戰時減少了四分之一這個事實擺在眼前，對此 ILWU 認為「必須採取激進的措施，遏阻海運商務的衰退」。[13]

　　不過，在一九五〇年代初期，工人每小時能處理的貨運量仍然低得出奇。一九五五年，一項國會針對洛杉磯港和長灘港的調查發現，「四上四下」這類非正式的做法，亦即原本每組八名工人可以有一半短暫休息片刻的慣例，後來演變成工人當班時只工作一半的時間。這項調查使 ILWU 遭到關切，並失去許多支持者。長期以來就有不少人指控他們是共產主義團體，政府更是多方設法推翻布里基斯，儘管他已經歸化美國。一九五一年，勞工運動極左翼的工業組織會議（Congress of Industrial Organizations, CIO）以 ILWU 遭指控與共產主義有關係為由，開除了 ILWU 的會籍，一九五五年 AFL 與 CIO 合併為 AFL-CIO 後，布里基斯也相當擔心卡車司機工會和 AFL-CIO 的其他工會將會挑戰 ILWU 對碼頭的管轄權。連 ILWU 的前母工會 ILA 也急著撇清與 ILWU 的關係，雖然 ILA 本身也被其他勞工運動孤立；一九五六年東岸碼頭罷工之際，布里基斯曾寫信聲援 ILA 主席布雷德利，布雷德利還擊表示，他們不需要布里基斯的支持。布里基斯這位老謀深算的戰略家很清楚他的工會無力抵擋政府的壓力，他也知道，結束合約的濫用與提高生產力至關重要，否則政府不會對公會事務就此罷手。布里基斯告訴國會委員會：「你們得到了我們的承諾，雇主也得到了我們的承諾，我們將走入基層會員之中，盡我們所能說服他們並推動運作。」[14]

泛大西洋公司即將在東岸推出的貨櫃服務，以及西岸最大的船商美森航運持續進行的貨櫃使用研究，都清楚顯示船運公司想將貨物處理自動化。布里基斯和雇主打交道時以驍勇善戰、兩袖清風聞名，面對工會會員反對任何形式的讓步，他仍然公開倡導公會應該要把眼光放遠：「那些認為我們可以永遠阻擋機械化的人還活在一九三〇年代，打我們當年已經打贏的戰爭。」[15]

ILWU 發源自十九世紀末與二十世紀初西方激進的勞工運動，領導人的意識形態加上一九三四年和一九四八年的罷工大獲全勝，使得組織的基層會員手握非比尋常的權力。工會對工作規範與自動化的立場改變無法藉由上層下令來達成，而是得由地方工會選舉產生的代表在西岸的幹部會議上背書，然後由所有碼頭工人會員投票通過。宣揚新策略的責任落在布里基斯的肩上，他先在工會的協商委員會提出這個問題。一九五六年三月，合約談判即將舉行，ILUW 的幹部會議還在討論談判的優先順序時，協商委員會敦促工會接受自動化，以交換提高薪資和縮短工時：

過去，我們嘗試延緩船運業機械化進步的努力，大部分都徒勞無功。在許多事例中，這些努力的結果都是我們最終不得不接受新的設備，並喪失我們對所涉及新工作的管轄權……我們相信，在鼓勵船運業機械化的同時，也能建立並強化我們的管轄權，並使人力縮減降至最小——這是有可能的。如此一來，*ILWU* 將可擁有從碼頭鐵道到船舶貨艙的所有工作。[16]

在工會裡，這個觀點極具爭議性。一九四八年的合約讓 ILWU 穩穩控制太平洋岸幾乎所有港口的碼頭，所有碼頭工人若不是 ILWU 的「A」級會員，就是在 A 級會員都有工作時額外雇用的「B」級會員，後者都希望自己能在獲得足夠的經驗後，經由工會核可，晉升為 A 級會員。大多數的 A 級會員屬於固定的工作小組，而雇用廳會分派工作給同一小組的工人，由選出來的領班帶領，領班也是工會會員。處理的每艘船會由一名督導員負責監督，也是 ILWU 會員。名義上負責管理的碼頭公司管理員深知，與工會保持融洽的關係比堅持嚴格執行合約還要重要。這種強調和諧的管理使得碼頭工人在工作場合擁有非比尋常的掌控權，但這種管理似乎受到了威脅。一九五六年，合約談判一開始，ILWU 就與太平洋海運協會（PMA）聯合提出了「原則聲明」，關鍵條款簡單扼要地寫著：「工會不應要求雇用不必要的人。」[17]

布里基斯將「原則聲明」交給工會會員投票，但他獲得的支持不太熱烈，四〇％的 ILWU 會員投下了反對票，可見他沒有取得足夠的正當性來同意改變人力派遣的規範。因此工會與海運協會簽訂的合約只涉及一般的經濟事務，至於機械化和工作規範則會安排另外的會議分別討論。

　　這些會議於一九五七年初展開，但很快就因雇主抱怨工會會員違反既有的合約而觸礁。太平洋船運協會主席蘇爾（J. Paul St. Sure）明白表示，船運公司不願付錢交換改變工會規範，除非他們確定布里基斯能讓 ILWU 地方分會履行達成的協議。這種強硬的姿態導致 ILWU 內部激辯集權化和分權化長達一年。一九五七年四月，在一場出人意表的演說中，布里基斯要求工人幹部與地方分會遵守合約條文，提升生產力。不過，反對的勢力仍然強到難以克服；自動化的問題被送至海岸勞工委員會（Coast Labor Committee）做進一步的研究。這個委員會由布里基斯、一名西北部代表和一名加州代表組成，十月時，委員會向另一個在波特蘭舉行的工會幹部會議提出報告，指出愈來愈多人要求托運者要自行把貨物以棧板、車廂或其他裝載形式裝好，好讓這些貨物在碼頭上能以單一單位來處理。委員會估計，隨著這類做法漸漸普及，碼頭的人力使用可能會減少一一％。委員會的報告指出：「除了我們處理這些貨物的意願外，沒有任何事能阻擋以單位包裝來託運貨物這個大幅增加的趨勢。」報告也提出了赤裸裸的選項：「我們要堅守目前游擊隊抗爭的政策，還是要採取較有彈性的政策、交換更多具體的利益？」[18]

　　在幹部會議上，這篇報告引發了一場空前的激烈辯論，來自太平洋南北兩岸的會員首度有機會深入了解這個船運業正在進行的大改變。一名在場的工會記者回憶道：「每一個碼頭工人開始談論該如何因應機械化的新情勢，如何保有工作和所得、福利、退休金等等。」洛杉磯港和長灘港是執行卸載棧板然後重新裝載最為嚴格的港口，來自兩地的代表堅決反對妥協。一名洛杉磯代表抱怨：「我們可能會是沿岸所有分會中損失最大的。」布里基斯所屬的舊金山分會則帶頭支持自動化協商，主張工會應確保會員共享新工作方法的利益，而非嘗試阻擋新方法。經過兩天的辯論，會議以口頭表決支持布里基斯的提議，並開始針對自動化進行非正式協商。十一月十九日，工會寫信給太平洋船運協會，提議雙方共同討論新方法以及改變工會的規範，目的在於「使目前登錄的碼頭工人持續保有工作的權力，並能享受部分的勞力節約成果」。[19]

　　雇主又再一度表現得意興闌珊。太平洋船運協會主席蘇爾解釋：「許多雇主認為，這就像賄賂一名工人，要他去做原本就該做的工作。」布里基斯和蘇爾兩人已經有了密切的工作關係，他們認為自動化的問題太過複雜，難以在一九五八年六月合約到期之前解決，因此他們決定把短期的目標放在修改一項合約的基本內容上。工會在一九三四年贏得了每天工作六小時的條件，但不成文的規定禁止雇主在工人做滿六個鐘頭、但裝載尚未完成時喊停；雖然合約只保證雇用一名碼頭工人至少要給四個小時的薪資，「正常的」一班工作卻是九個小時——六小時支付一般工資，三小時支付一倍半的工資。一九五八年，布里基斯與蘇爾的協商將碼頭工作變成一般的全職工作。碼頭工人保證能獲得每天八小時的一般薪資。這對某些人有利，對某些人不利，因為損失支付一五〇％薪資的加班時間，對許多工人來說就是所得減少。只有五六％的 ILWU 會員投票贊成這項合約。[20]

　　美森航運的西岸—夏威夷服務於一九五九年開張，使得自動化的協商迫在眉睫。一名前洛杉磯碼頭工人回憶道：「美森航運為了營運，特別打造了一具專用的吊車。親眼看到或從《快訊報》（Dispatcher，ILWU 的報紙）讀到後，大家很快便意識到，這是未來搬運貨物的趨勢。」工會領導階層在四月的幹部會議警告說，船運的快速變遷可能會使整個產業在短短幾年內呈現全新的面貌。不過，太平洋船運協會刻意淡化了工作流失的危險，一九五九年五月，蘇爾對 ILWU 的協商代表說：「我們認為，目前的勞動力還要好幾年後才會感受到自動化的影響。」布里基斯顯然抱持著相同的看法。《快訊報》的前編輯表示：「布里基斯似乎不相信貨櫃化會重要至此。」[21]

機械化與現代化協議

一九五九年，在這樣的背景下，雇主提出了一項具體的提議：為了交換改變工作規範，他們保證所有一九五八年已登錄的 A 級會員，以後每年至少可以獲得一九五八年的薪資，且只有在碼頭工人辭職或退休時，才會減少雇用工人。工會則在十一月提出了相對的提案。公會願以用更有效率的方法處理貨物所省下來的成本當作交換條件，要求雇主每個工作時數要支付一小時的平均工資至補償基金中。問題是，沒有人知道這會牽涉到多大的金額。蘇爾最後憑空抓了一個數字，並向工會提議，一九六〇年六月以前因自動化而損失的工作將得到一百萬美元的補償。這種事自然是多多益善，於是布里基斯要求一百五十萬美元，雙方就此達成了一項臨時協議。為了交換一百五十萬美元以及保證所有 A 級會員都不會被裁員，工會同意雇主在未來的幾個月有權利改變工作的方法。永久協議的談判將繼續進行。[22]

接著是一連數月的深入研究與密集對話，參與者包括 ILWU、太平洋船運協會，以及雙方陣營的反對派。正式的協商於一九六〇年五月十七日重啟，蘇爾宣布雇主將不會簽署另一項自動化的暫時協議；他們要一份完整的合約。工會再度建議雇主應根據省下的人力成本提撥工人補償基金。船運公司一九五九年曾支持過這個構想，現在卻改變了主意，他們提議以每年支付固定的價格來交換廢除舊的工作規範，且不必分享未來省下來的成本。三天後，布里基斯接受了這項構想的原則。工會把數字攤在談判桌上：每年五百萬美元，連續四年，相當於每年支付一九五九年每個工作時數約二十美分。[23]

經過數十回合的討價還價，劃時代的《機械化與現代化協議》（*Mechanization and Modernization Agreement*）終於在一九六〇年十月十八日簽訂完成。就資方來說，小型的沿岸船運公司、日本輪船公司和碼頭公司都要求免除提撥保證基金，蘇爾以辭職作為威脅，才取得了太平洋船運協會主管委員會的一致支持。工會方面的政治問題更加嚴重，ILWU 的舊金山分會已同意處理美森航運的新貨櫃船夏威夷公民號，但這艘船一九六〇年八月停靠在洛杉磯，適逢機械化談判進入關鍵階段，ILWU 的一三地方分會拒絕為這艘船工作。船運協會立即關閉整座港口，數家船運公司也揚言要遷移到附近由不同地方分會控制的長灘港。洛杉磯監督委員會提出法案，準備明定港口公務員不得罷工，而這正是 ILWU 的痛處。布里基斯被迫大力鎮壓一三分會。港口、工會和船運協會幹部簽署了一項不尋常的協定，為拒絕依規定工作的工人制訂罰則。蘇爾和布里基斯一起在監督委員會出現，承諾他們將會指定一名全職的仲裁員，以迅速處理港口的任何勞資爭議。兩個星期後，洛杉磯碼頭重開，但

ILWU 地方幹部與領導高層之間的嫌隙揮之不去。[24]

　　兩個月後，在 ILWU 的十月幹部會議上，《機械化與現代化協議》被提了出來，幹部們終於明瞭，一個時代就這麼結束了。草案的主要條款寫道：「本文件的目的是，不應將合約、工作以及分派規範解讀為要求雇用不必要的人員。」「貨櫃」這個詞並未出現，但條文賦予資方權利改變處理各類貨物的方法，只要這些方法不會導致工作場所不安全或造成「繁重的」工作負擔；如果發現工作過於繁重，工會可以提出申訴。ILWU 保有在碼頭上整併貨物的控制權，但包裝完整的貨櫃與棧板抵達碼頭時，不必再由碼頭工人清空和重新包裝。

　　為了交換近乎完全的彈性，雇主同意每年支付五百萬美元。這些錢的一部分將支應退休金；服務滿二十五年的碼頭工人可獲得七千九百二十美元，相當於七十週的基本薪資；六十五歲退休後，可再獲得每月一百美元的 ILWU 退休金。六十二歲到六十五歲的工人要是提早退休，將可支領每月兩百二十美元直到六十五歲。其餘的錢將保障所有 A 級會員平均每週可獲得相當於三十五小時的工作所得，不管碼頭是否需要他們工作。協議簽訂後才雇用的碼頭工人將永遠不符合獲得保障的資格，一名工會發言人表示，因為「他們沒有犧牲任何東西」。[25]

　　草案送交會員大會投票前，幹部又做了幾番修改。超過三分之一的 ILWU 會員投下了反對票。部分反對者基於意識形態而極為憤慨，如舊金山著名的碼頭工人哲學家霍佛（Eric Hoffer）所言：「這一代沒有權利放棄，或為了錢變賣上一代交給我們的條件。」洛杉磯的碼頭工人仍對布里基斯干涉他們的地方勞資爭議而忿忿不平，也對喪失卸載並重裝貨櫃的工作感到不滿，幾乎有一半的會員投下了反對票。布里基斯得到了西雅圖地方分會的支持；他出身的舊金山分會也情義相挺，因為當地的碼頭工人有近三分之二超過四十五歲，對於退休條款可說是喜聞樂見。這兩個城市的會員所提供的贊成票數使合約得以順利通過。[26]

《機械化與現代化協議》的結果出乎各界的意料。初期的反應是預期中的一波退休潮。鼓勵老碼頭工人離職的誘因，使超過六十五歲的會員從一九六〇年的八百三十一人，減到一九六四年的三百二十一人；介於六十到六十五歲的會員則減少了五分之一。不過，出乎雙方意料的是，對現役碼頭工人的所得保障，被證實為多此一舉。碼頭上非但沒有冗員，反而出現了勞力短缺，原因是貨物流量大增。這麼多年來頭一遭：大批 B 級會員獲准晉升為 A 級會員。[27]

在提升生產力上，這項協議所帶來的成果遠超過船運公司的預期。一九六〇年之前，碼頭工人的生產力停滯了將近二十年。雇主可以改變非貨櫃貨物的工作方法，使每人每小時的處理噸數在五年內激增了四一％；經過貨物組合變化的調整，整體的影響力也在八年之間翻了一倍。託運者可以利用棧板運送他們的罐裝食物、袋裝米、麵粉和類似的產品，無需付錢給碼頭工人要他們卸除和重新安置棧板。鐵和鋼等貨品只需要兩名碼頭工人處理，而非四人或六人；如今出口的棉花會以六個標準包（注：bales，美國的棉花重量單位，一標準包為五百磅）為一組，事先裝在一個棧板上，重量為三千磅——超過舊規範的限制，但在新規範的許可範圍。一九六○至一九六三年間，每人每小時處理糖的噸數大幅增加了七四％，木材增加五三％，稻米則增加一三○％。在協議的第三年，西岸港口使用的人力比上一份合約的要求減少了兩百五十萬人時，相當於這些港口一九六○年所雇總勞動力的八％。[26]

　　與工會所預期的恰好相反，生產力大幅提升的主因來自汗水，而非自動化。深度分析趨勢後，經濟學家哈特曼（Paul Hartman）寫道：「證據顯示，大部分港口的雇主把精力花在從工人身上榨取更多的勞力，而非創新或進行新投資。」袋子愈來愈大袋，吊貨重量也不再限於兩千一百磅內，而是增加到高達四千磅。結果就是船艙內的工人必須更耗費體力工作，把沉重的貨物推到定位。過去合約禁止的極重吊貨量，很快便在碼頭上被謔稱為「布里基斯量」。[29]

　　怪異的是，此刻雙方的立場互換，工會要求雇主**加速**機械化，以減輕工人的體力負擔。一九六三年，布里基斯告訴資方協商代表：「我們希望推動增加強制機械化的條款。碼頭工作靠汗水賺錢的時代已經過去了，所以這是我們的目標。」船運公司對投資依舊舉棋不定。ILWU 的反應是針對碼頭上和船艙裡機械設備的短缺提出申訴。一則所有產業都不曾見過的怪異仲裁判例發生了：一九六五年六月，仲裁委員會命令雇主提供碼頭工人更多堆高機和絞車。[30]

　　直到一九六六年底，西岸船運相關業者共撥了兩千九百萬美元至基金，作為碼頭工人提早退休、死亡、傷殘等福利，以及對失業工人的補償。事實證明，這是一項獲利極為可觀的投資。單以一九六五年來說，有人估計船運公司從《機械化與現代化協議》省下了五千九百四十萬美元，幾乎是每年支付金額的十二倍。效率提升使得船運商獲利大增，而此時貨櫃還未對太平洋岸的港口帶來明顯的衝擊。一九六〇年，貨櫃船運只占太平洋岸港口所有雜貨船運的一·五％，到一九六三年也不到五％。當貨櫃終於加速發展，不僅促成了前所未見的生產力提升，也帶來了更意想不到的情況。洛杉磯港的碼頭工人原本確信自動化會摧毀就業機會，後來營運卻出乎意料的興旺；舊金山港的碼頭工人原本是《機械化與現代化協議》最強力的支持者，舊金山港卻淪落式微的命運。不過，一九六〇年，當勞資雙方完成自動化協商的當下，雙方都未能預知貨櫃的影響。後來布里基斯坦承：「老實說，情況完全出乎 ILWU 意料，許多船運公司也萬萬沒想到會這樣。」[31]

《機械化與現代化協議》為美國太平洋岸的港口樹立了新規範，並立即擴展至加拿大西岸。在東岸，派系分立的 ILA 不肯輕易接受全面的自動化協議。ILA 代表從緬因州到德州的碼頭工人，但 ILA 會與東岸各港口的不同雇主集團分別進行協商。東岸沒有像西岸那樣的單一合約，也沒有像布里基斯那樣廣受會員信任與擁戴的工會領導人，能不被猜忌地談成交易。ILA 總部對各地分會的領導人沒有多大的約束力，分會幾乎可以自己作主。專欄作家坎普敦（Murray Kempton）在《紐約郵報》（*New York Post*）上一針見血地寫道：「這是唯一的無政府主義工會。」[32]

一九五三至一九六三年間擔任 ILA 主席的布雷德利是一位和藹可親的領導人，因為曾開過駁船而獲得了「船長」這個稱號。一九五三年，長期掌權的里恩（Joseph Ryan）因貪瀆的指控被迫去職，布雷德利被指名為接班人。他從未做過碼頭工作，因此布魯克林和曼哈頓碼頭工人對他毫無敬意，休士頓和薩凡納的工人更是不在話下。一九六一年，異議分子要求嚴格執行合約，維持安納斯塔西亞在布魯克林一八一四地方分會已爭取到的二十一人一班制。在次年的合約協商過程中，脾氣暴躁的安納斯塔西亞試著帶領他的分會脫離 ILA，自行與雇主協商。葛利森是工會事務的主要籌劃者和執行副主席，布雷德利仰賴他幹旋內部複雜的政治問題以及與雇主的關係。葛利森曾擔任碼頭管理員——屬於資方的職位——與碼頭的淵源很深；他的父親和祖父都是碼頭工人，他和他十二個堂表兄弟都是在下曼哈頓距離碼頭不遠的街區長大的。不過，他在碼頭的工作是清點貨物的查核員，而非以勞力搬運咖啡豆和水泥的工人。與他一起工作的愛爾蘭人認為他不夠強悍，而在碼頭工作的另外兩個族裔，義大利人和黑人，則不希望再多一個愛爾蘭裔的美國人來當他們的領導。在這樣的環境下，就自動化這種充滿情緒的議題而言，談判家似乎很難有所發揮。[33]

ILA 工會長期存在的政治問題源自不愉快的經濟現實，雖然整體而言，紐約港看似蓬勃發展，但曼哈頓的碼頭卻非如此。曼哈頓五個雇用廳聘用的工人數，從一九五七—五八年度到一九六一—六二年度減少了二〇％，相較之下，布魯克林和紐澤西的雇用人數增加了。都市重建計劃（像是提議中的世界貿易中心）可能會使碼頭遭到拆除且不會再重建，而且很明顯，哈德遜河沿岸的交通阻塞已使曼哈頓不適合新的貨櫃營運。兩相對照，布魯克林的碼頭工人沒有立即的就業威脅。貨櫃營運在許多港口都尚未開始，包括費城和波士頓，因此沒被地方分會領袖視為當務之急。這種懸殊的條件差異導致勢力強大的分會領導人採取大不相同的觀點，進而使得 ILA 難以對貨櫃採取統一的策略。[34]

一九六〇年，仲裁委員會達成了暫時性的妥協，保護就業但允許雇主無限制使用貨櫃和機械，以交換支付權利金，但這幾乎無濟於事。工會設立了一個權利金小組來管理預期會大量流入的錢，但一九六〇到一九六一年間，經濟的衰退導致港口貨運減少，權利金的收益並不樂觀。葛利森宣稱船運公司鼓勵託運者把貨物包裝在棧板上，而不使用貨櫃，藉此逃避支付權利金。一九六一年底他提出指控：「這已嚴重威脅我們的集體談判協議以及權利金計劃。」一九六一年十二月碼頭工人的工作時數比前一年少了四％，與一九五六年十二月相比，更是銳減了二〇％，但工作減少的工人仍然沒有獲得任何補償金。[35]

　　因此，自動化下的就業安全成了一九六二年合約協商時工會最關切的問題。不過，就業安全在各地的情況大不相同。紐約分會的領導人費爾德要求 ILA 就全紐約港統一的年資制度進行協商：他帶領的下曼哈頓八五八分會的碼頭業務正逐漸枯竭，但過去各個碼頭各有不同的年資制度，使得失業的曼哈頓碼頭工人將難以在其他碼頭找到工作。其他分會的領導人對費爾德的提議興趣缺缺，因為給其他分會會員雇用優先權可能就會危及自己會員的就業安全。[36]

　　一九六二年，ILA 展開合約協商之際，這些內部歧異展露無遺。工會一開始便要求紐約所有從事任何類型預先包裝貨物的碼頭工人每小時的薪資提高兩美元，且所有貨櫃將被徵收每噸兩美元的懲罰稅，支付給權利金基金。由於安納斯塔西亞的布魯克林分會並未受到貨櫃運輸的衝擊，他公開抨擊工會的提議十分荒謬，並再度威脅要退出 ILA。船運協會完全不理會工會的要求，反而提議船運公司可以用八人一班的工人處理貨櫃，其餘貨物處理則採十六人一班，而且吊車操作員不再納入工會的管轄。紐約港有五百六十個碼頭工人小組，這些改變將對 ILA 帶來災難性的衝擊。經濟顧問艾森伯格（Walter Eisenberg）警告葛利森，雇主的建議將導致貨櫃貨運大幅增加，在三年的合約期間可為雇主節省一億零八百萬美元到一億四千四百萬美元。工會認為這筆錢理所當然屬於公會會員，但雇主認為這是先前人為超額雇用的結果，工人沒有坐享其成的道理，更是無權置喙。就算聯邦介入調解，談判仍懸宕未決，因為葛利森的政治實力不足，沒辦法同意會減少工作的合約。他向憤怒的工會會員保證，工會不會「像布里基斯那樣出賣工人的工作機會。」[37]

華府出面了

雙方都還沒準備好迎接像西岸《機械化與現代化協議》那樣的合約，探測過華盛頓高層政治人物的意向後，仲裁委員會建議 ILA 和紐約船運協會簽訂一年的合約，並共同針對自動化和就業安全進行研究。船運協會勉為其難地同意了，但工會拒絕接受，並在一九六二年九月底發動讓整個港口停擺的罷工。甘迺迪總統下令，要工會在八十天的「冷卻期」過後恢復工作，並任命三位學者調查這場爭議。和一個月前的仲裁者一樣，學者建議勞資雙方展開共同研究。雇主揚言除非工會在那一年不再罷工，否則將拒絕建議。ILA 不想做任何可能導致長期就業流失的研究。仲裁者暗示，雇主終究會付錢讓工人退休，藉此減少工人，但這惹惱了葛利森。他在十月底堅稱：「我們不想出賣工作，西岸出賣他們的工人，但在東岸和墨西哥灣沿岸，我們不幹這種事。」學者知難而退。一九六二年，聖誕節前兩天，冷卻期屆滿，工會再度發起罷工。[38]

甘迺迪任命三個人嘗試調停：曾擔任過勞資糾紛仲裁者的共和黨參議員摩斯（Wayne Morse）、哈佛商學院教授希利（James Healy），以及紐約勞工律師基爾（Theodore Kheel）。一九六三年一月二十日，罷工持續了將近一個月，他們宣布一項提議：工會可以獲得提高薪資和福利的一年合約，且勞工部長將研究就業安全問題，並提出建議。ILA 和船運協會願意執行這個提議，但如果不可行，他們將遴選立場中立的小組來做這件事。表面上這個計劃似乎對工會有利，畢竟雇主將面對大幅提高薪資與福利所產生的成本，但無法保證生產力能大幅提升。葛利森雖然對這項提議還是頗有意見，但決定接受；船運協會抗議無效。工會似乎告捷，於是工人返回工作崗位。

然而，表面上的勝利誤導了工會。仲裁者發表的另一份聲明顯然是對 ILA 的警告：「我們希望……強調我們堅決認為，這個產業的雇主支付員工應得的薪資與福利的能力，必須藉由大幅改善人力的運用才能持續。」意思是說，如果工會仍然不願與貨櫃船運商妥協，政府已經準備好介入。[39]

　　勞工部利用一九六三年剩餘的時間研究港口自動化。ILA 再度發生兩敗俱傷的內鬥。葛利森雖然掛名執行副主席，但他顯然是 ILA 最有權力的人，他發起了一場政變取代布雷德利。虛有其名的主席布雷德利指控葛利森，說他帶領工會為自動化問題所發動的罷工「完全沒有必要」。葛利森沒有特別受歡迎，但就算是批評他的人也都認為工會需要強而有力的領導，因此工會召開了大會，把布雷德利趕下台，讓他擔任名譽主席。曼哈頓分會領導人波爾斯（John Bowers）獲選接任葛利森的空缺，權力仍凌駕莫比爾的黑人分會領導人迪克森（George Dixon）之上，使面對貨櫃議題挑戰的 ILA 仍掌控在紐約愛爾蘭裔的手中。

　　如果說葛利森的掌權改變了談判的氣氛，紐約市碼頭持續衰微也是個重要的因素。一九六三年，貨櫃船運占整體紐約港雜貨運輸的比率首度超越了一○％，而把碼頭列為首要施政目標的市長華格納即將退休，因此對 ILA 而言，解決貨櫃問題變得更加迫切。在一九六四年六月召開的會議上，擔心自動化會摧毀工會成了 ILA 南方各分會的主要議題。七月，勞工部公布了針對紐約港的研究報告，葛利森提出了一項出人意料的建議：「為這個產業創設保證年薪的時機已經成熟。」[40]

於是，一九六四年的合約協商在非比尋常的和解氣氛下展開。紐約船運協會提議縮小每班的工人數量，以及提高指派工作的彈性——這也是勞工部報告的建議。協會提供的交換條件是提高退休金和提早退休、保證受雇工人一天最少有八小時的工作、永遠失業的工人可獲得遣散費，以及保障全職碼頭工人的年所得。當 ILA 斷然拒絕縮小每班工人數時，雙方再度訴諸聯邦仲裁。詹森總統一九六四年一月指派的仲裁者呼籲，雇主應提供全職碼頭工人的保證收入。另一方面，仲裁者也提議，雇主應有權利轉調工人到不同的貨艙工作，或指派不同的任務給他們，此外，處理散裝貨的每班工人數到一九六七年將減為十七人。葛利森願意在減少工人數上讓步，但調派工人做多項工作的提議卻激怒了碼頭檢查員，他們擔心自己較不花體力的記錄工作可能將被裁撤。一九六四年九月，儘管有千百個不願意，葛利森被迫再度帶領工會發動罷工。[41]

詹森政府擔心解決勞資爭議的成本日漸升高，便下令碼頭工人回到工作崗位，並規定了八十天的冷卻期。這一回，ILA和紐約船運協會的協商不再像過去那般裝模作樣。為了交換涵蓋整個東岸大幅提升的薪資與福利，包括增加三個支薪的假日和延長年假到四週，工會同意，一九六七年起，處理所有雜貨的每班工人數將減至十七人，包括處理貨櫃。從一九六六年起，只要有貨櫃經過港口，紐約的雇主就要支付權利金，並把基金用在保障合格的碼頭工人每年至少有一千六百小時的工作，即便工人很少被聘用，只要他們準時向雇用廳報到，就算符合條件。根據這份《保證年所得》（*Guaranteed Annual Income*）的合約，雇主要一直支付薪資給工人到工人退休，等於是失業碼頭工人的永久補貼。新合約將帶來了巨大的改變，工會的傳單為此做出總結：「這項協議將使碼頭工作從臨時工轉變成固定、有安全保障的職業。」[42]

不過，只要牽扯到 ILA，沒有一件事會順利無阻。在冷卻期即將屆滿的聖誕節前，巴爾的摩、加爾維斯頓（注：Galveston，位於墨西哥灣沿岸的城鎮，距休士頓約一小時車程）和紐約都爆發了未經核准的罷工。接著，在一九六五年一月八日的秘密投票中，ILA 的紐約會員拒絕了包括保障所得等條件的新合約，再度震驚工會的領導階層。葛利森準備重新舉行投票，但他先請一家公關公司透過廣播為新合約作宣傳，這對作風向來神秘的工會來說特別不尋常。經過第二回合的投票，紐約的 ILA 會員通過支持新合約，但隔天巴爾的摩的會員又投票反對。費城也爆發爭議，接著南方大多數的港口也發起了與合約無關的 ILA 罷工。直到一九六五年三月，新合約才在紐約和費城設立好保障年所得的制度。在這兩個港口，貨櫃化的因應措施已經很明確，但在東岸和墨西哥灣沿岸的大多數港口，貨櫃化根本還沒開始。[43]

　　太平洋岸的《機械化與現代化協議》和北大西洋的《保證年所得》計劃是美國企業史上最不尋常、爭議最多的勞資協議。它們的出現正值自動化導致就業永久消失而引發激辯的時代，美國政府（尤其是勞工部）正深入研究自動化的衝擊，希望能向受影響的勞工伸出援手，當時有一些機構（如美國自動化與就業基金會〔AFAE〕）也舉辦了許多備受矚目的會議。一九六二年，甘迺迪總統曾親自針對這個問題發表演說：「我認為維持充分就業是一九六〇年代國內的重大挑戰，自動化正在取代人力。」[44]

　　對組織化的工人來說，自動化議題是當務之急；一項調查發現，三分之二的勞工領導人認為自動化是工會最關切的問題。在一九六三年的聯盟年會上，AFL-CIO 主席密尼（George Meany）說自動化正「迅速變成這個社會的詛咒」。機械取代人力正威脅著工會，使傳統的管轄權限愈來愈模糊，談判的成本因為工廠裡的工人數減少而提高，轉業問題將嚴重衝擊勞工。許多一九六〇年代的勞工缺乏基本的閱讀與算術技巧，教育程度之低，使得再訓練困難重重：美國工廠的生產勞工有半數未受超過十年級的教育。[45]

　　個別的工會和雇主嘗試以自己的方式處理自動化問題。一九六三年，紐約的電工技師爭取到每日實際工作五小時。汽車聯合工會（UAW）提議彈性的週工時：當失業率降到特定水準時，工作時間提高到每週四十八小時，失業率高時則減少到每週四十小時，以留住工作機會；汽車製造商拒絕了該建議，但最後還是接受工會的建議，成立了一個基金，以便在裁撤工作時保障工人的所得。飛航駕駛員協會（ANA）同意環球航空公司（TWA）裁員，以交換預先現金支付，加上三年的離職給付和醫療保險。聯合礦工工會（UMW）、國際印刷工人工會（ITU）、國際女裝工人工會（ILGW），以及美國音樂家聯盟（AFM），都在自動化取代人力之際，試著爭取保障會員的合約。[46]

　　碼頭的勞資協議被視為解決這些問題的範本，雖然這些協議並未解決所有的問題。一九七八年，前 ILWU 財務長高布拉特堅稱：「工會放棄了太多不應放棄的權益，工會並未獲得所有既有的基本權益，例如重新掌控所有的碼頭工作。」愈來愈多貨櫃貨運站遷離碼頭，工會還是會面臨更多掌控的鬥爭。在東西兩岸，卡車司機工會挑戰碼頭工會在非碼頭地區獨攬裝卸貨物權利的合約規定，這個爭議最終由法院宣判了對卡車司機工會有利的裁決。使用散裝貨船來載運貨櫃為勞資關係帶來了新挑戰，由辦公室員工操作的電腦來掌控貨櫃運輸的情形愈來愈普遍，也成為其後數十年爭議的焦點。[47]

對許多碼頭工人來說，更大的問題在於傳統碼頭工作模式消失所帶來的社會變遷。傳統技術（例如知道該怎麼在散裝船艙中堆置貨物）將失去價值。年紀大的工人原本可憑著資歷從船艙底部攀爬到碼頭上，做較不費體力的工作，但如今每班的工人數減少了，工作變得更加費力。父親再也不能提攜兒子從事高薪但危險又勞累的碼頭工作，因為工作本身正在消失。如今的碼頭工人家庭獲得穩定的所得，開始從環境惡劣的碼頭社區遷移到舒適的郊區，也打擊了過去因孤立於其他社群而形成的階級團結意識。以往長期夥伴一起打拚的情景，以及想工作還是想休息自己作主的閒散環境，將一去永不復返，因為過去獨立而自由的碼頭工作，已變成高薪但組織嚴謹的職業。紐約的碼頭工人貝爾（Peter Bell）抱怨道：「他們把這個工作變成工廠的工作。」舊金山《快訊報》的編輯羅傑（Sidney Roger）同意這個看法：「我聽不少人說過：『在碼頭工作已沒什麼樂子，樂趣已經蕩然無存。』樂趣在於大夥兒一起打拚的情誼。」[48]

儘管有這些不滿，碼頭工會頑強抗拒自動化的舉動似乎樹立了一個不容侵犯的原則，即企業擁抱創新、裁撤員工時，全職的工人應該受到人道的待遇。這個原則最後只被少數的美國產業接受，且從未明文納入法律中。兩個截然不同的工會歷經多年艱辛的談判，使碼頭產業變成少數的例外，迫使因自動化獲利的雇主分享利益給那些因為自動化而喪失工作的人。[49]

第 7 章
建立標準

　　到了一九五〇年代，貨櫃已成為運輸業的熱門話題。卡車司機和鐵路公司載運貨櫃，泛大西洋的海陸服務用船載運貨櫃，美國陸軍也利用貨櫃，把貨物運到歐洲。但「貨櫃」（container）這個詞對不同的人而言，有著不同的意義。在歐洲，貨櫃通常是以鋼條強化的木箱，只有四或五呎高。對美國陸軍來說，貨櫃主要指的是鋼製的「康奈斯櫃」（Conex box），八・五呎長、六呎又十・五吋高，用於搬運軍眷的家庭物品。部分貨櫃的設計以讓吊車方便搬運為主，有些則在底部設有插槽，讓堆高機能夠順利搬移。紐約製造商海洋鋼鐵公司（Marine Steel Corporation）廣告的貨櫃式樣超過三十種，從裝有側門的十五呎長鋼櫃，到四周以木板製作的鋼架貨櫃，也有四・五呎寬的貨櫃，用來裝運「一毛五」商店（注：five-and-dime，指賣廉價雜貨的商店）的商品到中美洲，琳瑯滿目。據一九五九年的調查，美國民間所擁有的五萬八千個船運貨櫃中，有四萬三千個貨櫃的長度為八呎或更小，只有一萬五千個貨櫃長度超過八呎，主要為海陸服務公司和美森航運的貨櫃。[1]

規格分歧對於剛萌芽的貨櫃化而言是個隱憂。如果運輸公司的貨櫃與別家公司的船或鐵路台車無法相容，各家公司將需要龐大數量的專屬貨櫃供自己的顧客使用。出口商若要以貨櫃裝運貨物就得十分小心，因為裝滿貨的貨櫃只能由一家船運公司的船載運，即使別家公司的船較早開航。歐洲鐵路的貨櫃不能跨越大西洋，因為美國的卡車和鐵路無法處理歐洲的尺寸，而各家美國鐵路公司所採用的系統也不相容，也就是說，紐約中央鐵路公司的貨櫃不能馬上改由密蘇里太平洋鐵路公司載運。當貨櫃愈來愈普及，不管業務量有多小或船靠港的次數有多不頻繁，各家船運公司將得在每個港口擁有自己的碼頭和吊車，因為別家公司的設備將無法處理自家的貨櫃。只要貨櫃有數十種尺寸和形狀，對降低運貨成本的幫助就十分有限。

一九五八年，美國航運署（MARAD）決定結束這個混亂的局面。航運署向來是個不太引人注目的政府機構，但在航運業擁有極大的權力。航運署和另一個姊妹機構聯邦海事局負責核發建造船舶的補貼，管理政府貨物應由懸掛美國國旗的船隻載運，支付營運補貼給跑國際航線的美國貨船，以及執行《瓊斯法》——即規定只有美國建造、雇用美國船員和由美國公司擁有的船隻，才能載運美國港口間的貨物。種類繁多的貨櫃會使政府的財務風險升高：假設一家船運公司接受航運署的補貼，建造了一艘載運專屬貨櫃的船，接著這家公司遭遇財務困境，航運署可能就得沒收這艘沒有人想買的船。航運署訂定標準的構想獲得了美國海軍的支持，因為在戰爭期間，美國海軍有權徵收拿政府補貼的船，他們擔心商船使用不相容的貨櫃會增加後勤的困擾。情勢十分迫切：當時有好幾家船運公司都申請了補貼，打造載運貨櫃的船，如果標準不快點制訂出來，各家公司只好各行其是。一九五八年六月，航運署任命了兩個專家委員會，一個負責建議貨櫃的大小，另一個則專門研究貨櫃設計。

委員會所面對的問題前所未見，例如，鐵路業已經進行過標準化，北美鐵路公司的軌距——兩條鐵軌內側的距離——在十九世紀差別從三呎到六呎不等。英國大西部鐵路公司（Great Western Railway）的火車輪距是七呎，因此無法行駛在四呎八・五吋的一般英國標準鐵軌上。在西班牙，軌距從三呎三・三吋到五呎六吋都有，而多樣的澳洲軌距使得長途鐵路運輸到二十世紀都無法實現。在有些地方，軌距的決定完全沒有章法。有些地方的鐵路興建者刻意不讓軌道與其他業者相同，以免生意被搶。長期下來，這些差距逐漸消弭，賓州鐵路公司在南北戰爭後接收了俄亥俄與紐澤西的鐵道，並轉換成自加的軌距。一八五〇年代，當普魯士提議將鐵路與荷蘭接軌時，荷蘭縮小了自己的軌距，好讓火車可以從阿姆斯特丹開到柏林。[2]

　　鐵路前例所帶來的啟示，就是航運公司最後會設法讓貨櫃系統相同，不必假手政府的命令。但這個類比誤導了許多人。變成「標準」的鐵路軌距並非基於技術的優越性，且標準化幾乎沒有造成任何經濟上的影響；鐵軌的寬度並未決定貨車廂的設計，也與車廂的容量或組合一列火車所需的時間無關。然而，在船運世界，各家公司之所以偏愛某一種貨櫃系統，背後都有強烈的理由。第一家擁有純貨櫃船的泛大西洋公司使用三十五呎長的貨櫃，因為那是紐澤西總部附近的公路所容許的最大尺寸。對美森航運來說，用三十五呎的貨櫃載運鳳梨罐頭並不符合效益，因為完全裝滿的貨櫃將會重到吊車無法吊起。經過仔細的研究，美森航運認定，二十四呎的貨櫃才最適合自家公司的各種貨物所需。計劃提供委內瑞拉航線服務的葛瑞斯航運則是對南美的山路有所顧忌，故採用更短的十七呎貨櫃。葛瑞斯航運的設計包括底部方便堆高機搬運的插槽，但泛大西洋公司和美森航運都選擇不增加插槽的成本，因為他們不使用堆高機。各家公司都認為自家用來搬移貨櫃的配件，都是最適合快速裝卸貨物的設計。他們也認為，統一的業界標準就是要他們採用一套無法完全符合他們要求的系統。[3]

　　軌距標準化與貨櫃標準化還有兩個重要的區別，一個是規模：鐵軌的寬度只會影響鐵路，而貨櫃設計的影響範圍不只有船運公司，還包括鐵路、卡車業者，甚至自己擁有設備的託運者。另一個是差異的時機。鐵路存在數十年之久後，不相容的軌距才逐漸變成重大的問題。貨櫃船運則是一個全新的現象，然而，在產業尚未發展之前就推動標準化，可能會把標準鎖死在一種日後被證實為不良的設計。從經濟的觀點來看，有許多理由可以質疑一九五八年開始的標準化過程是否有其必要。如果當時的政府機構有定期進行成本效益的研究，整個貨櫃標準化也有可能根本不會開始。[4]

沒有海運公司加入的計劃

一九五八年十一月，航運署的兩個委員會召開了首度會議，這些問題才第一次被提出來討論。泛大西洋公司和美森航運都未向政府申請造船補貼，因此這兩家一九五八年就擁有貨櫃船的公司（也只有這兩家有），反而未被邀請至這場會議，參加為他們所創立的貨櫃船運制訂標準的過程。

馬上就起了爭議。經過激烈的辯論，規格委員會同意訂出可接受的「一系列」貨櫃尺寸，而非單一尺寸。委員會投票一致通過八呎應該是標準寬度，雖然部分歐洲鐵路無法載運超過七呎寬的貨物；委員會決定「主要將以滿足美國國內的需求為考量，並希望外國的做法逐漸順應我們的標準。」接著委員會開始考慮貨櫃高度。部分船運業代表支持八呎高的貨櫃。卡車業代表只能列席觀察，並沒有投票權，他們表示，八・五呎高的貨櫃可以讓顧客塞更多貨物到每個貨櫃裡，且堆高機將可開進櫃內工作。委員會最終同意，貨櫃不應超過八・五呎高，但低一些也無妨。長度是個更為棘手的問題。使用中或已訂製的貨櫃種類繁複，也就是說，運作將會出現嚴重的問題：較短的貨櫃可以堆疊在較長的貨櫃上方，但其重量卻無法落在長貨櫃可支撐重量的四根鋼製角柱上。為了支撐堆疊在上面的短貨櫃，底下的長貨櫃必須在側邊加裝鋼柱，或使用可以支撐重量的厚側壁。不過，更多支柱或更厚的側壁會增加貨櫃本身的重量，縮小貨櫃內部的空間，並提高使用貨櫃的成本。因此，長度的問題懸宕未決。[5]

　　航運署指派的另一個貨櫃結構委員會，把最重要的任務界定為貨櫃的最大載重量。載重限制極其重要，因為這關係到吊車的吊重能力，以及貨櫃堆疊時，底層貨櫃的承重能力。不過，空貨櫃的重量不會影響到吊車、船舶或卡車，因此委員會決定不訂規範。其他複雜的問題包括角柱的強度、門的設計，供吊車舉起的櫃角配件的標準化，都還沒有處理。[6]

　　這些議題無法由航運署指派的兩個委員會關起門來解決，還有一個競爭者：地位崇高的美國國家標準協會（ASA）。這個由民間產業贊助的協會專門設定標準，處理從螺紋尺寸到石膏牆建築等各式各樣的規格。這個工作很重要，但也令人傷透腦筋；美國國家標準協會委員會裡的工程師通常必須研究技術報告、聽取相關公司的看法、了解他們關注什麼，如果公司有意願，工程師最後會建議標準給公司遵守。一九五八年七月，為了處理貨櫃標準，該協會設立了一個由各方代表參與的材料處理分項第五委員會（MH-5）。MH-5 內部又設立了小組委員會，負責制定規範，「讓貨運商能順利交換貨櫃，並兼顧國內棧板型貨櫃和一般貨櫃，以及外國貨運商的相容性。」[7]

MH-5 委員會的第一步是要求航運署的兩個委員會退出制訂標準化這件事。MH-5 的主管說，航運業不能自行決定標準化；這個程序應該由受到影響的所有產業共同參與，且應包括外國組織，以便標準最終可以放之四海而皆準。航運署的委員會則拒絕等待可能將耗時十年的國際程序，他們在一九五九年冬季持續進行，討論載重限制、搬運方法，以及在貨櫃側壁每隔八呎處增加鋼製支柱、而非只有四個角柱的優缺點。MH-5 的小組委員會（包括許多身分重疊的參與者）也開始處理相同的問題。負責規格的 MH-5 小組委員會很快便得出結論，現有的／即將啟用的貨櫃尺寸——十二呎乘二十四呎、十七呎乘三十五呎，以及二十呎乘四十呎——都可以被定為「標準」尺寸。小組委員會只拒絕為十呎的貨櫃背書，他們認為這個尺寸小到不符效益，無論如何都不會再有進一步的規劃。[8]

　　MH-5 的程序受到拖車製造商、卡車與鐵路公司所支配，這些業者希望快點達成貨櫃尺寸的決定，因為一旦制定好標準尺寸，國內的貨櫃使用便有望蓬勃發展。規格的細節無關緊要：依照美國各州的法律規定，卡車和鐵路公司運輸貨櫃的長度和重量幾乎不受限制。相較之下，船運業者對航運署委員會較有影響力，他們非常關心規格的細節。一艘為二十七呎貨櫃打造的船，無法輕易改裝成載運三十五呎貨櫃的船。當時大部分載運貨櫃的船都配有船上吊車，以處理特定尺寸的貨櫃，若要處理不同尺寸的貨櫃，連吊車也必須改裝。大貨櫃可能會經常裝不滿，但小貨櫃會增加碼頭搬運的次數和成本。部分船運公司的大手筆投資萬一因貨櫃而被認定為「非標準」，可能會血本無歸。海運業的主管特別擔心，「非標準」的船運業者可能會領不到財務補貼，甚至不能載運政府的貨物。公牛輪船在散裝貨輪上使用十五呎長、六呎十吋高的貨櫃，載運貨物往返波多黎各，他們懇求相關單位不要管他們，因為他們不願與其他公司交換貨櫃。也有船運公司敦促政府放任貨櫃業自行發展，待時機成熟，市場自然會決定貨櫃的標準。一九五九年四月，航運署的尺寸委員會評估 MH-5 小組所提出的六種「標準」長度建議時，內部意見分歧。支持 MH-5 標準的決定票來自航運署本身，因為該署急著達成標準，什麼樣的標準都行。[9]

對於貨櫃高度，航運署委員會也改變了想法。前一年的十一月，委員會投票通過最高為八‧五呎的決議，現在改為八呎，原因是擔心八‧五呎的貨櫃在東部的一些州可能會違反公路的高度限制──這對以標準拖車載運貨櫃的卡車來說確實構成問題，但使用泛大西洋和美森航運特製車架的卡車則不受影響。降低貨櫃高度對東部的卡車業者有利，但對船運業者則否：等長而論，八呎高的貨櫃所載運的貨物會比八‧五呎高的貨櫃少六％，對船運商而言，自然是較不具吸引力。就和長度標準一樣，委員會內部對高度標準的看法也不一致，而航運署的人再度投下決定性的一票，左右民間運輸公司的投資。新標準很快就面臨美國船運大亨路德韋格（Daniel K. Ludwig）旗下美國夏威夷輪船公司（American-Hawaiian Steamship Company）的考驗，這家公司計劃建造一艘載運三十呎長貨櫃的船，但由於聯邦海事局將不再核准非標準貨櫃規格的船申請貸款擔保，因此美國夏威夷輪船要求委員會宣告三十呎貨櫃為「標準」。委員會以三票對二票拒絕了這個要求，航運署再度投下了決定票。聯邦的補助下不來，造船的計劃也就此作罷。[10]

　　航運署另一個負責貨櫃結構與配件的委員會運作較為順利，委員很快就同意每個貨櫃上面應能承載五個裝滿貨物的貨櫃，並由貨櫃的角柱而非側壁來承擔重量。設計方面，貨櫃應該要能以吊桿架吊起，或以吊鉤吊住上面四個角。貨櫃上面有供吊鉤鉤住的環，或貨櫃底部有供堆高機插入的槽——兩者都可接受，但不強制要求。這些決定讓工程師有了設計新貨櫃的基準。委員會也建議，每艘船應設計不同尺寸的鋼製艙格，以便載運不同尺寸的貨櫃。做出這些決策後，兩個航運署的委員會就不再安排進一步的會議。[11]

同一時間，還有另一個單位也參與了標準的制訂。國防運輸協會（NDTA）代表處理軍方貨物的公司，認為他們也應該進行貨櫃標準的研究。這個主張的主要支持者是一名急躁的創業家佛格西（Morris Forgash），他藉著向各家船運公司承攬小量貨物，合併成整輛拖車、貨櫃車或鐵路車廂，把美國貨運公司（United States Freight Company）打造成每年營收一億七千五百萬美元的公司。直來直往的佛格西促使該協會的委員會一下子就達成了協議，一九五九年夏季，委員會一致通過「標準」的貨櫃應該是二十呎或四十呎長、八呎寬和八呎高。其他由 MH-5和航運署委員會所通過的長度，以及部分卡車公司和大部分船運公司支持的八‧五呎高貨櫃，將不准用於軍方貨運——佛格西的委員會之所以能夠做出這個決定，完全是因為沒有海運業者參與其中。佛格西斷言，這並不重要，因為個別公司的偏好遲早得讓步，屈服於統一標準的需要。他說：「就算我們很晚才達成目標，我們也必須有一個目標，否則每個人各行其是的結果，就是所有人都在原地踏步。」[12]

正當 MH-5 內部小組和航運署尺寸委員會採用了「標準」尺寸，國防運輸協會也通過了另一套「標準」，美國國家標準協會內部的角力才正要開始。根據美國國家標準協會的正常程序，小組委員會一九五九年二月所提出六種「標準」尺寸的建議，將由所有參與的組織進行郵寄投票。但投票一直未能舉行，因為協會內部的人士正在設法改變建議。

一九五九年九月十六日，小組委員會的專案小組召開了一場集會，召集人奧格登（E. B. Ogden）宣布應該重新檢討貨櫃長度的問題。奧格登說，除了東部的兩個州外，美國各州現在都允許四十呎長的拖車上路，因此支持三十五呎貨櫃長度限制的正當理由已不存在。在西部，八個州已放寬長度限制，允許卡車拖載兩個各二十七呎（原為二十四呎）長的拖車。奧格登持有的聯合貨運公司（Consolidated Freightways）是美國最大的卡車公司，他呼籲委員會通過二十七呎貨櫃作為西部的區域標準尺寸，以降低卡車公司的成本。

MH-5 程序的主事者霍爾（Herbert Hall）也介入干預。霍爾是美國鋁業公司（Aluminum Company of America，生產製造貨櫃用的鋁版）的退休工程師，一九五七年，他在一場演說中熱烈地向一群工程師介紹貨櫃化的過程。霍爾對使用貨櫃的經濟效益所知不多，但對貨櫃尺寸的數學概念十分著迷。他相信製造十呎、二十呎、三十呎和四十呎的貨櫃，使用上可以更有彈性。貨運商可以為單一顧客的貨物使用最適合的尺寸，不會浪費四十呎貨櫃多餘的空間。可處理一個四十呎櫃的卡車，也可以載運兩個二十呎櫃（實際長度是十九呎十・五吋，好把兩個一起放進四十呎的空間），或一個二十呎櫃等於兩個十呎櫃。火車和船應該也能以相同的方式處理較小的貨櫃組合。鐵路和船運公司對霍爾的熱忱並不領情，因為從火車或船上卸載四個十呎櫃所需的時間，將是卸載一個四十呎櫃的四倍。霍爾提醒專案小組，任何與標準相關的提議都會經由更高階的機構，也就是美國國家標準協會的標準審查局（Standards Review Board）來批准，他認為，標準審查局不會接受 MH-5 小組委員會所背書的十二呎、十七呎、二十四呎和三十五呎貨櫃。霍爾支持的十呎、二十呎和四十呎櫃很快就被核准，其他長度則是被剔除，不列入「標準」尺寸清單。為了一九五九年年底的投票，審查局通過的建議標準、西部提議的二十七呎標準，以及數項貨櫃結構的標準，都被寄給會員組織，以供參考。[13]

霍爾希望通過的標準對運輸業的影響十分深遠。當時正在使用／正在設計的貨船或貨櫃，沒有一個能與未來的貨櫃系統相容。泛大西洋公司和美森航運將面對痛苦的抉擇。如果他們同意只使用十呎、二十呎和四十呎的貨櫃，他們數千萬美元的投資將被迫報銷，其中大部分還是過去兩年內投資的，而且改變的貨櫃尺寸又不符合他們認定的使用效益。如果泛大西洋公司和美森航運拒絕採用新的標準，他們將喪失獲得政府造船補貼的資格，而他們的競爭對手卻能以一部分的公帑來建造「標準」的貨櫃船。這兩種情況都使後到的貨櫃化業者取得比貨櫃化先驅更具優勢的地位。個別公司無法參與 MH-5 委員會的投票，但各公司的意見如此分歧，以致於擁有投票權的十幾個產業組織遲遲無法達成內部共識。二十七呎區域標準的提議遭到否決，霍爾的「模組」長度建議也沒能通過，因為有很多人棄權。[14]

　　情況變得愈來愈複雜，霍爾決定推動重新投票。這一次的投票把貨櫃結構的問題排除在外，問題只有一個：協會是否應制訂八呎寬、八呎高，以及十、二十、三十和四十呎長的貨櫃為標準尺寸？三十呎的貨櫃未曾在專案小組和小組委員會的討論出現，但霍爾決定加入這個尺寸，讓「接續尺寸的能力間有一個明確的關係」；此外，由於歐洲人擔心大型貨櫃在城市狹窄的街道間移動會出問題，加入三十呎貨櫃變得更有說服力。許多船運業組織因為內部歧見而再度棄權，而航運署也再度支持這個提議。投票結果尚未公布，而擔任委員會主席的霍爾便認為，十呎的倍數規格已獲得足夠的支持。一九六一年四月十四日，大會宣告，只有十、二十、三十和四十呎的貨櫃才是貨櫃標準。聯邦海事局也馬上宣布，只有依這些尺寸設計的貨櫃船才能得到建造補貼。[15]

ISO 標準

標準的戰爭還未結束。事實上，戰事才剛開始。在美國的敦促下，擁有三十七個會員國的國際標準化組織（ISO）同意針對貨櫃進行研究。當時只有很小的貨櫃跨越國界，在國際間航行，但較大的貨櫃顯然會愈來愈多。ISO 計劃的宗旨是要在企業投入大量金錢之前，先建立好世界性的標準。一九六一年九月，來自十一個國家的代表，外加十五個觀察國代表在紐約集會，展開制訂貨櫃標準的程序。大部分的代表都由各國政府指派，美國則由美國國家標準協會代表。大會主席由召集這項會議的美國擔任。[16]

只要有可能，ISO 的做法是決定一種產品必須發揮什麼功能，而非該如何製造。這表示 ISO 的一〇四技術委員會（TC104）將專注在讓貨櫃更容易交換使用，而非結構的細節。因此 TC104 可以避免掉曠日廢時的辯論，例如鋼製貨櫃在歐洲較受歡迎，鋁製貨櫃則在美國較為常見，兩種各有支持者。制訂的標準將不規定鋁製或鋼製。TC104 設立了三個工作小組，展開這個勢必會緩慢進行的程序，畢竟這一定會牽扯到許多利益。美國國家標準協會的 MH-5 小組繼續制訂其他國內標準，希望他們達成的標準日後也能被 ISO 接受。許多美國的運輸工程師同時參與了兩邊的標準制訂程序。[17]

在美國耗時三年的貨櫃尺寸之爭，如今又在國際標準的制訂中再度上演。到了一九六二年，大部分歐洲國家允許使用的車輛已比美國大，因此新的美國標準尺寸——八呎高、八呎寬，十、二十、三十、四十呎長——在歐洲並未遭遇技術障礙。經濟效益又是另一回事。許多歐陸的鐵路公司使用較小的貨櫃來容納八或十立方公尺的貨物，遠小於可容納七十二‧五立方公尺的四十呎貨櫃。歐洲國家希望他們的貨櫃被當作標準，但英國、日本和北美代表都反對，因為歐洲貨櫃的寬度略超過八呎。一九六三年四月達成一項妥協，較小的貨櫃（包括歐洲鐵路公司的尺寸，以及美國的五呎乘六又三分之二呎貨櫃）將被認定為「二級系列」的貨櫃。一九六四年，這些較小的尺寸，以及十、二十、三十和四十呎貨櫃，被正式採納為 ISO 標準。兩大貨櫃船公司海陸服務公司（即之前的泛大西洋）和美森航運所擁有的所有貨櫃都不符合「標準」尺寸。[18]

當 ISO 的小組努力制訂尺寸標準時，其他專家團體則忙著尋求貨櫃強度與吊重標準的共識。在北美和歐洲，較小的貨櫃通常會以堆高機搬動，部分小貨櫃的頂部設有鉤孔，可供碼頭工人或鐵路工人鉤住與吊車相連的吊鉤。北美採用的大型貨櫃的每個角上附有鋼製的配件，直接焊在角柱、頂部或底部的沿著貨櫃長邊的軌道，以及橫跨前後端的橫梁上。櫃角配件的上面有鑄孔，貨櫃可藉此被吊起、鎖在車架上，或與其他貨櫃相連。這些鑄件很容易製造，一九六一年，每個鑄件的成本約為五美元。[19]

問題在於可穿入鑄孔的吊鉤裝置與鎖定裝置。率先採用這種設計的泛大西洋公司已為自家專用的系統申請了專利，採用可以滑進櫃角配件上、長橢圓形孔的圓錐栓，並可自動鎖住定位；雙頭的裝置可以把兩個貨櫃扣合在一起，確保處理時不會鬆動。泛大西洋公司揚言控告任何侵害其設計的公司，迫使其他船運公司和拖車製造商自己開發鎖扣和櫃角配件。這表示即使貨櫃尺寸已經標準化，海陸服務公司的吊車也無法吊移葛瑞斯航運的貨櫃，而海陸服務公司的貨櫃也絕對無法放在美森航運的車架上。為多家船運公司載運貨櫃的鐵路公司將需要繁複的鎖扣和配件系統，才能固定各式各樣的貨櫃，因為單一鎖扣將無法適用於所有貨櫃。因此櫃角配件的標準攸關貨櫃能否輕易交換使用。此處的障礙在於，各家公司都基於財務理由而偏愛自家的配件，採用別的設計就得更換每個貨櫃的配件、購買新吊鉤和鎖扣，並支付權利金給專利擁有者。

一九六一年，MH-5 的工作小組曾想規劃一種能與既有角櫃配件相容的設計，但未成功。無可避免的問題終於被提起：有專利的櫃角配件適合被當作美國標準嗎？霍爾在一九六一年十二月的 MH-5 會議上建議，只要這些配件廣被使用、且權利金低到所有人都負擔得起，這些有專利的配件便可用作標準。時任的工作小組主席是譚林傑，一九五五年他還在為麥克連工作時，曾設計過海陸服務的配件，如今他是富魯霍夫拖車公司（Fruehauf Trailer）的首席工程師，他提出了一個免費的方案：使用富魯霍夫最新設計的配件——採用鋼製栓扣，可滑入櫃角配件的孔，並以插銷鎖定位置。富魯霍夫的競爭對手史崔客拖車公司（Strick Trailer）堅決反對，宣稱富魯霍夫的設計扣緊兩個貨櫃的效果不佳，且未曾經過實際使用的驗證。不過，史崔克自己的設計捲入了專利爭議，也無法用作標準。全國鑄件公司（National Castings Company）要求新標準必須能與他們的系統相容，否則將提出訴訟；該公司採用一種栓鈕，可以在櫃角配件的穿過孔時張開。

這些系統的技術差異至關重要，尤其是對船運公司來說。貨櫃船需要龐大的資本投資，這個產業的生存仰賴靠港時間最小化，以及每艘船航行以賺取營收的時間最大化。因此船運公司特別關心「接合」的問題，亦即吊車裝置的扣栓如何鉤住櫃角配件的孔。如果配件在吊車降下吊桿、吊起貨櫃時的接合功能不好，吊車操作員通常就得重新升起吊桿再降下一次。根據美森航運首席工程師哈蘭德的計算，如果接合問題使吊起一個貨櫃的平均時間增加一秒，公司每年每艘船將損失四千美元。經過整整一天的辯論，小組委員會決議用投票來決定是否要採用富魯霍夫的設計，但票數呈現分裂，這個國家標準未能獲得明顯多數的背書。[20]

　　一九六二年，多次的會議仍未能打破僵局。最後，MH-5 委員會的秘書穆勒（Fred Muller）提出了一個構想：既然海陸服務公司的櫃角配件已被用於全世界最大的貨櫃船隊上，使用情況也很不錯，也許海陸會願意釋出專利權。於是譚林傑約了麥克連見面商談此事，麥克連對美國國家標準協會一點好感也沒有，因為該協會最近才把海陸服務公司的三十五呎貨櫃排除在標準尺寸清單外。儘管如此，麥克連也了解技術普及可以刺激貨櫃化的成長。一九六三年一月二十九日，海陸服務公司放棄了專利權，讓 MH-5 用作標準櫃角配件和扭鎖的基礎。[21]

　　達成單一設計的協議還是遙遙無期。各家拖車製造商仍在推動自己的產品。無數船運公司和鐵路公司開始購買貨櫃，但數量很少，且各公司採用的吊舉系統各式各樣、五花八門。共識無法達成，以致於一九六四年十月，ISO 貨櫃委員會在德國集會時，美國沒有一套正式的設計可以提出。美國提議以海陸服務公司的配件作為國際標準，會議期間，譚林傑還分發了只有一半大小的陶製模型給與會代表看，但會議並未針對任何設計進行投票。[22]

　　在美國，工程師針對櫃角配件應力與誤差容忍度的辯論，演變成一場激烈的商業爭端。全國鑄件的櫃角配件是一個長橢圓盒，長端有兩個長方孔，頂端有一個大四方開口，這種設計

圖 2　海陸服務公司的「扭鎖」專利

March 27, 1962　　K. W. TANTLINGER　　**3,027,025**

APPARATUS FOR HANDLING FREIGHT IN TRANSIT

Filed April 8, 1958　　　　　　　　　　18 Sheets-Sheet 14

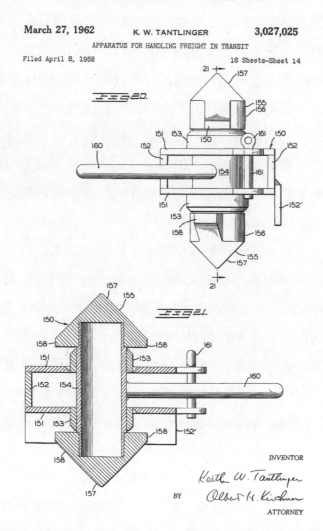

INVENTOR

Keith W. Tantlinger

BY　*Albert H. Kirchner*

ATTORNEY

獲得最多貨櫃擁有者採用。大型船運公司葛瑞斯航運使用根據全國鑄件系統設計的現代貨櫃吊車。經營貨櫃與散裝貨混合船的小型船運公司也喜歡全國鑄件的系統，理由是上方的大開口讓他們所使用的老式吊鉤得以吊升和垂降貨櫃。改換不同系統所費不貲：葛瑞斯航運估計，更換公司貨櫃櫃角配件和吊車的吊桿設備，必須花費七十五萬美元。為了爭取更多支持，全國鑄件同意免費使用其設計，但僅限於美國貨船上載運的貨櫃。葛瑞斯航運勸說航運署支持全國鑄件的配件當作國際標準，以排除海陸服務公司設計的配件。[23]

　　四家主要船運業者展開反擊，包括海陸服務公司、美森航運、阿拉斯加汽船公司和美國總統輪船公司，因為採用全國鑄件的配件將迫使他們改裝所有的貨櫃。四家公司提議，對 MH-5 正根據海陸服務專利而設計的配件略作修改。他們估計，如果配件上方鑽孔的位置移動半吋，將有一萬個貨櫃——占所有美國鐵路與船運公司使用的貨櫃約八〇％（海陸服務的貨櫃除外）——能與海陸服務的貨櫃「相當程度地相容」。四家業者宣稱，他們推薦的配件成本將只有全國鑄件的一半（四十二・二四美元對九十七・九〇美元），重量也只有一半（一百二十四磅對兩百三十六磅）。爭議逐漸升溫，標準化的攻防情勢卻突然轉變。全國鑄件公司被併購，並放棄推廣自家的櫃角配件。原本支持全國鑄件的航運署也改變了立場，呼籲船運公司接受

MH-5 達成的任何協議。最後，上層做了一個不太尋常的決定。美國國家標準協會的標準審查局不顧轄下 MH-5 的專家還在辯論櫃角配件的細節，便於一九六五年九月十六日核准以海陸服務配件的修改版本作為美國標準，好及時趕上 ISO 貨櫃委員會在海牙（注：The Hague，荷蘭的政治中心）舉行的會議。[24]

九月十九日，六十一位 ISO 代表在海牙展開會議，兩個不同的設計提案被端上桌。美國提出修改過的海陸服務櫃角配件作為新的美國標準，而全國鑄件公司的配件則被提為英國的標準。英國很快便同意，美國的標準較為優越。只剩下一個障礙。ISO 的規定要求，支持標準提案的文件必須在會議召開前四個月就分發給各個代表。MH-5 委員會幾天前才決定這個提案，根本還沒準備好相關的技術資料。但 ISO 委員會投票一致決定不管這項四個月的規定。於是三位高階企業主管——譚林傑、哈蘭德，以及史崔克拖車的辛登（Eugene Hinden）——前往烏特勒支（注：Utrecht，荷蘭第四大城）的一家鐵路車廂工廠，在那裡與荷蘭繪圖員不眠不休四十八小時，畫出配件的草圖。一九六五年九月二十四日，ISO 代表通過，以美國的設計作為櫃角配件的國際標準。[25]

貨物運輸的新時代似乎終於來臨。理論上，陸上和海上的貨運業者很快就能處理彼此的貨櫃。確定有許多貨運業者會租用設備後，貨櫃租賃公司將會擴增他們的貨櫃；託運商使用貨櫃時將不必擔心只能限由一家船運公司載運。海牙投票幾個月後，一家商會發表的文宣寫道：「配件標準揭曉後，已有許多計劃開始進行。如今貨櫃處理的硬體設計可以更加確定，愈來愈多專為貨櫃裝卸設計的產品也即將上市。」[26]

不過，這些發展顯然跑得太快：ISO 貨櫃委員會雖然同意了櫃角配件的外觀，卻未明確規定配件應該要能承受多少重量和應力。一九六五年起，數十家航運公司與租賃業者開始訂購貨櫃，並使用以海陸服務作業方式設計的配件，但未經過其他狀況的測試。例如，ISO 委員會尚未制定貨櫃重量的限制標準。沒有人知道配件用的鋼應該要多厚，因為必須承受多少重量仍未可知。海陸服務公司的吊車是靠著接合貨櫃上方櫃角配件的頂端來吊起貨櫃；如果貨櫃從底下的櫃角配件吊起，配件的表現會如何也難以確定。歐洲的鐵路公司所使用的耦合系統與美國不同，火車車廂會以更大的力量撞擊彼此，而海陸服務公司的配件和鎖扣並未經歷過這類考驗。要是五或六個貨櫃堆疊在船的甲板上，會怎麼樣呢？在大海上，堆疊的貨櫃可能會傾斜三十或四十度，新通過的櫃角配件和連接貨櫃的扭鎖能否經得起這種應力？

到了一九六六年底，世界各地的工程師已測試過新配件，並發現各式各樣的缺點。就在 ISO 委員會再度開會前，美國在底特律又做一次緊急測試，結果受測貨櫃底部的配件因為無法承受重負而毀壞。一九六七年一月，TC104 在倫敦集會時遇到了一個尷尬的事實，即一九六五年通過的櫃角配件已證實有缺陷。為了盡快解決這個問題，TC104 指派了九位工程師組成一個特別小組。他們先設計出配件必須通過的測試項目，接著一位英國工程師和一位美國工程師便在旅館的房間裡，以滑尺重新設計配件，希望能通過新的測試。根據他們的計算，只要配件側面使用更厚的鋼，大部分的問題都能解決。既有的貨櫃都不符合他們的「特別」設計。儘管許多船運公司抱怨自家的貨櫃從未出過問題，一九六七年六月，ISO 仍在莫斯科舉行的會議中通過了這種「特別」的設計。一九六五年 ISO 首度通過櫃角配件標準後製造的數千個貨櫃，將必須重新銲接新配件，總成本高達數百萬美元。[27]

標準化的程序進展還算順利；不過，標準化的經濟效益仍不清楚。十、二十、三十和四十呎的貨櫃已成為美國和國際標準，但是「標準」尺寸間漂亮的算術關係並未轉化成運輸業者的需求。沒有一家船運公司使用三十呎貨櫃，購買十呎櫃的公司也不多，而且使用十呎櫃的大公司也都很快決定不再繼購。二十呎櫃則是陸上運輸業者避之唯恐不及的噩夢。一名紐約中央鐵路公司的主管抱怨道，船運公司「設計了可以高效率處理貨櫃的港口，尤其是二十呎的貨櫃，但從未考慮這些貨櫃要如何更有效率地從港口運交到顧客手上。」卡車公司關心的是，貨櫃愈大，卡車司機每小時能運送的貨物就愈多。從卡車公司選購的拖車便可以看出他們的偏好：幾乎沒有一家公司購買二十呎櫃的車架。事實證明，霍爾構想中把兩個二十呎櫃併在一輛拖車上不切實際，因為如果兩個貨櫃都裝滿達到載重限制的貨物，合起來的重量將違反每個州的公路規定。拖運兩個連結的二十呎櫃也不實際，因為同樣的卡車可以拖運更重的兩個二十四呎櫃，在某些州甚至可以拖運兩個二十七呎櫃。[28]

市場反應

對國際標準最明顯的反對證據來自市場。儘管美國政府向貨運商施壓，要求他們使用「標準」貨櫃，但非標準貨櫃仍然大行其道。海陸服務公司的三十五呎貨櫃和美森航運的二十四呎貨櫃的高度都是不標準的八呎六吋，一九六五年，這些不標準的貨櫃占美國船運公司所擁有的貨櫃的三分之二。使用中的貨櫃只有一六％符合標準長度，且大多不是標準的八呎高。顯然標準貨櫃並未席捲貨運界。要裝滿大貨櫃太難了——兩地之間，船運載量大到要動用四十呎櫃來送的公司太少——小貨櫃的處理成本又太高。美森航運的執行副總裁史考特（Norman Scott）解釋：「就運輸的經濟效益來說，數學的對稱性並沒有什麼特別神奇之處。」[29]

雖然生意仍舊興隆，海陸服務和美森航運卻對標準尺寸貨櫃的趨勢憂心忡忡。兩家公司都在籌措數百萬美元的私募資金購買設備，並改裝他們的船成為貨櫃船，他們也都從未申請過聯邦的造船補貼。但情勢正在轉變。到了一九六五年，海陸服務和美森航運都準備擴張國際航線，因此他們可能需要建造新船的補貼。此外，航運署也授與船運業者其他類型的援助，例如給航行國際航線的美國船運公司營運補貼，以補償要求他們雇用占薪資的美國船員，並執行「優先」使用懸掛美國國旗的貨船載運政府貨物至海外的規定。如果航運署只把這類補貼授與「自願」遵守 MH-5 標準的公司，海陸服務和美森航運將會處於極為不利的競爭劣勢。兩家公司的主管在華盛頓展開密談，決定聯合起來對抗美國政府。[30]

　　他們先從美國國家標準協會著手。該協會的 MH-5 委員會原本已經停止運作，但一九五六年秋季，正當 ISO 開始制訂貨櫃的國際標準之際，MH-5 委員會又任命了一個新的小組委員會來研究「可拆卸貨櫃」——可在船、火車和卡車間互相搬移的貨櫃。小組委員會的主席是美森航運的首席工程師哈德蘭，且與一九六一年不同，海陸服務的主管也是活躍的參與者。第一次的會議在匹茲堡的飛毯飯店舉行，哈蘭德放棄了主席的位子，呼籲委員會應以美森航運的二十四呎貨櫃為標準。緊接著海陸服務公司的首席工程師卡廷斯（Ron Katims）也要求小組委員會認可三十五呎貨櫃的規格。小組委員會聽說海陸服務的貨櫃經常還沒裝滿貨就達到重量限制，因此他們認為，與三十五呎櫃相比，四十呎櫃實際上也無法裝更多的貨物。不過，如果使用較長的貨櫃，海陸服務每艘船所裝的貨櫃數量將減少，每艘船載的貨物將減少近一千八百噸。哈蘭德又要求小組委員會為八・五呎高的貨櫃背書。這三個議題都被航運署的代表要求暫緩審議，留待日後討論。[31]

　　一九六六年初，討論重新開始。小組委員會同意增加「標準」貨櫃的高度到八・五呎，但對於是否改變政策、把二十四呎貨櫃與三十五呎貨櫃列為「標準」一事，眾人卻各執一詞。小組委員會只好把這個問題提交給 MH-5 委員會。但 MH-5 委員會內部也眾說紛紜。意志堅定的霍爾雖然健康狀況每況愈下，他仍繼續推動標準化，並依舊相信通過的尺寸應該要有數學上的關係。委員會裡許多海運業者協會的會員已經開始採用二十呎和四十呎櫃，因此毫無意願投票支持海陸服務和美森航運的方案，讓他們也能分到政府的補貼。有五個卡車協會（旗下會員運載海陸服務與美森航運的貨櫃）使用電報投票支持新增這兩種尺寸，但他們的票未獲承認。幾乎所有與會的政府代表都棄權。投票的結果為十五張反對票，五張支持票，五十四個代表棄權或未出席，MH-5 委員會未能達成任何共識。次年投票再度舉行，但歧見依然存在，共有二十四個參與的組織支持二十四呎貨櫃，二十八個反對。[32]

面對必須與接受補貼的對手競爭，加上本身又被排除在補貼資格之外，走投無路的海陸服務公司與美森航運轉而向國會求援。一九六七年，他們的遊說代表草擬了法案，禁止政府以貨櫃和船上艙格的尺寸作為授與補貼或委託貨運的標準。沒多久，眾議院與參議院的議員就開始調查貨櫃化的詳細過程。其他船運公司則呼籲政府推動採用標準貨櫃，以便任何公司都能處理其他公司的貨櫃。英國船運業主管朴萊爾—帕瑪（G. E. Prior-Palmer）表示：「自動化的關鍵在於標準化的產品。」競爭者指控海陸服務和美森航運正在阻礙全球貨櫃標準化的努力。一九六七年九月，正在建造的一百零七艘能載運貨櫃的船中，只有海陸服務和美森航運訂製的六艘不是依照標準尺寸建造。航運署支持這種看法，表明海陸服務和美森航運應該接受其他人採用的標準。航運署代理署長古立克（J.W. Gulick）證實，海陸服務公司若改裝旗下的兩萬五千個貨櫃以及九千個車架，把它們都增長五呎，並改裝旗下的船和吊車——總共僅需約三千五百萬美元。美森航運的規模小得多，把所有二十四呎櫃改成二十呎櫃只要花九百萬美元。[33]

海陸服務和美森航運這兩間公司已在貨櫃化上投資了總計三億美元，他們不太在意轉換成本，反而擔心使用不符合他們需求的設備會使營運效率低落。美森航運總裁鮑威爾（Staley

Powell）表示，若把二十四呎櫃改成二十呎櫃，每艘航行遠東航線的船每年會增加五十萬美元的公司營運成本，卡車接運貨櫃的成本也會升高。麥克連緊接著引述一家顧問公司的調查，證明海陸服務公司的波多黎各服務若從三十五呎櫃改成四十呎櫃，營收將減少七％，且完全無法節省任何成本。他斷言：「我不在乎貨櫃的標準要採用什麼尺寸，如果市場上能找到一種運輸成本更低的貨櫃，那就是市場應該採用的貨櫃，而我們希望能有追隨市場的彈性。」[34]

參議院通過了他們的立法，但美森航運察覺，他們必須有所妥協才能讓法案在眾議院也得以通過。一時衝動之下，鮑威爾對眾議院的委員會說，美森航運希望航運署能補貼他們兩艘具有極為新穎功能的船，也就是可調式的鋼製貨櫃艙格。兩艘船初期將只載運二十四呎貨櫃，但若市場需求有所改變，艙格鋼架將可調整成載運二十呎櫃的型態。鮑威爾說，只要在一千三百萬美元的造船成本上追加六萬五千美元，船就能有這種新功能。這種設計並不存在；整個提案，包括成本估算等等，不過是他前一天晚上在旅館房間地板上畫出來的。無論如何，國會還是命令航運署不得對使用非標準貨櫃的公司有差別待遇，美森航運得到了造船補貼──然而，幾年過後，美森航運決定將二十四呎櫃轉換成四十呎櫃，當時為了滿足國會委員會而想出的可調整式艙格，確實降低了轉換成本，也使轉換變得更為容易。[35]

還有兩項爭議懸而未決。MH-5委員會想讓飛機與船舶、卡車和火車的貨櫃也能相容，但他們的努力卻一直白費。要滿足相容的條件並不容易：空運貨櫃必須比海運貨櫃堅固，而且要有平滑的底部以便用輸送帶搬運，吊車鉤吊用的櫃角配件則沒什麼必要。經過數個月的研究，工程師才想到，支付高價使用航空貨運的託運者，不太可能想以船來運輸他們的貨物，因此他們決定為航空貨櫃制訂另一套標準。鐵路公司提出了另一個較為嚴重的問題：貨櫃需要較強固的後壁。當貨櫃放在船上時，後壁無需承受千鈞重負，但火車剎車時可能會使貨櫃後壁撞擊台車的後端。北美鐵路公司要求的貨櫃後壁強度比船運公司多了一倍，以降低潛在的貨物損壞求償。歐洲鐵路公司更是十分在意這個問題，由於火車聯結裝置的差異，歐洲的火車廂間接觸的力道更大。船運業者抗拒加強貨櫃後壁的要求，因為這不僅會增加重量，還會提高製造成本。鐵路公司爭取到TC104委員會的支持，贏得了勝利，但也付出了代價：有人估計，加強貨櫃後壁的強度會使生產一個標準貨櫃的成本增加一百美元。[36]

到了一九七〇年，ISO準備出版第一份經過千辛萬苦談判而成的貨櫃標準草案時，各方勢力的激烈競逐才逐漸冷卻下來。事後檢討起來，整個過程幾乎可謂一無是處：制訂的櫃角配件太過脆弱，必須重新設計；數個核准通過的貨櫃尺寸不符合經濟效益，很快就被放棄；後壁的標準要求太高；在甲板上把貨櫃扣在一起的標準完全派不上用場。各個小組委員會和工作小組做出來的決定都無法讓所有人滿意。

　　然而，一九六六年之後，卡車、船運、鐵路、貨櫃製造商以及政府逐漸針對各項問題達成妥協，船運業的根本變遷才終於成形。一九六五年，繁複的貨櫃形狀與尺寸曾是貨櫃化發展的阻礙，在國際標準通過後也已順利跨越。租賃公司開始有信心投資製造貨櫃，大舉跨入這個領域。除了仍然以三十五呎櫃為主力的海陸服務公司，以及逐漸減少二十四呎櫃的美森航運之外，幾乎全球的主要船運公司都已採用相容的貨櫃。世人終於得以見到一個在堪薩斯市裝滿貨物的貨櫃，自信滿滿地經由任何卡車、火車、港口和船隻，順利搬運到吉隆坡。如今，國際貨櫃船運終於實現了。

第 8 章

飛快成長

　　理想－X 號與夏威夷商人號不過是貨櫃潛力的小規模展示。一九五七年的蓋特威市號與一九六〇年的夏威夷公民號則是提供了強力的示範，告訴世人一旦有了專用的船和設備，貨櫃運輸可以多麼有效率。然而在一九六二年，貨櫃首度問世的六年後，貨櫃運輸仍然是一門脆弱的事業。在美國東部，貨櫃船運只占紐約港雜貨運輸的八％；除了休士頓、傑克遜維爾和波多黎各這幾個海陸服務公司的基地之外，貨櫃船運在其他地方仍相當少見。在西岸，貨櫃只占雜貨總噸數的二％，可說是微不足道。大多數的貨物仍以數十年來不變的方式運送，也就是卡車、火車廂或散裝船的散裝貨物形式。貨櫃的經濟影響力幾乎是零。[1]

　　美國船運業的領導業者並沒有一致認為貨櫃是大勢所趨。

世界各國的輪船公司都一樣傳統守舊，大多數知名的業界主管仍然沉醉在海港與鹹空氣的浪漫中，他們在下曼哈頓幾個街區的辦公室裡工作，經常會在印度屋（India House）和白廳俱樂部（Whitehall Club）等小館與同儕共享午餐，高談闊論。儘管他們滿口粗俗的大話，但拜政府的照顧所賜，生意都能維持不墜。就國內航線而言，政府政策抑制了航運公司之間的競爭。至於國際航線，每一種商品的費率都由「同盟」決定，講白了一點就是卡特爾。然而最重要的軍方貨物，則交給掛著美國國旗的船運公司負責，無需經過競標等＝麻煩程序。購買、建造或出售船隻，乃至租賃貨運站和行駛新航線的決定，都取決於政府的命令。對於在這種環境下發跡的人，或對喜愛海洋的味道、把船稱作「她」的人來說，麥克連以貨櫃搬運貨物的興趣實在是一點也不浪漫。高瞻遠矚的人宣稱貨櫃是「大勢所趨」——這固然很動聽，也是好事一件，但船運業的整體看法仍然認為，貨櫃運輸絕不可能占美國對外貿易的十分之一以上。[2]

　　新的工會協議以及貨櫃化的進展，刺激了船運業主管以更加嚴肅的態度來看待貨櫃化這回事。不過，他們看到的卻是一連串代價沉重的錯誤。麥克連自己犯的錯誤；事實證明，他裝的新型船上吊車是一場災難，動不動就故障，每次故障就會延誤船運。對投資較為審慎的美森航運先是打造了兩艘可同時載運散裝糖和貨櫃的船，但這兩艘船沒多久就因效率低落，被改裝成純貨櫃船。盧肯巴赫輪船公司（Luckenbach Steamship Company）進行了一項五千萬美元的計劃，預計在東西兩岸營運五艘貨櫃船，卻因政府的補助未撥下來而作罷。一九六〇年，埃利聖羅倫斯公司（Erie and St. Lawrence Corporation）在紐華克和佛羅里達之間盛大推出貨櫃服務，六個月後卻因造紙和食品加工的製造業者未能提供足夠的貨物而無疾而終。[3]

革命的條件

運輸公司與船運業者逐漸發現，以大金屬櫃載運貨物無法變成一門賺錢的生意。沒錯，貨櫃運輸的確能節省一些成本：吊車、貨櫃、車架和貨櫃船，也能降低碼頭上裝運或卸載貨物的成本。但託運者關心的並不是裝卸成本，而是把他們的產品從工廠交到顧客手中的總成本。從這個標準來看，貨櫃化的優點並不明顯。舉例來說，一家批發商想把三噸重的水泵從克里夫蘭運送到波多黎各，這些水泵必須先用卡車運送到海陸服務公司位於紐華克的倉庫，從卡車上搬下來，與二十或二十五噸其他託運者的貨物併裝到貨櫃中。貨櫃抵達波多黎各後，裡面的貨必須搬出來、分類，然後再搬上卡車，運交給顧客。從託運者到收件人，整個運輸過程中，只有貨櫃航行於海上這段運輸，貨櫃化無庸置疑合乎經濟效益。[4]

無論是否使用貨櫃運輸，大多數大型託運者並沒有國內沿岸船運的迫切需求。他們利用海運出口或進口——但只有少數的國際貨船使用貨櫃運輸。大部分的貨物運輸是國內運輸，藉由卡車或火車運送。只有當貨櫃技術影響到陸地運輸的成本，貨櫃革命才有機會展開。[5]

　　第二次世界大戰結束時，鐵路運輸是美國大多數公司載運貨物的主要途徑。一九四五年，鐵路貨運的營收是國內卡車貨運的九倍，當年有四十萬個火車廂的製造業產品經由鐵路運輸，大多數國產的煤和穀物也都由火車運送。但一九五〇年代是卡車的天下。更完善的道路，包括四處興建的高速公路，讓較大的卡車可以用更快的速度載運更重的貨物。往昔卡車司機只能在擁擠的雙線道路上使用二十呎拖車，如今卻能在高速公路上使用四十呎拖車，卡車的運輸效率大幅提升，也搶走了許多鐵路公司的生意。一九五〇年代，卡車公司城市間的運輸營收增加了一倍，要是卡車業者有和製造商與零售商簽約，營收成長還會更快。同一期間，鐵路貨運的營運卻沒有成長。到了一九六三年，大多數的製造業產品都由卡車運送，除了汽車。[6]

　　鐵路公司最大的挑戰，在於他們業務量最小、利潤卻最高的部分，他們的載運量太少，自始至終貨物無法裝滿整個火車廂。不滿整車的貨物尺寸天差地遠，從幾桶溶劑到一萬磅的螺帽與螺栓都有。一九六四年，這種小量貨運的噸數占鐵路公司貨運總噸數的不到二％，但占總營收的近八％。處理這類貨物的效率很低，鐵路員工得在每個轉運點把每個木箱和紙箱從一個火車廂搬到另一個火車廂，耗費大量的人力。於是卡車就在這樣的背景下迅速崛起，並在十年內搶走鐵路不滿整車貨運近四分之三的業務。[7]

　　傳統生意流失迫使鐵路公司主管殫精竭力思考因應對策。最明顯的解決之道是專注在他們的優勢上——能以相對較低的成本長途運輸極重的貨物。其中一項讓他們感興趣的是載運卡車。在東西岸高速公路尚未完工的年代，從加州駕駛一輛卡車到紐約需要一百小時的工作時數，用餐和睡覺的時間另計。用火車長程運送卡車車廂以取代卡車的部分路程，能省下許多人力成本，同時保有卡車運輸的優點，即可在任何地點接貨和交貨。早在一八八五年，鐵路公司就有提供過類似的服務，當時長島鐵路公司（Long Island Railroad）的「農戶火車」就從紐約市對岸的渡船口運送農產品的馬車；每輛特別設計的鐵路車廂可以裝載四輛馬車，農民和他們的馬匹則以不同的車廂載運。一九五〇年代初期出現了較新版的服務，鐵路公司開始使用平車載運卡車車廂，這種服務就是所謂的「背載運輸」（piggyback）。[8]

　　就和當代所有的運輸創新一樣，背載運輸遇上了一個重大的障礙：ICC。ICC 負責規範火車與州際卡車的費率與服務，一九三一年，ICC 曾以避免不公平與破壞性的競爭為由，鎮壓鐵路公司背載卡車車廂的努力。把卡車車廂放在火車上讓 ICC 不知所措，但到了一九五四年，ICC 終於列出了條件，讓鐵路可以運輸卡車車廂裡的貨物，而不必遵守卡車貨運的規定。委員會先後通過了數個允許背載運輸的「計劃」，以免危及法規的結構。計劃一是讓服務大眾的卡車公司——即一般貨運商的法律術語——可以從託運者手中取貨，把拖車廂放在火車上，並且與鐵路公司分享營收，前提是火車只能沿著卡車公司有權提供服務的路線運行。計劃二則是准許鐵路公司擁有拖車廂，並直接與託運者做生意，但託運者可能得以自己的卡車把車廂從鐵路停車場拖到最終目的地。眾人發現這些條件使得背載運輸的營運困難重重，於是 ICC 又通過了其他計劃，讓鐵路公司可以載運貨運代理商或託運者自己擁有的拖車廂，甚至鐵路平車。這讓鐵路公司寬心不少，因為財務壓力已使鐵路業者愈來愈難籌錢投資。放寬管制打開了背載運輸成長的大門。[9]

　　背載運輸解決了鐵路公司的一項營運難題，也就是火車廂的數量雖然很多，但使用效率很低的問題。一九五五年，美國的鐵路公司擁有七十二萬三千九百六十二輛火車廂，但使用率卻低得出奇。一般火車廂「一輩子」賺取營收的行駛時間只有八％，其餘時間則都待在有輪子的倉庫裡，在鐵路側線等待裝貨、卸貨或等著被結到某列火車上。卸下背載平車上的拖車廂後，平車馬上就可以繼續使用，不必被迫當作免費的倉庫。另一方面，對託運者來說，背載運輸就和貨櫃化一樣，初期並未提供多少實質上的成本效益。各家鐵路公司使用不同的平車，因此這家鐵路公司可能無法卸下那家鐵路公司平車上的拖車廂——這是個嚴重的問題，因為沒有一家鐵路公司營運遍及全美。裝載的方法很笨拙，通常採用所謂的「馬戲團法」：空平車一節節頭尾相連，平車間架著金屬橋，再由一輛卡車把拖車廂逐一倒車到每節空平車上。大多數平車只載一輛拖車廂，因此一列火車需要聯結數量龐大的平車。貨運量太小，以致於鐵路公司不願投入必要的資金，使背載運輸變成真正有效率的服務。除了這些營運的缺失，卡車司機工會（Teamsters union，由往返大部分城市間的卡車司機組成）的會員反對這種會減少會員人力需求的做法，於是他們在協商合約時抵制了利用火車背載運輸的卡車公司。背載運輸的營運微不足道：一九五五年，雖然有三十二家鐵路公司以平車載運拖車廂，運輸量卻只占鐵路公司總量的〇‧四％。[10]

一九五四年七月，勢力龐大的賓州鐵路公司開始提供紐約與芝加哥之間的服務，並以五十呎長的平車載運一輛拖車廂。幾個月後，該公司的卡火車（TrucTrain）開始每天往返芝加哥和聖路易（St. Louis），並以新的七十五呎平車載運，每趟拖著數百輛拖車廂。賓州鐵路公司與數百輛拖車簽約，專門負責接送拖車箱，沒多久這項生意就讓他們每年有一億美元的營收。該公司成立了一個對鐵路公司來說相對少見的研發部門，專責改善卡火車的營運。卡火車部門的經理發現，最大的障礙在於，賓州鐵路的軌道雖然與許多鐵路公司相連，彼此的拖車廂卻無法互相轉運。一九五五年十一月，卡火車部門改組成拖車廂火車公司（Trailer Train Company），並邀請其他鐵路公司入股。這個構想很簡單：與其讓各家鐵路公司各自經營小規模的拖車廂業務，不如由拖車廂火車公司來一併處理遍及全國的背載運輸。這家公司將擁有平車，向卡車公司收取費用，並付錢請鐵路公司以背載運輸的方式載運拖車廂。每年年底，獲利將由入股的各家鐵路公司共享。拖車廂火車公司從小規模開始，一九五六年，他們只有五百輛平車。沒多久，其他鐵路公司也加入了這個事業，讓這家公司擴大到個別鐵路公司無法達到的經濟規模。一九五七年，拖車廂火車公司買了一批八十五呎平車，每輛可以載運兩輛新式的四十呎拖車廂，大幅提高效率。[11]

　　三大鐵路公司則冷眼旁觀，因為他們不相信裝卸拖車廂到鐵路平車上這個麻煩的過程值得他們勞神費力。一九五七年，賓州鐵路的直接競爭對手紐約中央鐵路公司推出了一項名為「彈性貨車」（Flexi-Van）的服務，使用的是貨櫃──一種特殊的卡車拖車，只要拔下四個插銷就可與拖車架分離。把貨櫃放到附轉台的平車上，就可九十度旋轉。卡車會拖著貨櫃，倒車到平車旁邊，司機只要取下插銷就能鬆開拖車廂，而沒有輪子的貨櫃將順著滑軌滑至轉台上。當貨櫃的一半已滑至轉台上時，卡車司機將以拖車下一個額外的輪子，把拖車連同貨櫃與轉台拉往側邊移動，移至一個與平車平行的位置。這時，司機再把貨櫃從卡車鬆開，將轉台繼續推往定位。這個程序使彈性貨車裝卸貨櫃比裝卸拖車廂容易，也可以裝卸單一的貨櫃而不必動到火車的其他部分。彈性貨車的行駛速度跟客車一樣，從芝加哥運送貨櫃到紐約只要七個小時。[12]

在中西部，密蘇里太平洋鐵路公司採取了完全不同的策略。該公司的卡車營運使用可分離的車體，頂端有鉤。卡車司機把卡車開到火車旁邊，上頭有一具有輪子的吊車，寬到能跨越火車和卡車。卡車司機取下插銷，讓拖車體與底下的車架分開，然後自己操作吊車，把貨櫃吊起到火車平車上，整個操作程序花不到十分鐘。南方鐵路公司（Southern Railway）也採用貨櫃而非拖車廂，來處理南方與新英格蘭間的貨運，他們有很多客戶都位於沒有鐵路線的地方。南方鐵路與卡車公司簽約拖運拖車廂，往返客戶與華盛頓特區以及更北邊的貨運站，藉此克服無法以平車載運傳統拖車廂、通過巴爾的摩與紐約間的低頂隧道的問題。當然，這三家鐵路公司無法彼此交換貨櫃，更不用說與參加拖車火車聯盟的鐵路公司交流了。至於船運公司的情況也和鐵路公司一樣：到一九五〇年代末，簡化貨物處理的努力帶來許多無法相容的解決方法。[13]

　　鐵路公司致力擴展背載運輸，讓 ICC 進退兩難。背載運輸剛崛起時，鐵路公司的費率和卡車費率一樣，根據載運的商品而定。許多商品的背載費率和卡車費率差不多，只比以火車廂載運略高。這對監管單位來說不成問題，畢竟這可以提高鐵路公司的貨運量，卻不會擾亂整個貨運業。泛大西洋公司在大西洋沿岸結合水陸服務的費率，比鐵路公司的火車廂費率低五％到七‧五％，也符合 ICC 以往的原則：讓速度較慢的船運收取較低的費用。但到了一九五七年底，鐵路公司嘗試降低部分背載運輸的費率，以便與泛大西洋公司以及用輪船載運火車廂的海火車船運公司競爭。可想而知，泛大西洋公司和海火車船運提出抗議，表示較低的鐵路費率將會搶光他們的生意。[14]

　　正當 ICC 苦思該如何協助鐵路公司、而不傷害船運公司時，美國國會開始介入，並下達互相矛盾的命令。佛羅里達州的參議員司馬瑟斯（George Smathers）解釋說，國會希望「為整個運輸體系帶進一些新的競爭」。國會既希望低費率和新服務能讓經濟受益，又希望保護運輸公司和他們的員工，於是，一九五八年的《運輸法案》（Transportation Act）因運而生。這項法案以微妙的修文，下令 ICC 不得為了保護既有的運輸模式而維持運輸商的高費率，但同時禁止不公平和破壞性的競爭。ICC 似乎不能再利用高昂的鐵路費率來保護船運及卡車公司──同時又得確保船運公司和卡車公司不會因為生意慘澹而關門。ICC下了結論，並對鐵路公司表示，背載運輸的費率應該要比泛大西洋的船—卡車運輸費率高約六％。但 ICC 的決定遭到法院斷然推翻，法院准許鐵路公司任意降低背載運輸的費率，只要費率足以涵蓋所有成本就行。[16]

法院准許降低費率這項裁決使得背載運輸的經濟效益更加吸引人。卡車公司的成本在短程運輸中仍然最低，向託運者收取的費率也相對較低。不過就長程而言，卡車運輸每英里的總成本只略有下降，因為最重要的成本項目——司機薪資與燃料——會隨著距離而增加。另一方面，鐵路公司每英里的總成本會隨著距離增加而大幅下降；一旦拖車廂或貨櫃了上火車，火車的行駛成本相當低。就超過五百英里的距離而言，背載運輸顯然會比傳統的卡車服務來得更便宜。就算是與特定託運者簽約的卡車個體戶，他們的成本也無法與長程的平車背載拖車廂服務相提並論（見表 4）。[16]

表 4　載運兩萬磅貨物成本比較（1959 年）

距離	卡車	火車廂	平車載運單輛拖車 *
500 英里	244.47 美元	206.67 美元	236.59 美元
1,000 英里	445.86 美元	337.11 美元	404.14 美元
1,500 英里	647.13 美元	467.56 美元	571.69 美元

注：鐵路運輸的成本屬「完全分散式成本」，包括營運費用和利潤。
* 指載運兩萬磅的情況下，每輛拖車的估計成本。
資料來源：Kenneth Holcomb. 請見本章注腳 8。

鐵路公司處於有利的地位，既能把低成本轉移給顧客，還能賺取比傳統火車廂運輸更高的利潤。貨運代理商利用這種費率差距，整併較小的貨物塞滿車廂，藉此取得較低的鐵路費率。沒多久，奇異（GE）和伊士曼柯達（Eastman Kodak）等製造商便發現，妥善安排生產，用火車把整個拖車廂或貨櫃運交給單一收貨者，可以比用卡車運交零星產品省下許多錢。到了一九六七年，所有製造業產品的四分之三（包括煤和石油產品）每次出貨的重量都超過三萬磅。加工食品、新鮮肉類、鋼鐵產品、肥皂以及啤酒等等貨物率先轉向背載運輸，接下來的二十年間，從柑橘到牆板，各式各樣的產品都開始首度使用鐵路運輸。[17]

　　無可否認，法律條文仍有許多相互牴觸之處。倘若載運的貨物是混合的，ICC 允許鐵路公司以固定的每英里費率載運拖車廂，但要是拖車廂裡任何一種貨物超過了特定比率，託運者就必須支付該商品的特定費率。然而，託運大戶早就對這類的法律障礙習以為常。他們認為背載運輸可以節省成本，且低廉的運輸成本可讓他們把產品賣到過去運送成本太高的城市。隨著鐵路公司提高火車速度，從芝加哥載運拖車廂到加州所需的時間也從五天減為三天。產品運輸的時間縮短，庫存成本亦隨之降低。背載運輸的載運量在一九五八到一九六〇年間增加了一倍，到一九六五年又翻一番。一九六四年，彈性貨車為紐約中央鐵路帶來驚人的營收，占公司總營收的一四％。一九五六年，拖車火車公司的營收不到一百萬美元，到了一九六五年他們成為營收五千萬美元企業，旗下有兩萬八千輛貨車。[18]

一九五〇年代中期，當美國鐵路業者積極開發背載運輸時，國際貿易也是他們考量的因素之一。將背載運輸和貨櫃運輸聯結在一起，打從一開始就是個明顯有潛力的選項。大多數的背載運輸是連同車輪一起拖的卡車拖車廂，不太可能以船來運載。不過，背載運輸約有一〇％的拖車廂沒有輪子，符合美國國家標準協會標準（一九五九年起一系列的貨櫃尺寸與吊卸標準）的拖車廂也愈來愈多。標準貨櫃已經在加拿大暢行無阻，加拿大的鐵路公司歡迎背載運輸的程度甚至比美國還熱烈。[19]

最後，靠著佛格西不屈不撓的奔走，定期的跨洲貨櫃服務才得以實現。自一九六〇年起，佛格西擁有的美國貨運公司利用美國的鐵路公司、日本的卡車公司和國家海運公司（States Marine Lines），把貨櫃從美國送至日本。一年後，擁有五千輛新型彈性貨車貨櫃的紐約中央鐵路公司開始提供類似的服務到日本和歐洲。美國最大的雜貨船運業者美國輪船公司，實驗性地將南方鐵路公司的貨櫃載運至歐洲。必須補給數萬名駐歐官兵的美國陸軍，也開始嘗試使用四十呎貨櫃從事跨大西洋的運補。[20]

他把所有賭注都押在貨櫃上了

　　早期國際貨櫃的運輸規模都很小。麥克連打從一九六一年就想開闢歐洲服務，但他的幕僚勸他打消念頭，當時公司還沒有能力做這麼大的生意。沒有船運公司提供到亞洲或歐洲的全貨櫃船服務，貨櫃會被放在散裝船的船艙裡、固定在艙格上，與其他散裝貨混雜在一起。這些船大部分載運的是傳統貨物，必須逐件處理，因此裝運與卸載所需的時間跟未載貨櫃沒有兩樣。託運者使用國際貨櫃運輸無法節省成本，因為制訂海運費率的同盟並未對此作出不同的規範：同樣是載二十噸重的汽車零件，用一個貨櫃來運或用數十個木箱來裝，運費幾乎差不多。運回美國的路上，貨櫃經常是空的，此成本也會反映在費率上。對於託運者而言，除了減少偷竊，早期的國際貨櫃服務唯一吸引人之處只是減少文件作業。從前，在航程的每個階段，託運者都得分別處理相關的文件、支付個別的款項；使用貨櫃的託運人則可以要求貨運代理商以單一報價涵蓋從美國到亞洲的整個陸—海—陸運輸，並一次付清所有的費用。[21]

　　從一九六五年初回顧貨櫃化頭九年的過程雖然令人欣慰，但也稱不上大幅躍進。在紐約，貨櫃運輸噸數碰上高原期，ILA仍然激烈反對貨櫃擴張。西岸的發展雖然迅速，但也只有八％的雜貨採用貨櫃運輸。部分鐵路公司使用理論上能與船運公司交換的貨櫃，但實務上鐵路—船運貨櫃的流量微乎其微。採用可卸載貨櫃的卡車公司主要仍侷限於與海陸服務公司和美森航運簽約的業者；其他卡車公司則是一面倒，對附著於輪子上的拖車廂情有獨鍾，但這種拖車廂無法輕易以貨船裝載。一九六四年，貨櫃運輸為海陸服務公司創造了九千四百萬美元的營收，看似相當有發展潛力，但貨櫃運輸仍然是個利基事業。大多數製造商、批發商和零售商運送貨物的方式幾乎沒有改變。[22]

不過，在這樣的背景下，貨櫃革命的必要條件已經逐漸成形。拜東西岸的工會分別達成協議所賜，碼頭勞工成本即將大幅下降。貨櫃尺寸與吊卸方法的國際標準已逐步確立，雖然只有極少數的貨櫃符合這些標準。專為處理貨櫃而設計的碼頭正在興建。製造商已學會調整工廠的運作，並利用貨櫃化的優點，把大批貨物集中成運輸單位，藉此節省成本。鐵路公司、卡車公司和貨運代理商逐漸熟悉交換拖車廂和貨櫃的流程，以不同的運輸工具從事今日所稱的「聯運」（intermodal）貨運。監管當局開始謹慎地鼓勵競爭，希望貨運業者能把部分貨櫃化所省下來的成本回饋給顧客。萬事俱備，只欠東風：船。

揭開貨櫃時代序幕的船都是二戰留下的舊船。截至一九六五年，海陸服務公司船隊每一艘貨櫃船的船齡少說也超過二十年，美森航運最新的貨櫃船也是一九四六年打造的。這些以低價向美國政府取得的舊船雖然又小又慢，卻讓貨櫃的先驅業者不必掏出龐大資金就能投入這項新事業。一九六〇年代初期實驗貨櫃化的其他公司，往往也以改裝後的二戰貨船來運輸。打造全新貨船的成本太高，許多公司雖有政府補貼仍難以負擔，賭錯未來貨運趨勢的風險也極高。[23]

　　沒有人比麥克連更篤定世界即將改變，他已經把所有賭注都押在貨櫃上了。海陸服務公司在一九六一年到一九六三年間共改裝了七艘船，遠遠超過他的潛在競爭對手。這些改裝船讓海陸服務公司得以在一九六二年開闢西岸服務，並在一九六四年買下阿拉斯加船運公司，付出的代價則是在短短的兩年內，債務從八百五十萬美元暴增至六千萬美元。到了一九六四年，海陸服務公司開始擴張歐洲營運，需要的財務支援日益增加。麥克連想跨足歐洲的豪語一傳開，各大美國船運公司勢必會加入跨大西洋的貨櫃業務，歐洲的船運公司也不甘落後。為了保持領先，麥克連不得不再押下大注，一九六五年他又安排了兩宗意想不到的財務交易。[24]

　　第一宗是與路德韋格的交易。路德韋格與麥克連有許多共同點。路德韋格生於一八九七年，十九歲就在五大湖區運送糖漿，因而跨入航運業。和麥克連一樣，他經營生意以注重成本聞名；根據一則有名的故事，他買下一艘名為阿拿瓦克號（Anahuac）的油輪，並決定續用此名，因為「把名字塗掉得花五十美元」。到了一九五〇年代，他擁有的國家散貨運輸公司

（National Bulk Carriers）已是美國最大的船運公司，路德韋格也成了世界級的富豪。美國夏威夷輪船公司也歸他所有，但這間公司一九五三年起已不再經營船運，因此是一家空殼公司。他仔細觀察麥克連的貨櫃運作，一九六一年一月，美國夏威夷輪船公司突然申請一億美元的聯邦補貼，以興建十艘巨大的高速輪船，並開闢一條取道巴拿馬海峽的東西岸航線。海陸服務公司也即時宣布要開闢自家的東西岸航線，並以一年的時間成功攔阻路德韋格申請補貼。路德韋格把補貼申請減為三艘以核子反應驅動的船，但隨後他又決定，要從貨櫃船運獲利的最佳方式還是投資海陸服務公司。一九六五年初，麥克連工業的股價為每股十三美元，該公司發行了一百萬股新股，以每股八‧五〇美元的價格賣給美國夏威夷輪船公司，並讓路德韋格加入成為公司董事。這樁交易開啟了路德韋格與麥克連的長期合作。[25]

第二樁交易牽涉到利頓工業（Litton Industries）。創立於一九三〇年代的利頓工業主要從事生產收音機的真空管，一九五〇年代，公司改組成新型態的「集團」，旗下較著名的公司有密西西比州帕斯卡格拉（Pascagoula）的英格爾斯造船廠（Ingalls Shipyard）。利頓和當時其他集團一樣，一心追求快速成長，英格爾斯則急著想跳脫海軍的合約，多角化經營商業活動。麥克連需要船，但財務窘困；利頓錢很多，但亟欲為造船廠招攬生意。

談判的結果就是創立一家取名利頓租賃（Litton Leasing）的公司。一九六四年十一月五日，海陸服務公司以兩千八百萬美元的金額出售九艘貨櫃船給利頓租賃，並以所得償付三千五百萬美元的銀行貸款。利頓租賃立即把這些船再租給海陸服務公司。此外，利頓也買下了麥克連持有、原本屬於華特曼的數艘船，將這幾艘船加寬、加長，並裝設貨櫃艙格以符合海陸服務的規格。以每年支付一千四百六十萬美元的租金為代價，現金匱乏的海陸服務公司得以在四年內為船隊增加十八艘貨櫃船。此外，利頓租賃也同意把持有的八十萬股麥克連工業股票轉換成普通股，立即為海陸服務窘困的財務挹注了六百八十萬美元的資金。[26]

　　迅速獲得一支龐大新船隊的海陸服務公司就像打開了洩洪閘，在一九六五年夏末，短短八週內，至少二十六艘貨櫃船的大型企劃登上了各大媒體的頭條。改裝一艘船需要八百萬至一千萬美元，此外每艘船還需要一百萬到兩百萬美元購買車架與貨櫃。對一個向來以資金短缺著稱的產業來說，要以兩億五千萬美元的總投資開闢一條不保證能賺錢的航線，幾乎令人無法想像。許多公司多年來對於貨櫃化抱著冷眼旁觀的態度，有點好奇但往往保持距離，如今這些公司紛紛覺得有必要投資貨櫃，否則可能會被潮流淹沒。但並非所有公司都如此急切。一九六六年初，海陸服務公司在鹿特丹的希爾頓酒店舉辦宴會，當他們向荷蘭的船運業者介紹自家公司的服務時，賓客報以噓聲；本身也準備載運貨櫃的荷美航運老闆對海陸服務的主管說：「你們搭下一艘船回來，把所有貨櫃載回家。」[27]

讓既有船運業者最為憂心的是，貨櫃會壓低運費。當時北大西洋共有四個船運同盟，兩個涵蓋北美與歐洲北部，各自掌管單向的交通，另外兩個則負責處理北美與英倫三島的船運往來，為每一項商品制訂船運的費率。想當然耳，這些同盟都沒有制定貨櫃運輸的費率。

對海陸服務公司而言，加入同盟並不是那麼有必要，雖然加入一定會對海陸服務有幫助，與歐洲政府／港口打交道時可能會派上用場。對原本就是同盟會員的美國輪船公司來說，同盟的貨櫃運輸規範極其重要。麥克連命令他的代表設法加入東行與西行的北大西洋大陸貨運同盟（NACFC），且不得挑起爭端。海陸服務宣稱他們無意掀起費率戰爭，同盟也為他們敞開了大門。海陸服務公司與美國輪船公司提出兩項規範建議：在碼頭和倉庫間搬運貨櫃的價格應要調低；使用輪船公司的貨櫃和車架的費用，也應含括在海運費用內，託運者不必額外支付。兩家公司的歐洲競爭者本身也在考慮貨櫃服務，因此他們接受了這兩項請求。一名海陸主管回憶道：「我們並未要求他們大幅讓步，只要他們順應貨櫃的變遷。我認為那是他們犯的重大錯誤，而他們確實如此。」一名歐洲船運的主管卻有完全不同的看法，他表示：「他們對海陸服務戒慎恐懼。但他們寧可從同盟內部緊緊盯著海陸服務看，也不願讓海陸服務在同盟之外，再去揣測海陸會玩什麼花招。」無論如何，海陸服務公司終於進了北大西洋的產業同盟，從此成為俱樂部的一員，不再隻身流浪。[28]

莫爾－麥科馬克輪船公司（Moore-McCormack Lines）是一家領補貼的美國船運業者，航行於東岸和斯堪地那維亞半島之間。一九六六年三月，該公司首開跨大西洋的貨櫃服務，使用載運拖車廂、貨櫃和散裝貨的混合貨船。也有領補貼的美國輪船公司幾乎立即跟進，他們的船艙裡載運著四十個二十呎貨櫃以及各種散裝貨。到了四月，沒拿政府補貼的海陸服務公司也開始提供規模大不相同的服務，他們與三百二十五家歐洲卡車公司簽約，把貨物運到巴塞爾和慕尼黑等地。海陸服務公司每週都有船從紐華克和巴爾的摩開往鹿特丹和布萊梅港，載運兩百二十六個三十五呎貨櫃。

這三家船運公司的效率都相當驚人。根據一家顧問公司的報告，三艘跨大西洋的中型貨櫃船可以處理多達六艘散裝貨船的貨物，所需的資金成本只有一半，營運成本只要三分之二。美國輪船公司發現，在伊莉莎白港，一組碼頭工人搭配一具吊車、操作貨櫃十個小時能處理的貨物量，相當於十組工人處理傳統散裝貨船的貨物量。莫爾－麥科馬克輪船公司則計算，在伊莉莎白港裝卸貨櫃貨物的成本為每噸兩美元到二·五美元，遠低於傳統船運的每噸十六美元。[29]

　　初期，橫跨大西洋的貨櫃主要裝載兩類貨物：運往美國的威士忌，以及運往歐洲的軍事物資。長期以來，烈酒出口商不斷抱怨碼頭上的偷竊造成他們龐大的損失，因此要說服他們使用貨櫃並不是件難事。海陸服務公司初期停靠的港口之一是蘇格蘭的格蘭茅斯（Grangemouth），他們就是在那裡裝載蘇格蘭威士忌。海陸服務以一種不銹鋼製的液體槽櫃贏得烈酒商的生意，這些槽櫃專為出口商運送大批散裝威士忌，到美國再裝瓶。兩個槽櫃剛好可以放進海陸服務貨櫃船的一個標準貨櫃艙格內，終結了威士忌業界自古以來傷透腦筋的偷竊問題。

　　軍方的角色更為關鍵。身為懸掛美國國旗的船運公司，海陸服務有權為駐紮在西德的二十五萬名美軍官兵載運一部分的軍用物資；而且軍方也有意推動貨櫃化，用海陸服務的方式載運貨物。據業界傳聞，海陸服務公司首度跨越大西洋的航行，載運的貨物有九〇％是軍方物資。軍方的需求確保海陸服務的初航幾乎穩賺不賠，也給該公司外國船運業者無法比擬的優勢。後來海軍終於克服散裝船運公司的抗議，並在一九六六年夏季以競標的方式來決定歐洲軍事物資運輸的合約時，海陸服務公司以低價擊敗了所有的美國競爭者，贏得該公司能吃下的所有業務。[30]

　　跨大西洋貨櫃第一年的服務並未留下什麼可靠的資料。由於絕大多數往返歐洲的貨櫃都會經過紐約港，港口資料成了這項新營運的最佳指標。一九六五年，紐約港的貨櫃運輸噸位達一百九十五萬長噸，一九六六年激增到兩百六十萬長噸，雖然那一年的頭十週幾乎沒有任何貨櫃進出。眼看貨櫃運輸量大幅增加，更多家美國公司、兩家英國船運集團，以及一家歐陸船運集團趕緊投入貨櫃船運。一名顧問業者說：「一九六六年，船運商和港口對貨櫃的投資已經多到一個地步，無法回頭。」[31]

一九六六年春季，只有三家航運公司提供從美國出口的國際貨櫃服務。到了一九六七年月，根據一名研究人員的計算，已有六十家公司提供到歐洲、亞洲，甚至到拉丁美洲的貨櫃服務（雖然只有少數公司使用專用的貨櫃船）。一九六七年上半，有五萬個貨櫃──可以裝載五十萬噸貨物──跨越世界各大洋。許多船運公司訂製了全新的貨櫃船，採用迅速成為業界標準的八呎寬、八呎高貨櫃。一九六七年，紐約港務局引述了一項調查，指出七五％的紐約港雜貨是以貨櫃運輸的，且有十二家航運公司正在建造六十四艘貨櫃船。英國海外貨櫃公司（Overseas Containers Ltd.）的主管強斯頓（Kerry St. Johnston）警告，這麼多的新載運量將導致費率大幅降低，對於正大舉投資貨櫃設備與貨櫃船的船運業者而言，前景未必一片光明。[32]

一九六八年，全貨櫃化的新貨櫃船開始服役，那一年每週有十艘貨櫃船在北大西洋上航行，全年總共載運了二十萬個二十呎貨櫃，裝了一百七十萬噸的貨物。尚未造好新貨櫃船的歐洲公司只能勉強因應新情勢，把貨櫃堆疊在散裝船的甲板上。他們也能提供客戶類似的貨櫃服務，但效率遠遠比不上採用全貨櫃船和高速吊車的公司。德國船運業者赫伯羅德公司（Hapag-Lloyd）的主管薩格（Karl Heinz Sager）回憶道：「成本非常驚人。」[33]

卡車—火車—船

對託運者而言，當時不急著採用貨櫃運輸的唯一理由是貨櫃短缺。雖然美國籍的船運公司從一九六六年九月到一九六七年十二月共添置了一萬三千個貨櫃，歐洲船運公司也購買了數千個貨櫃，空貨櫃還是常常一櫃難求。除此之外，即使船運同盟仍然控制著跨大西洋的費率，節省下來的成本還是相當吸引人。芝加哥的辦公室設備製造商卻斯布魯寧公司（Chas. Bruning Co.）發現，把公司的設備運送到歐洲內陸的點平均只要花十二天。除了海運成本較低，卻斯布魯寧也省下了出口包裝、損壞和偷竊的成本，保險費也降低了二五％。全世界改用貨櫃的速度之快：第一艘貨櫃船開往歐洲的三年後，只有兩家美國公司仍然在北大西洋經營散裝貨船，每個月的船班總共僅僅三班。[34]

跨大西洋的貨櫃運輸激增，當時美國的工廠正在加緊生產以滿足戰時經濟的需求，剛好提供美國鐵路業者一個大好良機重新奪回國內運輸系統核心的地位。傳統包裝的出口貨物運輸正逐漸消失，每週有成千上萬個貨櫃行經紐澤西和巴爾的摩，其中許多貨物都來自或運往上中西部的工業心臟地帶。龐大的規模對卡車來說反而不利，因為不管貨運量有多大，卡車一次只能載運一個四十呎櫃。火車運輸的規模能節省許多成本，使鐵路公司得以彌補部分出口貨運的損失。

歐洲鐵路公司對此的看法一致。自一九二○年代起，歐洲業者開始嘗試經營貨櫃事業，他們也很願意與船運公司達成協議。幾乎從跨大西洋貨櫃船運一開始，他們就提供統一的貨櫃費率來吸引顧客。一九六七年，法國國家鐵路公司收取五百七十二法郎的固定費率，載運一個四十呎貨櫃的貨物從德國北部的布萊梅到瑞士巴塞爾；德國聯邦鐵路公司（German Federal Railway）則收取兩百四十一美元，把一個四十呎櫃從布萊梅運到慕尼黑。在英國，使用專用火車載運貨櫃往返費利克斯托是海陸服務公司一開始就計劃好的服務，而早在一九六三年，英國鐵路公司（British Rail）就曾提出自己的營運方案，想讓專門的貨櫃火車往返各個港口；聽到海陸有意願經營，他們馬上滿腔熱血攜手合作。[35]

美國的鐵路業者反而顯得興趣缺缺，尤其是東部的鐵路公司。他們擔心貨櫃會搶走火車廂的貨運量，導致營收減少。大部分美國的鐵路公司已在拖車廂火車公司的贊助下，興建了用來裝卸卡車拖車廂的斜坡，且在財務壓力下，他們也無意投資額外的錢在處理貨櫃的吊車和堆儲場等設備上。紐約中央鐵路公司獨創的彈性貨車服務極其成功，因此他們擔心海運貨櫃將吸走彈性貨車的客戶。鐵路公司無法拒絕處理貨櫃，但他們可以提供最差的服務，讓顧客知難而退。一九六六年二月，賓州鐵路公司將一輛放置兩個二十呎貨櫃的平車，運送到開拓重工公司（Caterpillar Tractor Company）也位於賓州約克市的倉庫。這些貨櫃不過是由平車拖到開拓重工的側軌上卸貨，鐵路公司卻向他們收取運至紐澤西州的運費，價錢和用一般火車廂來載差不多，根本沒省到什麼錢。這種用火車拉貨櫃的方法是美國出口輪船公司（American Export Lines）正在實驗的運輸方式，但鐵路公司都希望實驗失敗。一名紐約中央鐵路的主管寫信給他在賓州鐵路服務的同業道：「我們希望裝卸貨櫃與填充支撐所產生的高額成本，加上貨櫃閒置兩週將損失的營收，會讓他們打消繼續嘗試這種做法的念頭。」[36]

受東部鐵路業者委託的一項研究發現，鐵路公司必須加緊吸引貨櫃運輸，但他們卻決定反其道而行。他們協議了一套新的費率結構，企圖降低使用貨櫃的誘因：任何重量超過五百磅的貨櫃將根據重量及貨物種類收費，不適用於最低整車貨物費率。此外，他們堅持向船運公司收取從港口運送空貨櫃給內陸顧客的費用——這項政策也讓許多國際運輸的託運者在考慮陸上運輸時，放棄了鐵路這個選項。為了進一步抵制貨櫃，部分鐵路公司乾脆放棄貨櫃生意。一九六七年春季，惠而浦公司（Whirlpool）要求紐約中央鐵路把裝載冰箱的貨櫃從印地安那州的工廠運送到紐澤西的碼頭，鐵路公司建議惠而浦先用火車廂把冰箱運到港口、再把貨物裝進貨櫃；惠而浦乾脆改用卡車運送。美森航運打算把裝載夏威夷鳳梨的船運貨櫃藉由火車運送到全國各地，也遭到類似的抵制，因為芝加哥與紐澤西間的貨櫃運輸費率，遠低於以火車運輸罐裝食品的標準費率。一名紐約中央鐵路的主管寫道：「拒絕這種提議對我們來說至關重要。」[37]

麥克連則有不同的觀點。對他來說，鐵路、卡車和船運公司都是相同的事業——運輸貨物。他想把海陸服務公司積極進取的銷售人員分散到各處各地，從小岩城（Little Rock）到密爾瓦基，尋找想出口到歐洲的製造商。一九六六年，海陸服務公司推出了跨大西洋的服務，麥克連工業提出一個大膽的計劃，自己花錢在芝加哥和聖路易興建鐵路停車場。麥克連工業旗下的貨運代理商將向託運者收集貨物，併裝在麥克連擁有的貨櫃裡，然後以麥克連擁有的軌道車來載運，且這些由普爾曼公司（Pullman Company）專為載運貨櫃而設計的軌道車可堆疊兩層貨櫃。賓州鐵路公司將直接把麥克連的全貨櫃火車，拖至海陸服務公司將在伊莉莎白港碼頭邊興建的鐵路停車場，抵達時間將配合開往歐洲的船班，船運抵達歐洲港口後，再以卡車和火車運達目的地。史上頭一遭，千里之外的托運者得以選購**緊湊安排時間**的國際運輸。銷售人員可以告訴顧客貨物何時可以抵達，顧客也可以心裡有個底。[38]

這種結合卡車—火車—船的運輸方式，似乎帶來了勢不可當的經濟效益。卡車負責它們最擅長的短程運輸；火車將處理它們成本最低的長程陸上運輸。國際託運者在國內部分的運輸成本便可以降低一半。賓州鐵路對這項計劃很感興趣，紐約中央鐵路、巴爾的摩鐵路和俄亥俄鐵路則反對。但當賓州鐵路和紐約中央鐵路宣布合併計劃時，麥克連的雄心壯志馬上就被擊沉。鐵路公司提出的相對提案是 ICC 可能會批准的底線：他們願意拖運海陸服務公司的貨櫃車廂，但會把海陸服務的貨櫃與鐵路公司的慢速貨運車廂混在一起拖運。[39]

麥克連再一次走在時代前端──但面對鐵路公司，他缺少將願景化為現實的能力。目光遠大的鐵路業主管如拖車火車公司的總裁努威爾（James P. Newell）意識到，維持火車廂的高費率注定會以失敗收場；他估計，鐵路公司可以藉著經營麥克連所構想的貨櫃火車省下三〇％的火車與火車頭成本。努威爾建議：「這些省下來的成本可以由鐵路公司和託運者共享。」但在一九六七年和一九六八年，鐵路業者對此建言充耳不聞。在越戰所刺激的經濟榮景中，他們的背載運輸生意興隆，三年之內成長了三〇％。一世紀以來的法規保護並未鼓勵他們征服新的事業，反之，他們把新貨櫃運輸的陸上業務拱手讓給了卡車公司。[40]

第 9 章

越戰

一九六五年冬，美國政府開始積極部署越南的軍力。過程中，美軍也遭遇有史以來最嚴重的後勤問題，而這場大混亂的解決方案則宣告了貨櫃化時代的到來。[1]

一九六五年初，全世界沒有幾個地方比南越更不利於支援現代化的軍力了。整個南越從北到南全長七百英里（注：約一千一百二十七公里），只有一個深水港、一條處處無法通行的鐵路，以及一條大部分未鋪路面、柔腸寸斷的公路。一九五〇年代末以來，提供民間援助以及補給在越南工作的美國「顧問」——一九六五年初，人數為兩萬三千三百人——已讓軍方感到不勝負荷；一九六四年，駐紮西貢的美軍港口支隊必須每十二個小時輪班工作，每週工作七天，才能避免港口堵塞。駐在南越的各類美軍部隊共有十六種不同的後勤系統，導致彼此永無止境地競逐基本資源，如運輸車和倉庫空間。沒有一套中央系統可以控管送達的貨物，而負責租用商船載運貨物到越南的海軍軍事海上運輸服務署（MSTS），甚至未在南越設立辦公室。對美國政府而言，整個越南的軍事行動建立在所有軍隊一九六五年將會撤回的假設上。這塊政治遮羞布也代表美國沒有理由花錢在碼頭、倉庫和其他永久性的基礎建設上。[2]

一九六五年四月，詹森總統派遣了六萬五千名美國陸軍和海軍陸戰隊，以及數個空軍中隊前往越南時，後勤的挑戰已眾所周知。不過，知道問題和解決問題是兩碼事。到了六月，當美國派往南越的軍隊人數達到五萬九千九百人時，供應鏈已糾結成一團，無藥可救。來自加州的船停泊在越南的港口外頭，但幾乎不可能把貨物安全送上岸：港口淺到遠洋貨船無法靠近碼頭，必須靠駁船或坦克登陸艇（Landing Ship Tank，簡稱LST，一種比足球場長、但吃水很淺的水陸兩棲載具）來接運。駁船或坦克登陸艇將與大船協力合作，船員必須辛辛苦苦把貨卸下船，通常是把木箱或紙箱裝進吊網，再以繩索垂降下來。整個過程極為緩慢，從茹（注：Nhà Bè，胡志明市下轄的一個縣）外海駁運彈藥的駁船往返岸邊一趟，往往需要十到三十天的時間。在歸仁（注：Quy Nhơn，南中部的濱海一級城市），坦克登陸艇會直接開到沙灘上，放下它們巨大的活動坡道，讓卡車和堆高機開進船內，但卸載貨物仍需要八天。在峴港（注：

Đà Nẵng，南中部的中央直轄市，現為越南第四大城），遠洋貨船必須在四英里遠的外海把貨物丟上駁船。吃水不到五公尺的沿海貨船可以靠近碼頭，但船常常未事先通知就抵達，使港口再三陷入混亂之中。夏天雨季常有颱風來襲，可能會使冗長又複雜的卸載程序完全停擺。[3]

　　西貢的情況更為惡劣。越南唯一的深水港位於西貢河入海口上游四十五英里處，因而形成一個大瓶頸。一九六五年，港口處理的貨物量增加了一半，使得港口完全無法負荷。碼頭上沒有吊車，只有少數幾輛堆高機，一切工作幾乎全靠人力完成。載運軍方物資、民間貨物、美國對外援助及食物救援的船，必須想盡辦法停靠在碼頭僅有的十個泊位上。船舶一旦卸貨，貨物往往會堆在碼頭上好幾天。軍方的收貨者常常不知道有哪些貨物要運來，民間的進口商也習慣盡量把貨物留在港口，愈久愈好，以延遲支付關稅的時間。許多盜竊貨物的集團由南越的將領主使，猖獗到美國憲兵必須荷槍護送從碼頭取貨的卡車至軍方倉庫。港口延滯使得美國貨輪短缺的情況益形惡化，迫使 MSTS 重新動用政府儲備船隊中老舊生鏽的商船。一九六五年五月，MSTS 的代理指揮官承認：「截至目前為止，軍方只能接受貨物可能會延遲送達的事實。」由於缺乏倉儲空間，陸軍和空軍的指揮官只能以貨船權充水上倉庫，使得船運問題更加嚴重。一名高階海軍軍官回想起當時的慘狀：「西貢已變成一座墳場。船會沿著河往上游開，然後停留在水上，一艘接著一艘，但無法卸貨。陸軍會嚷道戰況很緊急，他們沒辦法卸貨到岸上。空軍根本辯都懶得辯，船在那裡，就這樣，我們知道，等我們有空就會去卸。」[4]

補給系統的改變

之所以會天下大亂，是因為參謀首長聯席會議（JCS）決定採取一套「推式」補給系統。推式系統與「拉式」不同，拉式指的是由戰場上的單位提出補給需求，推式系統則由美國本土的補給專家來決定該運補哪些物資。陸軍器材司令部（AMC）運送了超過一百萬個自動再補給包，並根據戰場上單位正常需求的假設提供設備與零件。設在加州的補給站也以類似的假設估算食物、衣服、通訊器材與建築材料等需求。一名高階陸軍將領抱怨，補給專家「完全不了解戰場實況」，他們在數千里之外的地方憑空策劃，無視戰場瞬息萬變的情勢。他們對越南也一無所知。[5]

就盡快把補給物資送到戰場上這點而論，推式系統很成功。負責為陸軍採購武器的陸軍器材司令部所花費的錢，從一九六五會計年度的七十四億美元激增到次年度的一百四十三億美元，大量的彈藥、武器、建材和車輛源源運至越南。然而，最後抵達越南的東西往往與預期大相逕庭，要麼沒有必要，要麼沒人想要。食物補給不斷湧進，但等發現運來的物資已經太多時，又會突然中斷。軍方偏好的鋼製康耐斯櫃可裝載五噸重的貨物，混雜武器、軍靴、軍服以及各種東西，軍需官往往無法取得夠供應自己單位的任何貨品。戰場上的部隊也經常缺少糧食和其他必需品。[6]

在參謀首長聯席會議終於批准增兵越南的前一個月，美軍司令魏摩蘭（William Westmoreland）和美國外援特戰部主任基倫（James S. Killen）已達成共識，決定改善越南的補給。方法就是擴充西貢以北四百三十英里的小港市峴港。構想中，直接從美國開來的船可以停靠在峴港，分擔西貢的運輸流量。但這個計劃無法在短期間內完成：峴港很淺，而且沒有貨物處理設備，坦克登陸艇的主要卸貨坡道還位於一條大街的正中央。一九六五年四月，魏摩蘭建議美方轉而開發峴港南方三百英里的金蘭灣（Cam Ranh Bay），作為「第二大深水港和後勤中心」。五月，國防部長麥納馬拉（Robert McNamara）核准了這個提案，沒多久陸軍工程單位便抵達現場，開始興建一座機場。碼頭、倉庫和一座龐大的維護場也會緊接著興建。原本被派至較小港口的後勤單位很快就被調到金蘭灣。到了七月，魏摩蘭設立了一個全新的單位，即第一後勤指揮部，並賦予指揮部港口運作、補給和維護整個南越的責任，包括新的金蘭行動。[7]

金蘭灣是越南海岸最大的天然海港，但要在那裡興建後勤中心並不容易。該地沒有基礎設施，且沿岸的流沙地使得推土機或標準建築技術都派不上用場。除了港口外，這個地點有一個重要的特性：當地沒有任何南越的設施。越南人經營的西貢港效率極為低落，令美國高層官員傷透腦筋，一九六五年七月，美國駐南越大使洛奇（Henry Cabot Lodge）不得不親自與南越總理阮高祺（Nguyễn Cao Kỳ）討論港口的問題。這些努力都毫無進展：控制港口牽涉到許多高階南越將領的利益，他們堅決反對把西貢港交由美國成立的新港務局接管。由於金蘭灣的港口完全由美國經營，避開越南人的貪瀆和低效率，這些問題因而得以紓解。部分美國高層決策者甚至構想，當地或許能形成由工業區和住宅區圍繞的模範社區，而非常見的酒吧和旅舍。以最快速興建港口並開始運作的方法是引進德龍碼頭（Delong Pier），即一種三百呎長的平底船，上面有洞可以把樁打進港口海床；接著平底船可以升高到樁上，並調整離水的高度。海軍在南卡羅萊納州找到一座德龍碼頭，並將它拖過巴拿馬運河，航越太平洋到金蘭灣，並由停泊在港內的海軍軍艦來供給暫時性的電力——沒多久港口就已經開始運作。到了十二月，已經有商船直接從美國開來金蘭灣，美方也陸續興建更多的德龍碼頭。[8]

　　然而，補給的問題仍然愈來愈嚴重。每個月有一萬七千名增援的美軍前往越南。每一個八百三十人的步兵營抵達海灘，就得有四百五十一噸的補給品與設備跟上，每一個機械裝備營則需要一千一百一十九噸。軍隊所需的糧食、衣服和武器的運輸已用盡 MSTS 所能找到的每一艘船。到了一九六五年的感恩節，共有四十五艘船正在越南港口工作，另有七十五艘載著食物、武器和彈藥的船正在岸邊等待，或暫時停靠在菲律賓，因為把商船船員送到菲律賓可以節省滯留越南外海必須支付的高薪。南越的美軍運輸官員抱怨：「十個美國大陸一流的港口以最快的速度把物資運到南越，但我們只有四個二流的港口可以收貨。」一九六五年十一月，美國國防部長和參謀首長聯席會議主席訪問越南時，他們聽到部隊對後勤問題牢騷滿腹。第一後勤指揮部告訴他們：「我們的港口塞滿了船和貨物。」十二月的《生活雜誌》（*Life*）以照片報導西貢港堵塞的情況，一位來訪的國會議員建議魏摩蘭加強港口的管理。越南的後勤亂象逐漸變成美國國內的政治議題。[9]

　　華府要求找出解決之道。在沉重的壓力下，南越政府一九五六年底同意美國在西貢興建一座深水港，名稱就叫新港（Newport），以便把軍用物資的運輸遷出市區的碼頭。美國國防部為了簡化供應鏈，不顧海軍反對就把補給**所有**駐越南軍隊的責任交給陸軍，包括以獨立出名的海軍陸戰隊。接著，在國防部長的親自命令下，MSTS 雇用了民間業者阿拉斯加駁船運輸公司（Alaska Barge and Transport）來負責沿海船運。阿拉斯加駁船運輸向來以運送貨物到偏遠的阿拉斯加港口營生，公司老闆說服了麥納馬拉，說他可以解決越南的後勤問題。沒多久，阿拉斯加駁船就開始興建碼頭，並以快速駁船在越南沿海運送補給品，取代越南籍沿海貨船時斷時續的服務。MSTS 指揮官回憶道：「我們實在少不了這家公司。」阿拉斯加駁船運輸的成功讓習慣在戰區按軍方做法行事的軍官印象深刻：也許在越南，還有別的工作交給民間公司去做，可以做得比軍方更好。[10]

造成越南港口堵塞的原因不只是貨物數量太多。除了燃料之外，每一種運送到越南的貨物，不管是軍方的還是民間的，都是以散裝貨輪運輸。要卸貨就得把每一件貨物從船艙吊起，放到碼頭上，更糟的的情況是，先放到吃水較淺的船上，駁運至岸邊，再卸一次貨。許多船會停靠許多港口分批卸貨，如果船貨在奧克蘭或西雅圖裝載的方式不對，部分貨物就得卸下船然後重裝，再運至下一個港口。許多貨物往往在卸下碼頭後無法辨識，使得運交收貨部隊的工作格外繁複。一九六五年十一月，軍方調查小組研究了此情況後，建議從根本改變運輸程序。美國的後勤軍官應該把整批貨物運到一個越南港口，而非讓一艘船停靠每個港口，這樣子船才能盡快返回美國。船隻的裝載應該要考量到卸貨的便利性。運交給越南數個收貨者的貨物，應該盡可能區隔清楚，減少在碼頭整併貨物的時間。委員會的清單上，最重要的建議當屬第一條：所有貨物應該以「單位化包裝」的方式運送。[11]

對後勤專家而言，「單位化包裝」指的是已經相當普遍的五噸型康耐斯櫃，這種櫃通常會裝在船艙裡，與其他散裝貨物一起運送。棧板化（palletization）則是指各項貨物分別包裝在木製棧板上，連同棧板整個一起搬運上下船，這種做法於一九五〇年代初期開始作為商業用途，到了一九六五年，才由加州主要的補給基地夏普陸軍補給站（Sharpe Army Depot）推廣用於軍事貨運。不過，麥納馬拉知道，商業界的發展早已超越小貨櫃和木棧板，於是他邀請船運業龍頭的高層到華盛頓來，要他們觀看水手用繩索垂降貨網的影片，並徵詢他們的建議。一名幕僚回憶說，麥克連看到影片後，「他成天心心念念，想著怎麼樣才能在越南使用貨櫃船。他在華盛頓東奔西走、找人討論；別人告訴他，在越南他不可能有所作為。」[12]

皇天不負苦心人，麥克連終於找到負責陸軍補給的四星上將貝森（Frank Besson）。一九六五年的聖誕節，貝森同意麥克連可以前往越南，考察當地的情況。麥克連打電話給他的首席工程師卡廷斯和工程顧問康貝爾，兩人才剛飛抵歐洲，準備籌辦海陸服務公司的歐洲服務，麥克連要他們隔天早上在巴黎接他的泛美航空班機。一天後，三個人穿著羊毛西裝、披著大衣抵達炎熱的西貢。他們考察了峴港和金蘭灣，聽取軍方的簡報，並遇見一位來自 ILA 的代表，這位代表十二月十六日就已抵達西貢。麥克連的小組下了一個結論：貨櫃化可以解決越南大部分後勤混亂的問題。麥克連很快就取得了 ILA 主席葛利森的背書——就是幾年前在紐約大力反對貨櫃化的那位葛利森。一月下旬離開越南時，葛利森呼籲美國政府租下所有找得到的貨櫃船。[13]

面對如此激進的程序改變，軍方高層拿不定主意，顧慮重重。引進民間技術會帶來沉重的政治壓力。一九六六年一月，在檀香山舉行的高階會議中，參謀首長聯席會議宣布了新政策，將「委託民間業者執行可以達成的任務，例如經營港口設施。」另一方面，軍方沒有人有貨櫃化的經驗。MSTS 從來沒有租過貨櫃船，也從未利用貨櫃從事運補。國防部初期要求提出運補越南的「貨櫃船服務」計劃，不過那個計劃是用七呎的康耐斯櫃運送散裝貨物，並不是用高速吊車處理、直接吊上卡車車架的大型鋁櫃。到了一九六六年初，數個港口興建計劃正在進行；金蘭灣的深水港、西貢的新港，以及峴港和其他港口的新碼頭，都是以傳統散裝貨處理為藍圖來興建的。無論貨櫃運輸在民間商業界有多重要，軍方對它卻一無所知。[14]

一九六六年的整個冬季，麥克連不斷試著說服國防部，希望他們相信貨櫃化可以解決越南的後勤問題。到了四月，他終於攻下一片灘頭陣地。麥克連工業的新部門設備租賃公司

（Equipment Rental Inc.）取得了陸軍的合約，得以在西貢碼頭經營卡車事業。這項合約與貨櫃無關，但麥克連急著展現自家公司的能耐，因此設備租賃公司提前兩個月就開始運送貨物。五月，貝森要求 MSTS 給海陸服務公司經營三艘往返奧克蘭與日本沖繩島的合約，當時沖繩是前往越南的主要中繼站。海陸服務將每十二天運送四百七十六個三十五呎貨櫃。同時，由於傳統船運公司無法供應更多的貨船，MSTS 決定招標從美國直接開往越南的貨櫃船。海陸服務公司必須與同業搶這項生意——但海陸服務是當時最大的貨櫃船商、唯一有跨越太平洋航線的業者，也是唯一有在船上配備吊車、可在越南卸貨的船運公司，可說是占盡優勢。數家競爭者準備聯合競標，卻被 MSTS 拒絕。情勢似乎終於開始對麥克連有利。[15]

但越南還沒準備好迎接貨櫃運輸。第一後勤指揮部負責管理軍方在越南的港口、倉庫和卡車運作，對貨櫃的態度明顯冷淡許多。軍方船艦面臨的港口延滯在一九六六年上半年已經紓解，平均延滯天數從二月的六．九天減為七月的五．三天，此外，港口的堵塞問題對戰場部隊來說也不再那麼急迫。當地沒有處理貨櫃所需的吊車和堆儲場，也沒有興建的計劃。貝森在華盛頓的陸軍器材司令部積極鼓吹貨櫃船運，加上海陸服務公司在沖繩的優異表現（與散裝船相比，貨櫃服務只需一半的船數和十六分之一的人力），魏摩蘭因此下令要求第一後勤指揮部重新評估反對的立場。一九六六年七月，指揮部終於承認貨櫃船服務的確有可取之處，但直到一九六七年十月，貨櫃服務才有所進展。海陸服務公司贏得了合約，得以開闢航至菲律賓中西部蘇比克灣（Subic Bay，當地有龐大的美國海軍基地）的貨櫃船服務，但越南服務的競標卻因故延後了。[16]

　　直到越南再度發生後勤崩潰，軍方官僚對貨櫃的抗拒才告一段落。一九六六年上半年漸入佳境的情況，到了八月開始逆轉，大量補給品和戰備湧入：自一九六六年七月一日算起，從加州運到越南的貨物在已比剛結束的前一年度多了五五％。船隻抵達的時間再度經常令人意想不到，導致港口堵塞；基本補給十分缺乏，情況嚴重到空軍必須從沖繩空運五十萬噸的肉類，因為越南國內無法供應。非軍方貨物（包括美援物資）需要兩週以上的時間才能卸貨；儘管軍隊有在努力解決像是「幾乎沒什麼人會喊著要的宗教物品過多」等令人困惑的供應問題，也撤走了不必要的燭台和十字架，軍方貨物堵塞的問題還是愈來愈嚴重。此外，在西貢卸貨的相關單位也遭到越南碼頭工人的杯葛，他們擔心美國軍方會接管碼頭並裁撤民間的工作。一九六六年十月，麥納馬拉訪問越南，這位國防部長花了許多時間處理港口的問題。軍方報紙的標題寫著：「麥納馬拉終結港口堵塞。」[17]

軍方成為最大支持者

在這樣的背景下，十月十四日，MSTS 重啟了越南貨櫃船服務的招標。有三家公司感興趣，但海陸服務公司提議，他們不僅會提供貨櫃，還包括車架、卡車和貨運站，使得競爭更加激烈。出乎美國政府意料，海陸服務公司提議每噸以固定費率計算，而非慣例的成本加上利潤的比率。一九六七年，經過冗長的談判，海陸服務公司獲得了一份七千萬美元的合約，他們將提供七艘貨櫃船：最大的三艘船將從八月開始自奧克蘭和西雅圖航行至金蘭灣，海陸服務也將裝設岸上的吊車來處理貨櫃。三艘較小、配備船上吊車的船將從六月起自美國西岸的港口航行至峴港，比第一後勤指揮部認為最早的時間還提前四個月。第七艘船將穿梭在越南的各個港口間。此外，海陸服務公司同意裝設冷凍貨櫃、卸載自家的船，並以自家的卡車和車架運送貨櫃到距離碼頭三十英里內的任何地點。[18]

金蘭灣幾乎在一夕之間變成一個大貨櫃港。為了支撐龐大的貨櫃吊車，其中一個德龍碼頭被重新改建，由南韓的銲接工人在極熱的碼頭內部強化了原本的木造結構。碼頭上鋪好了吊車的軌道，海陸服務公司也在菲律賓利用零件，拼組了兩具吊車。六月，兩艘駁船載著部分完成的吊車、拖運貨櫃的卡車、供工人居住的露營車，甚至一座汙水處理廠的設備，從菲律賓横渡南海來到金蘭灣。接著，在戰區中間營建工程的現實問題浮上檯面，八月一日，峴港開始運作，比預定的時間晚了幾週，第一艘服務越南的貨櫃船賓維爾號（Bienville）隨即從奧克蘭啟航，抵達峴港，並在十五個小時內卸下了兩百二十六個貨櫃。不過，金蘭灣的貨櫃港一直要到一九六七年十一月才迎接第一艘船，比預定的時間晚了三個月。當這艘六百八十五呎長的奧克蘭號（Oakland）終於抵達時，船載了六百零九個三十五呎貨櫃的貨物——和十艘載運軍方貨物到越南的散裝貨船一樣多。[19]

另一艘龐大的貨櫃船每兩週會運送約六百個貨櫃到金蘭灣，其中五分之一是冷凍貨櫃，裡面裝滿肉品、蔬菜，甚至還有冰淇淋，其餘的貨櫃則裝載除了彈藥以外的各種軍方物資，因為彈藥並未獲准以貨櫃運送。海陸服務公司的卡車會把大約半數的食物運到附近的基地，其餘的食物則以海陸服務那艘老舊的沿岸貨船轉運至西貢或其他港口。在金蘭灣，海陸服務公司使用最先進的電腦系統，以打孔卡片記錄每一個貨櫃的行程，從在美國裝載，到抵達越南，到返回美國。補給品源源湧入，貨物堆在港口的情況已不復可見。陸軍一九六七年的史料得意地宣稱：「港口堵塞的問題已經解決。」MSTS 司令拉梅吉（Lawson Ramage）估計，海陸服務公司七艘貨櫃船所運送的貨物抵得上二十艘傳統貨船，大大紓解了民間貨船長期不足的問題。[20]

和民間的船運公司一樣，軍方必須學習如何善用貨櫃的優點。剛開始，軍方只把貨櫃當作大型的空箱子，海陸服務公司的沖繩島服務初期就載過許多較小的鋼製康耐斯櫃。每個三十五呎的海陸服務貨櫃可以塞四個康耐斯櫃，也就是說貨櫃裝載的重量有四分之一是小櫃子的鋼。後勤軍官不知道該如何有效利用非冷凍貨櫃四萬五千磅的載重限制，以及兩千零八十八立方呎的空間，因此許多貨櫃常常載重不足，或只利用到一半的空間。一名 MSTS 的行政官抱怨，由於政府保證開往沖繩和菲律賓蘇比克灣的船會有最低數量的貨櫃，導致「把應該以散裝貨船運送的貨物塞進海陸服務的貨櫃成了常見的做法，為的是達到最低貨櫃數量。」軍方的記錄系統無法充分發揮貨櫃的效率：一九六八年，MSTS 開始使用美森航運的貨櫃從加州運送物資到夏威夷後，便不斷發現船上登錄的貨櫃清單與送達檀香山的貨櫃不符。[21]

儘管有這類的小問題，一九六八年，軍方使用貨櫃屆滿一年之際，太平洋上所有的軍方貨物有五分之一是以貨櫃運送。貨櫃占非石油貨物運輸的比率可能接近五分之二。運作是否準時則時好時壞——服務峴港的船上式吊車經常出問題，而修護往往擔誤到船期——但海陸服務公司在營運的第一年，每個月仍然運送一千兩百三十個到一千三百二十個貨櫃至金蘭灣。到了一九六八年六月，陸軍在峴港的補給運作要求 MSTS 增加貨櫃的運輸量。十月,海陸服務公司讓一艘第四大的 C-4 貨櫃船加入越南船隊,並把交貨地區擴大到十四個內陸地點。其他船運公司也吵著要跨入市場,於是參謀首長聯席會議考慮於一九六八年底把越南的貨櫃運輸量增加一倍,但碰上了一個問題:越南海岸唯一的深水貨櫃碼頭由海陸服務公司掌控。海陸服務公司自行提議修改合約和增加服務。陸軍後勤參謀長助理報告:「節省數百萬美元成本的潛力……終於實現了。」[22] 成本降低和損壞減少的證據確實已經十分明顯,一九六七年,麥克連估計,裝載一艘貨櫃輪航行到越南然後卸下貨物的每噸成本,只有以海軍擁有的商船運送相同貨物成本的一半,還不包括減少的損壞。貝森一九七〇年曾回過頭來計算,倘若打從軍事行動開始,所有的軍種都使用貨櫃運輸,一九六五至一九六八年間應可省下八億八千兩百萬美元的船運、庫存、港口和倉儲成本。[23]

原本對採用貨櫃技術遲疑不決的軍方,如今卻成了貨櫃最大的支持者,貨櫃化也變成改革的工具。一九六八年十月,MSTS 司令拉梅吉警告,除非補給單位和軍方運輸官改變他們的程序,否則貨櫃系統的潛力將無法完全發揮。陸軍下令所屬的補給站停止合併要在越南分類的貨物,並遵守「三C原則」:一個貨櫃(container)、一個顧客(customer)、一種商品(commodity)。一九六八年,麥納馬拉任命軍方最支持貨櫃化的貝森出任聯合後勤評議委員會(JLRB)的主席,以評估越南補給系統的表現。貝森在麥納馬拉繼任者萊爾德（Melvin Laird）的支持下，趁機推動了一套更中央管制式的軍事後勤系統，由陸軍管理，但以聯運式貨櫃的海陸運輸為架構。以往在軍中受到重用的康耐斯櫃，是在遠洋貨船的吊車只能吊重五噸的年代設計的，現在將被淘汰。海軍也首度購買首批商用尺寸的貨櫃，二十呎長，裝載的貨物量是康耐斯櫃的六倍半，且與最新的貨櫃船和吊車相容。[24]

一旦決定投入貨櫃化，轉變的速度便突飛猛進。到了一九七〇年，軍方運往歐洲的貨物有一半已貨櫃化。軍方工程師研擬發展可移動式的貨櫃站，可在極短的時間內於未開發的地點搭蓋，用以卸載貨櫃。陸軍和海軍也在測試彈藥貨櫃化的可能性，他們先在工廠把彈藥裝進貨櫃裡，並以專用的貨船送交給在越南的戰鬥部隊；研究的結論是：貨櫃是運輸彈藥最安全的方式，但砲彈過於沉重，若以超過二十呎長的貨櫃來運送，將會留下大量的空間。一九七〇年，貝森告訴國會議員：「只有在以全面使用貨櫃為理念的後勤系統中，貨櫃化的全部效益才能展現出來。」這個結論也是民間託運者漸漸發現的道理。[25]

麥克連堅持不懈推動貨櫃化對美國在越南的戰事影響深遠，若非貨櫃化，美國在半個地球外從事大規模戰爭的能力將大打折扣，一九六九年初駐越南的五十四萬名陸軍、海軍、海軍陸戰隊和空軍，將遭遇嚴重的糧食、住宿和補給問題。不斷傳出的偷竊、補給短缺和浪費物資的情況，也會使美國國內對越戰的支持更快消退。貨櫃化使美國得以維持一支供應充足、設備精實的軍隊，在一個美國軍事力量原本鞭長莫及的地方作戰許多年。

貨櫃化也攸關海陸服務公司的成長。國防部的合約長期以來是從事國際營運的美國船運業者的命脈。在一九六六年和一九六七年軍方運輸單位首度公開招標船運合約前，軍方的貨運向來由美國船運業者瓜分，每家公司都能確保分到大餅的一部分。國防部幾乎未曾涉入貨櫃船運，也未曾把貨運交給海陸服務公司，連他們波多黎各和阿拉斯加的國內貨運都沒用過，因為軍方並未使用三十五呎貨櫃的設備。越南打破了這個障礙。從一九六五年幾乎什麼都沒有開始，一九六七至一九七三年間，海陸服務公司來自國防部的營收總計四億五千萬美元。在營收尖峰的一九七一年度，越南相關合約的營收高達一億零兩百萬美元，占公司總營收的三〇％。[26]

和麥克連所做的每一件事一樣，投入越南營運涉及極高的風險，目的是豐厚的報酬。強化金蘭灣碼頭、架設吊車、從菲律賓用駁船運來設備和車輛，以及建造卡車貨運站——這些投資的成本與風險都由海陸服務公司承擔。美國政府只負責修護敵人戰火損壞的海陸服務卡車與設備，但未提供協助海陸服務營運的人力和物資。在一個更換零件無法從附近經銷商訂貨的地方，運作出問題、預算超支和成本計算錯誤的機率非常高。麥克連不僅是在戰區經商，也在賭他可以妥善控制成本，並從他的固定費率標案獲利。[27]

這場豪賭果然為他帶來豐厚的報酬。為了交換他願意承擔成本的風險，麥克連透過談判確保了海陸服務營收的合約。MSTS 保證每班開往沖繩和菲律賓的船都能裝載最低數量的貨櫃。至於越南航線，每個貨櫃的費率是固定的，但海陸服務公司的合約要求政府提供他們「所有能用貨櫃運送的貨物」，從西雅圖和奧克蘭啟航，使得海陸服務的運載使用率高得驚人：一九六八年，九九％的貨櫃艙格都是滿的。

海陸服務公司在越南服務的獲利數字已無可查考，但高運載使用率代表高獲利。從美國西岸到金蘭灣，每趟來回航程每天可為海陸賺進兩萬美元，每艘開往峴港的較小型貨櫃船，每天的收入約為八千美元，而 MSTS 每天只付五千美元租用大型的散裝船。海陸服務公司不必承擔貨櫃在越南叢林消失的風險，有一個集中控制辦事處會負責追蹤每個貨櫃，而且貨櫃必須在特定的時限內清空並送還，否則持有的單位必須支付額外的費用。[28]

合約也允許海陸服務公司賺取額外的利潤。菲律賓的服務原本應要停靠馬尼拉和蘇比克灣這兩個港口，但海陸服務揚言，在馬尼拉港每耽誤一小時就要加收五百美元後，空軍便決定他們乾脆只在蘇比克灣領取備件；合約並未修改，海陸服務也因為不必再停靠馬尼拉，每班船可省下六千八百美元。戰場上的陸軍單位若有必須「逆送」回美國的物資，每裝滿一個貨櫃就可讓海陸服務公司多賺一筆收入，因為 MSTS 的合約只有規範西行的貨運。東行貨運的利潤極高，以致於一九六八年三月，軍方禁止以貨櫃逆送物資回國，並委婉地解釋，原因在於海陸服務公司收取「不太親民的費率」。[29]

麥克連是一個不放棄任何獲利機會的人，而眼前就有一個大好機會。他有六艘船，三艘大船和三艘小船，往返美國西岸和越南。這些船西行時幾乎載滿軍方貨物，但東行時大部分貨櫃都是空的。美國政府支付的西行費率涵蓋整趟航程的成本，要是海陸服務公司能找到貨物，從太平洋這邊運回美國，東行的收入將幾乎全是利潤。麥克連盤算這種情況時，靈光一閃：為什麼不停靠日本？

與日本三井合作

在一九六○年代，日本是全球成長最快的經濟體：從一九六○年到一九七三年，日本的產值增加了三倍。到了一九六○年代末，日本已是美國第二大進口來源，而且正迅速從生產成衣與電晶體收音機，升級到立體音響、汽車和工業設備。貨櫃運輸在日本的潛力不難想像。一九六六年，日本海運及造船規劃委員會（SSRC）呼籲運輸省禁止混亂的惡性競爭，以便從新科技創造最大的國家利益，日本政府因而制訂工業政策為貨櫃化背書。一九六八年，該委員會進一步呼籲開闢日本和美國西岸之間的貨櫃服務，航行美國東岸、歐洲和澳洲的服務則從一九七〇年初開始。委員會要求政府初期在東京／橫濱和大阪／神戶地區興建貨櫃站，並說服政府應要求日本和外國的航運公司組織國際集團，經營貨櫃船和貨櫃碼頭，但合作的方式不應妨礙日本航運公司的發展。委員會說，如果計劃進行順利，到一九七一年，日本半數的出口將貨櫃化，以十二艘大船負責出口，每艘裝載一千個貨櫃。[30]

日本政府的反應出奇地快，他們立即派遣代表赴奧克蘭和美國其他港口學習經營貨櫃港的方法。新的港口立法已在一九六七年八月通過，該年年底，日本最早的兩具吊車便開始在東京和神戶運作。陸地上的改變卻不容易，日本的標準卡車拖載重量不到十一噸，除了少數幾條新的收費公路外，公路法規禁止運載大尺寸貨櫃。日本的國有鐵路無法運載二十呎以上的貨櫃，如此一來，在北美以及一九六六年以後在歐洲實施的聯運作業——可讓貨櫃一路暢通從船、卡車或鐵路直接運交到收貨者倉庫的方式——也很難在日本複製。[31]

率先嘗試的是美森航運公司。一九六六年二月，美森航運獲得美國政府的批准，在西岸、夏威夷和遠東之間開闢未受補貼的船運服務。這家公司的管理階層計劃以快速貨櫃船裝載電視機和手錶等貨物橫越太平洋，直接在奧克蘭卸載到東行的專用火車上。回程時也可以往日本和南韓的美軍基地輸送軍用物資。這個計劃的假設是，美森航運公司可以有兩、三年的時間搶占日本主要出口商的生意，之後其他的船運公司才會跨入市場。美森航運把兩艘 C-3 散裝船送到日本的造船廠，改裝成可自己卸載的貨櫃船，能裝四百六十四個貨櫃，此外，為了配合日本快速成長的汽車出口，可裝載四十九輛汽車。美森航運向德國訂製了兩艘高速貨櫃船，並於一九六九年交貨。為了鼓勵日本顧客，美森航運與日本郵船株式會社（NYK Line）成立了合資事業。一九六七年九月，日本還未建造任何貨櫃吊車，美森航運就已經開始在日本提供服務。[32]

競爭者也沒有落後太久。一九六八年一月，四家日本船運公司簽訂了租用奧克蘭碼頭泊位的合約。一九六八年三月，也就是美國駐越南的陸軍單位受命不得以海陸服務的貨櫃船逆送物資回美國的同一個月，海陸服務公司宣布，他們將推出每週往返日本的船班。

就和大多數與麥克連有關的事一樣，海陸服務公司跨入日本是出於直覺的判斷，而非精密的分析。前海陸服務公司的主管莫里森（Scott Morrison）回憶道：「我們有許多空船從越南回來，所以我們開會研究，麥克連問：『有人認識三井的人嗎？』」
麥克連發給每個人一份這家日本株式會社的年報，並宣布他要
飛往東京會見這位株式會社的社長。兩週後，三井派來一個龐
大的代表團，參觀海陸服務位於伊莉莎白港的碼頭。麥克連不
想成立合資事業，但他雇用了一家三井集團的子公司在日本興
建一座貨運站。另一家三井子公司同意擔任海陸服務公司的代
理商，再另一家子公司則答應處理日本國內的卡車貨運。由於
軍方的越南合約已足夠完全涵蓋日本營運的成本，無論海陸服
務公司在日本招攬到多少生意，保證都能賺錢。[33]

　　一九六八年九月，第一艘由美森航運合作夥伴日本郵船所
擁有的貨櫃船完成了開往美國的處女航。六週後，已經加入跨
太平洋船運同盟的海陸服務公司推出了橫濱到西岸每個月六班
船的服務，船上裝載日本工廠製造的電視機和音響。其他日本
船運公司也加入了競爭的行列，於是在一九六七年九月之前沒
有任何商用貨櫃服務的日本—美西航線，突然間擠滿必須裝滿
的船。到了一九六八年底，有七家公司競逐不到七百噸的東行貨
物，還有更多家準備加入。事實證明，生意清淡只是一時的，貨
物很快就會增加，而且增加的速度之快，眾人始料未及。[34]

第 10 章

暴風雨中的港口

　　沿岸輪船公司（Coastwise Steamship Company）主要是為了服務造紙業而成立的，一九三〇年代以來，這家公司的船就在華盛頓州的安吉利斯港（Angeles）和卡瑪斯港（Camas）裝運紙業公司皇冠齊勒巴赫（Crown Zellerbach）的新聞紙捲，沿著加州海岸南下。在南太平洋鐵路（Southern Pacific）和聯合太平洋鐵路（Union Pacific）也開始爭攬貨運之前，這門生意可說是相當穩定。一九五〇年代，這兩家鐵路公司提高了整體運費，但為了爭搶生意，新聞紙的費率不升反降。為了因應競爭，船運公司把新聞紙的費率從每噸三十二美元削減到十八美元。到了一九五八年，沿岸輪船公司幾乎倒閉，太平洋沿岸的新聞紙船運也幾乎絕跡。[1]

　　除了新聞紙，棉、柑橘、化學品和木材的情況也一樣。美國沿岸的船運在一九五○年代一蹶不振，主要原因來自於火車以及特別是卡車的激烈競爭。不包括油輪的沿岸貨船數從一九五○年的六十六艘，減至一九六○年的三十五艘，貨運量下降了三分之一。過去對地方經濟極為重要的港口隨著靠港船隻減少而逐漸沒落。碼頭荒廢，倉庫毀壞，一九四五年至一九五七年的十三年間，紐約港以外的北美港口修建與現代化的總投資，每年只有區區四千萬美元。[2]

兩件與貨櫃化有關的事件粗暴地喚醒了昏睡的港口業。一九五五年十二月，紐約港務局決定把四百五十英畝的紐澤西鹽澤地建設成未來的貨櫃港，這是當時世界其他港口都沒有能力辦到的計劃。較少人知道、但對港口業而言更危險的是麥克連貨櫃服務的改變。麥克連費盡心力取得停靠波士頓到加爾維斯頓等港口的權利，且一九五九年泛大西洋公司推出的全貨櫃船皆配有昂貴的船上吊車，幾乎可以停靠任何港口。他的計劃是讓泛大西洋公司的船和傳統貨船一樣，沿著航線停靠所有重要的港口，但計劃幾乎立即被取消，因為泛大西洋公司重新調整了服務，把重心放在四個港口上——紐華克、傑克遜維爾、休士頓和波多黎各的聖胡安——並縮減了停靠其他港口的船班，或是乾脆不停。

紐約的地位提升，坦帕（Tampa，位於佛羅里達州墨西哥灣沿岸，該州第三大城）和莫比爾的式微——這兩個沒有關聯的發展顯示，貨櫃船運發展帶來的經濟效益將改變所有海港。對港口而言，招攬貨櫃船運將花費高昂的成本，需要比以往多出好幾倍的投資。對船運公司來說，船隻沿著海岸蜿蜒而行，停靠沿途港口招攬貨物的時代已成過去。每停靠一座港口，昂貴的貨櫃船就會耗掉許多能創造營收與獲利的時間。只有確定能裝卸大批貨物的港口才值得停靠，其他港口用卡車或駁船接運即可。

美國港口

到了一九五〇年代末，港務單位已經學到寶貴的教訓。隨著貨櫃船運的擴展，海上貨運將被少數極大的港口吸引，許多舊有的海運中心將成為多餘，而港口必須努力競爭才能倖存下來。最重要的是，所需的投資規模——填海以供數百萬英畝的碼頭土地，興建無數吊車和調度場，建設碼頭以外的基礎設施（如道路與橋梁）——遠遠超過船運公司所能支應。政府機構若想藉由大型運輸中心創造就業和稅收，就必須比以往更努力投資、興建並經營管理港口。[3]

美國西岸的港口最先感受到新的經濟變遷。一九五〇年代，太平洋岸的港口死氣沉沉，國內的海運業務逐漸萎縮，只有別無選擇的地區仍仰賴海運，例如西雅圖與阿拉斯加之間的貿易，以及加州港口與夏威夷之間的運輸。美國的國際貿易則一面倒地以歐洲為重；一九五五年，美國的進出口只有不到一一％經過太平洋岸港口（不包括石油和其他油輪運輸）。若計入石油和化學品，西岸所有港口一年所處理的貨物還抵不過一個紐約港。[4]

　　太平洋岸港口最顯著的不利因素在於地理位置。雖然沿岸的港都都是大城市且成長快速，城市的腹地卻人口稀少。一九六〇年，排除掉洛杉磯和舊金山灣區，整個加州的人口只有六百萬人，而落磯山脈縱走的八個州再往東延伸一千英里，加起來的人口還不及紐約市。從西雅圖往內陸走，第一個重要的大城是明尼阿波利斯（Minneapolis），距離西雅圖六百英里（注：約九百六十六公里）遠。雖然西部的工業發展迅速，卻只有洛杉磯—長灘的製造業基地能與東岸和中西部的工業重鎮相提並論。巴爾的摩和費城可以處理匹茲堡和芝加哥的外貿需求，西岸港口卻沒有類似的國內市場，此外，太平洋對岸的潛在貿易夥伴如韓國、中國以及中南半島各國，皆因戰爭或政府而有所隔斷。貨物稀少（除了石油）使得太平洋岸的港口缺乏成長動力。西雅圖碼頭一九六〇年處理的貨物比一九五〇年少一〇％。同一期間，西雅圖西岸普吉特海灣（Puget Sound）以南數英里的大木材港塔科馬（Tacoma）也少了三分之一的貨運量，因為木材業者把生意交給了鐵路公司。波特蘭處理的貨運少了一七％。在一九五〇年代，唯一有成長的西岸港口是洛杉磯，為了因應舊金山挑戰其區域貨運中心的情勢，洛杉磯曾大舉投資新碼頭和倉庫。[5]

貨櫃化提供了跨越地理限制的機會。曾研究過夏威夷貨櫃服務的美森航運公司對太平洋沿岸的港口有不同的展望。在他們的藍圖裡，太平洋岸的港口是連接丹佛與鹽湖城的中樞，運輸由卡車串連，這也使得西岸各州政府以全新的觀點來看待他們逐漸沒落的港口。舊金山率先採取行動，該市有九十六個受加州政府管轄的老舊碼頭，其中有好幾個是一九二〇年代後未曾改變的木造碼頭，結構甚至無法承受大型卡車。顧問業者建議興建一座「超級貨櫃碼頭」，大到能夠處理八艘遠洋貨船，地點選在舊金山市中心南邊的陸軍街。一九五八年，加州選民通過公投，發行了五千萬美元的債券作為興建港口所用，在當時這可是一筆不小的數目。[6]

西雅圖很快便追隨舊金山的腳步，雇用了一家顧問公司來拯救港口。該市二十一座碼頭全都建於二戰之前，且大部分是在二十世紀初為帆船停靠所設計。到了一九五〇年代末，只有六座碼頭的部分時間可供雜貨運輸使用。港口的稅務優惠外貿區冷冷清清，郡級機構西雅圖港務局還曾想乾脆關了它。當地的一家電視台拍下了該港破敗的情景，並於一九五九年扭轉了政治氣氛。企業領袖組織了一個港口委員會，接著在一九六〇年七月，西雅圖港務局公布了一項三千兩百萬美元的建設計劃，包括興建兩座貨櫃碼頭。港口突然間變成注目的焦點：一九六〇年十一月，有超過十七個候選人參與港務局長的競選。選民也通過發行一千萬美元的債券，支應第一階段的港口建設所需。[7]

在洛杉磯，專為進出港口的卡車而設計的長灘與港口高速公路新計劃正按照進度進行。市府官員積極勸說選民，港口攸關洛杉磯的經濟，選民也在一九五九年的公投中授權市府發行收益債券（revenue bonds）──即以船運公司支付的租金來支應本息的債券。到了一九六〇年，美森航運的夏威夷貨櫃航線已經營運屆滿兩年，這家公司用自己花錢改善的設備處理經由洛杉磯港載運的七千個貨櫃。與海陸服務公司在紐華克的營運相比，這個規模算是相當小，但已經足夠讓洛杉磯變成西岸最大的貨櫃港。在市政府的強力支持下，該市的港口部立即推動了為期五年的計劃，以三千七百萬美元為貨櫃船興建碼頭和專用吊車。[8]

不過，最為戲劇化的改變則是發生在舊金山灣東側的奧克蘭。整個一九六〇年代初期，奧克蘭是座昏昏欲睡的農業港，規模只有長灘、西雅圖或波特蘭的三分之一，遠比舊金山小。港岸邊的幾家工廠──狗食工廠、乾冰廠、剎車皮工廠──都已不再大量使用港口。奧克蘭幾乎沒有進口貨運；歐洲的貨船通常會停靠舊金山卸貨，然後開往對面的奧克蘭裝載罐裝水果、杏仁和胡桃，再返回歐洲。一九五七年，市府管轄的奧克蘭港務局發行了第一批收益債券來整修幾座老碼頭，除此之外沒有更大的計劃。但情勢出現了意料之外的轉折。舊金山是美森航運夏威夷服務的根據地，但市府官員並未採納美森航運欲興建新貨櫃碼頭的要求，因為港口部主管認為貨櫃船運只是一時的流行。於是，一九五九年美森航運興建了全球第一具陸上貨櫃吊車，地點不是在西岸最大的海運中心舊金山，而是位於從奧克蘭碼頭一望可見的小鎮阿拉米達。[9]

美森航運公司的營運吸引了奧克蘭港務局官員對貨櫃船運的注意。一九六一年初，他們聽說美國夏威夷輪船公司申請了政府補貼，計劃打造一支大型貨櫃船隊。這些船將取道巴拿馬運河，主要載運加州罐頭工廠的水果與蔬菜到東岸市場——都是奧克蘭應該承攬的貨物。奧克蘭港務局長佛洛斯特（Dudley Frost）和首席工程師納特（Ben Nutter）準備了兩份說明與統計資料，報告皮套上印著「美國夏威夷輪船公司」。一九六一年四月，二人飛往東岸會見華府的政府官員和企業領袖，討論他們的計劃。有人告訴他們：「別理那些傢伙，他們不夠看。去找海陸。」納特回憶道：「我還問：『海陸是什麼？』」其中一份資料很快便換上打了「海陸」的封面，佛洛斯特和納特也轉往紐華克港。一名海陸服務公司的主管打斷了他們的簡報，告訴他們海陸服務已決定開闢從紐華克到加州的貨櫃船航線，如果他們能以合理的價格提供適合的地點，海陸服務願意在奧克蘭興建他們的北部貨運站。[10]

明日的貨櫃港

奧克蘭從未接待過貨櫃船，但這個城市立刻開始以「明日的貨櫃港」來推銷自己。納特草擬了一份與以往規定每噸多少錢大不相同的租約：海陸服務公司必須支付足夠涵蓋興建其貨運站成本的最低費用，如果貨運量有所增加，海陸服務還要支付更多的費用，但達到一定的量後就不再額外收費。「最低一最高」條款給了海陸服務行經奧克蘭的誘因，因為一旦貨運噸數超過上限，每噸的成本將可大幅下降。奧克蘭花了六十萬美元升級了兩個泊位，聯邦政府也同意挖深港口，從三十呎增至三十五呎，供未來更大的貨櫃船使用。一九六二年九月，海陸服務公司的伊莉莎白港號（Elizabethport，當時全球最大的貨船）通過了巴拿馬運河，停靠長灘與奧克蘭。[11]

兩年內，西岸港口的年投資已擴增了兩倍多，且競爭方興未艾。奧克蘭港邊有兩個緊鄰的鐵路停車場，似乎占盡優勢。一九六二年洛杉磯再度發行債券，這次的金額為一千四百萬美元。接著，毗鄰的長灘港捲土重來。一九五〇年代，長灘還在與地下採油導致的港口地層下陷和碼頭倒塌搏鬥，等這場災難清理完畢，市立港口發現自己的港深超過了洛杉磯。有了這項優勢，長灘於一九六二年爭取到海陸服務在此興建南加州碼頭，並把原油的收入用來興建一座三百一十英畝的堆儲場。兩個港口很快便展開了一場費率戰，沒有原油收入卻急需獲利的洛杉磯不久就落居下風。洛杉磯和舊金山要求監管機構聯邦海事委員會（FMC）阻止海陸服務公司在長灘和奧克蘭的計劃，理由是他們涉及不公平補貼，但委員會並未採納。一九六二年八月，西岸北邊正在興建兩座貨櫃碼頭的西雅圖宣布了一項三千萬美元的計劃，該港準備興建更多貨櫃碼頭，雖然港口貨櫃生意的唯一來源只有季節營運的阿拉斯加汽船公司。突然間，所有的港口都充滿活力，朝氣勃勃，十年來未見成長的非軍方貨運，從一九六二年到一九六五年增加了三分之一。[12]

奧克蘭繼續加碼。這個港口把大好遠景押注在一個稱作外港（Outer Harbor）的地區上，這個地區由一道過去讓火車載旅客到渡船站的長堤分成兩個區塊。奧克蘭港務局擴建完港口後已財務拮据，但在一九六三年，開始設計地區鐵路系統的灣區捷運局（BARTD）向他們伸出了援手。作為回報，港務局准許地下鐵道通過港口土地，捷運局同意拆除堤道沿線的廢棄建築，興建一條九千一百呎的堤防，並以興建地下鐵道所挖出來的土填滿堤防與堤道之間的區域。奧克蘭計劃在這片面積一百四十英畝的地方興建超大的貨櫃碼頭，有十二個泊位，碼頭寬七十八呎，足以架設跨越碼頭邊鐵軌的大吊車，所有長度的貨櫃船都能在此停靠。最外層的碼頭距離舊金山灣水深六十呎的水道不到一英里，確保要是將來船愈造愈大，也能停靠得了。

一九六三年，奧克蘭代表團訪問了日本，一九六四年參觀了歐洲，他們發現有好幾家船運公司對貨櫃化感興趣。雖然他們不打算簽訂讓港務局發行收益債券的合約，但聯邦經濟發展局（EDA）為了協助衰敗城市創造就業，及時撥了一千萬美元的款項給奧克蘭，充實了該市的建設基金。在尚未找到租戶、新的環保法規也還沒生效之前，他們連忙動工，興建了一座全新的貨櫃碼頭。一九六五年，這個計劃還在進行時，海陸服務公司決定他們需要更多的空間，並簽下一座二十六英畝大、配備兩具岸邊吊車的碼頭合約。幾個月後，過去營運僅侷限在國內的美森航運公司宣布，他們將以奧克蘭的新堆儲場為基地，推出太平洋岸和亞洲之間未受補貼的貨櫃服務。[13]

在這些長期被忽視的港口瘋狂擴張的背後，是一種對經濟成長全新思維的崛起。一九六〇年代，幾乎全世界都認為，製造業是地方經濟繁榮的基石，而港口的價值除了碼頭創造的就業機會外，主要在於吸引需要運輸的製造業到附近落腳。不過，自一九六六年開始，西雅圖的市府官員就已發現，他們的城市地處邊陲且缺少工業，也許西雅圖可以發展一種以物流為基礎、而不靠工廠的新型經濟。鄰近地區人口稀少也不成問題；西雅圖不但可以成為華盛頓州西部的地方港口，也能躍居從亞洲到美國中西部的物流網中心。有先見之明的港口規劃師卓丁立（Ting-Li Cho）寫道：「商品流通已從一個附屬的產業成長為生產與消費的連結。物流業變成獨立的產業，可以反過來決定生產和消費。」同一年，顧問業者理特諮詢公司（Arthur D. Little）也向舊金山官員傳達了類似的訊息，但他們講的卻是對地方經濟的衝擊。理特諮詢警告，舊金山的企業有一大部分從事批發、卡車和倉儲，這些公司沒多久將遷至舊金山灣西側新興的港口設施附近，因為他們再也不必緊挨舊金山的其他商業活動。[14]

對經濟遠景愈來愈有信心的西雅圖、奧克蘭、洛杉磯和長灘，隨時都在大興土木。一九六四年，海陸服務公司剛開闢了從西雅圖到阿拉斯加的貨櫃服務，幾天之後，阿拉斯加發生大地震，創造了龐大的建材和救援物資的貨運需求。美國增兵越南也帶給洛杉磯和長灘源源不斷的運輸流量。奧克蘭一九六五年的非軍方貨櫃運量只有三十六萬五千零八十五噸，到了一九六八年擴增了四倍至一百五十萬噸，一九六九年再倍增至三百萬噸，主要是因為日本和歐洲的船商開始經由該港口運載貨櫃。當時，將近六〇％的奧克蘭船運採用貨櫃。洛杉磯以一座新碼頭吸引到四間日本船運公司。長灘預期洛杉磯的船商很快就會被迫遷往別處，因為洛杉磯的港口較淺，於是長灘開始興建三座可以同時處理十艘船的新貨櫃中心，其中光海陸服務公司專用的貨運站就占地一百英畝。新需求也驅動西雅圖在沒有租戶的情況下，投入了三座以上的新碼頭建設：如果碼頭的空間無法滿足貨櫃船運的需求，船就會轉往別的港口。[15]

波特蘭和舊金山這兩個傳統海運中心並未加入這場混戰。在一九五〇年代，波特蘭處理的貨物幾乎和西雅圖一樣多，但他們無法籌措到足夠的金錢或資源來興建貨櫃港。其代價十分慘重。西雅圖的出口貿易於一九六三至一九七二年間增加了逾一倍，波特蘭幾乎還在原地踏步。一九七〇年代，日本的貨櫃船開始停靠西雅圖，波特蘭這才發現，藉由卡車從西雅圖運來的日本貨物，比用貨船從橫濱運來的還多。舊金山面臨更多根本的問題，因為該市的地點位於擁擠的半島，鐵路只直通南區，因此不適合處理往返東區地點的貨運。一九六八年，舊金山市府官員向州政府爭取到港口的控制權，疏浚就此展開，但興建貨櫃碼頭的工程卻因為美國總統輪船公司遷往奧克蘭而延擱──美國總統輪船公司的前身還是一家落腳舊金山超過百年的公司。即使西雅圖、奧克蘭、洛杉磯和長灘的專用貨櫃碼頭一座又一座相繼啟用，舊金山的計劃還是一直不斷改變。一家瑞典船運公司的大型霓虹標誌原已矗立在舊金山達數十年之久，一九六九年也遷至舊金山灣對面的奧克蘭，每到夜晚，閃亮的「約翰遜船運」（JOHNSON LINE）字樣就會提醒舊金山人，他們的城市已不再是一座大港。[16]

　　一九五〇年代起太平洋岸爆炸性的港口建設，在美國東岸卻找不到對等的發展。葛瑞斯航運放棄了多舛的委內瑞拉貨櫃服務後，海陸服務成了東岸唯一以專用貨櫃船載運貨櫃的公司。其他提供貨櫃服務的業者都是採取混合散裝貨的方式載運貨櫃，且無需動用吊車或堆儲場。更重要的是，除了海陸服務總部所在地的紐澤西外，太平洋岸港口對貨櫃化的狂熱在大西洋岸幾乎看不到。一九五〇年代末，擁抱貨櫃化的西岸港口貨運量逐漸枯竭，只有洛杉磯例外，因此這些港口把新科技視為救星。太平洋和墨西哥灣的港口仍有穩定貨物的流量：截至一九六六年底，美國國際貿易十條最大的海運航線，有九條行經東岸或墨西哥灣的港口，只有一條經過西岸。除了紐約港，貨櫃化對東岸的港口來說利益較少，他們對於投資數百萬美元公帑的渴望也沒那麼強烈。[17]

　　紐約港務局在紐華克和伊莉莎白的碼頭，隨著貨櫃船運變成國際事業而不斷擴大，到了一九六五年，有六家船運公司宣布隔年將推出從紐澤西碼頭行駛至歐洲的貨櫃服務，且訂購了數十艘新船。但擁抱貨櫃化並未在東岸的其他港口發生，各地的問題幾乎如出一轍：勞工和錢。

　　在勞工方面，一九六四年紐約船運協會已和 ILA 講好縮小每班工人數，並保證沒有工作的工人能拿到每年最低收入，但除了費城以外，其他港口的地方工會並未加入協商。紐約市碼頭委員會已在一九五〇年代禁止兼職碼頭工作，但到了一九七〇年代，大多數東岸和墨西哥灣沿岸的港口仍有許多打零工的碼頭工人。波士頓的碼頭工人每週平均工作一天半，紐奧良則是兩天。如果引進貨櫃，這些兼職工作可能將隨著碼頭業只雇用永久全職工人而消失。ILA 已經歷過貨櫃船運導致紐約會員人數銳減，因此除非其他港口也實施收入保證制，否則 ILA 絕不容許貨櫃入侵。[18]

工會內部的爭議也是一大問題。一九六六年，麻州港務局在波士頓斥資了一百一十萬美元興建一具貨櫃吊車，希望海陸服務公司的貨櫃船能在往返紐約與歐洲航線的途中，停靠波士頓，但波士頓的貨運站先是因為 ILA 與港口員工的爭議而關閉，後來又因 ILA 與卡車司機工會的紛爭而停擺。海陸服務公司和他們的競爭對手很快便發現，用卡車把往歐洲的貨櫃載到紐約，船不停波士頓反而獲利較高，因此波士頓的貨運量從此一蹶不振。在紐約和其他港口，卡車司機工會反對保證 ILA 會員擁有在內陸倉庫把零散貨物併成貨櫃的權利。ILA 認為這些合約是保障會員工作機會的必要條件，因為傳統的海運機能不斷遷離港邊；但卡車司機工會認為合約侵犯到他們對倉庫業的管轄權。這個工作應該由哪個工會的會員來做，多方爭執不下，一直持續到一九七〇年。[19]

　　除了巴爾的摩，大多數的港口發現興建貨櫃設施的成本高到令他們無法即刻做出決定。資金匱乏的費城遲遲未採取貨櫃化的相關措施，直到一九六五年，憂心忡忡的企業領袖施壓，成立了一家有權發行債券的港口公司。某項調查預測，一直未貨櫃化的費城很快每年將損失一百萬噸的貨運，事已至此，這家新公司才勉強投資興建了一座貨櫃碼頭，並於一九七〇年啟用。邁阿密已興建了供「滾裝船」所用的斜坡，但沒有專供貨櫃船停靠的碼頭。墨西哥灣沿岸的港口如莫比爾則決定不投資貨櫃化，因為他們的出口目標多為加勒比海的島嶼，許多島小到不需要大型貨櫃。長期以來貴為墨西哥灣最大港口的紐奧良，也以處理散裝貨的碼頭在處理貨櫃；此處興建的第一座貨櫃專用碼頭位於一條後來發現太淺的運河上，因此直到一九七一年才啟用。海陸服務公司初期的西部貨運站所在地休士頓，則因投資貨櫃化的時間比較早，而確立了墨西哥灣沿岸第一大貨櫃港的地位。[20]

　　整體而言，這些決定造就了東岸的貨櫃運輸全被**一座**港口所主宰：紐約港務局在紐華克和伊莉莎白一手打造的複合港區。一九七〇年，從緬因州到德州之間只有一個港的貨櫃運量達到紐約港的九分之一，即維吉尼亞州的漢普頓錨地（Hampton Roads）。新興的貨櫃船運帶來的經濟效益讓落後的港口可能得面臨嚴重的後果。一九六〇年代末在這種背景下所新造的貨櫃船，載運的貨物遠比它們取代的舊船多；就算總貨運量增加，運送的趟數也能減少。船東希望他們的船能經常在海上航行，這樣才能回收高昂的造船成本，因此他們喜歡讓每趟航程只停靠大洋兩岸的一、兩個港口，而非四、五個。次級港口不會有跨洋船隻停靠，而是靠駁接服務把貨物運至較大的港口。一旦港口的地位降到一級以下，將很難再恢復地位；運量較小的港口必須把興建貨櫃碼頭的高成本分攤給較少的船，因而趕跑更多生意。較晚加入貨櫃賽局的港口必須冒著找不到租戶的高風險，或是得找到一家願意承擔興建新港口成本的大型船運公司。[21]

部分起步較晚的港口確實靠著大量的投資成功轉型成大貨櫃港。一九六五年，才有第一個貨櫃行經南卡羅萊納州的查理斯敦（Charleston），這個港口只有一個泊位，且沒有處理貨櫃的專用吊車。到了一九六〇年代末，海陸服務公司決定擴大他們在查理斯敦微不足道的營運。這個州屬港口展開了雄心勃勃的開發計劃，初期只有十五英畝的貨櫃碼頭，到了一九八〇年代初變成面積三百英畝的三個碼頭。一九七〇年，查理斯敦幾乎沒有貨櫃流量，到了一九七三年，該港已是美國本土排名第八的貨櫃港，二〇〇〇年更是攀升到第四。鄰近的喬治亞州薩凡納港也起步較晚，遲至一九七〇年才裝了第一具貨櫃吊車，但後來的發展軌跡與查理斯敦相當類似。不過，當貨櫃船運從一九六〇年代初的新興科技轉變成一九七〇年代初欣欣向榮的事業時，港口把自己擴建成主要海運中心的成功機率也快速下降。一九七〇年，一項政府報告指出：「每個沿海大都市都必須養一個大港口的理由已不再充分。」波士頓、舊金山、密西西比州加佛港（Gulfport）和加州里奇蒙（Richmond）這類歷史悠久的港口，勢必得在貨櫃時代中尋找適合自身的新角色。[22]

英國的問題

貨櫃船運頭十年的發展算是美國國內事務。世界各國的港口、鐵路、政府和工會都花了好幾年的時間研究貨櫃化是怎麼震撼美國貨物運輸的。他們知道貨櫃扼殺了成千上萬的碼頭工作，讓部分港口走入歷史，並從根本上改變了企業營運地點的決策。即便如此，貨櫃征服全球貿易航線的速度仍然出乎所有人的意料。幾個世界最大的港都很快便發現它們的港口幾乎完全消失，而一些名不見經傳的城鎮和港口卻異軍突起，搖身變成海運商務的重鎮。[23]

轉變最為劇烈的地方非英國莫屬。一九六〇年代，倫敦和利物浦是英國最大的港口，但兩個港的業務都與地方息息相關，出口商和進口商都傾向利用最近的港口，好把卡車運送的成本降至最低。一九六四年，約四〇％的英國出口商與出口港的距離不到二十五英里，三分之二的進口商從二十五英里內的港口提貨。倫敦本身就是一個龐大的工業中心，利物浦則靠近英格蘭中部各郡的工業心臟地帶，兩個港各處理英國四分之一的貿易，其他數十個較小的港口則各自分到較小的比率。[24]

倫敦和利物浦的碼頭都由地方政府機構經營，自一九四〇年代以來，他們就小心翼翼地在改善營運和安撫強勢的運輸及一般勞工工會（TGWU）之間求取平衡；套句某位觀察入微的學生所言，碼頭正以「從從容容的方式」現代化。數十家小型碼頭工人公司競逐每艘船的上下貨工作，再按日計酬雇用碼頭工人。這些公司大多資本不足，也沒什麼誘因可以鼓勵他們長期投資自動化的措施。雖然生產力成長自一九五〇年代中期就停滯不前，碼頭工人的薪資水準卻節節上揚。一九六〇年代中期，英國全職碼頭工人的平均所得比英國男性勞工高約三〇％，十年前，差距只有一八％。[25]

好幾個政府委員會都研究過提高港口效率的方法。一九六六年的一項調查呼籲減少碼頭工人公司的數量，希望留下來的公司會更大、更專業，也更有能力投資，提高貨物處理的效率。另一方面，政府承諾自動化不會導致碼頭工人被裁員。只要有足夠的時間，也許可以達成協議──為貨櫃化鋪路的美國東西岸工會協議花了約五年的時間才達成。但英國沒有時間，因為科技變遷正大舉侵入碼頭。一九六六年三月，美國輪船公司載運了第一個大型貨櫃（連同其他貨物）從紐約啟航，抵達倫敦。次月，海陸服務公司的費爾蘭號（Fairland）橫渡北大西洋，到達鹿特丹、布萊梅，以及蘇格蘭的格蘭茅斯港，載的全是貨櫃。短短一年內，鹿特丹和布萊梅的港口已經加長了碼頭、疏浚了水道，並開始裝設貨櫃吊車。這些倫敦都沒做——費爾蘭號也不想停靠。[26]

　　倫敦令人望而生畏的碼頭顯然不適合貨櫃運輸。這些碼頭集中在泰晤士河外受保護的圍堤內，連傳統船隻都難以開進；大型貨船必須在河口附近卸貨到駁船上。除了勞工問題，從遠洋貨船轉運龐大的貨櫃到駁船上根本不符合經濟效益，此外，不難想像，數百輛卡車穿過東倫敦狹窄的道路會是一場噩夢。監管機構英國運輸碼頭局（BTDB）尋求顧問業者麥肯錫公司（McKinsey & Co.）的協助，麥肯錫預測，貨櫃船運將快速促使幾家使用大型標準貨櫃的公司整併。此外，港口必須很大才能擁有經濟規模，也才有辦法快速地轉移船、火車和卡車運送的貨櫃。麥肯錫發現，貨櫃化可以降低英國一半的海運費用——條件是只能有一個大港口處理往返北美的所有貨物，然後利用火車連接這個港口與英國的其他港口。理特諮詢顧問公司同時期做的調查預測，到一九七〇年，每週將有一千八百個二十呎貨櫃從美國運到英國、一千五百八十個從英國運到美國。這些發現方方面面都威脅到 TGWU 的勢力：未來將有較少的船、較少的港口，每個港口所需的工人也勢必會減少。傳統碼頭的主要工作——裝貨與卸貨——將移到幾英里外的內陸倉庫，且肯定不會雇用碼頭工人。[27]

英國運輸碼頭局和地方港口機構同意了一項將在一九六五年至一九六九年間實行的重大投資，總金額高達兩億英鎊（以二〇一五年的匯率計算，相當於四十億萬美元）。其中最大筆的項目是倫敦港務局將以三千萬英鎊興建貨櫃碼頭區，地點選在泰晤士河下游二十英里處的舊港口提伯利（Tilbury）。該地遠離交通阻塞的倫敦中心，毗鄰人口稠密的英格蘭東南部，因此有潛力變成歐洲的主要貨櫃港——至少這是英國政府勾勒的願景。提伯利港將有五個深水泊位供貨櫃船停靠，每個泊位各有二十英畝的土地可堆儲貨櫃。另一個貨櫃港將蓋在倫敦西南方的南安普敦（Southampton），默西碼頭與港口局（MDHB）也開始在利物浦以北靠近愛爾蘭海深水區的西佛思（Seaforth）興建一座貨櫃碼頭。[28]

一九六七年，提伯利港啟用之際，一項碼頭工人「自願」離職的計劃也生效了，並由主要港口的貨物支應所需資金。工會很快就指控雇主濫用法規裁撤工人，並反對政府鼓勵長期雇用、而非每日在碼頭招募的新政策。工會援引十年前紐約 ILA 試過的方法，自一九六八年一月起，禁止貨櫃進入提伯利港。[29]

TGWU 的勢力雖大，但並非無所不能，他們從未在費利克斯托這個位於倫敦東北九十英里、面向北海的小港口招募會員。費利克斯托是英國海岸數百個城鎮之一，有兩座由費利克斯托鐵路與碼頭公司（Felixstowe Railway and Dock Company）擁有的碼頭，這家公司由一家穀物和棕櫚油進口商所控制。一九五三年，碼頭遭暴風摧毀，到了一九五九年，貨運業務只剩九十個永久工人，負責把熱帶商品卸到幾個儲存槽和倉庫。費利克斯托沒有雜貨生意必須保護，也沒有好戰的工會，而且因為從未雇用碼頭零工，船運公司也不必提撥錢給全國性的碼頭工人離職計劃。

一九六六年，正當英國政府試著說服貨櫃船運公司停靠提伯利之際，有遠見的費利克斯托港業主和海陸服務公司達成協議，將斥資三百五十萬英鎊強化碼頭，並裝設一具貨櫃吊車，花費只有政府興建提伯利港預算的一小部分。一九六七年，海陸服務公司推出了服務，以一艘小貨櫃船往返鹿特丹，沒多久亦增加船數，直航美國。一九六八年，提伯利港因為罷工而關閉，於是之前默默無聞的費利克斯托港一舉躍居英國最大的貨櫃港。與工會達成協議後，美國輪船公司終於能再度使用提伯利港，但包括英國輪船公司（British Lines）在內的其他貨櫃船運商仍不得其門而入。到了一九六九年，費利克斯托每週已有兩、三個橫越北大西洋的船班，以及幾趟取道北海往返鹿特丹的航程，處理一百九十萬噸的雜貨，全數由貨櫃裝載。[30]

提伯利港的長期關閉嚴重打擊到兩家準備在此推出貨櫃服務的英國船運集團，一家原本計劃開闢跨北大西洋航線，另一家則在籌謀澳洲航線。兩家公司以傳統的方式反擊：嘗試封殺競爭。海陸服務公司要求加入制訂美國往返英國費率的運費同盟遭拒，迫使他們向英國法院提出反托拉斯告訴。當時，有一家小型的美國公司貨櫃海運公司（Container Marine Lines）向蘇格蘭烈酒製造商提出了一貫費率（through rate），涵蓋從工廠到美國港口的整趟運費，包括從蘇格蘭到費利克斯托的陸上運輸；此提案遭到運費同盟反對，同盟認為一貫費率將會導致「法規分崩離析」。最後在美國聯邦海事委員會的威脅下，該同盟制訂運費的權利有所縮限，才迫使同盟接受更多競爭。[31]

費利克斯托的榮景讓倫敦付出了慘重的代價。倫敦的港口在一九六〇年代中期生意還算興隆，四年間，貨櫃運輸的轉型也提高了處理貨物的效率，每人每小時平均處理的噸數多了六六％。然而，其他港口的成本遽降導致倫敦碼頭衰敗。一九六七年，提伯利港啟用後，著名的東印度碼頭無預警；一九六八年，費利克斯托崛起之際，毗鄰倫敦塔的聖凱瑟琳碼頭也停止運作。鄰近的倫敦碼頭相繼淪陷，河對岸的蘇瑞碼頭（Surrey）也在一九七〇年關閉。一九六七年初，倫敦還有一百四十四個碼頭在營運，到了一九七一年底，已有七十個關閉，幾乎其餘的所有碼頭不久後也步上後塵。碼頭工人在五年內從兩萬四千人減為一萬六千人。不再需要建在泰晤士河邊的工廠和倉庫紛紛遷離，把它們的進出口業務帶到別處，仰賴港口的河岸社區也開始瓦解。[32]

　　一九七〇年四月，經過二十七個月後，TGWU 終於解除了提伯利港處理貨櫃的禁令。但提伯利港重開不久後又關閉，原因是工會發起了為期三週的全國碼頭罷工，以抗議碼頭工人公司偏愛由永久性的技術員工操作昂貴的設備，而不每日雇用工人。全國來看，碼頭工人贏得了七％的加薪，但倫敦的一項特別協議將薪資提高了一倍，條件是允許貨櫃化。提伯利終於開放貨運運輸，然而，延遲也使該港付出了代價。等提伯利港重新開放後，大倫敦已喪失了歐洲船運中心的地位。[33]

　　新的歐洲船運中心變成荷蘭的鹿特丹。十五世紀就已開埠的鹿特丹在一九四〇年遭德軍轟炸摧毀，三分之二的貨物必須由駁船接運，因為深水船無法停靠碼頭。破壞提供荷蘭規劃者一個空白的基礎，他們從一九五〇年代起沿著馬斯河（Maas）重新打造一座現代港口。連接德國的公路、鐵路和駁船交通，協助鹿特丹隨著這兩個國家加入歐洲共同市場（European Common Market）而欣欣向榮。到了一九六二年，源源不絕的進口使得鹿特丹超越紐約，成為全球貨物流量最大的港口。鹿特丹很早就為貨櫃保留了土地，且荷蘭的碼頭工人和英國不同，一九六六年，貨櫃船開始停靠鹿特丹之際，荷蘭碼頭工人並未群起反對。在英國工會阻擋貨櫃化的兩年半間，鹿特丹斥資六千萬美元興建了歐洲貨櫃碼頭（European Container Terminus），有十個泊位，還保留了擴建的空間。過去經由倫敦分散到其他英國港口的貨物，現在都由鹿特丹轉運，使得鹿特丹漸漸崛起為世界最大的貨櫃中心。[34]

同一時期，利物浦的默西碼頭與港口局陷入了財務絕境，貨物流向貨櫃港口使得情況更加惡化。一九七一年，英國國會被迫通過一項緊急紓困案。如今費利克斯托已成為典範，中央政府因而接管原本屬於市政府的碼頭。政府挹注貸款和金援，遣散了多餘的碼頭工人，支應興建西佛思新碼頭的資金，包括三個貨櫃碼頭。皇家西佛思碼頭於一九七二年開張之際，十座利物浦歷史悠久的碼頭（其中幾座有超過兩百年的歷史）被永久遺棄。利物浦這個大英帝國的海運中心兼大都市曾以棉花貿易促成工業革命，該市的冠達郵輪和白星郵輪（White Star）曾稱霸北大西洋，如今卻陷入經濟麻痺的狀態，且將持續三十年。

貨櫃促成英國港口地理的重大改變，在貨櫃出現前的年代，倫敦和利物浦支配了英國的國際貿易，碼頭和倉庫都裝滿要往返附近工廠的貨物。兩個港口的運輸量各占英國出口的四分之一，其餘港口占全國出口的比率都未超過五％。貨櫃搶去利物浦的競爭優勢，在利物浦，處理貨物的成本太高，而且利物浦位於大不列顛島的西側、與愛爾蘭島相望，不利於歐洲大陸方向的轉運貿易。一九七○年，英國快速成長貨櫃運輸只有八％經過利物浦，而該港占全英國製造業產品海運的比率也跌落到一○％。五年內，與港口相關的製造業大批出走，導致利物浦市的經濟急速衰敗。[35]

一九七三年，英國加入了歐洲經濟共同體（EEC），重新把貿易導向歐洲，這對倫敦和南方的港口而言是利多，但對英國北方和西方的港口卻是不利，像是利物浦和格拉斯哥。即便如此，倫敦港仍然營運維艱。一九七五年，英國船運雜誌《公平交易》（Fairplay）提出警告：「倫敦從僅次於鹿特丹和紐約的世界大港，逐漸落後給安特衛普、漢堡和勒阿弗爾（注：Le Havre，法國第二大港，位於英吉利海峽沿岸）。如果目前這種情況持續下去，倫敦將跌出『大聯盟』，面臨成為歐陸支線港口的悲慘命運。」另一方面，費利克斯托卻急速竄升。一九六八年，這個新貨櫃港處理了一萬八千兩百五十二個貨櫃運量。到了一九七四年，共有十三萬七千八百五十個貨櫃行經此港，費利克斯托搖身一變，成了英國與北美貿易的大港。隨著貨櫃化的經濟規模確立，通過英國港口的所有貨櫃很快將有超過四○％經由費利克斯托進出；遙想當年，在貨櫃時代初期，這個港口的貨運量少到連統計資料都很少提及。[36]

美國和歐洲的貨櫃船運發展成了亞洲政府很好的借鏡。在美國，港口對貨櫃化的回應沒有明顯的節奏或理則可循；紐約和舊金山等城市浪費了鉅額的公帑在碼頭和吊車上，就算這些城市有幸能像費城一樣變成重要的貨櫃港，也因投資太慢而無法回收初期投資。在英國，政府對碼頭工會戒慎恐懼，以致於第一艘貨櫃船都要進港了，迎接貨櫃時代的必要措施仍遲遲無法到位。在歐洲大陸，高瞻遠矚的港口如鹿特丹、安特衛普和布萊梅，都因為搶先規劃貨櫃船運而吸引了大量的貨物。在環太平洋的亞洲沿岸，貨櫃化顯然會帶動巨大的改變，要有這些改變，就必須事先妥善規劃。[37]

亞洲加入戰場

時機似乎站在亞洲這邊。從散裝船運轉變到貨櫃船運已大幅降低了船隻裝卸貨物的成本，但船一旦離開港口，就沒有任何差別。這表示轉變到貨櫃船運對於短程航線來說，利益最大，因為貨物處理和停靠港口時間的節省，占整個航程總成本的比率較高。專家估算，必須在海上行駛數週之久的長途航線節省下來的成本較少，例如從美國到日本，或從英國到澳洲。甚至還有人說，貨櫃化在太平洋和澳洲的貿易行不通，因為昂貴的船在海上的時間太久，也因為橫越七千英里的大海，運回空貨櫃的成本會高得令人無法接受。[38]

趕在一九六六年冬季前讓貨櫃船航越北大西洋的競賽，吸引了亞洲國家的注意。一九六六年初，海陸服務公司準備把貨櫃運到日本沖繩島的美軍基地，日本運輸省成立的協會也下達了推廣貨櫃服務的指示。運輸省很快就擬訂了一套在東京和神戶興建二十二個貨櫃船泊位的計劃，同一時間，海陸服務公司則在橫濱興建碼頭。澳洲海事服務局（AMSB）沒多久也跟進，計劃在雪梨興建傳統碼頭，並在一九六六年九月招標興建一座貨櫃碼頭，雖然當時沒有國際航運公司表示有興趣提供往雪梨的貨櫃船服務。一九六七年九月，第一家提供遠東貨櫃服務的公司的美森航運開始往返東京與舊金山，大規模的貨櫃船運也在次年出現。一九六九年，國際貨櫃船抵達澳洲，雪梨、橫濱和墨爾本也一下子就攻占了全球大貨櫃港的排行榜（見表 5）。[39]

表 5　全球大貨櫃港排名（1969 年）

港口	處理貨櫃噸數
紐約／紐澤西	4,000,800
奧克蘭	3,001,000
鹿特丹	2,043,131
雪梨	1,589,000
洛杉磯	1,316,000
安特衛普	1,300,000
橫濱	1,262,000
墨爾本	1,134,200
費利克斯托	925,000
布萊梅／布萊梅港	822,100

資料來源：Bremer Ausschuß für Wirtschaftsforschung, *Container Facilities and Traffic* (1971).

其他政府也緊追在後。台灣的國營港口計劃開始在五個不同的港口規劃貨櫃碼頭。一九六六年八月，由英國殖民政府任命的香港貨櫃委員會也著手研究西太平洋其他國家的發展，並在十二月提出警告：「除非香港興建貨櫃碼頭服務貨櫃船，否則香港殖民地的貿易地位將遭受不利的影響。」此外，就為貨櫃時代做好準備來說，沒有一個政府的積極度比得上新加坡。[40]

　　新加坡在一九六〇年代是個新國家，一九六五年，新加坡在馬來西亞與印尼的武裝衝突中脫離了馬來西亞，這個港口軍事上的重要性比船運中樞的角色更為吃緊。在這個面積兩百二十二平方英里的蕞爾小島上，駐有三萬五千名英國陸軍與海軍士兵，還有兩萬五千名平民在軍事基地和海軍船廠工作。這個商港擁有六座碼頭以及外海的停泊處，可供商船在海上轉運貨物。實際經過碼頭的雜貨大約有紐約港的五分之一。一九六四年創立的新加坡港務局（Port of Singapore Authority）負責管轄新加坡大部分的碼頭，但能動用的資源相當有限。初期港務局的所有資產——包括公寓建築、辦公室、碼頭和倉庫——總價不到五千萬美元。[41]

　　新加坡獨立後，新政府立即展開一連串吸引外資的措施來振興經濟，特別是鼓勵製造業。在政府全面鎮壓異議人士之際，新加坡港務局得以減少碼頭工人的每班人數，從二十七人減至二十三人，實施雙班制，使得每人每小時的處理貨物量提高了一半。一九六五年，港務局實施了一項計劃，他們在東部的礁湖區興建了四個傳統貨船的泊位，那裡原本有一道堤防，但沒有碼頭。幾個月後，當局取消了這個計劃。貨櫃船即將橫越大西洋吸引了港務局官員的興趣，隔年，港務局便宣布停止興建傳統泊位，轉而打造一座貨櫃港。[42]

新加坡的策略是利用貨櫃躍居東南亞的商務中樞。新加坡港務局向世界銀行貸款了一千五百萬美元（足以涵蓋近一半的建設成本），開始興建一座貨櫃碼頭，以供來自日本、北美和歐洲的遠洋貨船在此卸下貨櫃，再轉由較小的船隻運至區內的其他港口。一九六七年工程開始，同一年，第一批貨櫃——總共有三千一百個，大多是空櫃——被放在新加坡的碼頭上。一九六八年，英國宣布三年內將關閉新加坡的軍事基地和船廠，新加坡政府展開了更雄心勃勃的計劃，打造船隻、發展工業並擴張港口。當時，第一個貨櫃港口的計劃才動工沒多久，新加坡港務局便表示：「從船運和貨櫃流量增加的情況來看，我們可能有必要進行進一步的建設。」[43]

一九七〇年，當大規模貨櫃船運終於抵達日本以外的太平洋港口，長途航線能否行得通的問題很快便成了笑譚。一九七二年六月，以三千六百萬美元興建的東礁湖貨櫃碼頭啟用，比預定的時程早三個月，印證了新加坡效率之島的美名。身為該地區唯一能停靠九百呎長貨櫃船的港口，新加坡已成了主要的轉運樞紐，第三代的貨櫃船在此把貨櫃交給穿梭於泰國、馬來西亞、印尼和菲律賓的小貨船。碼頭工人每班人數減少至只有十五人，加上貨櫃若在一百二十英畝的貨櫃場存放超過三天就得收取高昂的租費，新加坡港的運作效率絲毫不遜於世界各地的其他港口。[44]

新加坡貨櫃港的成長速度超乎所有人的預期。一九七一年，新貨櫃碼頭尚未啟用前，新加坡港務局便預測，十年後，港口將處理十九萬個貨櫃；實際上，一九八二年該港處理了超過一百萬個貨櫃，是全球第六大貨櫃港。到了一九八六年，新加坡的貨櫃流量超過法國所有港口的總和。一九九六年，行經新加坡的貨櫃超過日本。二〇〇五年，新加坡躍登全球最大的雜貨港，超越香港，有約五千家國際公司使用這個島國的倉儲和流通中樞——運輸的力量重新塑造貿易的流向，就此印證。[45]

第 11 章

樓起樓塌

　　一九六九年一月十日，海運界傳出了一則令人震驚的消息：貨櫃船運之父麥克連準備賣掉公司。再一次，他拿捏的時機無懈可擊。

　　三年前，一九六六年初，貨櫃船運還是個牙牙學語的嬰兒。只有海陸服務和美森航運這兩家船運公司運載大量的貨櫃，且兩家都只送美國國內的貨物，使用改裝的舊船。全球的國際貿易幾乎都還沒貨櫃化，美國以外的地方也沒有港口能裝卸貨櫃，只能靠碼頭工人爬上貨櫃，為每個貨櫃掛上吊鉤。全球的製造業產品和食品大多數仍沿用數百年來的運輸方式，費力地逐件搬運，進出散裝船的船艙。直到一九六六年，某位大型船運公司的主管仍然主張：「我認為現在不是全貨櫃船的時代，十年以後也不會是。」[1] 快轉三年，世界已經改變了。一九六八年，每週有相當於三千四百個二十呎的商業進出口貨櫃通過美國的港口，相較之下，一九六五年一個也沒有。（原書注：散裝船運的數量會依重量或「容積噸」〔measurement ton〕計算，也就是把容量轉換成噸位的標準方法，而這些慣用方法初期也應用於貨櫃貨物。不過，貨櫃船和吊車容量是由貨櫃的數量來決定，而非重量，而且到了一九六〇年代中期，港口和船運公司也開始強調他們處理的貨櫃數量。光看數字也會有問題，因為數量無法區別空的與裝滿的貨櫃，以及大貨櫃與小貨櫃。一九六八年，聯邦海事局開始統計標準化的二十呎貨櫃單位流量，稱為 TEU，一個四十呎貨櫃代表兩個 TEU，而美森航運的二十四呎貨櫃等於一‧二個 TEU。）鹿特丹、布萊梅、安特衛普、費利克斯托、格拉斯哥、蒙特婁、橫濱、神戶、西貢、金蘭灣都有處理貨櫃的現代設施。麥克連的海陸服務公司擁有三十一艘貨櫃船，是全球最大的貨櫃船運商，遙遙領先其他業者；隨著海陸服務的航線擴展至越南、西歐和日本，營收也從一九六五年的一億零兩百萬美元激增到一九六八年的兩億兩千七百萬美元。貨櫃船運已變成一項熱鬧滾滾的事業，且擴張速度驚人。一九六八年底，海陸服務公司的債務達到一億零一百萬美元，其中有兩千兩百萬美元必須在該年償還。一九六九年，海陸服務公司預定再增添六艘改裝船，成本為三千九百萬美元，此外還得添購三千兩百萬美元的貨櫃和設備。[2]

海運業的軍備競賽

　　財務的需求只會繼續增加，因為海運業的軍備競賽方興未艾。

　　第一代貨櫃船幾乎全都是原本有其他用途的舊船，這批船往返美國東岸和墨西哥灣沿岸之間，並把貨櫃革命帶進波多黎各、夏威夷、阿拉斯加和歐洲。它們大部分很小，約五百呎長，速度極慢，不超過十六或十七浬。許多早期的貨櫃船只能載運數百個貨櫃，加上其他散裝貨物、冷凍貨物，甚至旅客。全世界只有三艘船配備足夠的艙格，可以載運超過一千個二十呎櫃。第一代貨櫃船幾乎沒花到船運公司任何錢；一九六八年底，七十七艘可以載運貨櫃的美國籍第一代貨櫃船中，有五十三艘是二戰的遺物。大多數船的船艙內沒有貨櫃艙格，只好勉強以傳統散裝船來滿足顧客託運貨櫃的需求。不過，散裝船很難配合高速貨櫃吊車，每搬運一個貨櫃，碼頭工人就得爬上貨櫃，把鉤子鉤在櫃角上，等貨櫃吊起又放下後，再爬上貨櫃鬆開吊鉤。由於缺少格式貨櫃船的運作效率，大多數的船商都是賠本在做貨櫃生意。[3]

　　第二代貨櫃船的規制完全不同。到了一九六九年，已有十六艘新造的貨櫃船在海上航行，另有五十艘正在建造中。這些船完全針對碼頭上的貨櫃吊車操作設計，而且船體較大、航速較快，造價也相當昂貴。

這批新船之一是美國輪船公司擁有的美國槍騎兵號（American Lancer），也是海陸服務公司在北大西洋上的頭號競爭對手。槍騎兵號一九六八年五月的處女航從紐華克開往鹿特丹、倫敦和漢堡，是當時最大的貨櫃船，可以載運一千兩百一十個二十呎貨櫃，航速達到每小時二十三浬──比海陸服務的改裝船隊快一半。一九六八年八月，美國輪船公司要求聯邦海事局給予他們九千五百萬美元的補貼，再打造六艘這種超大的貨櫃船。其他美國、歐洲和日本的航運公司也競相下訂單，建造新船。通常新船都是針對規劃好的航線設計的，橫越大西洋的船往往會載運一千到一千兩百個貨櫃，因為在短的航程中，太大的船停靠港口的時間就會相對拉長。行駛亞洲航線的船通常比較大，載運一千三百到一千六百個二十呎貨櫃，從歐洲或美國航至日本，較長的大洋航程可以收取較高的運費，彌補較貴的造船成本。[4]

建造這些第二代貨櫃船（加上相關配備）的支出連最大的船運公司都吃不消。根據一家顧問公司後來的計算，從一九六七年到一九七二年底，全球貨櫃化所花費的成本將近一百億美元──以二〇一五年的幣值計算，接近六百億美元。歐洲的船運公司都無法單獨籌措如此鉅額的資金：一九六六年三十七家英國輪船公司的總稅後獲利不到六百萬英鎊。在別無選擇的情況下，英國形成了海外貨櫃公司之類的企業集團，建造六艘貨櫃船和配備貨櫃所需的一億八千五百萬美元由成員來分攤。較小的比利時、法國與北歐國家的航運公司也靠著合作來壯大力量。如果四家船商團結起來，各建一、兩艘船，合起來也許就有足夠的船可以在市場上占有一席之地。[5]

好在有政府補貼和軍事運補，美國的船運公司財力略較雄厚，但他們也幾乎沒賺什麼錢。海陸服務公司一九六五年至一九六七年的總獲利為三千萬美元，幾乎全部來自國內航線。那三年間，最大的美國船運業者美國輪船公司只有四百萬美元的獲利。但是美國業者的合資營運並非迫於不得已，因為他們擁有一個歐洲業者沒有的選項。一九六〇年代末，急著想改造企業世界的美國企業集團在傳統上利潤微薄的航運業看到商機，期望投入蓬勃發展的貨櫃。最顯著的例子就是利頓工業投資海陸服務公司。一九六九年一月，華特基德公司（Walter Kidde & Co.）買下了美國輪船公司；另一個集團城市投資公司（City Investing）贏了莫爾－麥科馬克輪船公司的競購，但這家輪船公司一九六八年的報告呈現鉅額虧損，導致這樁交易告吹。一九六八年，一名船運業主管抱怨，企業集團「冷酷、務實的思維」對船運業帶來威脅，因為「這些新加入市場的集團無視海洋浪漫的價值，也不管鐵路與公路的傳統，他們只關心財務報表的結果。」[6]

說到對財務報表的熱衷，沒有一個企業集團的老闆比得上麥克連。他知道有競爭力的成本會是多少，也深明舉債已到極限的海陸服務公司不太可能再借得到錢。前一個集團支持者利頓持有一〇％的海陸服務股權，資金已然耗盡。麥克連轉向一個外界完全料想不到的資金來源：雷諾工業公司（R. J. Reynolds Industries）。總部設在北卡羅萊納州溫斯頓—薩冷的雷諾工業是美國最大的菸草公司，其香菸事業賺進了大把大把的現金，公司的經營團隊也利用這些現金，把公司擴建成一個集團。美國的香菸消費在一九六八年開始下降，即將實施的行銷限制——美國政府將從一九七一年初禁止在美國電視上打香菸廣告——對該公司的核心事業是一大利空。船運公司的龐大投資將提供雷諾工業一個規避企業所得稅的好方法。另一個誘因在於，麥克連在當地被譽為企業天才——他在二戰後把麥克連卡車公司遷到溫斯頓—薩冷，並住在該地十年之久。雷諾工業公司提議以五億三千萬美元買下麥克連工業，並由麥克連工業的股東自由選擇交換雷諾股票或每股五十美元的現金。利頓工業賣出股權，賺進一大筆錢，路德韋格也是——一九六五年，路德韋格曾投資海陸服務公司八百五十萬美元，如今值五千萬美元。許多海陸服務的主管一聽到公司出售大吃了一驚，但他們都在一夜之間變成富翁。[7]

　　麥克連抓時機的智慧不容置疑。一九六八年十月，麥特連託人設計一種全新的貨櫃船 SL-7。SL-7 的設計會讓美國輪船公司的新槍騎兵號看起來像美軍四〇年代的自由船那樣老舊，SL-7 的長度將達一千呎，只比著名的瑪麗皇后號（Queen Mary）短幾呎而已。這艘船能載運一千零九十六個海陸服務的三十五呎貨櫃，相當於一千九百個二十呎櫃——比當時任何貨櫃船的容量都大。然而，SL-7 最大的特色是速度，它的航速高達每小時三十三浬，是海陸服務船隊任何一艘船的兩倍以上，快到環繞世界一周只需五十六天，所以只要八艘船就能每週提供航行世界各主要港口的服務。美國輪船公司宣稱，槍騎兵號和同等級的船可以在六天半內把貨櫃從紐華克運到鹿特丹，SL-7 則可以在四天半內辦到，而且能在五天半內從奧克蘭橫越太平洋到橫濱。歷來只有一艘商用船舶能達到這種速度，即大名鼎鼎的客輪美國號（United States）。[8]

這不只是在盲目追求愈大愈好，麥克連再一次想出占到策略優勢的方法。他計劃把新船部署在太平洋上。海陸服務公司是太平洋運費同盟的會員，與競爭者收取相同的費率，SL-7 更快的運輸時間將幫助海陸服務吸引貨物，而其他船運公司受制於同盟協議，無法以降低費率作為因應。一九六九年夏天，雷諾工業所屬的海陸服務部門把 SL-7 的計劃公諸於世，並向歐洲的造船廠訂製了八艘船，每艘船的價格為三千兩百萬美元。貨櫃加上其他設備將使八艘 SL-7 的總成本高達四億三千五百萬美元。對麥克連工業來說，就算他們能靠自己籌措到這些錢，花這麼多錢造船也是押注整個公司的豪賭。然而，對雷諾而言，這筆錢不過是零頭罷了。這家菸草業巨擘在一九七〇年手頭的現金多到他們直接買下美國獨立石油公司（American Independent Oil Company），好為海陸服務擴張的船隊提供便宜的燃料。[9]

從北大西洋推向太平洋

　　貨櫃蓬勃發展的第一階段完全都在北大西洋上發生，第二階段則是在太平洋。一九六七年九月，美森航運第一艘全貨櫃船從日本啟航，他們原本是與日本航運業者合夥經營，但日本人在學會怎麼經營後，很快便把美森航運推到一邊；一九六八年九月，日本人就開始自己經營到加州的貨櫃服務。該年十月，海陸服務公司利用從越南返航的貨櫃船開始從橫濱和神戶載運三十五呎貨櫃。倘若日本出口商初期對貨櫃化有任何疑慮，沒多久也煙消雲散了。不到一年，從日本到加州的貨櫃噸位已經達到北大西洋的三分之二。這對貿易量的影響既立即又明顯，一九六七年，日本的海運出口總計兩千七百一十萬噸，到了一九六八年底（貨櫃化之初）達到三千零三十萬噸，而一九六九年（貨櫃化完備的第一年）則激增至四千零六十萬噸。

光是一九六九年，日本出口到美國的金額大幅成長了二一％。[10]

　　日本出口大增的部分原因在於汽車，雖然汽車並非由貨櫃運輸。許多增加的貿易項目都受到貨櫃化的刺激。三年之間，日本向美國出口的產品有近三分之一已貨櫃化，日本對澳洲的出口產品，以貨櫃運輸的更是占了一半。[11]

　　電子製造商率先發現他們既脆弱又容易遭竊的產品最適合用貨櫃來運輸。電子出口產品從一九六〇年代初就開始成長，但貨櫃船運所帶來的運費下降、庫存減少以及保險損失減輕，使日本產品得以迅速普及美國，以及不久後的西歐。日本電視出口從一九六八年的三百五十萬台，激增到一九七一年的六百二十萬台；錄音機出口也在這三年間從一千零五十萬台增加到兩千零二十萬台。貨櫃化甚至為日本的成衣與紡織工廠帶來新的生機。工資上揚已使日本的成衣出口於一九六七年停止成長，但船運成本降低暫時又讓日本成衣能在美國競爭。[12]

　　一九六九年，正當美國輪船公司準備為自家的美國一日本航線增添八艘快速貨櫃船，日本政府也把航運列為國家經濟發展策略的核心。日本的新五年計劃要求擴增五〇％的日本商船數量，包括駁船、礦砂船和貨櫃船。政府提供了四億四千萬美元協助日本船運公司開闢對紐約、美加太平洋西北岸區和東南亞的貨櫃服務，且使用日本製造的船。這些補貼優渥得令人難以置信，船運公司只需負擔建造新船成本的五％，政府的政策投資銀行提供了絕大部分的資金，且三年之內無需償還任何款項，三年後船運公司再以十年的時間慢慢償還貸款，利率只有五‧五％——比日本政府跟政策投資銀行借錢所支付的還款利息還低。造船的其他成本來自商業銀行，政府也會補貼兩個百分點的利息。在這種免費奉送的條件下，到了一九七〇年，日本船運公司訂製了超過一百五十八艘新船，全數都由日本造船廠承造。[12]

一九六九年七月，香港迎來了第一艘全貨櫃化的船，當時香港連貨櫃碼頭都還沒建好。次年，海陸服務開闢了南韓貨櫃航線，美森航運也開始每兩週一次開往台灣、香港和菲律賓的服務，使得跨太平洋航線的貨櫃能量達到七十三艘船，載運近二十五萬個單位。其他新服務包括澳洲到歐洲、北美和日本。一九七一年，歐洲與遠東之間開始有定期的全貨櫃船班。[14]

世界各地的造船廠都塞滿了新訂單。東亞的港口經過多年準備，在一九七一年和一九七二年已完全就緒，等著新船停靠。不僅是日本，貿易量激增也在環太平洋地區發生。南韓的遠洋出口從一九六九年的兩百九十萬噸激增到一九七三年的六百萬噸。南韓對美國的出口在這三年間增加了兩倍，因為船運成本降低使得南韓成衣在美國市場更有競爭力。香港也有類似的發展軌跡，在香港以九十五英畝的港口填土、興建貨櫃港前，這個殖民地的船運極其原始，遠洋船舶必須停在港外距離很遠的海上，然後靠小船往返岸邊，駁運貨物。新貨櫃港能讓貨櫃船直接在碼頭上裝卸貨物，使香港的成衣、塑膠產品和小電子裝置出口從一九七〇年的三百萬噸增加到一九七二年的三百八十萬噸，對外貿易金額成長了三五％。

一九七〇年，台灣的出口價值為十四億美元，到了一九七三年勁升至四十三億美元，進口也增加了一倍。新加坡的模式也雷同。在澳洲，貨櫃船運的發展與製造業的出口同步激增，出口也大幅度從肉類、礦砂和含脂羊毛轉向其他產品。非礦產或農產的出口從一九六六一六七年度到一九六九一七〇年度間，每年增加一六％。在一九六八年以前，澳洲工業產品的出口值通常不到穀物與肉類出口值的一半，但到了一九七〇年，澳洲的雜貨貿易已開始採用貨櫃運輸，工廠的出口產品幾乎趕上了農產品。在這個過程中，澳洲已從資源導向的經濟體轉向更平衡的經濟結構。[15]

貨櫃並不是國際商務激增的唯一原因，但它仍然功不可沒。國際顧問業者麥肯錫公司一九七二年的調查指出，一九六七年起，歐洲與澳洲之間就開始有混合式的貨船服務，一九六九年開始出現全貨櫃船，而貨櫃化以幾種方式刺激了兩地的貿易。在這之前，開往澳洲的貨船得花數週的時間停靠歐洲十一個港口（會停哪個港口、幾個港口則視情況而定），然後才開始南行的航程。而貨櫃船只會在提伯利、漢堡和鹿特丹等大貨櫃港裝載貨物，因為這些港口龐大的規模能降低處理貨櫃的成本。以前，從漢堡到雪梨的船運至少要花七十天，每多停靠一個港口就得再花更多的時間；貨櫃船的運輸時間只要三十四天，省下至少三十六天的載運成本。歐洲—澳洲服務的保險理賠比散裝船貨櫃的時代少了八五％。包裝成本也降低了不少，許多船運費率也都隨之下降。貨櫃化省下的總成本之多，使得傳統船運幾乎立即放棄了澳洲航線。[16]

新貨櫃船建造數量的激增改變了全世界的商船船隊。一九六七年，世界各地營運的全貨櫃船中，美國擁有的五十艘貨櫃船占了絕大的部分——這些船大多都在二戰期間建造，並在一九五〇年代或 一九六〇年代改裝。一九六八至一九七五年間，至少有四百零六艘貨櫃船開始服役，大多數新船的體積至少是一九六七年以前的貨船的兩倍。除了這些全貨櫃船，船運公司也增添了逾兩百艘半貨櫃船，也就是將部分的船艙改裝成貨櫃艙格，而非全部；另有近三百艘「滾裝船」，負責行駛貨運量不夠大的航線。這數百艘船的加入使得貨櫃船運進入百花齊放的發展階段。[17]

美國商船船隊幾乎在一夕之間改變了。一九六八年，還有六百一十五艘雜貨船懸掛著美國國旗，接著在短短的六年間，這些船有超過一半不再掛國旗——要麼被賣給貧窮國家的小船運公司，要麼被當作廢鐵出售。取代它們的是噸位和速度都大上許多的船。美國海員工會經常宣稱，船隊數量變少代表船運業沒落了，但事實上數十艘新貨櫃船所運載的貨物，遠比它們取代掉的數百艘老舊散裝船多上許多。即使掛美國國旗的貨船數量減少了將近一半，能裝載超過一萬五千噸貨物的船也從一九六八年的四十九艘，增加到一九七四年的一百一十九艘。新蒸氣渦輪引擎使美國籍大型貨船的平均時速大幅提升，從一九六八年的十七浬躍升至到一九七四年的二十一浬。這個差距足以讓跨大西洋的航程減少整整一天。[18]

這麼多艘新船加入營運帶來運力的大躍進，貨櫃化的基本經濟效益也取決於此。一旦某家船運公司決定開闢特定航線的貨櫃服務，其他船運商通常也會速速跟進，以免被市場淘汰。貨櫃船運資本密集的特質使得規模越發重要；這與散裝貨運大不相同，過去一些「不定期船」（tramp ship）的船東只要能四處兜攬到貨物就可有利可圖，如今貨櫃船運公司需要夠多的船、貨櫃和車架，才能定期在主要港口間經營往返頻繁的服務。當一家船運公司決定跨入一條航線，就必須如此大張旗鼓地經營，因為每一條主要航線都會有數家競爭者想來分一杯羹，而且每家公司都各自擁有好幾艘船。一九六八年至一九七四年間，最主要的國際航線載運容量增加了十四倍。一九六六年以前，美國與北歐之間只有少數貨櫃運輸，到了一九七四年，新船已經多到每年足以載運將近一百萬個貨櫃。日本與美國大西洋岸之間的貨櫃船航線於一九七〇年開張，到了一九七三年，已有三十艘船在跑這條航線。[19]

然而，儘管需求成長迅速，卻不可能趕上供給爆炸性的增加，導致船運業者經歷了一場新而痛苦的費率戰爭。

運力過剩

運力過剩對海洋船運而言是個自古以來就有的問題。貨物流量向來起伏不定，隨著經濟成長、交通改變與貿易限制，以及戰爭和禁運等政府因素而有所變化。但在一九五〇年代和一九六〇年代，散裝船容量與雜貨流量就算出現短暫的失衡，通常來說也不算什麼嚴重的問題。由於業者以極低的價格收購戰爭的剩餘船隻、改成商船，因此不必負擔沉重的貸款。他們的主要支出是營業成本，包括貨物處理、使用碼頭、船員薪資、燃料等費用。如果生意不好，船東可以停駛船隻，馬上就可以省下大部分的成本。

然而，貨櫃船運的經濟學大不相同。借大筆資金買船、貨櫃和車架，就得定期支付利息和本金。最新式的貨櫃碼頭是個財務負擔，如果船運公司借錢自己興建或租用碼頭，就得償付債款；如果是向港務局租用碼頭，就得支付租金。這些固定成本占貨櫃營運總成本的比例高達四分之三，而且不管是否招攬得到貨物，船運公司都得支付。沒有一家公司可以只因貨物太少就閒置一艘貨櫃船。只要每一趟航程的營收能彌補營運成本，船就得繼續跑。貨櫃船運與散裝船運不同，運力過剩無法靠船東暫時閒置船隻來解決。當船商奮力爭取可載運的貨物之際，費率就會下降，運力過剩的情況也會持續下去，直到船運空間的需求終於趕上供應，這種現象才會停止。[20]

運力過剩成了所有貨櫃化相關人士的心頭大事。一九六七年，英國政府的調查警告：「標準化貨櫃既已採用，『搶搭列車』的風潮將導致嚴重的過度擴張。」有人估計，五艘航速二十五浬、能載運一千兩百個貨櫃的船，就能包辦英美貿易中所有能貨櫃化的產品。另一項研究也估計，只要二十五艘船就能處理歐洲與北美貿易的所有雜貨。還有人預測，美國船運業者佛瑞爾船運（Farrell Line）所訂造的五艘船，就足以承辦所有澳洲對美國的出口。在訂造的新船多達數百艘的情況下，專家預測，到了一九七四年，大西洋兩岸與太平洋兩岸所有貨櫃艙格將有半數閒置。一九六八年，一項美國政府委託的研究做出預測，在北大西洋，「到了一九七〇年代初，運力將出現過剩的現象。」[21]

狼來了的時間甚至比預期的還要早。一九六七年初，全艙格式的貨櫃船問世不到一年，北大西洋運費同盟就削減了貨櫃船運運費的一〇％——某家大型美國船運公司的主管稱之為「災難」。但這只是開始。由於有太多的船在競逐太少的貨物，海運費率的長期結構已開始崩解。[22]

國際船運的價格和國內船運不同，通常不是由政府當局制訂，而是由船運界的同盟決定，也就是各個航線的營運者自願組成的卡特爾。從美國出發的航線費率至少由一百一十個運費同盟決定，而類似的同盟也左右著世界其他航線的費率。同盟會員會協商自己航線的費率，且往往會分配各家公司總流量的特定比率。所有使用同盟船運商的託運者都必須支付公定的費率，不得有特殊折扣，雖然欺騙的情況很常見；「祕密」退費極為普遍，雖然這並不合法。美國航線的同盟必須公布他們的費率，而且對外「開放」——也就是接受想加入的新船運公司；但世界各地還是有許多的航線採取祕密費率，同盟也屬「封閉」性質，排斥新加入者。在大部分的航線，政府並未要求船運公司加入費率同盟——但如果一家船商開始「獨立」營運，同盟也很可能會容許自家會員調降費率，並增加運力，摧毀入侵市場者。大部分的時候，維繫這個制度將符合所有船運公司的利益。[23]

運費同盟決定費率的方式和鐵路業者很像，每一種商品都有不同的費率；有時候還會有兩種費率，一種以重量計算，一種以數量計算。對散裝船運來說，這種做法有其道理：有些商品上下貨的程序比其他商品更為複雜，有些商品占的碼頭空間較大，有些較小，而不同的費率就是計算不同成本的結果。應用在貨櫃上，這種以商品為基礎的費率完全不合理：一家船運公司運載一個四十呎櫃的腳踏車輪胎，成本與一個四十呎櫃的檯燈相同。不過，當貨櫃出現時，運費同盟仍然由行駛散裝船的業者把持，也依舊仰賴著長期以來建立的系統，按商品收費。在北大西洋，以貨櫃運輸的每噸費率仍然按照散裝船運的費率計算，但倘若整櫃都是單一產品，可享五％至一〇％的折扣。多種商品併櫃的費率甚至更不合理。一九六七年，也就是歐洲—澳洲貨櫃航線服務面世的前一年，運費同盟制訂了該航線的貨櫃費率，規定併櫃的每一種商品都必須按照商品種類的重量收費。想弄清楚正確運費的唯一方法就是打開貨櫃，秤出貨櫃內每一種商品的重量。[24]

這種不合經濟效益的系統當然不可能長久存活。船運公司沒有理由管貨櫃的內容物，而在運力過剩的情況下，他們願意接受任何超過載運貨櫃成本的收費。一九六七年初，麥克連曾擁有的華特曼輪船採取統一費率，接受從美國到南歐的貨物：託運者擁有的二十呎貨櫃每個收取四百美元，四十呎貨櫃則是八百美元，無論貨物種類。華特曼輪船當時沒有任何貨櫃船，也沒有其他公司跟進他們的收費方式，但這種方式透露出價格面臨的壓力。船運公司開始威脅說要脫離同盟，除非同盟讓費率下降。同盟想要維持費率結構不變卻徒勞無功。一九六九年夏季，跨大西洋的同盟費率系統瓦解，八家船運公司組織了新同盟，目的就是要放棄商品式的費率，建立貨櫃業者認為合理的新費率。[25]

　　隨著人為的高費率結構崩潰，船運公司馬上面臨到獲利緊縮的壓力。業界整併是唯一的出路。一九六九年七月，貨櫃船運跨入國際營運才三年，西德兩家最大的船運公司同意合併為赫伯羅德，成為北大西洋規模龐大的新業者。三個月後，麥克連採取了類似的回應。麥克連向來喜好整併勝於競爭；要不是美國政府出面阻止，他早在一九五九年就已併購海陸服務東岸唯一的競爭對手海火車輪船公司、一九六二年他早就買下波多黎各的主要對手公牛輪船公司。如今，他代表海陸服務把雷諾工業的十二億美元資金投入一項大膽的交易，交易的對象是美國輪船公司。美國輪船公司正在建造十六艘貨櫃船，全數都能載運超過一千個貨櫃，時速也超過二十浬，沒多久將成為貨櫃運輸容量最大的船運公司。海陸服務提議租下整個船隊（十六艘船）二十年。美國輪船將讓出身為接受補貼船商的地位，以便海陸服務在任何地方都可任意部署這些船，不必經由美國政府同意。一家主要競爭對手將會退出賽局，海陸服務則將成為獨霸大西洋和太平洋的船運公司。[26]

　　競爭對手除了大肆抨擊，也立即作出反應。一九七〇年初，葛瑞斯航運被併入布魯登修船運公司（Prudential Lines）。一九七〇年，美森航運放棄了國際野心，賣掉了輪船，也不再想把檀香山變成跨太平洋的商務中心。莫爾—麥科馬克輪船出售了四艘最新式的貨船，退出北大西洋。兩家英國船運公司班恩輪船（Ben Line）與艾勒曼輪船（Ellerman Line）在英國—遠東航線上結成同盟，三家斯堪地那維亞公司也聚集他們的船舶，建立了一家取名為斯堪服務（Scanservice）的國際船運公司。

這些轉變仍不足以穩定船運業。在澳洲航線，一九六九至一九七一年間，海外貨櫃公司虧損了三千六百萬美元。赫伯羅德在一九六九年、一九七〇年連連虧損，到一九七一年仍毫無起色。在北大西洋，貨櫃容量的利用率只有三分之一，美國出口伊斯布蘭德森輪船公司（American Export Isbrandtsen）在一九七〇年和一九七一年的虧損嚴重到其母公司的股票在紐約證券交易所（NYSE）被暫停交易，公司總裁也被迫辭職。一九七〇年，在大西洋和太平洋都有營運的美國輪船公司虧損了一千四百萬美元，次年的虧損也差不多。即使是海陸服務也處境艱困，因為美國政府阻止他們與美國輪船公司合併，其獲利從一九六九年的三千九百萬美元降到一九七〇年的兩千一百萬美元，一九七一年更是只有一千兩百萬美元。雷諾工業和其他投資船運業的企業集團一樣，這才知道貨櫃船運並非他們原先像的寶山。[27]

形勢所逼，各大航線的主要船運公司只好嘗試一個老派的解決方法：減少競爭。歐洲—遠東航線有五家競爭者，包括兩家英國公司、兩家日本公司和德國的赫伯羅德，他們把太平洋的營運組成一個取名為 TRIO 的聯盟。這幾家公司協議打造十九艘大船，各家公司在每艘船上分配某個數量的艙格。第二個歐洲—亞太集團很快便跟進，瑞典的船運業者和荷蘭渣華（Nedlloyd）把亞洲的營運合併為一家名為斯堪荷蘭（ScanDutch）的公司。這兩個聯盟大幅削減了歐洲到日本間的競爭對手，讓費率穩定了下來。另一個勢力更龐大的卡特爾是北大西洋的聯營協議（Pool Agreement），於一九七一年六月誕生。聯營協議背後有六個歐洲政府的強力支持，結合了來自六個國家的十五家船運公司，並規定每家公司載運總貨物量的比率，所有成員也同意收取相同的費率，並共享北美—歐洲服務的營收。最後這個卡特爾終於為費率訂出了下限。一九七二年，一名業界主管承認：「若不是聯營協議，許多公司早就倒閉了。」[28]

全球的經濟在一九七二年急速成長，貿易流量也隨之攀升。貨櫃噸數在一九七一至一九七三年間幾乎倍增，船運公司終於有足夠的貨物來裝滿船隻，營運也再度出現盈餘。但逃過貨櫃化第一個費率循環劫難的船運業已與一九六七年大不相同。獨立存活的公司已經少了許多，且他們對前景已不抱幻想。費率戰顯然會與貨櫃船運業永遠如影隨形，只要世界經濟走軟、或是船運業者擴張船隊,費率戰就會起死回生。託運者將按照貨櫃移動的距離支付費用,不管重量或內容為何,而在艱困時期,費率將跌到船運公司幾乎無法支應營運成本的地步。船運公司將永遠得面對建造更大的船和更快的吊車,以便降低貨櫃處理成本的壓力,因為到某個時候,運力過剩將會再度發生,而當費率暴跌時,只有成本最低的船運公司才有最大的生存機會。[29]

危機

下一次的暴跌很快就要來了。

事實上,一九七二年和一九七三年是連續十年經濟動盪期的承平插曲。在這兩年間,美國的工業生產增加了一八%,加拿大增加一九%,日本二二%,歐洲也有一二%。儘管兩年內增加的貨櫃船多達一百四十三艘,國際貿易的強勁成長還是使貨櫃運力從過剩變成短缺,一九七三年開始大幅上漲的原油價格,剛開始對海運業而言,反而是出乎意料的利多,燃料一樣多的情況下,貨櫃船可以載運更多的貨物,比散裝船更有成本上的優勢。光是一九七三年,全球貨櫃化的海運貨物就增加了四〇%。船商下令減緩船的航速以節省燃料,使得航行的船班次數減少,船運市場也日益緊縮。船運費率勁升,運費同盟通過數百次調漲費率，並加收彌補匯率變動、燃料上漲以及港口延滯的附加費用。聯合國的一項報告顯示：「許多託運者面對調漲超過一五％的費率和附加費，他們的運費勢必增加二五％到三○％。」[30]

此番榮景持續到一九七四年，美元匯價下跌使得美國工廠的出口在一年內激增了四二％。費率上漲，加上世界各地的各種協議限制了運輸容量，以及聯合營運等等因素，讓船運業者大發利市。海陸服務發表了漂亮的財報，獲利一億四千兩百萬美元，遠高於一九七三年的一千六百萬美元。就連因為增添十六艘新貨櫃船而瀕臨虧損的美國輪船公司，一九七四年也有一千六百萬美元的獲利。大西洋貨櫃船運公司（Atlantic Container Line）的主管表示：「如果船商到這個時候還沒辦法在北大西洋上撈一筆，那他們永遠都不可能賺得到錢。」[31]

然而，石油危機最後也吞噬了船運業。一九七四年下半，世界經濟陷入衰退，各國央行紛紛端出緊縮貨幣政策來因應油價高漲帶來的通貨膨脹。工業生產劇減，貿易流量也隨之萎縮。一九七五年的全球製造業產品出口跌至二戰以來的新低，海運貿易量減幅達六％。即使貿易流量已經開始減少，造船廠建造的新船仍不斷交貨──而每一艘新船都會削弱船運公司維持費率的能力。此時蘇聯的貨櫃船加入了大西洋和太平洋的競爭，且不受運費同盟的限制，使得費率壓力更加沉重。一九七四至一九七六年間，運費同盟被迫降低或取消附加費六百次。[32]

　　貨櫃船運的第二次危機因為船運公司的決定而加劇。一九七〇年代上半所建造的數百艘貨櫃船，是為一九六〇年代末的世界設計的。高速之所以重要，是因為一九六七年第三次以阿戰爭爆發，蘇伊士運河關閉，迫使歐亞及澳洲的船運必須繞道，行經遙遠的非洲南端。雖然高速航行很耗油，但無所謂，反正原油很便宜。一九七〇年代中期的世界已完全變了樣。燃料價格漲了三倍。在北大西洋，一九七二年，燃料費占營運成本的四分之一，到了一九七五年已漲為占一半。在歐洲一遠東航線，一九七五年六月蘇伊士運河出人意表地重新開放，使原本以高耗油的高速船繞道非洲的理由不復存在。許多船運公司的船隊滿是不合時宜的船隻。[33]

　　最顯著的莫過於雷諾工業旗下的海陸服務部門了。一九六八年，麥克連出於一貫的直覺而非審慎的分析，推翻了海陸服務公司董事會的反對，決定進行 SL-7 計劃；而一九六九年，雷諾工業年買下海陸服務後，同意建造八艘 SL-7。SL-7 不但刷新了歷來的建造成本記錄，也是最為耗油的船，每艘 SL-7 每天可以燒掉五百噸的燃料。全速行駛時，它們消耗的每單位貨櫃燃料是競爭對手的三倍。當船用燃油在幾個月內從每噸二十二美元飆漲到七十美元，SL-7 便成了無法承受的負擔。雖然雷諾工業對股東吹噓，說 SL-7「提供全世界最快的貨櫃船運服務」，這些船卻常常無法準時抵達目的地，也沒辦法為公司賺錢。[34]

　　追究責任自然是免不了的，麥克連對雷諾工業的官僚作風快快不平，開始在一九七五年出脫持股，並於一九七七年離開董事會。雷諾工業對於無法掌控起伏不定的船運事業大感挫折，於是改組海陸，加強集團的控管。但這番改變並未奏效，一九八〇年，雷諾工業終於提列出一億五千萬美元的 SL-7 虧損，而此時 SL-7 船隊服役還不到八年，雷諾工業把這些船賣給美國海軍，供他們改裝成快速補給艦。四年後，雷諾工業完全退出船運事業，並把海陸服務分割成為一家獨立的公司。雷諾工業的新管理團隊對投資分析師解釋：「有興趣持有雷諾股票的投資人通常不會對資本密集、受景氣循環影響的運輸公司感興趣。」[35]

　　確實如此。對雷諾、以及其他在一九六〇年代末追逐高成長而收購貨櫃船的公司來說，他們的投資只帶來失望。海陸服務及其競爭對手和拍立得（Polaroid）或全錄（Xerox）這種公司完全不一樣，這些公司靠著專利技術和持續不斷的創新來提高數十年不墜的高獲利，而船運公司的終端產品基本上是一種商品，就像農戶和鋼鐵製造商那樣，永遠受制於外界力量，其價格和利潤主要還是仰賴經濟成長，以及取決於競爭對手是否決定建造新船。快速成長的年頭已經過去了，到了一九七六年，距貨櫃船運國際化還不到十年，《金融時報》（*Financial*

Times）已經宣告：「貨櫃化革命性的影響，數個世代以來僅見的貨物運輸大躍進，大體上已經告一段落。」[36]

只不過《金融時報》錯了。事實上，貨櫃化革命性的影響才正要開始。

第 12 章

大就是美

　　麥克連賣掉了他的持股，並於一九七七年二月悄悄離開了雷諾工業的董事會。從各方面來看，這場婚姻的結局並不美滿，麥克連對這家菸草巨擘的官僚作風失望不已，他們不斷改變策略也令麥克連十分煩心。不過，最重要的是，他停不下來。「我是創建者，而他們是經營者。」麥克連解釋：「你無法把創建者放在一群經營者中，你會讓他們方寸大亂。」[1]

　　一九七〇年，麥克連卸下了海陸服務每日營運的責任後，他不但花了九百萬美元買下北卡羅萊納州中部著名的高爾夫球休閒勝地松崗（Pinehurst），還收購了一家小型人壽保險公司、阿拉巴馬州的一塊地產，以及一家貿易公司。然後到了一九七三年，他又在北卡羅萊納州東部的沼澤區開闢了面積四十四萬英畝的第一殖民地農場（First Colony Farm）。他效法好友路德韋格在亞馬遜的農場，把第一殖民地農場打造成可能是美國歷來最大的農業開發區。麥克連花了數百萬美元在濕地建造溝渠，大規模開採泥炭，並興建了一座把泥炭轉變成甲醇的工廠。然後他在附近規劃了世界最大的肉豬養殖場，以機械化的方式飼養肉豬到可屠宰的重量，然後運到他準備興建的屠宰場。不過，這個泥炭計劃被最早期的環保運動組織攔阻，而一年可飼養十萬頭肉豬的養殖場則從未賺到錢。一九七七年，有人提議說要買下他的肉豬場，麥克連便以一千兩百萬美元外加二十年分享四〇％利潤的價碼賣出，接著他又開始尋找其他新事業。[2]

大小就是一切

一九七七年十月，他找到了。跌破所有人的眼鏡，他買下美國輪船公司。

美國輪船公司稱不上什麼好標的，他們早就被海陸服務擠下美國最大船運公司的龍頭寶座，而他們的母公司華特基德公司自從一九六九年買下他們後，幾乎馬上就急著脫手。美國輪船公司著名的旗艦豪華客輪美國號已經賣給美國政府，公司在一九七〇年代大部分的時候也都虧損。儘管如此，麥克連還是看出這家公司的價值。這項一億六千萬美元的投資──其中五千萬美元將拿去清償債務——讓麥克連獲得三十艘船、五千萬美元的現金、在紐約港斯塔頓島（Staten Island）上的一座龐大新碼頭，以及極具價值的歐洲與亞洲航線網絡。美國輪船公司和海陸服務不同，他們有權以國際航線向美國政府申請營運補貼。這種補貼既是詛咒，也是恩典：船運公司可以確保營收來源，但美國航運署有權規定他們的船得行駛哪些航線、班次該多頻繁。

一九七八年，新公司勉強賺到微薄的獲利，但麥克連又想到大膽的計劃。美國輪船公司將建造一批超大的貨櫃船，比當時海上行駛的任何貨櫃船都大上一半，準備航行全世界。時機拿捏得恰到好處，因為造船廠的訂單經過一九七〇年代狂熱的擴張後已大幅萎縮，造船的價格也隨之下跌。麥克連認為，一條環繞地球的航線將可解決一個長期以來令船運業者相當頭痛的問題：貨運流量失衡；去程的貨運滿載，但回程往往半空。新船不但每個貨櫃艙格的平均建造成本是世界最低，每個貨櫃的平均營運成本也是世界最低。美國輪船公司將取得貨櫃船運成功不可或缺的條件：規模。

規模是一九七〇年代末海運業界的夢寐所求。大船可以降低載運每個貨櫃的成本。配備大吊車的大港口可以降低處理每艘船的成本，較大的貨櫃則可以減少吊車的移動次數（在一九七〇年代初，二十呎櫃是託運者的最愛，如今四十呎櫃開始出頭），縮短船隻在港口逗留的時間，讓資本利用更有效率。良性循環已經展開：每個貨櫃的平均成本降低可以使費率降低，進而吸引更多貨物，再進而可支應船商進行更多投資，又進一步降低單位貨櫃成本。如果有個產業完全仰賴經濟規模，那就非貨櫃船運莫屬。

　　對於船運公司來說，規模攸關生存，業者只好竭盡可能擴張所及範圍。老式的散裝船公司往往服務一條航線就心滿意足了。一九六〇年，航行北大西洋的船運公司至少有二十八家，從龐大的冠達郵輪到只有一艘船的小公司都有，如美國獨立航運公司（American Independence Line）和愛爾蘭船運公司（Irish Shipping Limited）。在貨櫃時代，小魚無法生存，而真正的大魚（如海陸服務、美國輪船和赫伯羅德）則是每一條主要航線都想營運，不管是用自己的船還是與其他公司簽訂租用艙位的協議。他們擁有的船愈多，服務的港口就愈多，以固定費率營運的範圍也就愈廣；他們的服務愈廣，就愈容易找到填滿他們貨櫃的貨物，船上載運的貨櫃也就愈多；他們的網絡愈大，就能愈能有效率地與需要全球貨物運輸的跨國製造商建立關係。[3]

　　一九七六年至一九七九年間，海運業者共增添了兩百七十二艘貨櫃船。在一九七〇年代，全球貨櫃船運的容量有四年增加了超過二〇％。一九七〇年，貨櫃船的總貨物容量為一百九十萬噸，到了一九八〇年已達到一千萬噸——貨櫃與其他貨物混合運載船的噸數未列入計算。[4]

　　規模競逐不僅帶來更多的船，也製造出更大的船。海陸服務公司一九六六年第一艘跨大西洋貨櫃船費爾蘭號只有四百六十九呎長，一九六○年代末專門設計的貨櫃船從船首到船尾的長度約為六百呎，而一九七二年到一九七三年推出的快速貨櫃船長約九百呎、寬八十呎，吃水達四十呎。當時，貨櫃船的設計似乎已經達到極限。亞洲和北美大西洋岸間的船運幾乎完全仰賴巴拿馬運河，而運河水閘為一千呎長和一百一十呎寬，較大的船隻無法通行。石油危機造成許多船運公司財務陷入困境，卻也帶來出乎意料的救援。船商紛紛轉為建造較慢的船來節省燃料：新交貨的貨櫃船的平均時速從一九七二年的二十五浬，慢慢降到一九八四年的二十浬。造船工程師不必再設計流線形的船身來達到高速的要求，而是可以專注在酬載（注：payload，船隻航行時所負的重量中，除了維持運作的基本系統外，其餘的荷重稱為酬載）上。不久之後，船已經變大許多。一九七八年服役的船能裝載多達三千五百個二十呎貨櫃——比一九六八年每週進入美國所有港口的總數還多。

　　巴拿馬極限型貨櫃船（Panamax）——能通過巴拿馬運河的最大尺寸——載運的貨櫃平均成本遠低於它們的前輩。以容量來衡量，建造的成本也低很多：與載運一千五百個貨櫃的船相比，建造載運三千個貨櫃的船所需的鋼鐵數量或引擎的大小都不到兩倍。自動化也使得新造的大船相對而言所需的船員人數較少，因此每個貨櫃的平均船員薪資也低了許多。燃料消耗並未隨著船的大小等比例增加。到了一九八〇年代，裝載四千兩百個二十呎貨櫃的新船運輸每噸貨物的成本，比三千個貨櫃的船少約四〇％，只有一千八百個貨櫃的船的三分之一。[5]

此外，船的數量仍然持續增加。經濟規模的效益如此明確又至關重要，以致於到了一九八八年，船運公司開始購買寬到無法通過巴拿馬運河的船隻。這些所謂的「後巴拿馬極限型貨櫃船」需要更深、更長的碼頭，超過許多港口的極限。在全世界大多數的航線上行駛這種船並不合乎經濟效益，而且缺乏彈性，但它們有一個絕佳的用途：頻繁往返兩座大深水港，例如香港和洛杉磯，或新加坡和鹿特丹，其貨運成本會比任何其他船舶都還要低廉。到了二十一世紀初，船運公司已經開始訂製能載運一萬個二十呎櫃，或五千個標準四十呎櫃的船，而且還有更大的船在設計中。

隨著船隻變大，港口也愈建愈大。一九七〇年，有相當於二十九萬兩千個二十呎貨櫃的貨量經過紐華克和伊莉莎白港碼頭，遠超過世界其他港區。到了一九八〇年，雖然紐約港占全美貨櫃處理量的比率已經開始下降，環繞紐約港的碼頭（包括美國輪船公司在斯塔頓島的新碼頭）處理的貨櫃數量仍成長了六倍。儘管這十年間英國的經濟疲弱不振，英國運往歐洲以外地區的貨櫃流量也增長了兩倍多，幾乎全都經由費利克斯托或提伯利出海。一九七〇年代晚期，從鹿特丹、安特衛普和漢堡到香港、橫濱、和台灣高雄港等深水港處理的貨櫃數量也增加了一倍多。大港口只與大港口交易的現象愈來愈常見：一九七六年，美國的貨櫃化對外貿易有近四分之一經由日本神戶或荷蘭鹿特丹，另外四分之一只由五座歐／亞港口處理。[6]

降低單位貨櫃成本的需求不僅驅動了港口的容量無止盡地擴張，也讓船的容量不斷增大。一九七〇年代末，儘管造船業陷入不景氣，每艘船的造價仍高達六千萬美元。為了支應抵押貸款，船商必須讓船行駛的時間最大化，最好能載滿創造營收的貨物，縮短滯留港口的時間。這則算式很簡單：港口愈大，能處理的船就愈大，裝卸貨物、讓船出海的速度也就愈快。大港口通常會有水較深的碼頭、較多和較快的吊車、更好的追蹤貨櫃科技，以及較完備的公路與鐵路服務以便貨物進出。港口能處理的貨櫃愈多，單位貨櫃成本就有可能壓得愈低。正如一項研究一針見血下的結論：「大小就是一切。」[7]

大小就是一切，港口的地點愈來愈無關緊要。過去的港口靠著阻礙貿易流動來賺錢。報關經紀、批發和流通等行業全都集中在港都，例如紐約，因為所有進口和出口的貨物都得在此停留。港口通常與腹地的內陸地區有著緊密的財務和商務關係。過去地理學家常會把相關的內陸地區劃歸為特定港口的

「屬地」。

　　貨櫃船運則沒有屬地這種概念，如今港口不過是個「裝卸中心」，大量的貨物幾乎一刻不停地流經這裡。各家船運公司把營運集中在少數幾個裝卸中心，並盡可能減少昂貴船隻的停泊次數。顧客才不管這些裝卸中心位於何處：一家伊利諾州的製造商若想運送機械到韓國，他們並不會在意貨物是用卡車運到長灘，還是用鐵路運到西雅圖；貨物是從釜山還是仁川進入韓國都無所謂。船商可以自行決定 —— 他們將完全根據船運成本、港口收費，以及陸上運輸費率的組合，找出每個貨櫃最低的總成本。[8]

環球航線

　　這種新的海運地理學帶來與過去截然不同的貿易模式。來自法國南部的出口產品可能經由英吉利海峽邊的勒阿弗爾出海成本最低；進口到蘇格蘭的貨物可能將從英格蘭東南部以火車運來。運往舊金山灣區的日本貨物可能從西雅圖、而非奧克蘭進口，因為船運公司節省一天航行時間的成本，超過把部分貨物從西雅圖以火車運往加州的費用。愈來愈多墨西哥灣沿岸的港口都市經由查理斯敦或洛杉磯處理運往歐洲和亞洲的貿易，因為船商認為，行經墨西哥灣不符合經濟效益。維吉尼亞州的漢普頓錨地已取代巴爾的摩，成了主要的裝卸中心，這並非巴爾的摩的錯，而是服務歐洲的船商經由漢普頓錨地每年可以多跑四班船——只要船的造價高達六千萬美元，四班船就足以決定船商是盈是虧。[9]

　　一個成功的港口還是能為地方經濟帶來龐大的利益，靠近港口的大都會地區將有許多卡車、鐵路和倉庫的工作，需要報關行和船運代理商，且能從港口相關產業獲得許多稅收。不過，這些工作存在與否，商業的條件遠遠超過地理的因素。根據一項調查發現，像西雅圖這種地方市場很小的港口都可以實現夢想，成為大貨櫃港，並「因此獲取豐厚的經濟利益」。反觀東京和倫敦這種附近地區有眾多人口的港口，未必就能繁榮興旺。船運公司居於主導的地位，港口只得互相競爭，博取船商的青睞。[10]

　　競爭引發了規模龐大的投資。在一九七〇年代，世界銀行和亞洲開發銀行為開發中國家的港口計劃傾注了十三億美元的資金。從一九七三年到一九八九年，美國的港口花了二十三億美元在貨櫃處理設施上。船運公司利用他們的談判能力，把建設新碼頭、購買新吊車和疏浚水道的風險推給政府機構。港口堅持船運公司簽訂租約，但租約往往無法保證貨物會源源湧入。船運公司也常常會隨著策略轉變而把裝卸中心遷至不同的港口，至於那些遭他們離棄的港口，也是支付最少的錢便了事。光一年間就有三十家船運公司轉移了北美港口的營運，使部分港口損失了不少貨物流量。港口就算擁有最新穎的設施，也無法保證前途光明：一九七〇年代末，奧克蘭把一大部分的營收重新投資在貨櫃碼頭上，但還是被長灘搶走了許多市占率。一九八三年，奧克蘭投入龐大資金的港口疏浚計劃遭到一場環保官司阻擋，美國總統輪船公司對此的因應手段便是把大部分的貨運轉移到西雅圖。至於西雅圖，一九八五年，西雅圖南方幾里之外的塔科馬興建了一座四千四百萬美元的貨櫃碼頭，吸引到海陸服務的投靠，西雅圖也因此損失慘重。[11]

　　無可避免，大部分的港口設施投資注定要付之東流。一九七九年和一九八〇年，巴爾的摩的新碼頭帶來了激增的貨物，但到了二〇〇〇年，這個港口處理的貨櫃比二十年前還要少。台灣在高雄斥鉅資興建的貨櫃港極為成功，政府決定在台中比照辦理，卻是個代價高昂的錯誤。許多港口（包括聖地牙哥）訂製了造價不菲的貨櫃吊車，後來卻很少使用。類似碼頭鐵軌的許多科技後來變得一無是處：港口在碼頭上鋪設火車鐵軌，好讓吊車能直接從船上把貨櫃吊至等候的平車上，但火車隨著吊車裝卸貨進度移動的速度過於緩慢，延誤了船的運作，也降低了生產力。許多碼頭鐵軌被棄置，但失敗的成本大部分由港口承擔。[12]

　　港口事業升高的風險引起決策者的關注。在一九六〇年代和一九七〇年代，政府對港口的投資攸關貨櫃船運的發展，除了費利克斯托和香港，當代各大貨櫃港的興建都由政府支應，風險也由當局承擔。當時這是唯一的出路：資本不足的船運公司和碼頭工人公司不可能自己支應港口的開發。隨著所需的投資變大，政府官員開始對經營港口失去興趣。一九八一年，西雅圖港務局長表示：「累積的成本高得嚇人。」船運公司遷離或倒閉可能會讓政府機構為閒置的吊車和貨櫃場付出代價，這種風險高得讓許多政府不願承擔。[13]

一九八一年，英國首相柴契爾首開新的模式，把二十一個港口賣給一家民間公司，其他國家的政府也紛紛跟進。一九八六年，馬來西亞政府把巴生港（Port Klang）出租給一個民間集團，從墨西哥、韓國到紐西蘭，各國政府也立刻跟上腳步，把港口民營化。投資者不限於碼頭工人和運輸公司，還包括各大海運業者。貨櫃船運現在已是規模龐大的事業，有能力籌措港口所需的鉅額資金。身為港口的使用者，港口設施能否迅速處理貨物也攸關業者的利益。和政府機構不同，民間港口業者沒有為地區經濟發展而擴張的急迫誘因，他們可以堅持簽訂由銀行或擔保品保證的長期合約，確保投資可以回收。政府退居地主的角色，將水岸土地出租給民間業者。到了二十世紀末，全球的貨櫃貿易流量已有半數經過民間經營的港口。[14]

一九七七年，貨櫃船運達到一個里程碑。南非和歐洲首度開闢貨櫃船運，最後一條完全由散裝船服務的航線也貨櫃化。貨櫃仍稱不上普及全球，許多貨運量較少的航線仍然由傳統船運支配，尤其是非洲和拉丁美洲。不過，就商業而言，這些航線是利基市場而非主流市場。主要的海運航線成了麥克連當年描繪的海上公路。一九八〇年，每週有十七艘、總容量相當於兩萬個二十呎貨櫃的船從美國太平洋岸往返日本。從歐洲北部，每週有二十三艘船跨越大西洋到北美五大湖區的各個港口，另有八艘總容量逾一萬五千個二十呎櫃的船往返歐洲和日本。即使是澳洲和美國東岸的長途航線，每週也有平均二‧五艘貨櫃船從兩端啟航，載運澳洲的肉品到美國，以及美國的製造業產品到澳洲。[15]

在這種永無止境追求更大的氛圍中，航運公司把目標擺在一種連結港口的新方式上：環繞地球航行。

環繞地球服務在散裝船運時代是個聞所未聞的概念。船速緩慢加上泊港時間漫長，從紐約橫越大西洋、穿過直布羅陀海峽和蘇伊士運河，停靠新加坡、香港、橫濱和洛杉磯，然後取道巴拿馬運河返回紐約，總計三萬九千英里的航途，可能得花上六個月的時間。以較快的船、較短的泊港把環球時間縮短至三個月是無法想像的。一九七八年，麥克連離開董事會後，雷諾工業花了五億八千萬美元訂製十二艘柴油動力船，並承諾海陸服務很快就會推出「每週一班環繞地球的新服務」。[16]

這個主意並不瘋狂。大多數的船運公司都為了貨物流量失衡的問題而傷透腦筋。例如，海陸服務是北太平洋的主要船運公司，但日本對美國的巨大貿易順差，使得海陸服務載運的東行貨櫃勢必超過西行。但在中東，海陸服務的問題剛好顛倒過來，坐擁龐大石油收入的中東國家進口大量的製造業產品，但卻很少出口貨櫃化的貨物。往東環繞世界的航線可以解決這種失衡的現象：船在中東港口卸下貨櫃，載上前一次航程所留下的空貨櫃，繼續開往日本；航程中，船可以停靠新加坡和香港，再由較小的船把貨物駁運到印度和泰國等開發中經濟體——這些國家與日本或美國的貿易量還未多到值得單獨開闢航線。

　　然而，環球航線的風險很高。兩個港口之間的貿易流量往往大不相同；一艘適合往返紐約和鹿特丹的船，很可能對往返新加坡與香港來說太大。風暴、碼頭罷工或機件問題導致航程延誤，可能將使船隻每週某一天停靠各個港口的日程為之大亂。這可不是個小問題：以色列的以星船運公司（Zim Line）從美國大西洋岸出發，經由蘇伊士運河到達美國西岸——這已是一九八〇年最接近環繞地球的貨櫃服務，但完成一趟、航班延誤不到一天的比率只有六四％，而延誤超過一週的船班多達七分之一。如果託運者認為，與環球航線相比，標準的點對點服務可能準時得多，那麼環繞地球船運可能就會很難吸引貨物。在這種風險下，海陸服務放棄了環球航線的計劃。

終究還是成本問題

　　但海陸服務的兩家主要競爭對手並沒有放棄，其中一家是長榮海運。一九六八年，長榮海運由雄心勃勃的台灣企業家張榮發創立，從一家不定期船公司發展成航線遍布太平洋和遠東—歐洲的船運龍頭，並靠著與運費同盟削價競爭吸引貨物。一九八二年五月，長榮向日本和台灣的造船廠訂造了十六艘貨櫃船，總價十億美元，並宣布將開闢東行和西行的環繞地球服務。在原本的規劃中，這些船可以載運兩千兩百四十個二十呎櫃，但沒多久就重新設計，改為兩千七百二十八個。張榮發稱這些船為「G 級」船，並以 G 字頭的英文字為它們命名：長俊輪（Ever Gifted）、長隆輪（Ever Glory）、長明輪（Ever Gleamy）等等。這些船的航速為三十二浬，快到東、西行航線的十九個港口每隔十天就能看到一艘長榮貨櫃船。長榮東行的船每八十一天可環繞地球一圈，西行要八十二天。[17]

　　跨入環球航線的另一個競爭者同樣也是自信滿滿的船運大亨——麥克連。一九八二年，麥克連的美國輪船公司訂製了十四艘超大貨櫃船，由於承造船隻的是韓國的大宇造船廠，美國輪船公司未能享有美國政府的造船補貼，但他們能自由決定這些船要用於哪些航線，不會被美國政府干涉。這些新船各可載運四千四百八十二個二十呎櫃，比長榮的 G 級船多出將近一倍。這些船既寬敞又實用，以設計工程師庫辛的話來形容，看起來「像海上的一個大鞋盒」。麥克連的策略與張榮發有別，他的船只往東環繞地球，且航速緩慢。麥克連已經從高速的 SL-7 貨櫃船學到了教訓，不想讓燃料費用吃掉獲利。新船是在高油價的時代打造的，為了節省燃油，航速將只有十八浬，環繞世界一周的時間也比長榮的船更久。[18]

麥克連為他的新船取了名字，叫做經濟船（Econship），顧名思義，經濟船除了節省燃料，其龐大載運量所帶來的經濟效益，將使單一貨櫃的成本比全世界任何船都來得低。光是造船的支出就高達五億七千萬美元。麥克連新公開上市的公司沿用了前身麥克連工業的名字，要籌措到資金可謂輕而易舉。全世界都想投資這位貨櫃船運的創始者，讓他把美國輪船公司改造成一家有「全球巴士服務」的公司。[19]

然而，新服務的獲利潛力打從一開始就大有疑問。幾乎整個貨櫃船運業都經營維艱：一九八一年海火車船運宣告破產；一九八二年，三角洲輪船（Delta Steamship）和莫爾─麥科馬克輪船遭美國輪船公司併購；赫伯羅德變賣了總部大樓，以籌措現金償債；香港的東方海外公司被迫重新協商二十七億美元的債務；而擁有英國渡船營運權、十五艘貨櫃船和一家貨櫃租賃公司的海貨櫃公司（Sea Containers）也幾乎倒閉。一九八四年和一九八五年，長榮和美國輪船開始環繞地球服務之際，情況愈發惡化。新的船運容量湧進市場，從一九八三年五月到一九八四年五月，北太平洋的貨櫃容量激增了二○％，使得往返北美和日本的船幾乎呈現半空的狀態。《駿懋船運經濟學人》（*Lloyd's Shipping Economist*）的報告指出：「船運公司全面採取削減費率的措施來爭奪市占率。」[20]

環繞地球服務本身也出乎當初的預期。每經過一個港口不只是停靠碼頭一次，而是為整個環繞地球航程增加了冗長的時間和沉重成本。除非大幅減少停靠的港口，否則航程將長到難以接受。因此，大部分港口都以支線船舶來連接環繞地球服務，在大型裝卸中心轉運貨櫃，使貨物的運輸總時間拉長。長榮的環球航線最後完全略過英國的港口，而使用法國勒阿弗爾的區域裝卸中心，每年轉運二十萬個貨櫃到英格蘭、蘇格蘭及愛爾蘭的港口。麥克連的經濟船需要的水深超出許多港口的正常水位，有時候還會為了趕著在滿潮的時刻出港而來不及載運碼頭上的貨物。長榮和美國輪船公司都未面對一個事實：他們的船可能不是運輸貨物的最佳方式；雖然以雙層貨櫃火車跨越美國本土的運輸成本比經由巴拿馬運河的船運成本高，但美國總統輪船的船—火車服務能讓從日本到紐約的貨櫃只花十四天就運達，遠比長榮或美國輪船的運輸時間短得多。能否準時也是個一直未能解決的問題。對環球航線來說，比斯開灣（注：Bay of Biscay，北大西洋的海灣，位於法國和西班牙之間）的惡劣天氣或杜拜港的吊車故障，都會延誤對橫濱和長灘顧客的日程承諾。[21]

　　沒多久，災難便接踵而至。油價並未如麥克連預期的從每桶二十八美元漲到五十美元，反而在一九八五年暴跌至十四美元。美國輪船公司的慢速省油船突然間變得不符合市場的要求，中東產油國家再也負擔不起過去經濟船上滿載的大量進口貨。競爭愈演愈激烈：一九七〇年代管理不良的散裝船公司在貨櫃船運的打擊下紛紛倒閉，但一九八〇年代的船商都是專業管理的大公司，不會輕易棄械投降。麥克連工業一九八四年獲利六千兩百萬美元後，一九八五年虧損了六千七百萬美元。一九八六年初，該公司無法償付一筆利息，麥克連為了重新安排他的貸款而四處奔走，但他的努力都徒勞無功，一九八六年的頭九個月，麥克連工業的營收是八億五千四百萬美元，但虧損達兩億三千七百萬美元。歐洲的貨櫃碼頭開始要求預付現金，才准許經濟船卸貨。債權銀行也緊縮了信用條件。到了十一月二十一日，十二億美元的沉重債務終於迫使麥克連工業停止所有服務，並聲請破產。[22]

　　當時，美國輪船公司的崩垮是美國史上最大的破產案，也是最錯綜複雜的案例。總共有五十二艘船在各地的港口被扣押，從新加坡到希臘，七家承辦經濟船抵押貸款的美國銀行忙著想從這些船收回貸款，卻沒有船商要這些船；十六個月後，這些船以二八折的價格出售給海陸服務。超過一萬個貨櫃和五千五百輛車架被退還給弗列斯車廂租賃公司（FlexiVan Leasing），當初美國輪船以一天幾美元的價格向他們租用車架。美國輪船以一年一千萬美元向史塔頓島租用新貨櫃碼頭的合約失效，使紐約與紐澤西港務局平白耗費了六千萬美元在疏浚和營建的工程上。第一殖民地農場轉手落入債券銀行手中，最後大部分都淪為荒地。沒有擔保品的債務共有兩億六千萬美元，這些債權人沒有拿回任何錢。麥克連持有八八％的麥克連工業普通股全數化為烏有，他與擔任副總裁的兒子小麥克連被管理團隊開除。有幾千人隨之失業。[23]

「麥克連一直未能從美國輪船公司的破產平復過來。」一名長期同僚說。他開始離群索居，閃躲新聞記者，避開公開露面。他的失敗糾纏著他，一想到自己傷害了數千個人，他就羞愧不已。然而，他還是充滿幹勁，一九九一年，在美國輪船公司倒閉五年後，因為太過無聊，於是他以七十七歲的高齡又創立了一家船運公司。許多海陸服務公司的前主管已經是船運業的大老，他們勸他至少偶爾在公開場合露個面，接受他應得的獎項和尊崇。二〇〇一年五月三十日，他葬禮的那個早上，世界各地的貨櫃船都鳴笛致敬，以示對他的追憶。[24]

然而，如果說美國輪船公司的破產對許多人來說是個人的不測，麥克連所開創的產業絕非一場災難。一九八六年，也就是美國輪船公司倒閉的那一年，全世界的港口、運輸公司和船運業者為了載運貨櫃已經投資了七百六十億美元。據估計，到了二十世紀末，將又有一千三百億美元的投資，用來建造更大的船、能在十二小時內處理一艘船的港口，以及每分鐘能搬運超過一個貨櫃的吊車。貨櫃船運已經變成一個極為龐大的產業，隨著它的成長，運送一個貨櫃貨物的成本也不斷下降。[25]

第 13 章

成本與運費

　　儘管投資人大失所望，國際貨櫃船運初期的那幾年還是為沉悶的貨物運輸業帶來了全新的動力。正如德國赫伯羅德的主管薩格日後所言，長達十年的費率戰「雖然導致船商虧損累累，另一方面也隨著託運人帶來了『箱子』技術的突破。」新的貨櫃技術迅速普及，過不了多久將穿透世界經濟的深層。[1]

　　貨櫃的初期影響主要侷限於海運業狹隘的領域，僅涉及船運公司、港口主管機構和碼頭工作者。船運商負擔不了轉型為貨櫃船運的龐大成本而經營維艱，有些業者也未能撐過考驗。港口實際上必須徹底重建才能處理大量的貨櫃，獨力承擔了前所未見的規模開發及支應建設新碼頭的角色。幾乎各地都有大量的碼頭工人失業，儘管在許多情況下，他們的工會做了強烈的抵抗，也贏得了補償津貼，但工會也要他們迅速重塑碼頭的工作樣態。

海運世界內的劇變初期並未帶來廣泛的影響。海運本身只占世界經濟極小的比率，除了碼頭社區，碼頭工作占總就業的比率可說是微乎其微。貨運革命真正的意義並不在於它對船運公司和碼頭工人的影響，而是後來貨櫃化對成千上萬需要運輸貨物的工廠、批發商、商品交易商以及政府機構所帶來的衝擊。對於大多數的託運者而言（也許除了政府機構之外），運輸貨物的成本攸關他們要生產哪些產品、產品要在哪裡生產銷售，以及進口或出口是否划得來。只有在能大幅改變託運者的成本時，貨櫃才足以重塑世界經濟。

這個過程無法一蹴可幾。直到一九七五年，貨櫃船已經定期航行世界的主要港口將近十年之久，聯合國的機構還宣稱「只有少數託運者因船運成本長期降低而獲益」。十年後，情況已完全改觀。[2]

直到一九七〇年代初，國際貨櫃船運啟航的頭幾年，貨櫃為船運公司大幅降低了成本，帶來了利益。其中最重要的是省下了裝卸貨物的時間精力，畢竟這是貨櫃誕生前最主要的船運成本。資本成本雖然比傳統船運高，但還不算太離譜，因為當時大部分的貨櫃船是由舊船改裝的，加裝了載運貨櫃的艙格。港口的貨櫃碼頭建造成本是傳統碼頭的十倍，但可處理單位人力貨物量卻是二十倍，因此每噸成本較低。以每噸成本計算，初期的貨櫃船營運成本比散裝船低，因為每艘船能載更多的貨物。整體來看，聯合國貿易暨發展委員會（UNCTAD）一九七〇年下了結論：船運公司以貨櫃船運輸貨物的成本只有傳統船舶的一半不到。[3]

貨櫃化初期省下的成本讓託運者也分到了一杯羹。按商品計算費率的複雜結構讓我們難以估計平均費率，但傳聞證據清楚顯示，國際貨櫃船運出現後，費率降低的情況並未發生在散裝船上。不過，貨櫃費率降低的程度可能比不上船商大幅度的成本節省，因為制訂貨櫃費率的同盟同時也掌握著傳統船運的費率。許多同盟成員在訂造的新貨櫃船尚未交船前，暫時以低效率的散裝船載運貨櫃。他們希望貨櫃的費率能盡量接近散裝費率，以保護自己的獲利，在他們的新船下水之前拖延貨櫃化的成長。

如此一來，初期的貨櫃費率並不是根據貨櫃船運的成本制訂的，而是依照散裝貨運的成本。如果貨櫃裝了混併的貨物，每項貨物的費率只比散裝船載運略低。裝滿單一產品的貨櫃可獲得較大的折扣，但也沒大到哪裡去。例如，歐洲─澳洲的航線開闢後，威爾斯的冰箱製造商以整櫃運送產品的費率只比散裝費率低一一％，要是與其他產品一起併櫃出貨，則幾乎沒有折扣。運往英國、裝滿澳洲肉品的冷凍貨櫃費率只比散裝低八‧六五％。[4]

從貨櫃船商的觀點來看，整櫃皆單一貨品的費率比混合併購的費率來得低是十分合理的。一個貨櫃裝滿單一商品——在工廠封櫃，運達最終目的地才開櫃——是最符合經濟效益的貨物處理方式；而混合併櫃的貨物必須由貨運代理商或船運公司事先整併，需要動用到昂貴的碼頭人力。不過，在一九六〇年代，製造商還未習慣依照貨櫃運量來接訂單，他們往往會在訂單進來後才開始生產產品，每張訂單完成後就出貨。一九六八年，一項針對兩百三十五批北美—西歐航運的製造業產品所做的調查發現，有四〇％的單批重量不到一噸，八四％不到十噸。貨物量太小，裝不滿一個貨櫃，因此無法享受最實惠的費率。[5]

一九六九年問世的第二代貨櫃船帶來了成本結構上的急遽改變。新船的設計以方便裝卸為優先考量，處理貨物的成本因而進一步降低。不過，與散裝船或第一代貨櫃船相比，更為不同之處在於，第二代貨櫃船通常由船商舉債建造，不管營運狀況如何，船商都得承擔支付貸款的義務。借來購買船、車架和貨櫃的利息和本金負擔如影隨形。船商不再依照使用碼頭的時間與裝卸貨物的多寡來支付港口費用，而是簽訂碼頭、吊車、貨櫃場的長期合約，即使物流減少也得支付租金。運送空貨櫃跨洋回來更是散裝時代不曾有過的負擔，而且成本很高：一九六九年，經過安特衛普港的十萬個貨櫃中，有半數以上是空的。追蹤貨櫃和規劃裝卸貨物的電腦系統則是另一筆龐大的新固定成本。[6]

新船較大、速度較快，每年載運的貨物數量也比早期的船更多。舉例來說，一九七〇年代初期，歐洲船運公司行駛遠東的新船容量是從前散裝船的四倍，航速加快、滯港時間縮短，使得這些船每年可以往返六趟，遠多於以往的三又三分之一趟。以整年來看，每艘新船載運的貨物是傳統船隻的六或七倍。若要賺錢，四分之三的貨櫃艙格必須填滿；超過這個比率便能分攤固定成本，大幅降低單位貨櫃成本。因此，想要獲利不僅得看競逐貨物的船數，也要仰賴商業的景氣循環。全球性的衰退會使船商遭到雙重打擊：缺少貨物不僅會導致單位貨櫃成本增加，同時也削弱了船商維持費率在可獲利水準的能力。[7]

一九七〇年代初就發生過因貨物短缺而壓低船運費率的情況。一九七一年，一家銀行的調查發現，從德國南部運送機械到紐約的貨櫃船運成本，比散裝船運便宜三分之一。隨著定期貨櫃服務逐漸符合廠商的需求，從蘇格蘭的威士忌製造商到澳洲蘋果農戶等國際船運紛紛放棄散裝船運。除非託運者發現貨櫃船運的優點，否則沒有理由做這種改變；然而，託運者一面倒的選擇——以經濟術語來說，他們的「外顯偏好」——就是強力的證據，證明貨櫃化確實降低了船運成本。船商願意透過類似一九七一年的北大西洋聯營協議等安排來分享營收，顯示費率大跌之際他們沒有太多選擇。[8]

石油危機接踵而至。一九七二年，油價開始大漲，一九七三年十月贖罪日戰爭（注：Yom Kippur War，又稱第四次以阿戰爭）後更是變本加厲，但油價對運輸業各部門所造成的衝擊不盡相同。國際市場的原油平均價格從一九七二年的每桶略超過三美元，漲至一九七四年的逾十二美元。卡車、火車或海運的貨運成本漲幅與製造業不相上下。

新貨櫃船遭到的打擊尤其沉重。高速的新貨櫃船運送等量貨物所耗費的燃料，是它們取代的散裝船的二或三倍。這在高耗油商船設計之初並不是什麼重要的問題；一九七〇年代初，燃料只占貨櫃船營運成本的一〇％到一五％。但到了一九七四年，燃料價格已變成沉重的負擔，最後高達船運總成本的一半。船運同盟紛紛對顧客提高費率，收取燃油附加費和匯率調整附加費，此外，隨著燃料價格飆漲和美元持續貶值，附加費也不斷提高。長程航線的貨櫃船運成本增加尤其顯著，因為燃料占總成本的比率最高。進出口商對此的反應則是減少製造業產品的長程貿易，改採短程貿易。對於全球貨運的使用者而言，貨櫃船運似乎不再是個實惠的選擇。[9]

對歷史學家來說，要精確估算一九七二年到一九七〇年代末船運成本的改變，是個極為艱鉅的挑戰。這段期間大部分的時候只有短程海運採用單位貨櫃統一費率，例如跨越北海的航線。在其他航線，費率並不是按貨櫃計算，而是取決於貨櫃裡的商品種類。沒有什麼可靠的方法可以算出平均費率，更不可能追蹤一段期間的變化。[10]

運費難以估算

除了實際費率之外，有三個來源曾被用來估計船運成本的趨勢。其中之一是包租「不定期船」的成本——相對於提供固定航班的「定期船」服務。據一九六〇年代和一九七〇年代航運雜誌的報導，包租每一噸不定期船容量的價格大幅上漲。不過，大部分不定期船載的都是穀物或其他大宗貨物，而非製造業產品，因此租金成本對了解貨櫃船運的助益並不大。隨著貨櫃船運的重要性提高，不定期船逐漸沉淪，只能載運那些無法有效貨櫃化的低價值貨物，也使得包租價格與貨櫃化運費更加南轅北轍。[11]

第二個運費成本資料的主要來源是由德國運輸部編纂的船運指數（Liner Index）。這套指數顯示，船運費率在貨櫃船運誕生的一九六六年持平，然後大幅攀升，從一九六九年到一九八一年漲了兩倍。不過，以船運指數衡量全球船運成本會有一個大問題，畢竟這個指數追蹤的只有行經德國北部、荷蘭和比利時北部港口的貨運費率，而非全世界，而且還涵蓋了一大部分的非貨櫃船運。德國馬克匯率的改變似乎也對該指數的波動影響很大。一九六六年，德國馬克兌換美元的匯率為四：一，到了一九七二年升值到三馬克，一九七八年則只要兩馬克就能兌換一美元。對使用美元營運的託運者而言，以船運指數衡量的海運費率在一九七〇年代上漲的幅度還遠不及通貨膨脹率。[12]

第三個來源是漢堡船運經紀商韓森公司（Wilhelm A. N. Hansen）一九七七年起追蹤的貨櫃船租賃基準費率。與上述的船運指數不同，韓森的指標顯示，船運價格在一九七八年和一九七九年下跌了。不過，這個數字取自很小型的貨櫃船租賃，即最可能用來出租的貨櫃船。我們無法得知這能否反映大型、高效率貨櫃船營運商所收取的費率。[13]

估測一九六〇年代與一九七〇年代船運費率的技術問題，大到不太可能以可靠的方法來判斷貨櫃費率的影響。國際船運往往以美元訂價，匯率的大幅波動使得許多原本不受科技變遷影響的國家，船運成本也跟著大幅變動。許多運費同盟對簽訂「忠誠協議」的託運人提供高達二〇％的折扣，條件是這些託運人只能使用同盟成員的船，因此公定的同盟費率未必能反映主要託運人支付的費率。許多託運大戶表面上按著公定的費率付費，私底下卻要求船運公司退費，也如願以償；雖然在美國航線上退費是違法的──一九七七年，海陸服務因為在一九七一至一九七五年間祕密支付顧客一千九百萬美元而遭罰款四百萬美元——這種做法在其他地方仍十分普遍。當然，退費也會使託運者實際支付的價格遠低於船運公司公開的價格。[14]

讓情況更加複雜的是，在貨櫃船運推出後，傳統散裝船仍然繼續提供服務。一九七三年以前，散裝船運輸的美國雜貨一直多於貨櫃船，直到一九八〇年代，散裝船在非洲和拉丁美洲等開發中國家的航線仍扮演著重要的角色，因為許多航線的貨物流量小到不值得投入資本購置貨櫃船和建設港口。在國際貨櫃船運的頭十年，任何衡量整體海運成本的標準都涵蓋了大量的散裝船運，且摻入了通貨膨脹的因素。一九七〇年代所有工業國家的消費者物價都上漲了超過一倍，如果貨櫃化真的讓貨運的名目成本下降，那會是個不同凡響的成就。[15]

嘗試為使用不同貨幣、且依照數百種同盟費率結構運輸各種貨物的託運者，計算貨櫃化如何改變海運的「平均」費率是一件徒勞無功的事。整體來看，證據強烈顯示，隨著貨櫃化在一九六八年或一九六九年開始日益重要，國際貨運的成本也開始下跌，且持續跌到一九七二年或一九七三年。由於燃料價格大幅上漲，運費也扭轉趨勢，一直上漲到一九七六年或一九七七年。除了油輪以外，美國籍貨船（絕大部分是雜貨船）的費率也出現了類似的趨勢，與貨物的價值相比，船運公司的收入相對下降，直到一九七五年的石油危機，費率下跌的情況才暫有停息。[16]

然而，倘若貨櫃船運沒有席捲運輸界，會是什麼樣的光景？碼頭工人的薪資在一九七〇年代大幅攀升，散裝船運的生產力提升又微乎其微，勞力密集的散裝船裝卸工作在一九七六年的成本將遠高於十年前。即使一九七六年石油價格達到高峰、燃料附加費的升高使得海運費率飆漲，也很少有託運者想改回散裝船運。[17]

　　當然，海運並不是進出口運輸唯一的成本，總運費成本不僅包括船運費，還有往返港口的陸上運輸、包裝、倉儲和其他港口費用、損壞與保險，以及運輸期間押在貨物上資金成本。在散裝船運的年代，這些成本的相對重要性取決於特定貨運的細節。例如，一九六八年從美國運送一批包裝材料到西歐，必須支付船商每噸三百八十一美元，卻只要支付卡車或鐵路公司三十四美元。相照之下，運送一批需要長途陸上運輸的汽車零件，陸上運輸要花一百五十美元，海運只有二十美元。對包裝材料來說，改變海運費率會大幅牽動總運費成本，但對汽車零件，影響並不明顯。[18]

　　在海運貨櫃化的初期，貨櫃化並未降低陸上運輸的成本。在許多國家，卡車和鐵路的運輸費率取決於商品種類和距離，和海運費率一樣。美國的規定甚至禁止船運公司對國內的目的地採用一貫費率（through rate），顧客若想為陸上運輸協議特別折扣則更不用說了。因此，若要從廣島運送一貨櫃的電視機到芝加哥，出口商必須支付標準日本卡車的電視運費，加上特定的海運費，加上美國國內卡車或鐵路的電子產品運費，再加上貨運代理商的相關費用，才能做好一切安排。陸上運費在一九七〇年代大幅上漲，主因是燃料價格攀升和薪資提高。出口到美國的託運者愈來愈偏好長程海運和短程陸運，顯示陸運成本的增加相對而言高於海運成本。[19]

一九七〇年代，港口附近的企業若是被貨櫃營運商忽視，他們可能就得面臨不成比例的高額運輸成本，因為他們的貨物得在陸地上行經更長的路程才能出口。在散裝船運的時代，共有十七個紐西蘭的港口負責處理紐西蘭的國際貿易，但只有四個港口處理貨櫃船運，使得肉品或羊毛加工商必須負擔把產品運到奧克蘭（Auckland）或威靈頓的運費。同樣的情況也發生在曼徹斯特附近的工業公司：一九七〇年代，貨櫃船不願浪費時間行駛距海口三十六英里的運河到曼徹斯特，這個英國第五大港因此遭到廢棄，當地的客戶必須承擔陸上運輸成本，改由利物浦或費利克斯托出口。至於新英格蘭州北部的製造商，由於他們過去使用的波士頓港只有少數的貨櫃船會停靠，他們的成本勢必會增加，畢竟這些製造商得先把出口產品用卡車運到紐約。[20]

無庸置疑，隨著貨櫃船運的成長，有許多非運費成本下跌了。在工廠裝載整個貨櫃，就不用訂製木箱保護商品免於偷竊或損壞。貨櫃本身也可以充當行動倉庫，省下過去堆儲於臨時倉庫的成本。貨物失竊大幅下降，運輸途中的貨物損壞求償劇減了九五％；當保險公司確信貨櫃船運可以減少損失後，保險費用也下跌了三〇％。船速更快、在港口裝卸的時間縮短，出貨庫存的成本也為之降低。[21]

　　早在一九五五年，麥克連就已發現這些成本的**總和**才是託運者關心的事，而非船運公司或鐵路公司的公告費率。理想的狀況下，我們應該長期追蹤同一種貨物從工廠送達客戶手上的總成本，來衡量貨櫃化運輸所帶來的改變。如果有數百種消費性產品與工業產品的同類資訊，我們或許就能編纂出一套可信的運費成本指數。可惜這個工作就算是最有幹勁的調查員也難以勝任。沒有人在一九六五年就蒐集從託運者到目的地的運輸成本資料，且直至今日，這種資料也不存在。

　　就我們所知，直到一九七〇年代中期，產品國際運輸的總成本仍然相當高，雖然當時貨櫃已在快速發展。一九七六年，美國航運署做了一項運輸調查：從密西根州蘭辛（Lansing）運送價值兩萬五千美元的輪框到法國巴黎，必須負擔五千六百三十七美元的運費成本——相當於貨物價值的二二・六％。運費帳單包括三千六百美元從底特律到勒阿弗爾的海運費、超過六百美元的卡車費，以及超過一千三百美元的其他費用與保險費。若再加上七％的法國進口關稅，這些輪框在法國的成本比在密西根高出三分之一。[22]

托運者

到了一九七〇年底，趨勢似乎開始改變。雖然燃料成本持續升高，國際產品運輸的實質成本卻開始快速下跌。[23]

是什麼因素導致船運價格降低？為什麼價格從一九七七年左右開始下降，而非十年之前國際貨櫃船運方興之際？答案與本書迄今很少特別著墨的一群人有關：託運者。貨櫃化使得這些運輸的買家習得了管理貨運成本的全新思維，隨著他們的知識更充足、更精明且更有組織，他們也開始逐步壓低船運成本。

在散裝船運的時代，託運者並不是龐大的勢力，許多政府抑制費率競爭，支持由船運同盟制訂的費率，對部分航線甚至明令禁止獨立船商降低費率。即使是在政府准許非同盟船運商競爭的地方，競爭也不怎麼激烈，因為通常來說貨物不夠多：託運者往往會同意保證把一條航線的所有貨物都委託給同盟船商載運，好交換所謂的「忠誠」折扣——這種保證會使非同盟船商更難爭取到生意，也使得同盟更加鞏固。託運者、船運公司和政府看待海運公司的方式與卡車和鐵路公司如出一轍：是有權在成本上漲時提高費率的公共服務商。一九七四年，一名英國船運公司主管曾道：「我們的前途，取決於有強大商業託運團體支持的強大同盟。」──講得好像船運公司和顧客的利益是一致、無法區分似的。[24]

貨櫃船運龐大的資本需求導致每條航線的船運公司減少，也強化了同盟勢力，使託運者落於不利的地位。舉個最極端的例子，一九七一年的北大西洋聯營協議實際上是把過去互相競爭的十五家船商團結起來。在歐洲─澳洲航線，一九六七年行駛歐洲與澳洲的十三家公司在一九七二年合併為七家。這些集團開始抑制競爭，而託運者的因應之道則是彼此加緊合作。到了一九七六年，有三十五個國家成立了民間託運者協會並積極展開運作。[25]

最早開始展現實力的是澳洲的託運者，尤其是那些完全仰賴出口的澳洲農民。一九七一年，四個代表養羊農戶與羊毛買主的團體建立了一個合作組織，反對運費上漲。一年後，新加坡的橡膠貿易商為了抗議同盟附加費，找到了一家非同盟的船運公司，並以低四〇％的費率運送他們的產品到歐洲。澳洲的乳品製造商也與一家非同盟船商簽訂了合約，以低一〇％的費率運貨到日本。到了一九七三年，託運者在東亞─歐洲航線的力量已大到同盟被迫接受議價，馬來西亞棕櫚油製造商協會因而贏得凍結費率兩年的待遇，史無前例。聯合國貿易暨發展委員會一九七四年發表的報告指出：「船運費率上漲在某些航線遭到託運者的強力抗拒。」一九七五年，澳洲肉品協會爭取到大幅度的費率降低，交換條件是由四家船運公司包下他們運往美國東岸的所有肉品出貨。[26]

託運者組織在美國沒有法律地位，託運者也不願聯合議價，唯恐被指控觸犯反托拉斯法。不過，大型託運者開始反求諸己，改變自家的運作方式，善加利用貨櫃的優點。[27]

在貨櫃化早期，使用者處理船運的方式與散裝船運時代大同小異。運輸管理分散到各個部門，每個工廠或倉庫各管各的運輸。即使用裝滿的四十呎貨櫃運貨給分散的客戶能為公司整體省錢，各部門的貨運經理也毫不在乎，他們只管把貨物送出門。大多數的託運者偏好二十呎的海運貨櫃，雖然每噸的費率高於四十呎櫃。原因是他們不懂得怎麼整合不同的訂單，把四十呎櫃好好裝滿。就連最大的託運者美國軍方，也把運輸職掌劃分成陸上貨運與海上貨運，各由不同的機構管理，結果經常因為使用到尺寸不對的貨櫃而多付了運費。[28]

在產業界，貨運部門往往會設在工廠後面靠近裝卸區的地方，且完全聽從製造部門的指示出貨。貨運職員的桌上堆滿了各家船運同盟、卡車同盟和鐵路公司的費率分類說明書，他們會想盡辦法以最低費率的品名來登載貨物。接著出口經理會打電話給船運公司選訂船期，在快速運達與避免過度依賴特定船商之間求取平衡。在組織分散、電腦系統還很原始的情況下，就算是經驗老到的大型跨國公司也有可能會在運送相同貨物時支付懸殊的運費，取決於貨運職員和出口經理的努力。一名化學業前主管回憶道：「某些例子中，在北大西洋航線上運一個四十呎櫃要一千六百美元，有時候同樣的貨櫃我們卻付了八千美元。」[29]

大型託運者通常會簽定數十份忠誠協議，涵蓋不同的航線，以承諾由同盟成員運送所有貨物來交換費率折扣，然後再分別與數百家同盟船運商交涉。但結果往往令人不滿意。忠誠協議無法保證獲得艙位；如果製造商想出口貨物到印度，同盟成員的船卻沒有艙位，貨物就必須等到另一艘同盟的船有空間才能出口。若利用獨立船商或以不定期船載運貨物，將會觸犯合約，託運者就得面臨同盟沉重的罰款。如果唯一可得的同盟貨船出海前還會先停靠許多港口裝貨，貨物勢必會延遲抵達目的地的時間。對於大型製造商而言，管理與船商的關係和分配貨物是令人頭痛的問題，往往需要許多員工處理相關事務。[30]

當船運公司聯合起來提高市場力量時，製造商就會採取積極的對策。他們的第一步就是尋找非同盟船商。

非同盟船商一向在主要航線有一定的影響力，但他們不過是小角色，大型託運者很少會利用他們。非同盟船運公司又稱獨立船商，他們提供比同盟費率低一〇％到二〇％的折扣，但他們大部分都小到無法在行駛的航線上提供頻繁的服務。如果託運者利用獨立船商，卻發現他們無法提供要求的服務，託運者最後可能就會被迫回頭找同盟船商，並支付高於簽訂忠誠協議的運費。如果託運者的貨物流量很容易預測，就可以應付這種風險。但對於那些可能突然需要運送意外訂單的製造商來說，堅持找同盟的大型船商是較為安全的策略，即使運費較高。[31]

　　貨櫃誕生後，許多人認為貨櫃船運的經濟學對獨立船商不利。成本太高導致小型船商難以任意跨入航線。一九七八年，一名經濟學家估計，在美國－亞洲航線經營貨櫃服務要能存活，就得花三億七千四百萬美元建造五艘船，外加貨櫃、車架和吊車。不難想見，花這麼多錢的公司一定會加入同盟，也會希望維持較高的費率好回收成本。但在一九七〇年下半，船商卻發現跨入航線的成本並沒有這麼高。隨著油輪市場重挫，造船成本從一九七〇年到一九七五年底激增四〇〇％後也開始下降，造船廠流失訂單，只好削價求售並延長貸款來爭取生意。新船降價讓丹麥快桅（Maersk）和台灣長榮等傳統船運公司得以轉型跨入貨櫃船運。快桅和長榮在大多數的航線獨立營運，費率遠低於同盟的收費。他們開始增添船隻，變成強大的競爭者，搶走過去與同盟簽約的託運者。一九七三年以前，這兩家公司都未曾擁有貨櫃船。到了一九八一年，擁有二十五艘船的快桅已是全球第三大貨櫃船運公司，而有十五艘船的長榮則排名第八。[32]

　　其他獨立船商紛紛崛起，尤其在太平洋地區。一九七二年，香港船業大亨董浩雲擁有的東方海外公司成為第一家經營亞洲與紐約貨櫃船服務的獨立船商，收取比同盟低一〇％到一五％的費率。一九七三年，另一家非同盟船商韓國船運公司（Korea Shipping Company）投資了八千八百萬美元建造八艘貨櫃船。俄羅斯獨立船商遠東船運公司（Far Eastern Shipping Company）每個月有兩班貨櫃船從橫濱往返長灘和奧克蘭。隨著託運者紛紛放棄同盟船商，同盟費率書也淪為漫畫書。一九七〇年代末，業者紛紛轉以單位貨櫃的統一費率計價，顯示同盟的議價能力大幅削弱，這在每種商品收取不同費率的時代是不可能發生的。從費利克斯托運一個二十呎貨櫃到香港的同盟費率，從一九八〇年的三千六百四十五美元跌到三年後的兩千一百三十六美元，到了一九八八年，費率仍比一九八〇年代初期來得低。從歐洲運送一個四十呎貨櫃到紐約的價格在一九七九年中為兩千美元，到了一九八〇年夏季跌破一千美元。一九八一年一月，許多非同盟船商競逐馬尼拉出發的航線，導致菲律賓—北美的同盟崩潰。[33]

一九七〇年代，託運者獲得了新力量，他們勇於抗拒船運卡特爾的舉動帶來了第二個重大結果，也是他們過去可望不可及的理想：解除運輸管制。

一九七〇年代，幾乎每個國家（除了澳洲）的卡車事業都受到緊密的規範。大多數的鐵路公司都由國家擁有，抑制了競爭的動機。只要政治權力握在運輸公司和工會手中、而非他們的客戶，法規結構就不會輕易放鬆。若要探究法規結構的崩潰，可以追溯到一個單一事件，即美國最大鐵路業者賓州中央鐵路公司（Penn Central）一九七〇年六月的倒閉。隨著賓州中央鐵路公司停業，六家鐵路公司也跟著關門，引發了各界對於相關法規的注意，特別是那些使得鐵路公司無法與卡車競爭的法規。成本高昂且爭議不斷的政府紓困計劃改變了政治氣氛，共和黨和民主黨都開始呼籲減少管制。一九七五年十一月，福特總統提議取消了 ICC 對大部分州際卡車的管轄權。第二年，國會做出放寬鐵路管制的第一步。[34]

緊接著是國內的激辯，一方是希望擁有更多彈性以便與卡車業競爭的鐵路公司，以及要求解除管制以降低成本的託運者和消費者倡議組織；部分的卡車公司也急著想擺脫管制，尤其是處理小量貨運的業者。另一方則是許多處理整車貨運的公司，他們激烈反對，深怕這樣的改變會鼓勵不滿整車的貨運；還有代表鐵路工人與卡車司機的工會，他們擔心改變會削弱工會的力量、減少工會工人的就業。當時已慢慢逐步放寬管制的管理當局警告國會不要倉促行事。ICC 的主管說：「部分託運者要求大幅降價，有時候挾著令業者無法抵抗的議價力。」此外，他們主張政府必須持續掌握大局，保護卡車和鐵路公司免於顧客的壓迫。[35]

在激烈的爭辯中，貨櫃被拿來作為落伍的法規導致低效率的明證。

連結全世界

　　貨櫃的基本概念在於貨物可以天衣無縫地在火車、卡車和船之間搬運。然而，麥克連的第一艘貨櫃輪問世二十年後，貨櫃運輸仍然處處有縫隙。原則上，卡車或鐵路公司可以給出口商從聖路易到西班牙的「一貫費率」，但這個一貫費率卻只是從聖路易到某個港口的公告卡車或鐵路費率，加上該商品跨越大西洋的公告船運費率。就國內運輸來說，卡車公司不喜歡從港口長途載運貨櫃，因為他們很可能得載回空貨櫃；國內託運者偏好利用不會與車架分離的傳統拖車廂，而非可分離的貨櫃。鐵路公司確實有背載運輸的業務，以平車載運拖車廂，但這種服務只有在長途運輸才受歡迎；從明尼阿波利斯以背載運輸送到芝加哥的四百英里路，要花十八到二十二小時，遠比卡車花八小時還久。背載運輸往往划不來，鐵路公司又把費率訂得很高，冀望託運者會改用火車廂，因此以火車載運拖車的成本往往高於公路拖運。[36]

　　鐵路公司對於沒附卡車車架和輪子的貨櫃也興趣缺缺。一九六七年，海陸服務公司與鐵路公司討論橫越美國大陸的貨櫃服務時，鐵路公司要求的價格是海陸服務願意支付的三倍，議價也因此告吹。一九七二年，雙方再度商議一項稱作「迷你橋」（minibridge）的服務，由海運公司和鐵路業者合作載運貨櫃，從東京取道奧克蘭港到紐約。雙方將協議整趟行程的一貫費率，提交給 ICC（鐵路管理當局）和聯邦航運署（船運管理當局），並決定如何瓜分營收。船運公司宣稱，迷你橋可避免繞道巴拿馬運河這種漫長又耗油的航程，因此能降低成本。但較少被談及的真正利益，則是在太平洋岸裝卸貨船的成本比東岸低得多：幾乎沒有業者想從加州利用迷你橋經過紐約港把貨物出口到歐洲。鐵路公司對這個構想毫無興趣，因為他們連設計比標準平車更有效率的設備都懶得想。託運者也無法從中得到好處。與全程水路服務相比，從日本經由迷你橋運送電視機到紐約可節省數天的時間，但運費並沒有比較便宜。美國政府一九七八年的調查發現，從德州運送合成橡膠若是經過迷你橋從洛杉磯到日本，運費是以卡車運到休士頓港出口的三倍。[37]

　　解除管制大幅改善了這種情況。一九八〇年，美國國會通過了兩項法案，允許州際卡車業者載運幾乎任何貨物到任何地點，也准許採用他們爭取得到的任何費率。ICC 喪失了批准鐵路費率的資格，只保留制訂煤和化學品等商品的權力。過去常被迫空車返回的卡車和鐵路業者，如今可以在回程載貨。另一個與過去截然不同的改變，在於降低國際船運成本所扮演的重要角色。鐵路公司和他們的顧客首度可以協商長期合約，制訂費率和服務條件。長期以來的定價原則（即所有顧客運送相同的產品應付一樣的價格）被新的系統取代，如今最大的客戶可享有最優惠的折扣。五年內，鐵路公司與託運者總共向 ICC 申報了四萬一千零二十一份合約。美國境內的貨物運輸已經發生急遽的改變，運輸成本下降的幅度如此大，以致於到了一九八八年，託運者——以及最終擴及至美國的消費者——節省了將近六分之一的陸上總運費。[38]

貨運業改變最大的部分可能是貨櫃運輸。有了簽訂合約的能力，鐵路公司有動機改革二十年來停滯不前的營運，相信他們的投資不會白費。設備製造商再度投入研發低矮的車台，以便迅速裝卸雙層貨櫃，亦即麥克連早在一九六七年就嘗試過、但未能說服鐵路公司使用的平車。解除了管制，這種雙層貨櫃平車就可以用來運載一個方向的國際貨櫃，另一個方向則可載運裝滿國內貨物的貨櫃——這在一九八〇年代是不被准許的——因此國際貨運不必再承擔從港口運回空貨櫃的成本。

一九八三年七月，美國總統輪船公司贊助了第一列全雙層貨櫃平車的火車。幾個月內，船運公司和鐵路公司紛紛協議長達十年期的合約，使用雙層貨櫃火車，把從西雅圖、奧克蘭和長灘進口的貨櫃直接送往中西部的貨運場。節省的運送時間長達數天，協商決定、而非由當局規定的費率也遠比以往低；各方也說好，只要貨運量增加，運費就能進一步降低。平均而言，在一九八二年以火車運送一噸的貨櫃貨物一英里要花四美分。調整通膨因素後，這個數字在接下來的六年下跌了四〇％。火車費率下跌得這麼快，以致於到了一九八七年，從亞洲運往美國東岸的貨櫃有三分之一是靠橫越美國的火車運送，而非完全走水路。國際貿易的一大障礙已被消除。[39]

美國的卡車和火車解除管制後，託運者把注意力轉向船運業。他們再度大獲全勝。一九八四年的《航運法》（Shipping Act）改寫了經由美國港口從事國際船運的規則。託運者從此可以與船運公司簽訂長期合約，只要能保證最低的貨運量，託運者就可協商較低的費率以及特定的服務條件，例如船班的頻率。這類的「服務合約」必須對外公開，好讓其他有類似貨物的託運者也可以要求同樣的待遇。雖然同盟仍可制訂費率，但只要成員遵守公開原則，個別的同盟成員隨時都可跳脫同盟費率的約束。

託運者的新力量對運輸費率帶來沉重的下跌壓力。鐵路公司和船運公司的公告費率並未下降；如果《駿懋船運經濟學人》的數字可信，一九八〇年到一九八八年間，從英國運送一個二十呎櫃到紐約的同盟費率上漲了一倍。然而，同盟的公告費率已經失去意義。市場實際狀況較好的指標是美國軍方貨物的競標費率。軍方市場只對美籍船隻開放，他們每隔六個月會投標，以至少三十二呎長的貨櫃載運雜貨。船運公司沒有競標的義務，因此可以假設投標的價格至少高於船商認為他們可以從商業貨物獲利的費率。一九七九年十月，船商競標以最低的四十．九四美元載運四十立方呎的貨物橫越太平洋，不分東行或西行。到了一九八六年，跨太平洋的費率崩跌到西行為二．三九美元，從亞洲到美國西岸則為十五．八九美元。即使美國的生產物價從一九七九年到一九八六年間上漲了近三分之一，海運費率仍然大幅滑落。[40]

　　一九七〇年代中期以來，非同盟船運業者的成長以及託運者協商費率的能力加強，使得公告費率無法反映出口商和進口商實際支付產品船運的成本。世界銀行的報告證實了這種情形：「實際費率往往差異極大，且與公告費率有很大的差距。」《紐約時報》在一九八六年率直地報導：「五年來，運費大跌、成本激增以及舊船價值直落，使得船運界發生了翻天覆地的變化。」託運者和消費者節省的成本難以估算，但可以確定的是，省下的數字極為龐大。美國總統輪船公司幾年後的研究也有了結論：從亞洲到北美的船運費率因為貨櫃化下跌了四〇％到六〇％。經濟學家伯恩霍芬（Daniel M. Bernhofen）、艾爾－撒利（Zouheir El-Sahli）和奈勒（Richard Kneller）二〇一三年的報告指出，一九六六至一九九〇年間，在富裕國家裡，貨櫃增加的國際貿易流量比政府為了消除正規貿易壁壘所付出的努力更為重要。這些箱子使得全世界的經濟變得愈來愈大。[41]

第 14 章

及時運輸

　　芭比娃娃被認為是美國女孩的代表，但事實上她從來不是：在她誕生的一九五九年，美泰兒公司（Mattel）安排了一家日本的工廠生產她。幾年後，美泰兒也在台灣的一家工廠生產芭比，許多台灣婦女在家裡縫製芭比娃娃的衣服。到了一九九○年代中期，芭比的國籍變得更不明顯。中國的工人製造她優美的身體，用的是來自美國的模子和來自日本與歐洲的機器。她的尼龍頭髮是日本製，身體的塑膠原料來自台灣，色素是美國製，棉布則源於中國。芭比娃娃雖然只是個單純的女孩，卻也發展出自己的全球供應鏈。[1]

　　像芭比娃娃這種供應鏈是貨櫃革命的直接結果。這在從前可是聞所未聞的事——當一九五六年麥克連把第一個貨櫃放在理想—X 號的甲板上，以及當一九七六年高油價推升，導致運費飆高而扼殺世界貿易時，這並不存在。在這之前，垂直整合是製造業的常態：公司會取得原料（有時候從自家的礦場或油井），運送到自家的工廠（有時候用自家的卡車、貨船或鐵路），然後經過一連串的製程，將原料製成最終產品。隨著貨運成本自一九七〇年代末開始暴跌，加上貨運公司之間快速轉運貨物成了常態，製造商發現，他們不再需要包辦所有的製造過程，而是可以與其他公司簽約生產原料和零件，尋找供應商，並且簽訂運輸合約，確保需要的原料與產品可以準時運達。整合生產漸漸被分散生產給取代。專精於狹類別產品的供應商不但擁有該行業的最新技術，且在特定產品上擁有經濟規模。運輸成本降低使得生產芭比娃娃的中國工廠可以很經濟地使用日本的尼龍頭髮、台灣的塑膠和美國的色素，然後把成品運銷給世界各地熱愛芭比的女孩。

及時製造

這種可能性最先在一九八〇年代初期引起了世人的注意，也是所謂「及時製造」問世之際。及時的概念源自日本豐田汽車，指的是藉著降低庫存來提高品質和效率。豐田不像競爭對手那樣自行製造大部分所需的零件，而是與外部供應商簽訂長期的合約。供應商與豐田緊密合作，協助設計產品，也了解生產計劃的細節。豐田要求供應商採用嚴格的品質標準，僅容許極低比率的錯誤，因此豐田在使用零件時無需再做測試。供應商同意根據豐田組裝線的要求小批製造產品，在很緊湊的時限內運交零件以供立即使用，也就是「及時」的由來。把庫存降到最低為整個製程帶來紀律，由於倉庫內的零件有限，製造時就不容犯錯，迫使供應鏈的每一家公司必須符合要求的績效。[2]

　　一九八一年以前，及時生產的神奇妙處並未流傳到日本以外，到了一九八四年，豐田同意在加州一座通用汽車的工廠組裝汽車，美國企業刊物便以三十四篇文章報導及時生產。一九八六年，報導的文章多達八十一篇，全世界的公司都爭相效法豐田廣為人知的成功經驗。在美國，到了一九八七年，已有五分之二的財星五百大製造商採用及時生產。絕大多數的公司都發現，及時生產需要以大不相同的方式來處理運輸。製造商再也不能零零散散把一、兩批貨物交給卡車公司、運給央求業務的推銷員，而是得與少數貨運公司建立大批貨運的關係，且這些貨運必須能滿足嚴格的及時交貨要求。顧客要求白紙黑字的契約，注明延遲交貨的罰則。即便是漂洋過海而來的貨物也必須準時送達，擁有龐大貨運網和精密貨物追蹤系統的鐵路、海運和卡車公司因此占盡優勢。[3]

　　在一九八〇年代之前，物流（注：logistics，或譯為後勤）

是軍事用語。到了一九八五年，物流管理——安排生產、倉儲、運輸與交貨的工作——已變成例行的企業機能，且不僅限於製造商。零售商發現他們可以管理自己的供應鏈，省去製造商與消費者之間的批發商。有了現代通訊和貨櫃運輸，零售商可以設計自己的襯衫，把款式設計傳給泰國的工廠，利用當地的勞力，結合以美國棉為材質的中國製布料、台灣塑膠製的馬來西亞鈕扣、日本的拉鏈，以及印尼的刺繡裝飾。生產的成品裝進四十呎貨櫃，以不到一個月的時間運送到田納西州的配銷中心或法國的量販店。全球供應鏈變得如此普遍，以致於二〇〇一年九月紐約世界貿易中心遭恐怖攻擊摧毀後，美國海關加強邊界檢查，導致密西根許多汽車工廠不到三天就因為缺少進口零件而停擺。

物流的改善展現在庫存水準降低的統計數字上。庫存是成本項目之一：有庫存表示已經支付貨款，但還沒收到賣出的錢。可靠的運輸容許公司在更接近需要的時候取得貨物，不必提前數週或數個月，如此便可減少貨物囤積在倉庫貨架上的成本。在美國，庫存從一九八〇年代中期隨著及時製造的概念生根開始下跌，戴爾（Dell）等製造商和沃爾瑪（Wal-Mart）等零售商把這個概念發揮到極致，他們以最短的時間把產品從工廠交到顧客手中為原則，設計了全套的企業策略。二〇一四年，美國的庫存已比一九八〇年代的水準降低了約一兆兩千億美元。假設融資這些庫存的金錢必須以八％的利率取得來算，美國企業每年節省的庫存成本高達一千億美元左右。[4]

　　若非貨櫃化，這種精準的績效根本不可能達成。只要貨物必須逐件處理、在碼頭上耽誤的時間長，以及卡車、火車、飛機與商船間的轉運複雜又費事，貨物運輸就會難以預測，使得製造商不願承擔能否及時供應遠處供應商的風險。他們不得不囤積大批零件，好確保生產線能繼續運轉。貨櫃加上電腦大幅降低了這種風險，開啟了全球化的大門。企業可以在成本最低的地方生產零件和零售產品，把薪資、稅務、補貼、能源成本和進口關稅納入考量，同時兼顧運送時間和安全等因素。運輸成本仍然是成本計算的因素之一，但對許多產品來說，運輸已不再是重要的項目了。

　　歷史學家和經濟學家紛紛澄清，指出全球化並不是個新現象。早在十九世紀，世界經濟就已高度整合，拿破崙戰爭之後，關稅和其他貿易障礙的降低使得沉滯數十年的國際貿易大幅增加，一八四〇年代，遠洋輪船的誕生更是使得運輸成本急遽下降。從一八四〇年到一九一〇年間，海運的費率下跌了七〇％，刺激全球各地商品與製造業產品的運輸激增，而電報——十九世紀的網際網路——讓世人可以立即獲知遠處商品的價格。世界各國的穀物、肉類、紡織品和其他商品的價格逐漸拉近，因為交易商發現，只要國內的價格上漲或是薪資激增，他們便可輕易從外國進口商品。[5]

二十世紀末的全球化則展現了全新的特質，國際貿易不再以基本原料或成品為主。一九九八年，經由南加州進口的貨櫃僅有不到三分之一裝載著消費產品，其餘的貨櫃大部分都與全球供應鏈有關，載運的是經濟學家口中的「中間產品」，即在某個地方製造一部分、然後運往別處繼續製造的半成品。世界各地運輸中的貨櫃大部分裝的並不是電視機和成衣，而是合成樹脂、引擎零件、廢紙、螺絲釘，以及芭比的尼龍頭髮等工業產品。[6]

在這樣的國際生產分工中，鏈結頂端的製造商或零售商會尋找製程中每個部分最划算的生產地點。這在過去是不可能辦到的：高運輸成本本身就是個貿易障礙，和高額的進口關稅沒有兩樣，雖然能保護製造業的勞工免於外國競爭，但消費者也得負擔較高的價格。隨著貨櫃讓國際運輸變得更便宜、更可靠，貿易成本降低了，北美、西歐和日本的製造業工作也因而遭到重創，畢竟製造業者能更輕易地在國外找到低成本的供應。勞力密集的組裝工作可以在低薪資國家完成，而且低薪資國家的選項也不在少數。各種零件和原料可從供應最低廉的地點取得，但不同地點的成本往往十分相近。即使是運輸成本上的些微改變，也可能成為決定各個製程地點的因素。[7]

貨櫃化的經濟效益以奇特的方式塑造了這種全球供應鏈。

距離有關係，但非絕對重要。貨運距離增加一倍，只會提高一八％的貨運成本。只要有妥善管理的港口以及夠大的數量，距離終端市場遙遠的地點仍可以是國際供應鏈的一部分。[8]

　　貨櫃船運因為規模而蓬勃發展：愈多貨櫃經過港口，以船或火車載運，單位貨櫃的成本就會愈低。需求較低、或是基礎建設較差的地點將導致運輸成本升高，對於全球市場而言，這些地方就成了較不吸引人的製造地點。在一九七〇年代和一九八〇年代許多美國工業中心式微之際，洛杉磯卻崛起成為熱門的工廠地點，因為當地有美國最繁忙的貨櫃港；而洛杉磯也是占了地利之便才成了繁忙的大港，畢竟那裡能大量處理亞洲的進口產品，滿足不僅加州，而是整個美國的需求。環太平洋地區變成消費產品的世界工廠，主要原因在於大貨櫃港讓該區擁有全世界最低廉的船運成本：從一九九〇年到二〇一三年，光是投資七十二個中國私人經營海港計劃的金額就高達一百四十億美元，還不包括投資國營計劃的數十億美元。一九八七年到一九九七年間，安特衛普斥資驚人的四十億美元擴張港口，包括徵用四千五百英畝（二千公頃）的土地，為的是應付其他港口的競爭。反之，非洲國家的港口效率低落且缺乏貨櫃服務，儘管勞力成本最低，卻因為運輸上的劣勢而無法吸引製造業投資。[9]

　　在擁有大港口和完善陸上運輸基礎建設的地方，託運者不僅享有低廉的運費，也因運輸時間縮短而獲益。在貨櫃出現之前，類似戰士號的散裝船載運著大部分的世界貿易商品，貨物往往在船出海之前幾週就已離開工廠，船以緩慢的十六節速度航行，每停靠一個港口就得虛耗一週的卸貨時間。在貨櫃時代，一部星期一製造的機器星期二就可以送至紐華克港，沒多久便可運達德國的斯徒加特（Stuttgart），花的時間比裝貨到戰士號上所需的時間還短。但時間仍然分秒必爭，據估計，貨物在海運途中每多一天就會增加出口商〇‧八％的成本，也就是說，從中國到美國共十三天的典型航程，成本相當於一〇％的關稅。節省時間對於接近大港口的託運者而言是一大優勢。利用較小港口的託運者可能必須忍受駁運到大港口所增加的時間，亦即每一批貨物都會增加成本。空運可以把時間成本降到最低，但對於大多數在貧窮國家生產的貨物來說，空運的費用太高——這些貨物之所以會在這些國家生產，正是因為生產的附加價值很低。[10]

被創新排除在外

經濟學家墨基爾（Joel Mokyr）曾指出：「科技的任何改變會為一部分的人帶來福祉，也會為另一部分的人帶來惡耗，這是幾乎不可避免的。」正如其他科技，貨櫃也是如此，但貨櫃的影響遍及全世界。貨櫃化不會創造地理上的劣勢，但確實可能使地理劣勢變成更為嚴重的問題。[11]

　　在貨櫃誕生之前，船運對每個人來說都很昂貴。國際運輸最昂貴的部分是裝卸貨船，但這項成本一視同仁，對所有的託運者都有影響。貨櫃化則是降低了部分託運者的國際運輸成本，有些人從中得了好處，有些則否。內陸國家、基礎建設不良國家的內陸地區，以及經濟活動創造的需求不符合貨櫃化經濟效益的國家，當今處於競爭劣勢的程度可能比散裝船的時代還要嚴重。一項研究的結論表示，沒有海岸線會使一個國家的貨運成本增加一半。另一項研究發現，從美國大西洋岸的巴爾的摩載運一個貨櫃到南非德班（Durban）要花費兩千五百美元——但從德班拖運到賴索托馬塞盧（Maseru）兩百一十五英里（注：約三百四十六公里）的陸路，卻要花費七千五百美元。根據世界銀行二〇〇二年的報告，從中國華中地區運送一個貨櫃到港口的成本，是從港口運送到美國的三倍。中國很晚才學到這個教訓：在二十一世紀初，中國在上海附近興建了洋山深水港，這座港成了全世界最大的貨櫃港——但中國卻未打造一條能以低廉成本運輸貨物進出該港的鐵路。[12]

　　就算高貨運成本、高港口成本和漫長的等候時間未讓一個國家處於經濟劣勢，貨物流向失衡也足以帶來不利的影響。事實上，很少有海運航線能在進口和出口之間保持平衡。物流一旦失衡，物流方向貨物較多的託運者就必須承擔另一個方向載回空貨櫃的成本。在國際間移動的所有貨櫃中，約有二〇％是空的，但在部分航線上，這種失衡遠遠更為嚴重：在美國最大的貨櫃港洛杉磯，二〇一四年離港的貨櫃有一半是空的。但這種貿易失衡的情況仍有可能改變。二〇〇二年，中國加入世界貿易組織（WTO）後，對美國的貿易順差急遽擴大，到了二〇〇九年，從東亞運往北美的貨櫃數量是北美往東亞的兩倍半。腦筋動得快的北美企業家很快便想到，往西的低運費貨櫃可以用來裝載低價值的東西，例如廢紙和穀物。二〇一四年，美國農民出口了超過五萬個裝滿黃豆的四十呎貨櫃到東亞，而黃豆長久以來都被認為是一種不適合以貨櫃運輸的商品。更多的貨櫃被用於農產品出口，更進一步打開了過去沒有人想像得到的市場：當加拿大的農民發現，亞洲的買主願意用更多錢購買特定農場生產的芥花籽時，有塑膠內襯的單一用途貨櫃就成了運送這些產品的實惠方法。[13]

　　貨櫃船運的革命在一九八〇年代初期就已結束，但貨櫃革命的影響持續激盪。在緊接的三十年間，貨櫃運輸開始壓低國際貨運成本，海運的貨櫃量增加了四倍多。德國最大的港口漢堡港一九六〇年處理了一千一百萬噸的雜貨；到了一九九六年，有超過四千萬噸的雜貨經過漢堡的碼頭，其中八八％的貨物裝在貨櫃裡，且超過半數來自亞洲。到了二〇一四年，漢堡港處理的雜貨貿易量超過了一億噸。電子產品、衣物和其他消費品的價格大幅滑落，歐洲、日本和北美各國商店裡的本國貨紛紛被進口貨取代。要不是貨櫃船運快速遍及全世界，低價產品將無法成為貿易的項目。一九九〇年代末，好在進口的產品價格下跌，長達三十年之久的通貨膨脹才藉此劃下句點。[14]

明顯可見的是，貨櫃運輸幫助一些城市和國家成為新全球供應鏈的一部分，另一些城市和國家則被排除在外。貨櫃幫了經濟快速成長的韓國一把，但對巴拉圭的助益卻不大。然而，貨櫃化協助創造的貿易模式並非一成不變，一九八〇年，船運公司的投入使得一些較晚跨入貨櫃化的地點仍能成功，例如韓國的釜山、南卡羅萊納的查理斯敦港，以及法國的勒阿弗爾。一九九〇年代，這種情形在亞洲再度發生，發生的規模也更加龐大。大港口開始在像孟加拉吉大港（Chittagong）和越南海防（Haiphong）等地崛起，同時，這些國家也成為重要的成衣出口國。在印度洋，新碼頭使得過去昏昏欲睡的斯里蘭卡可倫坡港變成重要的貨櫃船匯聚港。在阿曼，人口稀少的塞拉萊（Salalah）直到一九九八年才出現第一只貨櫃，但由於船運公司需要在印度洋有個貨櫃轉運點，塞拉萊在十年之間變成一個每年處理逾一百五十萬個拖車貨櫃的港口。

到了二十一世紀末，貨櫃運輸業受到少數幾個規模遍及全球的聯盟所掌控。這些公司的超大型貨櫃船可能往返兩個港口間，但載運的貨物大多不是在出發地製造，或以終點站為最終目的地。大船運公司如何部署貨船將可決定哪些港口能生意興隆，哪些會冷清寥落。在某些情況下，做出這種選擇的理由無法避免：並非所有港口的水深都能處理最大的船。不過，有時候船運公司會結合政府官員和民間港口業者一起改變比較上的優勢。二十一世紀初的全球最大貨櫃港排行榜透露出許多訊息：二〇一四年處理最多貨櫃的二十個大港中，有十一個在一九九〇年完全沒有、或只有少數貨櫃進出，這十一個港中，有幾個港甚至還未誕生。一直到二〇〇〇年，香港還處理著幾乎全中國的國際貿易，因為中國大陸還沒有大貨櫃港。到了二〇一四年，全世界最大的十個貨櫃港有七個在中國，沒有一個在歐洲或西半球。（見下頁表6）

這些新港口大多交由民間管理，部分港口甚至是由民間出資興建的。這些港口的興建完全基於貨櫃運輸的經濟效益，亦即以讓船盡快進出港口為最高準則。只有最大的港口才值得花時間停靠：二〇一四年，四六％的全球貨櫃船運行經二十個港口，其中最小的港口處理了超過四百萬個四十呎貨櫃。港口每小時能裝卸的貨櫃愈多，船隻泊港所耗費的時間就愈短。高效率的港口會吸引龐大流量的貨物，能接待大船，而且次數更加頻繁，航線也遍及世界每個角落。中國、馬來西亞和泰國在一九九〇年代興建的超大型港口是對全球化的投資。貨櫃處理量極少的古老希臘港口比雷埃夫斯（Piraeus）也是如此，二〇〇

表6　全球大貨櫃港排行榜：依貨櫃處理量（單位：百萬個二十呎標準貨櫃）

港口	國家	1990 年	2003 年	2014 年
上海	中國	0.5	11.4	35.3
新加坡	新加坡	5.2	18.4	33.9
深圳	中國	0.0	10.7	24.0
香港	中國	5.1	20.8	22.2
寧波—舟山	中國	0.0	2.8	19.5
釜山	韓國	2.3	10.4	18.7
青島	中國	0.1	4.2	16.6
廣州	中國	0.1	2.8	16.6
杜拜	阿聯	1.1	5.1	15.3
天津	中國	0.3	3.0	14.0
鹿特丹	荷蘭	3.7	7.1	12.3
巴生	馬來西亞	0.5	4.8	10.9
高雄	台灣	3.5	8.8	10.6
大連	中國	0.0	1.7	10.1
漢堡	德國	2.0	6.1	9.3
安特衛普	比利時	1.6	5.4	9.0
廈門	中國	0.0	2.3	8.6
東京—橫濱	日本	1.5	3.3	8.5
丹絨柏樂巴斯	馬來西亞	0.0	3.5	8.5
洛杉磯	美國	2.6	6.6	8.3

資料來源：《國際貨櫃年鑑》（*Containerisation International Yearbook*）與聯合國亞太地區經濟和社會委員會

九年，中國遠洋運輸公司（COSCO）接管了比雷埃夫斯港，並斥資十億美元進行現代化，五年之內，此港的運輸量增加了十倍。利用這些港口出口貨物的工廠享有最低的運費，耗費的運輸時間最短，進口原料與零件時亦可節省成本，出口產品也在市場上擁有成本優勢。對照之下，貧窮國家的港口物流稀少，管理較不完善，這些國家的製造商會發現，高物流成本讓他們在外國市場處於競爭劣勢。[15]

這種劣勢遠遠超過只是偶爾損失的出口銷售。港口過時、經營不善的國家難以在世界經濟中扮演較為吃重的角色。二〇〇四年，世界銀行估計，如果秘魯的港口管理能像澳洲那樣有效率，就可以增加四分之一的對外貿易。秘魯政府嚴正看待世界銀行的警告，在這之後的十年進行了二十億美元的港口投資，使秘魯的對外貿易得以大幅成長。另一方面，坦尚尼亞則堅持抗拒現代化。如果坦尚尼亞的三蘭港（Dar es Salaam）能像鄰國肯亞的蒙巴薩港（Mombasa）那樣有效率，坦尚尼亞家庭二〇一二年的年平均支出將可省下驚人的八‧五％。未能將國內港口好好現代化的國家，就好像在航運上只能獲得單線鐵路的支線服務一樣。在全球供應鏈中連結各國經濟體的大型貨櫃船滿載著成堆的金屬箱子，這些船將會跳過這些國家，不停靠他們的港口。[16]

在二十一世紀的頭幾年，這些貨櫃船就已經變大很多。二〇〇一年，只有少數的船隻可以載運超過三千個卡車大小的貨櫃，其他小得多的船則載運著全球貿易大部分的貨物。到了二〇一五年，載運一萬個四十呎貨櫃的巨無霸貨輪已然加入世界的商船隊，而二十年前曾是最新款的船隻則紛紛被以廢鐵變賣。有人估計，巨大的貨櫃船使得從亞洲到歐洲載運貨櫃的成本降低了超過三〇％：滿載一萬個四十呎貨櫃的貨櫃船平均每個貨櫃的燃料成本，比載運三千個貨櫃的船少了約一半，而且所需船員的數量並未增加。

然而，儘管有許多優點，新一代的船也有嚴重的缺點。二〇〇八—二〇一〇年金融危機之後，國際貿易的成長速度減緩到半世紀以來的最低水準，新服役的船隻因為載運容量大幅增加，導致大多數的貨櫃船運業遭受虧損。背負著鉅額貸款的大型貨櫃船，營運上的彈性卻比較小，使船東得承擔貨運量不足的龐大風險。這些船隻藉由降低航速和延長運輸時間來提高經濟效益，但託運者的成本相對來說就會增加。大型船隻需要大型碼頭來裝卸更多貨櫃，也提高了碼頭營運的難度。更寬的船身——可載運多達二十三排貨櫃——讓吊車需要更長的平均時間，才能把貨櫃從船上移動到岸上，但碼頭長度不夠導致沒有空間配置更多的吊車來處理額外的貨物。結果就是停靠碼頭的時間增長，侵蝕了提高海上航行效率所省下來的錢。

超大型貨櫃船的需求也使得港口以及其公共部門的業主資金緊俏。二〇一五年一項頗具權威的研究下了結論：「船運公司通常不會與運輸鏈的其他參與者商議他們的計劃。世界各國的港口花費了數十億美元疏浚港口海床的沙石，以提供五十呎的港深。在陸上，碼頭需要新的卡車裝卸閘口、公路交流道，以及鐵路機廠來處理大量的貨櫃。荷蘭政府斥資五十八億美元（四十七億歐元）鋪設了雙線的全貨運鐵路，可從鹿特丹載運貨櫃到德國邊境。不過，事實證明，要回收這些投資的成本相當困難，來自其他港口和其他運輸形式的競爭使得港口收費和鐵路運費難以提高。此外，隨著貨櫃船愈來愈大，停泊的船數也愈來愈少。過去可為數量穩定的小型船隻提供服務的碼頭，如今可能每週只有一艘超大型貨櫃船停靠，造成昂貴的基礎設施多半的時間都閒置無用。雖然世界各地有數十個港口透過疏浚來接受巨型船隻，但這些港口往往吸引不到足夠的船隻來彌補投資的金錢。二〇一二年，德國的深水港威廉港（Wilhelmshaven）啟用，總共斥資了四億三千四百萬美元（三億五千萬歐元）建設大型貨櫃船所需的設施，以處理無法在漢堡或布萊梅停靠的貨櫃船，但在啟用的兩年後，這座港幾乎沒有船隻停靠。[17]

最能展現這種新環境風險的例子，莫過於巴拿馬運河的擴建計劃了。一九一四年通航的初始運河適應了不同時代的需求。載運超過兩千五百個四十呎櫃的貨櫃船大到無法通過船閘。自二〇〇七年起，管理該運河的巴拿馬政府機構花費了將近六十億美元興建更長、更寬，而且更深的船閘，以容納載運約六千五百個貨櫃的船隻。擴建運河讓更大的船隻得以從東亞橫渡太平洋，到達北美洲的大西洋和墨西哥灣沿岸，也促使幾個美國港口斥巨資浚深，好讓更大的船隻得以停靠。然而，二〇一六年，運河的新船閘開啟時，卻沒有人敢擔保會有足夠船隻進來，因為巴拿馬運河並不是亞洲和北美洲東岸唯一的運輸路線。如果美國鐵路降低運費、太平洋岸的港口提升效率，從洛杉磯和長灘運輸貨物到匹茲堡和辛辛那提的成本，將比支付巴拿馬運河的通行費加上多幾天的船運費還便宜。如果勞力密集的製造業從愈來愈昂貴的中國遷移到南亞或非洲等低成本國家，更多往美國的船隻可能會取道新近拓寬的蘇伊士運河和跨越大西洋，而捨棄橫渡太平洋，導致巴拿馬運河的通行量減少。斥資數十億美元拓寬巴拿馬運河和浚深北美的港口可能會帶來巨大的報酬──但也有可能得不償失。

受貨櫃船運不斷改變影響的不只是港口，科技急遽的轉變也對工會發出了挑戰。回顧一九六〇年代，工會和碼頭業主已經解決了貨櫃化帶給勞工的苦果，他們達成協議，補償成千上萬冗餘勞工的問題並允許碼頭的自動化。對少數在貨櫃化確立後仍保住工作的碼頭工人來說，碼頭工作整體而言變得比散裝船運的年代更加安全，待遇也更好。出乎意料的是，工會發現，雖然貨櫃化導致他們的會員人數劇減，卻也提高了他們的議價能力。在貨櫃船造價動輒數億美元的情況下，船東承受不起可能導致船隻停駛的罷工，因此他們寧願鼓勵港口營運當局達成協議，而不想冒罷工的風險。不久之後，碼頭工作就成了藍領職業中最高薪的工作之一。長期以來因為孤立的文化和獨特的習慣而遭受輕視的碼頭工人，變成了勞工階級羨慕不已的菁英。

　　但是碼頭的改變並未停止，到了一九九〇年代，電腦接管了檢查員的工作，檢查員不再需要用寫字夾板來記錄裝卸的貨櫃。過去的許多碼頭工作如今在有空調的辦公室裡進行，由坐在螢幕前的電腦操作員掌控；然而為了保護工會的影響力，工會必須爭取這些人加入工會。另一個打擊來自二〇〇〇年代初期：早已被用於工廠的自動化車輛在碼頭出現。有了這些自動化車輛，碼頭工人不再需要駕駛運輸車往返貨櫃場和船隻間。無人的堆疊吊車隨之問世，可以自動吊舉貨櫃，放到岸邊的運輸車上；過去操作機器的碼頭工人現在被控制室裡可同時監控六或八疊貨櫃的技師取代。二〇一四年，鹿特丹龐大的馬斯弗拉克特二號碼頭（Maasvlakte 2，四周圍著兩英里長的牆以阻隔北海）啟用，它的自動化系統會通知卡車司機何時要載運出口的貨櫃到碼頭來。感應器會驗證卡車司機的憑證並掃瞄卡車和貨櫃，接著要求司機在指定的時間穿過一道自動門；另一套自動化系統將指示司機要從哪裡倒車進入圍繞貨櫃場的安全門，然後一輛由電腦控制的車將把貨櫃從車架舉起，帶它越過圍牆到指定的地點，並疊在指定的貨櫃層。如果一切運作順利，卡車司機不必與任何人見面就可開車離開。

　　貨櫃的處理過程中，在船隻與岸上之間往返移動貨櫃的部分仍在頑強地抵抗自動化。操作吊車的碼頭工人是勞工菁英中的菁英，他們等待了這麼多年才有機會賺到比許多銀行家或工程師還多的薪資。不是所有的碼頭工人都能勝任這份工作，除了要很機敏，還得有絕佳的視力才能從隨著波浪搖動的船上抓起貨櫃，流暢地移至等在碼頭邊的運輸車，然後再為回程抓舉貨櫃，精準地放至船上堆疊貨櫃的位置。有些創新加快了這個程序，像是能水平移動一只貨櫃並能同時垂直移動另一只貨櫃的吊車，但仍然需要一位吊車操作員掌控。坐在一百五十呎高的空中艙室裡，操作員可以透過玻璃地板俯視底下吊舉的貨櫃，他們順應不斷晃動船隻的能力比電腦還要強。

二〇一〇年，貨櫃船與岸上間的吊車操作員之生計突然遭受威脅。在巴拿馬箇朗（Colón）的曼薩尼約國際碼頭（Manzanillo International Terminal），操作員舒舒服服地坐在距離碼頭半英里高的控制室裡，以遙控的方式服務一艘貨櫃船，從螢幕上看著貨櫃並以搖桿操縱吊車。剛開始這套系統運作得並不順利，因為熟練的吊車操作員會依賴聲音來判斷位置，而安靜的工作環境將影響他們的精確度。一旦把麥克風安裝在吊車上，搭配控制艙裡的擴音機，操作員就能聽到外頭機械操作的聲音，他們的操作能力也得以恢復正常。這套可靠的系統一直運作到二〇一四年，碼頭才開始安裝沒有控制艙的吊車，完全靠遙控來操作裝卸貨櫃。遙控吊車並未讓操作員失業，但他們的重要性已大幅減弱。等老一輩的吊車操作員退休後，年輕一輩操作員的雇用條件很可能與處理貨物沒什麼關係，說不定會玩電腦遊戲的應試者更能掌握先機。

第 15 章
附加價值

　　小而都會化的安特衛普座落在比利時北部邊界斯海爾德河（River Scheldt）的低地，這座城市打從中世紀以來就有一個港口。儘管飽受歐洲許多戰爭的破壞，安特衛普的國際化傾向以及創業精神造就了它的富裕。歷史學家布勞岱爾（Fernand Braudel）寫道：在十六世紀，「這座城市是整個國際經濟的中心。」在二十世紀末，它名列全世界最大的港口之一。[1]

　　不過，在二十一世紀初，警訊響起。儘管安特衛普充滿魅力，這座城市畢竟還是位於世界成長較緩慢的區塊。比起之前的年代，西歐的經濟發展動能已趨緩，而且德國（安特衛普主要的市場之一）的人口已經開始減少。此外，消費者的支出模式也逐漸改變，大部分的錢被花在不需要貨物運輸的服務上，包括上瑜伽課、前往熱帶度假等活動。這些變遷對於安特衛普而言都相當不利，畢竟該城的主要收入來源是進口貿易。更糟糕的是，全球性的製造業轉移逐漸減緩。從一九六〇年代到二〇〇〇年代初，歐洲經濟每成長一％就帶來三％到四％的對外貿易成長。這種成長背後的推力是新供應鏈的發展，首先是因為歐盟降低了成員國之間的壁壘，接著是東亞製造業的擴張。但這波工業結構重組無法永久持續。安特衛普港口當局的經濟學家估計，當這波重組結束時，流經安特衛普碼頭的商務量成長將比歐洲經濟快不了多少，也就是說，成長將微不足道。

創造價值的遊戲

眾人意識到，這場貿易榮景很快就會過去，因而激起了一波公共辯論。辯論結束後，安特衛普的領導人同意：這個港口必須改變方向。它不應該再繼續追逐貨運量和擴張規模，追趕北方六十五英里的競爭對手鹿特丹；尤其不應該貪圖只是轉口的貿易。反之，安特衛普應該利用自身最大的資源——圍繞港口的土地——來吸引與船運有關的企業在這座城市經營不只是陸上貨運的事業。一位港口主管解釋了該市的新方針：「那不是一場與噸數有關的遊戲，而是一場與就業和分散化有關，以及創造附加價值的遊戲。」[2]

這類的說法反映出港口營運的重大改變。在二十世紀下半葉，港口瘋狂競逐貨運量，動不動就增添碼頭管理員、倉儲區和機械的支付成本，希望可以爭取到更多的船隻停靠。各碼頭的總噸數和二十呎貨櫃的單位數（TEU）是成功的標準。隨著規模大幅擴增──二〇一四年，新加坡處理的貨櫃量是一九九〇年的六倍，釜山是八倍──大眾逐漸不再視港口為名勝美地，而是覺得煩人擾民。大部分原本在港口附近處理的工作被遷移至他處。愈來愈多貨櫃在遠離碼頭的配送中心上下貨物，而思考貨船該如何裝載的工作也可以在任何有電腦終端機和網際網路連線的地方進行。從熱那亞到長灘各地，地方居民質疑為什麼他們得忍受大型工業公司占據寶貴的濱海房地產，製造噪音、柴油廢氣和交通擁塞，卻只提供有限的港口工作。

安特衛普對於這個問題的答案，有一部分是由一場訴訟催生的，這場訴訟挑戰港口當局決定出租土地、卻未考慮使用該土地的利益和獲利性。港口當局做出了反應，要求想租賃碼頭附近土地的公司應該要詳細列出開發計劃、未來將處理多少貨櫃、雇用多少工人，以及那些工人將帶來多少的附加價值。港口附近的土地被視為稀有資源，能承諾將帶給地方經濟最多利益的競標者，才能租到那塊土地──如果他們未能履行承諾，將依合約支付罰款。雇用工人數很少的油庫站機會渺茫，製造業或處理入港貨櫃產品的設施則成為首選。

許多安特衛普的競爭對手也想追逐附加價值，且不僅只鄰近的港口，像是鹿特丹和勒阿弗爾。隨著貨櫃量的增加以及船運公司管理貨物的方法愈來愈複雜，港口開始在距離海岸好幾英里的地方出現。這些被稱為物流集群（logistics clusters）或貨運村（freight villages）的綜合設施從零開始興起，以鐵路機廠、河港，甚至機場為中心。物流集群通常由單一開發商所有，在單一地點匯聚幾個配送中心，不僅能支援較佳的運輸基礎設施，還能提供更頻繁的服務，比任何單一配送中心所期望的更加完善。不過，物流中心概念上的經濟重要性，主要在於許多這類的配送中心執行著過去人人認為屬於製造業的工作；在把產品最終交付到顧客手上之前，他們會處理、而不只是儲存產品。[3]

貨櫃因此再度改變了經濟地理學。霧氣濛濛的簡朗是靠近巴拿馬運河大西洋入口的港口，已有一個龐大的自由貿易區長達數十年之久，好幾百個老舊的倉庫和銷售辦公室在此處理運往拉丁美洲和加勒比地區的貨物。通常這些營運只涉及打開裝滿鞋子或電視的四十呎貨櫃，把貨物放進倉庫，以及當委內瑞拉或牙買加有需要時，重新裝載成較少的數量。許多未被當地批發商或零售商下單的產品則被積存在倉庫裡，幾個月後往往面臨被銷毀的命運。一九九五年，由前美軍基地改建而成的曼薩尼約國際碼頭啟用，並開始以更複雜的方式利用土地。工人們在一棟現代建築裡收到外國製造的藥品，把藥品儲存在溫控室裡，接到訂單後，再將藥品分裝成個人消費者的包裝，貼上適合哥倫比亞或巴西的資訊、警語和價格標示。這些工作不必再由藥廠來做，因為處理許多不同國家的特殊需求可能會拖慢生產的速度。那些從前屬於工廠的就業機會也悄悄地遷移到巴拿馬的配送中心。

安特衛普本身就有好幾個物流中心。到港的貨櫃裝滿了來自以色列的小黃瓜以及來自厄瓜多的香蕉，這些農產品經由駁船或鐵路被運往荷蘭芬洛（Venlo），交由當地的數十家公司清洗、分類和包裝，再送往歐洲的超級市場。駁船和火車載著貨物，沿著萊茵河到達德國杜伊斯堡（Duisburg），那裡有一座由廢棄鋼鐵廠和精鍊廠改造的物流中心，雇用了成千上萬名工人。在安特衛普東北五十英里的拉克達爾（Laakdal），耐吉（Nike）在阿爾貝運河（Albert Canal）畔興建了歐洲最大的配送中心，接受以駁船運來、載著衣服和運動產品的貨櫃，讓耐吉能以有對環境友善的物流系統來招徠客戶。貨櫃讓這類的物流中心藉由增添全球供應鏈的價值而欣欣向榮，兜攬過去在其他地方進行的工作機會，或創造全新的就業。

不過，沿海的港口不見得都能確保它們的生意。供應鏈可以朝著許多不同的方向擴展，利用許多鐵路、卡車和船運路線可能的組合。只要總成本和運輸時間能夠與經由其他港口的路線競爭，它們就會經由安特衛普。港口可以藉由便利貨物通過來達成這個目標。安特衛普的做法是推廣駁船服務，讓貨櫃能以低廉的成本運送到德國、法國和瑞士，同時簡化進口商需要的文書作業。但安特衛普無法控制自己是不是來自亞洲的貨櫃輪最先（或最後）停靠的港口。這個差別——也許是一星期的時間——就足以決定一艘船的貨物是否要經過安特衛普，還是要行經其他港口。

也許最能展現港口競逐優越地位的例子，莫過於波斯灣的酋長國杜拜了。杜拜過去是個小漁港，經濟主要仰賴在河口以單桅船運送貨物，往來鄰近的酋長國。到了一九六七年，杜拜政府宣布，他們計劃在西南方幾英里處稱作傑貝阿里（Jebel Ali）的村莊興建一座貨櫃港。缺少天然港口不是問題：幾年後傑貝阿里將成為全世界最大的人造港，單桅船也將淪為吸引觀光客的景致。

這個計劃的時機拿捏得恰到好處。一九七九年，第一階段的工程完工之際，飆漲的油價讓沙烏地阿拉伯的現金盈溢，卻苦於沒有一個現代港口可處理湧進的消費產品。杜拜很快便填補了這個利基。一九八五年，在這個小成功的基礎上，杜拜政府設置了一個自由貿易區，讓廠商把貨物帶進酋長國，儲放在靠近港口的倉庫裡，然後再轉運至其他地方。這種做法讓傑貝阿里從進口港變成一個樞紐。它的崛起也得力於清廉與高效率的聲譽。部分的原因在於傑貝阿里不需要面對工會，所以二〇一三年傑貝阿里平均每小時處理的貨櫃輪數能在全世界的港口中名列前茅，而且該港的電腦每天能讓超過九千輛陸上卡車裝卸貨櫃。傑貝阿里港的國營營運商杜拜環球港務公司（Dubai Ports World）因而發展成一個大集團，得以在遠至英屬哥倫比亞（注：加拿大西部濱太平洋的省）、塞內加爾和菲律賓等地租賃並經營港口碼頭。

即使是在二〇〇八年到二〇一〇年金融危機導致世界貿易成長減緩之際，傑貝阿里的擴張也似乎沒有停止，如今它已躋身全世界最大的貨櫃港之一。二〇一五年，它的三個碼頭已有足夠的泊位和吊車可以同時處理十艘最大型的貨櫃輪，且處理的貨櫃數量超過紐約港和洛杉磯港的總和。還有更雄心勃勃的計劃正在進行中。該港的地圖已經畫好，準備在必要時興建第四、第五、第六和第七個碼頭。用來裝載貨櫃、行經阿拉伯聯合大公國各地到沙烏地阿拉伯的新貨運鐵路系統也正在興建中。在南部，一座新國際機場（注：阿勒馬克圖姆國際機場〔Al Maktoum International Airport〕）已落成啟用，已經有人談論這座機場將會提供歐亞之間海運和空運的整合服務，令人聯想到一九五〇年代由麥克連率先提出、但未能成功實行的概念。

雖然官方的統計數字不足，但可得的證據顯示，傑貝阿里貨櫃港協助重塑了杜拜的經濟。二〇一三年，杜拜及其自由貿易區的轉口已遠超過杜拜酋長國的國內生產毛額。約一千億美元的產品被轉口到其他酋長國、沙烏地阿拉伯、東非及南亞，接近總進口值的一半。杜拜身為波斯灣國家貿易中樞的地位也協助它成為地區的金融中心，使得杜拜的房地產、商業服務和金融服務占其經濟產值的四分之一。杜拜由貿易帶來的繁榮也吸引了數十萬名外國居民和數百萬名觀光客，他們對消費產品和住宅的需求進而吸引了更多的貨物進入傑貝阿里。

從前，許多人認為杜拜不可能躋身全世界最大的港口之列。它的地點不盡理想，離波斯灣的入口有點遠，來自中國和東南亞、欲前往蘇伊士運河的船隻若要停靠杜拜，就得偏離航線一大段距離。它也不是天然的良港。杜拜的人口很少，外圍酷熱的不毛之地是傳說中沙烏地阿拉伯的空曠區（注：Empty Quarter，字面上的意思為「空曠的四分之一」，世界上最大的流動沙漠，占阿拉伯半島約四分之一的面積），幾乎沒有任何永久居民。波斯灣沿岸有眾多港口競相吸引船隻和貨物，較大的港口包括西南部距離一小時車程的阿布達比，以及東北部的沙迦（Sharjah）和豪爾費坎（Khor Fakkan）。基於這些原因，要是杜拜沒有貨櫃碼頭，現在可能還是一個河口的小村莊。然而在審慎的管理和極大量的投資下，貨櫃讓沙漠邊緣的一個小酋長國得以成為延伸至世界各地供應鏈的關鍵連結。

一九五六年，全球供應鏈的概念尚未誕生；但在其後的半個世紀，貨物運輸的發展完全出乎世人意料，在紐華克港觀看理想—X 號裝上第一批貨櫃的業界主管與官員，完全無從想像未來的貨櫃船運。也許貨櫃輝煌的歷史中，最了不起之處在於，即使是最博學的專家也再三誤判事件的發展。事實證明，貨櫃是一股強大的力量，它接觸的一切幾乎全都難逃改變的命運，而這些改變完全沒有人預料得到。

麥克連的天才受到眾人的一致推崇：除了碼頭工會以外，幾乎所有人都認為，以貨櫃裝載貨物是個聰明絕頂的點子。不過，在剛開始的時候，貨櫃會帶來運輸革命的想法似乎還太遙遠，大部分的美國人頂多只是期待貨櫃能協助刺激國內的貨運發展，以及造福夏威夷與波多黎各等地區。卡車公司輕視貨櫃，鐵路公司避之唯恐不及，甚至大多數熱烈討論貨櫃化的公司也認為貨櫃是舊營運的附屬品，是裝在船艙裡眾多形式與尺寸的貨物之一。勞工對貨櫃的了解更少，一九六〇年，當西岸的碼頭工會領袖布里基斯談判容許碼頭全面自動化的合約時，他完全低估了貨櫃改變碼頭工作的速度，也因此為他的會員爭取到太少的補償。一九五九年，當紐約的碼頭工人領袖葛利森警告，貨櫃會使紐約碼頭工會會員的工作減少三〇％ —— 他也錯得離譜：從一九六三年到一九七六年，紐約市碼頭工人的工作時數減少了四分之三。

貨櫃運輸也為船運業者帶來同樣無法逆料的經濟效應，許多船運公司因為訂造混合載運其他貨物、甚至旅客的船隻，犧牲了貨櫃化的潛在利益。有些公司錯估了應該要用多大的船或貨櫃，麥克連自己就數度做出錯誤的判斷：他在一九七三年的石油危機前訂製了高耗油的 SL-7 貨櫃船，又在油價大跌前打造了緩慢但省油的經濟船，並以經濟船行駛環繞地球航線，卻發現部分航程的貨物滿載、部分航程則運量無幾。事實證明，那些以為跨太平洋等長程貨櫃航線不具競爭力的「專家」完全失去準頭，因為擠滿準備運往北美和歐洲貨櫃的亞洲港口，很快就成為全世界最大的貨櫃港。

贏家

與許多船運業者的假設不同，搶占先機並不是在貨櫃時代生存的必要條件。過去只在美國國內航線活躍的美森航運公司，搶先成為第一家載運貨櫃跨越太平洋的船運公司，他們以為取得先機就可以確保顧客的忠誠，但在其他公司爭相跨入市場後，他們很快便發現，顧客的忠誠度並不可恃。莫爾—麥科馬克輪船是第一家載運貨櫃橫跨大西洋的公司，但拔得頭籌未能轉換為能夠生存下去的營運。葛瑞斯輪船率先提供南美洲貨櫃服務的貢獻，也未能保證該公司的存活。

在這場賽局中，二十一世紀初崛起的全球最大貨櫃船運業者都是相對的後進者。一九七三年，穆勒集團（A.P. Møller）旗下的快桅航運建造了第一艘貨櫃輪，比理想－Ｘ號晚了整整十七年，也是北大西洋出現貨櫃服務七年以後的事。瑞典的地中海航運（Mediterranean Shipping Company）在一九七〇年之前還不存在，長榮海運也是一九六八年才開基立業。這些崛起的公司擁有舊業者缺乏的財務與管理技術，因此能在籌措資本與管理資訊系統遠比海洋知識更為重要的航運業掌握優勢。昔日的業者因為接受補貼而受到政府的法令規範，必須向國內造船廠訂製船舶，或行駛主管當局指定的航線；新一代的船運公司不再受到這類的束縛。過去幾乎所有國家的海運業都以「國輪」為傲，但能長期存活的業者卻都標榜著國際化。快桅航運的總部設在丹麥，但到了二〇〇五年，旗下已有逾五百艘貨櫃船，占有六分之一的世界市場，該公司之所以能迅速壯大，就是透過併購英國的海外貨櫃公司、南非海運（South African Marine）、荷蘭船運巨擎渣華，以及麥克連曾擁有的海陸服務等世界各國的船運公司。

不僅市場屢次誤判了貨櫃的發展，政府也是後知後覺。紐約市與舊金山政府輕忽了貨櫃化的影響，因而虛擲數千萬美元的資金重建已經落伍的港口。英國政府花了大錢規劃興建新港口，但官員從沒想到民間業者在一個偏遠小鎮擁有的碼頭，會在一夕之間變成英國最大的貨櫃站。運輸管理當局往往也沒什麼遠見，日本運輸省以為，強迫日本船運業者組成聯盟就能扭轉容量過剩的情形，並使業者保持獲利，卻意外遭遇太平洋船運費率暴跌。美國管理當局與政治人物急著想維持保護造船業者、船運公司、卡車公司和鐵路公司的體系，因而延宕了原本能更早讓貨櫃降低國際船運成本的改革。他們維護政策的本意原是想藉著補貼和管制來保護美國的運輸業者，最後卻摧毀了美國船運公司的競爭力。[4]

　　沒有人預見貨櫃的誕生會帶來遠距貿易的激增。一九五〇年代末，哈佛經濟學家欽尼茲（Benjamin Chinitz）著手研究貨運在紐約地區所扮演的角色時，他曾預測貨櫃化將使該地區的工廠以低於新英格蘭或中西部的成本把貨物運輸至南方，因而有助於紐約都會區工業的擴張。該區最大的產業成衣業將不受運輸成本改變的影響，因為成衣業並非「運輸敏感」的產業。他完全沒有想到，運輸價格下跌可能導致幾乎所有的產品都能長途運輸，導致美國大部分的生產基地都遭受重創。欽尼茲並非唯一沒有看出運輸成本下降會刺激貿易的學者，在整個一九六〇年代，有無數的研究以既有的進出口趨勢為前題來預測貨櫃化的成長，認為貨物將逐漸轉向貨櫃運輸。沒有人認真看待貨櫃會重塑世界的經濟結構，導致貿易流量巨幅增加的可能性。[5]

　　「市場」錯估了貨櫃發展的形勢，「國家」也是如此。民間和政府的錯誤判斷導致貨櫃化延遲成長，耽誤了它可能會帶來的利益。然而到最後，以貨櫃運輸貨物的效益如此顯著，節省的成本如此龐大，以致於貨櫃迅速席捲了全世界。理想—X 號首航之後的六十年，每年有相當於三億個二十呎貨櫃跨越世界各大海洋，光從中國運出的貨櫃就占了二六％。還有無數的貨櫃直接以卡車或火車穿過邊界，運送各式各樣的貨物。[6]

大港、大船

　　貨櫃已經無所不在——除了帶來廉價的貨物，也引進了新的社會問題。無數被丟棄的貨櫃散布世界各地，往往不堪使用、修理成本太高，或只是用不著。貨櫃船以及運送貨櫃的卡車和火車所排放出的廢氣造成了嚴重的環境問題；進出港口的交通流量大增，造成鄰近地區交通堵塞、噪音不斷，此外，柴油的排放也會提高罹患癌症的機率；據估計，光是清理洛杉磯和長灘的費用就高達一百一十億美元。川流不息的貨櫃讓安全官員傷透腦筋，唯恐只要有一個貨櫃裝了放射性的「髒彈」、設定好一進入大港口就引爆，就可能汙染整座城市，並使國際商務陷入混亂；許多貨櫃碼頭在大門上裝設了輻射偵測器，防止恐怖主義者的貨櫃上船。配備草蓆、馬桶的貨櫃被用來走私移民的情況相當普遍，然而移民局的檢查人員必須面對數以萬計可能裝滿非法物品的貨櫃，對於查緝人口走私更是無能為力。[7]

儘管這些問題相當嚴重，卻絲毫無法阻擋貨櫃運輸的成長。貨櫃本身變得愈來愈大，四十八呎甚至五十三呎的貨櫃能讓卡車每趟載運更多貨物。雖然二〇一四年，全球的貨櫃船隊數量首度減少，但也是較老舊和較小的船隻報廢、更為巨大的船隻開始服役的緣故。純貨櫃船的總載運容量從二〇〇五年到二〇一五年增加了超過一倍，遠超過國際貿易的成長，並使海運費率跌到低谷。船隻本身亦達到史無前例的尺寸。二〇〇五年，一艘能載運四千個四十呎貨櫃的貨櫃輪——相當於八千個二十呎貨櫃單位——通常就算很大了。十年之後，兩萬個二十呎貨櫃單位的貨櫃輪加入了全球船隊，這種貨櫃輪大到一艘船就能載運一億四千四百萬瓶葡萄酒。更大的船隻已經下訂。

　　曾幾何時，船隻的尺寸受到巴拿馬運河的限制（注：巴拿馬極限長約兩百九十四公尺、寬約三十二公尺、吃水十二公尺），如今貨櫃船大到二十一世紀的造船工程師受限於麻六甲海峽，也就是馬來西亞與印尼之間繁忙的航道。如果貨櫃船達到麻六甲極限（Malacca-Max），其長度將達到四分之一英里（注：約四百零二公尺）、寬度二百一十呎（注：約六十四公尺），吃水五十五呎（注：約十七公尺）。這樣的船打造起來可能不太經濟，畢竟這麼寬的船身得有更厚的鋼板結構支撐，勢必會減少載貨的空間。萬一沉沒，這種船將帶著近二十億美元價值的貨物入海。它的容量將達到兩萬五千個二十英尺貨櫃單位，或一萬兩千五百個標準四十英尺櫃，每次停靠港口足以裝滿連綿一百二十英里長的卡車。能不能靠港將會是一個嚴重的問題，因為夠深的港口並不多。解決之道很可能會是在近海的深水處興建全新的港口，以麻六甲極限型貨櫃船連接這類的近海平台，並以較小的船把貨櫃接駁到陸地上。貨櫃船和貨櫃港是否已經達到最高的效率，或者更大、造價更高昂的船隻和港口能否帶來更大的經濟規模，使全球的貨物運輸更容易運行、成本降得更低，是攸關世界經濟興衰的重大議題。[8]

注釋

縮寫表

The following abbreviations are used in the notes.

ASA	American Standards Association
COHP	Containerization Oral History Project, National Museum of American History, Smithsonian Institution, Washington, DC
GPO	Government Printing Office
HQ	headquarters
ICC	United States Interstate Commerce Commission
ILA	International Longshoremen's Association
ILWU	International Longshoremen's and Warehousemen's Union
ISO	International Organization for Standardization
JOC	*Journal of Commerce*
MACV	Military Assistance Command Vietnam
Marad	Unites States Maritime Administration
MCC	*Motor Carrier Cases*
MH-5	Material Handling Sectional Committee 5
MSTS	Military Sea Transportation Service
NACP	National Archives at College Park, MD
NARA	National Archives and Records Administration
NBER	National Bureau of Economic Research
NYMA	New Work Municipal ARchives
NYT	*New York Times*

OAB/NHC	Operational Archives Branch, Naval Historical Center, Washington, DC
OECD	Organisation for Economic Co-operation and Development
PACECO	Pacific Coast Engineering Company
PANYNJ	Port Authority of New York and New Jersey
PMA	Pacific Maritime Association
PNYA	Port of New York Authority
RG	Record Group
ROHP	Regional Oral History Program, Bancroft Library, University of California, Berkeley, CA
UNCTAD	United Nations Conference on Trade and Development
VVA	Virtual Vietnam Archive, Texas Tech University, Lubbock, TX, on-line at http://www.vietnam.ttu.edu/virtualarchive/

第 1 章

1. Steven P. Erie, *Globalizing L.A.: Trade, Infrastructure, and Regional Development* (Stanford, 2004).
2. Christian Broda and David E. Weinstein, "Globalization and the Gains from Variety," Working Paper 10314, NBER, February 2004.
3. As Jefferson Cowie shows in a definitive case study, the relocation of capital in search of lower production costs is not a new phenomenon; see *Capital Moves: RCA's Seventy-Year Quest for Cheap Labor* (Ithaca, NY, 1999). The argument of this book is not that containerization initiated the geographic shift of industrial production, but rather that it greatly increased the range of goods that can be manufactured economically at a distance from where they are consumed, the distances across which those products can feasibly be shipped, the punctuality with which that movement occurs, and the ability of manufacturers to combine inputs from widely dispersed sources to make finished products.
4. For descriptions of life aboard a modern containership, see Richard Pollak, *The Colombo Bay* (New York, 2004), and Rose George, *Ninety Percent of Everything* (New York, 2013).
5. Former U.S. Coast Guard commander Stephen E. Flynn estimated in 2004 that it takes 5 agents 3 hours to completely inspect a loaded 40-foot container, so physically inspecting every box imported through Los Angeles and Long Beach on the average day in 2014 would have required more than 300,000 man-hours. This equates to nearly 40,000 customs inspectors for those two ports alone. See the thorough discussion of ways to improve the security of container shipping in Flynn, *America the Vulnerable: How the U.S. Has Failed to Secure the Homeland and Protect Its People from Terror* (New York, 2004), chap. 5.
6. Several factors make freight cost data particularly treacherous. Average costs are greatly affected by the mix of cargo; the now defunct ICC used to report the average cost per ton-mile of rail freight, but year-to-year changes in the average depended mainly on

demand for coal, which traveled at much lower rates per ton than manufactured goods. Second, most historical cost information concerns a single aspect of the process—the ocean voyage between two ports—rather than the total door-to-door cost of a shipment. Third, a proper measure of freight costs over time would have to account for changes in service quality, such as faster ocean transit and reduced cargo theft, and no freight cost index does this. Fourth, a large number of freight shipments occur either within a large company or at prices privately negotiated between the shipper and transportation carriers, so the information required to measure costs economywide often is not publicly available. Edward L. Glaeser and Janet E. Kohlhase, "Cities, Regions, and the Decline of Transport Costs," Working Paper 9886, NBER, July 2003, p. 4.

7. U.S. Congress, Joint Economic Committee, *Discriminatory Ocean Freight Rates and the Balance of Payments*, November 19, 1963 (Washington, DC, 1964), p. 333; John L. Eyre, "Shipping Containers in the Americas," in Pan American Union, *Recent Developments in the Use and Handling of Unitized Cargoes* (Washington, DC, 1964), pp. 38–42. Eyre's data were developed by the American Association of Port Authorities.

8. Estimate of freight rates reaching 25 percent of value is in Douglas C. MacMillan and T. B. Westfall, "Competitive General Cargo Ships," *Transactions of the Society of Naval Architects and Marine Engineers* 68 (1960): 843. Ocean freight rates for pipe and refrigerators are in Joint Economic Committee, *Discriminatory Ocean Freight Rates*, p. 342. Trade shares are taken from U.S. Bureau of the Census, *Historical Statistics of the United States* (Washington, DC, 1975), p. 887.

9. Eyre, "Shipping Containers in the Americas," p. 40.

10. Paul Krugman, "Growing World Trade: Causes and Consequences," *Brookings Papers on Economic Activity* 1995, no. 1 (1995): 341; World Trade Organization, *World Trade Report 2004* (Geneva, 2005), pp. 114–129. David Hummels, "Transportation Costs and International Trade in the Second Era of Globalization," *Journal of Economic Perspectives* 21, no. 3 (2007): 152, asserts that "dramatic price declines are not in evidence as the result of containerization."

11. Robert Greenhalgh Albion, *The Rise of New York Port* (New York, 1939; reprint, 1971), pp. 145–146; Peter L. Bernstein, *Wedding of the Waters: The Erie Canal and the Making of a Great Nation* (New York, 2005); Douglass North, "Ocean Freight Rates and Economic Development, 1750–1913," *Journal of Economic History* 18 (1958): 537–555. W. W. Rostow, among many others, argues that railroads were essential to the "takeoff" of U.S. growth in the 1840s and 1850s; see his *Stages of Economic Growth* (Cambridge, UK, 1960), pp. 38–55. Alfred D. Chandler Jr., *The Visible Hand: The Managerial Revolution in American Business* (Cambridge, MA, 1977), also assigns a critical role to railroads, although for very different reasons. Robert William Fogel, *Railroads and American Economic Growth* (Baltimore, 1964), rejects Rostow's view, asserting that "the railroad did not make an overwhelming contribution to the productive potential of the economy," p. 235. Albert Fishlow also rejects Rostow's claim that railroad construction was essential in stimulating American manufacturing, but contends that cheaper

freight transportation had important effects on agriculture and led to a reorientation of regional economic relationships; see *American Railroads and the Transformation of the Antebellum Economy* (Cambridge, MA, 1965) as well as "Antebellum Regional Trade Reconsidered," *American Economic Review* (1965 supplement): 352–364. On the role of railroads in Chicago's rise, see William Cronon, *Nature's Metropolis: Chicago and the Great West* (New York, 1991), and Mary Yeager Kujovich, "The Refrigerator Car and the Growth of the American Dressed Beef Industry," *Business History Review* 44 (1970): 460–482. For an example from Britain, see Wray Vamplew, "Railways and the Transformation of the Scottish Economy," *Economic History Review* 24 (1971): 54. On transportation and urban development, see James Heilbrun, *Urban Economics and Public Policy* (New York, 1974), p. 32, and Edwin S. Mills and Luan Sendé, "Inner Cities," *Journal of Economic Literature* 35 (1997): 731. On aviation, see Caroline Isard and Walter Isard, "Economic Implications of Aircraft," *Quarterly Journal of Economics* 59 (1945): 145–169.

12. The seminal article along this line was Robert Solow, "Technical Change and the Aggregate Production Function," *Review of Economics and Statistics* 39, no. 2 (1957): 65–94. On the problems of innovation, see Joel Mokyr, "Technological Inertia in Economic History," *Journal of Economic History* 52 (1992): 325–338; Nathan Rosenberg, "On Technological Expectations," *Economic Journal* 86, no. 343 (1976): 528; and Erik Brynjolfsson and Lorin M. Hitt, "Beyond Computation: Information Technology, Organizational Transformation, and Business Performance," *Journal of Economic Perspectives* 14, no. 4 (2000): 24. Electricity was first used in manufacturing in 1883; for discussion of its relatively slow acceptance in manufacturing, see Warren D. Devine Jr., "From Shafts to Wires: Historical Perspective on Electrification," *Journal of Economic History* 43 (1983): 347–372. Examples of the debate over computers include Paul A. David, "The Dynamo and the Computer: An Historical Perspective on the Modern Productivity Paradox," *American Economic Review* 80 (1990): 355–361; Stephen D. Oliner and Daniel E. Sichel, "The Resurgence of Growth in the Late 1990s: Is Information Technology the Story?" *Journal of Economic Perspectives* 14, no. 4 (2000): 3–22; and Dale W. Jorgenson and Kevin J. Stiroh, "Information Technology and Growth," *American Economic Review* 89, no. 2 (1999): 109–115.

13. Paul M. Romer, "Why, Indeed, in America? Theory, History, and the Origins of Modern Economic Growth," Working Paper 5443, NBER, January 1996.

14. David Ricardo, *The Principles of Political Economy and Taxation* (London, 1821; reprint, New York, 1965), pp. 77–97. Richard E. Caves and Ronald W. Jones point out that the widely taught Heckscher-Ohlin model, which shows that a country has a comparative advantage in producing goods that make more intensive uses of its more abundant factor of production, assumes that transport costs will not affect trade; see their *World Trade and Payments: An Intro- duction*, 2nd ed. (Boston, 1977). More typically, Miltiades Chacholiades, *Principles of International Economics* (New York, 1981), p. 333, describes international market equilibrium under the unstated assumption that trade is costless.

15. The seminal article in this field was Paul Krugman, "Increasing Returns and Economic Geography," *Journal of Political Economy* 99, no. 3 (1991): 483–499. The impact of changing transportation costs is further developed in Krugman and Anthony J. Venables, "Globalization and the Inequality of Nations," *Quarterly Journal of Economics* 110, no. 4 (1995): 857–880, and in Masahisa Fujita, Paul Krugman, and Anthony J. Venables, *The Spatial Economy: Cities, Regions, and International Trade* (Cambridge, MA, 1999).

16. David Hummels, "Have International Transportation Costs Declined?" Working Paper, University of Chicago Graduate School of Business, 1999, and the International Monetary Fund, *World Economic Outlook*, September 2002, p. 116, contend that the cost of sea freight has not fallen significantly in recent decades. James E. Ander- son and Eric van Wincoop, "Trade Costs," *Journal of Economic Literature* 42 (September 2004): 691–751, and Céline Carrere and Maurice Schiff, "On the Geography of Trade: Distance Is Alive and Well," World Bank Policy Research Working Paper 3206, February 2004, are among those arguing the continued significance of transport costs in determining trade flows. David Coe and three coauthors offer a technical critique of those arguments and conclude that long-distance international trade has in fact increased, implying that lower transport costs may have encouraged globalization; see "The Missing Globalization Puzzle," International Monetary Fund Working Paper WP/02/171, October 2002. Daniel M. Bernhofen, Zouheir El-Sahli, and Richard Kneller, "Estimating the Effects of the Container Revolution on World Trade," CESifo working paper 4136, February 2013, assert the importance of the container in shifting trade patterns, as does Gisela Rua, "Diffusion of Containerization," Federal Reserve Board of Governors Working Paper, October 2014.

17. The closest approximation to a general history of the container is Theodore O. Wallin, "The Development, Economics, and Impact of Technological Change in Transportation: The Case of Containerization" (Ph.D. diss., Cornell University, 1974). See also Brian Cudahy, *Box Boats: How Container Ships Changed the World* (New York, 2006), and Arthur Donovan and Joseph Bonney, *The Box That Changed the World: Fifty Years of Container Shipping— An Illustrated History* (East Windsor, NJ, 2006).

第 2 章
1. Dramatic photos of cargo-handling operations on the West Coast, which were similar to those on the New York docks, can be found in Otto Hagel and Louis Goldblatt, *Men and Machines: A Story about Longshoring on the West Coast Waterfront* (San Francisco, 1963). Description of coffee handling is from Debra Bernhardt's interview with Brooklyn longshoreman Peter Bell, August 29, 1981, New Yorkers at Work Oral History Collection, Robert F. Wagner Labor Archive, New York University, Tape 10A. See also recollection of former longshoreman Jock McDougal in Ian McDougall, *Voices of Leith Dockers* (Edinburgh, 2001), p. 28; recollection of former San Francisco longshoreman Bill Ward in the ILWU oral history collection, viewed July 5, 2004, at http://www.ilwu. org/history/oral-histories/billward.cfm?renderforprint=1. Grace Line anecdote from

interview with Andrew Gibson, Box AC NMAH 639, COHP.

2. Alfred Pacini and Dominique Pons, *Docker à Marseille* (Paris, 1996), p. 174; T. S. Simey, ed., *The Dock Worker: An Analysis of Conditions of Employment in the Port of Manchester* (Liverpool, 1956), p. 199; New York Shipping Association, "Annual Accident Report Port of Greater New York and Vicinity," January 15, 1951, in Vernon H. Jensen Papers, Collection 4067, Box 13, Folder "Accidents-Longshore Ind."

3. Charles R. Cushing, "The Development of Cargo Ships in the United States and Canada in the Last Fifty Years" (manuscript, January 8, 1992); Peter Elphick, *Liberty: The Ships That Won the War* (London, 2001), p. 403.

4. Ward interview, ILWU; interview with former longshoreman George Baxter in McDougall, *Voices of Leith Dockers*, p. 44.

5. See the colorful descriptions of unloading in Pacini and Pons, *Docker à Marseille*, p. 137.

6. U.S. Department of Commerce, Bureau of Economic Analysis, "Estimates of Non-Residential Fixed Assets, Detailed Industry by Detailed Cost," available at http://www.bea.gov/bea/dn/faweb/Details/Index.html; Andrew Gibson interview; Paul Richardson interview, July 1, 1997, Box ACNMAH 639, COHP. Cost estimate of merchant ships appears in the testimony of Geoffrey V. Azoy, Chemical Bank, in U.S. House of Representatives, Committee on Merchant Marine and Fisheries, *Hearings on HR 8637, To Facilitate Private Financing of New Ship Construction,* April 27, 1954, p. 54. MacMillan and Westfall estimated that cargo handling and port expenses accounted for 51.8 percent of the total cost of a short voyage on a C2 freighter in 1958 and 35.9 percent of the total cost of a long voyage. "Competitive General Cargo Ships," p. 837.

7. For examinations of dockworkers' conditions in many countries, see Sam Davies et al., eds., *Dock Workers: International Explorations in Comparative Labour History, 1790–1970* (Aldershot, UK, 2000).

8. U.S. Bureau of the Census and Bureau of Old-Age and Survivors Insurance, *County Business Patterns*, First Quarter, 1951 (Washington, DC, 1953), p. 56; George Baxter interview in McDougall, *Voices of Leith Dockers*, p. 44; unnamed longshoreman quoted in William W. Pilcher, *The Portland Longshoremen: A Dispersed Urban Community* (New York, 1972), p. 41; Pacini and Pons, *Docker à Marseille*, p. 46; Paul T. Hartman, *Collective Bargaining and Productivity* (Berkeley, 1969), p. 26; David F. Wilson, *Dockers: The Impact of Industrial Change* (London, 1972), p. 23.

9. Many of the problems on the docks were eloquently discussed in the 1951 report of a New York State Board of Inquiry into waterfront conditions; for a summary, see New York State Department of Labor, "Employment Conditions in the Longshore Industry," New York State Department of Labor *Industrial Bulletin* 31, no. 2 (1952): 7. ILA president Joseph P. Ryan, who eventually lost his post owing to charges of corruption, proposed in 1951 that employers should offer loans to his men to give them an alternative to loan sharks; see "Ryan Message to Members 1951" in Jensen Papers, Collection 4067, Box 13, Folder "Bibliography—Longshoremen Study Outlines," and Waterfront

Commission of New York Harbor, *Annual Report*, various years. Mullman's testimony is reported in "Newark Kickback Inquiry," *NYT*, December 16, 1954. On mandatory betting, see Paul Trilling, "Memorandum and Recommendations on the New York Waterfront," December 14, 1951, in Jensen Papers, Collection 4067, Box 12, Folder "Appendix Materials." Information on New Orleans taken from Eric Arnesen, *Waterfront Workers of New Orleans: Race, Class, and Politics, 1863–1923* (New York, 1991), p. 254.

10. Some of these schemes are reviewed in Peter Turnbull, "Contesting Globalization on the Waterfront," *Politics and Society* 28, no. 3 (2000): 367–391, and in Vernon H. Jensen, *Hiring of Dock Workers and Employment Practices in the Ports of New York, Liverpool, London, Rotterdam, and Marseilles* (Cambridge, MA, 1964), pp. 153, 200, and 227. On Rotterdam, see also Erik Nijhof, "Des journaliers respectables: Les dockers de Rotterdam et leurs syndicates 1880–1965," in *Dockers de la Méditerranée à la Mer du Nord* (Avignon, 1999), p. 121.

11. Wilson, *Dockers*, p. 34.

12. In Amsterdam and Rotterdam, most dockworkers were in the direct employ of stevedoring firms, and most dockers who were not in full-time employment received guarantees of 80 percent of regular pay if they reported to the hiring center twice daily; on average, they received 39 hours' wages and 9 hours of guarantee per 48-hour workweek. See untitled typescript from Scheefvaart Vereeniging Noord, dated May 1, 1953, in Jensen Papers, Collection 4067, Box 13, Folder "Reports on Foreign Dock Workers." On the UK pension scheme, see Wilson, *Dockers*, p. 118. On Hamburg, see Klaus Weinhauer, "Dock Labour in Hamburg: The Labour Movement and Industrial Relations, 1880s–1960s," in Davies et al., *Dock Workers*, 2:501.

13. Raymond Charles Miller, "The Dockworker Subculture and Some Problems in Cross-Cultural and Cross-Time Generalizations," *Comparative Studies in Society and History* 11, no. 3 (1969): 302–314. For belief that it did not pay to work well and quickly, see Horst Jürgen Helle, "Der Hafenarbeiter zwischen Segelschiff und Vollbeschäftigung," *Economisch en Sociaal Tijdschrift* 19, no. 4 (1965): 270. Oregon comments in Pilcher, *The Portland Longshoremen*, p. 22. Marseilles dockers went on strike in 1955 to demand regular shifts. See Pacini and Pons, *Docker à Marseille*, p. 118. According to data from the British Ministry of Labour, the base weekly pay of a full-time docker before World War II was 30–40 percent above the corresponding pay in construction and heavy manufacturing; dockers' average weekly earnings, however, were only 10 percent higher than in those other sectors, because dockers' work was more sporadic. See Wilson, *Dockers*, p. 19.

14. Richard Sasuly, "Why They Stick to the ILA," *Monthly Review*, January 1956, 370; Simey, *The Dock Worker*, pp. 44–45; Malcolm Tull, "Waterfront Labour at Fremantle, 1890–1990," in Davies et al., *Dock Workers*, 2:482; U.S. Bureau of the Census, *U.S. Census of Population and Housing, 1960* (Washington, DC, 1962), Report 104, Part I.

15. The proportion of African American dockworkers is from census data reported in Lester

Rubin, *The Negro in the Longshore Industry* (Philadelphia, 1974), pp. 34–44. For a detailed analysis of racial preferences and discrimination among dockworkers in New York, New Orleans, and California, see Bruce Nelson, *Divided We Stand: American Workers and the Struggle for Black Equality* (Princeton, 2001), chaps. 1–3. On the New Orleans dockers, see Daniel Rosenberg, *New Orleans Dockworkers: Race, Labor, and Unionism, 1892–1923* (Albany, 1988), and Arnesen, *Waterfront Workers of New Orleans.* Odd details, carefully omitting any mention of race, are in William Z. Ripley, "A Peculiar Eight Hour Problem," *Quarterly Journal of Economics* 33, no. 3 (1919): 555–559. On racial discrimination, see Robin D. G. Kelley, " 'We Are Not What We Seem': Rethinking Black Working-Class Opposition in the Jim Crow South," *Journal of American History* 80, no. 1 (1993): 96; Seaton Wesley Manning, "Negro Trade Unionists in Boston," *Social Forces* 17, no. 2 (1938): 259; Roderick N. Ryon, "An Ambiguous Legacy: Baltimore Blacks and the CIO, 1936–1941," *Journal of Negro History* 65, no. 1 (1980): 27; Clyde W. Summers, "Admission Policies of Labor Unions," *Quarterly Journal of Economics* 61, no. 1 (1946): 98; Wilson, *Dockers*, p. 29. The Portland grain workers' case is mentioned in Charles P. Larrowe, *Harry Bridges: The Rise and Fall of Radical Labor in the United States* (New York, 1972), p. 368.

16. On Portland, see Pilcher, *The Portland Longshoremen*, p. 17; on Antwerp, see Helle, "Der Hafenarbeiter," p. 273; for Edinburgh, see interviews with dockers Eddie Trotter and Tom Ferguson in McDougall, *Voices of Leith Dockers*, pp. 132 and 177; for Manchester, see Simey, *The Dock Worker*, p. 48. Macmillan quotation appears in Wilson, *Dockers*, p. 160.

17. On the docker culture, see Pilcher, *The Portland Longshoremen*, pp. 12 and 25–26; Wilson, *Dockers*, p. 53; and Miller, "The Dockworker Subculture," passim. Rankings are reported in John Hall and D. Caradog Jones, "Social Grading of Occupations," *British Journal of Sociology* 1 (1950): 31–55.

18. Wilson, *Dockers*, pp. 101–102; Clark Kerr and Abraham Siegel, "The Interindustry Propensity to Strike—an International Comparison," in *Industrial Conflict*, ed. Arthur Kornhauser, Robert Dublin, and Arthur M. Ross (New York, 1954), p. 191; Miller, "The Dockworker Subculture," p. 310. The most notable exception to labor militancy was in New York, where, as Nelson shows, a combination of corrupt union leadership and appeals to Irish Catholic solidarity against other ethnic groups undermined labor radicalism and allowed the port to operate without a strike between 1916 and 1945; see Nelson, *Divided We Stand*, pp. 64–71. For a fictional depiction of dockworker militancy, see Tony Kushner's 2009 play *The Intelligent Homosexual's Guide to Socialism and Capitalism with the Key to the Scriptures.*

19. Rupert Lockwood, *Ship to Shore: A History of Melbourne's Waterfront and Its Union Struggles* (Sydney, 1990), pp. 223–225; Arnesen, *Waterfront Workers of New Orleans*, p. 254; David F. Selvin, *A Terrible Anger* (Detroit, 1996), pp. 41 and 48–52; Pacini and Pons, *Docker à Marseille*, pp. 46 and 174; interview with former longshoreman Tommy Morton in McDougall, *Voices of Leith Dockers*, p. 112.

20. Thievery as a response to reductions in pay is discussed in Selvin, *A Terrible Anger*, p. 54. The docker joke is one of several in Wilson, *Dockers*, p. 53. Theft is discussed, among many other places, in the interview with longshoreman Tommy Morton in McDougall, *Voices of Leith Dockers*, p. 115; and in Pilcher, *The Portland Longshoremen*, p. 100.

21. The welt had originated as a way to give longshoremen a break when they were working in refrigerated holds, but it spread to general cargo in Liverpool and in Glasgow, where it was known as "spelling." See Wilson, *Dockers*, pp. 215 and 221. For productivity, see Miller, "The Dock-worker Subculture," p. 311; MacMillan and Westfall, "Competitive General Cargo Ships," p. 842; Wilson, *Dockers*, p. 308; and William Finlay, *Work on the Waterfront: Worker Power and Technological Change in a West Coast Port* (Philadelphia, 1988), p. 53.

22. See the two interesting excerpts of articles on containers from 1920 and 1921 in "Uniform Containerization of Freight: Early Steps in the Evolution of an Idea," *Business History Review* 43, no. 1 (1969): 84.

23. For early efforts to promote containers in America, see G. C. Woodruff, "The Container Car as the Solution of the Less Than Carload Lot Problem," speech to Associated Industries of Massachusetts, October 23, 1929, and "Freight Container Service," speech to Traffic Club of New York, March 25, 1930. A prescient summary of the possibilities of containerization, including the potential economic benefits to the public, is in Robert C. King, George M. Adams, and G. Lloyd Wilson, "The Freight Container as a Contribution to Efficiency in Transportation," *Annals of the American Academy of Political and Social Science* 187 (1936): 27–36.

24. The ICC ruling requiring commodity-based rates can be found at 173 ICC 448. The North Shore Line's rates are discussed in ICC Docket 21723, June 6, 1931. On the implications of the ICC case, see Donald Fitzgerald, "A History of Containerization in the California Maritime Industry: The Case of San Francisco" (Ph.D. diss., University of California at Santa Barbara, 1986), pp. 15–20.

25. On Australia, see photo in Lockwood, *Ship to Shore*, p. 379. On early containerization in Europe, see Wilson, *Dockers*, p. 137, and René Borruey, *Le port de Marseille: Du dock au conteneur, 1844–1974* (Marseilles, 1994), pp. 296–306. Examples of North American ship lines carrying containers are in H. E. Stocker, "Cargo Handling and Stowage," Society of Naval Architects and Marine Engineers, November 1933. Information about the Central of Georgia comes from George W. Jordan, personal correspondence, November 15, 1997. See also "Steel Containers," *Via—Port of New York*, July 1954, pp. 1–5.

26. *Containers: Bulletin of the International Container Bureau*, no. 5 (June 1951): 12 and 68; Fitzgerald, "A History of Containerization," p. 35; Padraic Burke, *A History of the Port of Seattle* (Seattle, 1976), p. 115; Lucille McDonald, "Alaska Steam: A Pictorial History of the Alaska Steamship Company," *Alaska Geographic* 11, no. 4 (1984).

27. Pierre-Edouard Cangardel, "The Present Development of the Maritime Container,"

Containers, no. 35 (June 1966): 13 (author's translation). Container census data appear in *Containers*, no. 13 (June 1955): 9, and no. 2 (December 1949): 65. Belgian example appears in *Containers*, no. 19 (December 1957): 18 and 39.

28. Peter Bell interview discussed handling of early containers. The "hindrance" comment by Waldemar Isbrandtsen of Isbrandtsen Company is in International Cargo Handling Coordination Association, "Containerization Symposium Proceedings, New York City, June 15, 1955," p. 11, and the comment about forklifts by Frank McCarthy of Bull-Insular Line is on p. 19. See also presentation by A. Vicenti, president, Union of Cargo Handlers in the Ports of France, *Containers*, no. 12 (December 1954): 20. Levy address appears in *Containers*, no. 1 (April 1949): 48 (author's translation). Customs duties posed an obstacle as well: until an agreement in 1956, receiving countries frequently levied duties on the value of an arriving container as well as its contents. *Containers*, no. 33 (June 1965): 18. The military study is reported in National Research Council, Maritime Cargo Transportation Conference, *Transportation of Subsistence to NEAC* (Washington, DC, 1956), p. 5.

29. U.S. National Research Council, Maritime Cargo Transportation Conference, *The SS Warrior* (Washington, DC, 1954), p. 21.

30. U.S. National Research Council, Maritime Cargo Transportation Conference, *Cargo Ship Loading* (Washington, DC, 1957), p. 28.

第 3 章

1. Fitzgerald, "A History of Containerization," pp. 30–31.
2. *North Carolina: A Guide to the Old North State* (Chapel Hill, 1939), p. 537; *Robesonian*, February 26, 1951.
3. Malcolm P. McLean, "Opportunity Begins at Home," *American Magazine* 149 (May 1950): 21; *News and Observer (Raleigh)*, February 16, 1942, p. 7; *Robesonian*, February 26, 1951.
4. McLean, "Opportunity," p. 122.
5. For detail on McLean Trucking's early history, see "Malcolm P. McLean, Jr., Common Carrier Application," ICC *Motor Carrier Cases* (hereafter *MCC*) at 30 *MCC* 565 (1941). McLean's attempt to block his competitors' merger was decided in *McLean Trucking Co. v. U.S.*, 321 U.S. 67, January 14, 1944. McLean's new service was approved in September 1944; 43 *MCC* 820. McLean's first purchase, of McLeod's Transfer Inc., occurred in 1942 and was approved over the objections of three protestants; 38 *MCC* 807. He acquired another trucking company, American Trucking, late in the war; 40 *MCC* 841 (1946). Revenue figure for 1946 appears at 48 *MCC* 43 (1948).
6. Intercity truck lines handled 30.45 billion ton-miles of freight in 1946. By 1950, they were carrying 65.65 billion. See ICC, *Transport Economics*, December 1957, p. 9. Total railroad ton-miles were unchanged over that period. Railroads' revenues per ton-mile between 1942 and 1956 varied between 23 percent and 26.8 percent those of truckers. *Transport Economics*, November 1957, p. 8.

7. Information about managing under ICC oversight from author's interview with Paul Richardson, Holmdel, NJ, January 14, 1992.

8. *M.P. McLean, Jr.—Control; McLean Trucking Co.—Lease— Atlantic States Motor Lines Incorporated*, ICC No. MC-F-3300, 45 *MCC* 417; *M.P. McLean, Jr.—Control; McLean Trucking Company, Inc.—Purchase (Portion)—Garford Trucking, Inc.*, ICC No. MC-F-3698, 50 *MCC* 415.

9. The cigarette case is *Cigarettes and Tobacco from North Carolina Points to Atlanta*, 48 *MCC* 39 (1948).

10. Author's interviews with Paul Richardson, Holmdel, NJ, July 20, 1992, and Walter Wriston, New York, June 30, 1992. McLean's success in using his management techniques to turn around Carolina Motor Express, a troubled company of which he had assumed temporary control in 1952, is detailed in *M.P. McLean, Jr.—Control; McLean Trucking Company—Control—Carolina Motor Express Lines, Inc. (Earl R. Cox, Receiver)*, 70 *MCC* 279 (1956).

11. *M.P. McLean, Jr.—Control; McLean Trucking Co.—Lease— Atlantic States Motor Lines Incorporated*, 45 *MCC* 417; *M.P. Mc- Lean, Jr.—Control; McLean Trucking Company, Inc.—Purchase (Portion)—Garford Trucking, Inc.*, 50 *MCC* 415; ICC, *Transport Statistics in the United States 1954*, Part 7, Table 30; Wriston interview.

12. Author's telephone interview with William B. Hubbard, July 1, 1993.

13. Author's telephone interview with Earl Hall, May 12, 1993; author's telephone interview with Robert N. Campbell, June 25, 1993.

14. The first public notice of the container scheme appeared in A. H. Raskin, "Union Head Backs 'Sea-Land' Trucks," *NYT*, February 17, 1954.

15. PANYNJ, *Foreign Trade 1976* (New York, 1977), p. 23; author's interview with Paul Richardson, Holmdel, NJ, July 20, 1992; PNYA, Weekly Report to Commissioners, March 13, 1954, 16, in Doig Files; PNYA, Minutes of Committee on Port Planning, April 8, 1954, 2, in Meyner Papers, Box 43.

16. Pan-Atlantic Steamship Corporation, "Summary of Post–World War II Coastwise Operations," mimeo, n.d.; Wriston interview; Phillip L. Zweig, *Wriston: Walter Wriston, Citibank, and the Rise and Fall of American Financial Supremacy* (New York, 1995), p. 78.

17. The details of this convoluted transaction are reviewed in ICC, Case No. MC-F-5976, *McLean Trucking Company and Pan- Atlantic Steamship Corporation—Investigation of Control*, July 8, 1957.

18. McLean's net worth as of September 1955 appears in "I.C.C. Aide Urges Waterman Sale," *NYT*, November 28, 1956. McLean quotation is from author's interview with Gerald Toomey, New York, May 5, 1993.

19. Wriston interview. The McLean quotation is from Zweig, who interviewed McLean for *Wriston*, p. 79.

20. Wriston interview; Zweig, *Wriston*, p. 81; Janet Berte Neale, "America's Maritime Innovator," program for AOTOS Award 1984. Many of the relevant financial details were

not included in McLean Industries' financial reports.

21. McLean Industries, *Annual Report* for the year ending December 31, 1955.

22. The program of which McLean took advantage was intended to help traditional ship lines, not upstart challengers. As Andrew Gibson and Arthur Donovan point out, "It took an innovator from another sector of the transportation industry to see how the trade-in program, designed to renew the subsidized fleet, could be used to help launch a revolution that eventually transformed the entire industry." See their *The Abandoned Ocean: A History of United States Maritime Policy* (Columbia, SC, 2000), p. 176.

23. "Railroads Assail Sea-Trailer Plan," *NYT*, February 11, 1955; ICC, *McLean Trucking Company and Pan-Atlantic Steamship Corporation—Investigation of Control*; McLean Industries, *Annual Report*, 1955, pp. 5 and 11; U.S. Department of Commerce, *Annual Report of the Federal Maritime Board and Maritime Administration, 1955* (Washington, DC, 1955), p. 14, and 1956 (Washington, DC, 1956), p. 7; K. W. Tantlinger, "U.S. Containerization: From the Beginning through Standardization" (paper presented to World Port Conference, Rotterdam, 1982); "T-2's Will 'Piggy Back' Truck Trailers," *Marine Engineering/Log* (1956), p. 83. Cost analysis from author's interview with Guy F. Tozzoli, New York, January 13, 2004.

24. Pan-Atlantic gave up the idea of building roll on–roll off ships by late 1956, supposedly to save money on construction costs and to gain greater flexibility. See "Pan Atlantic Changes Plans for Roll-On Ships," *Marine Engineering/Log* (December 1956), p. 112.

25. Much of this section is drawn from Tantlinger, "U.S. Containerization"; author's telephone interview with Keith Tantlinger, December 1, 1992; and author's interview with Keith Tantlinger, San Diego, January 3, 1993. These containers were designed for Ocean Van Lines and carried, 36 to a barge, by Alaska Freight Lines between Seattle, Anchorage, and Seward. They are distinct from the much smaller steel "Cargo Guard" boxes first used by Alaska Steamship Company in 1953 and the 12-foot wooden "crib boxes" that Alaska Steamship carried aboard the *Susitna*, which some identify as the first containership. See Tippetts-Abbett-McCarthy-Stratton, *Shoreside Facilities for Trailership, Trainship, and Containership Services* (Washington, DC, 1956), p. 45; McDonald, "Alaska Steam," p. 112; and Burke, *A History of the Port of Seattle*, p. 115.

26. Tantlinger, "U.S. Containerization"; author's interview with Keith Tantlinger, January 3, 1993; author's telephone interview with Earl Hall, May 14, 1993.

27. The spreader bar is covered by U.S. Patent 2,946,617, issued July 26, 1960.

28. Information about delays taken from Tantlinger interview, and the announcement of the start date is in "Tank Vessels Begin Trailer Runs in April," *JOC*, February 19, 1956. Houston comment is cited in Marc Felice, "The Pioneer," article appearing in program for the AOTOS Award 1984. For cost figures, see Pierre Bonnot, "Prospective Study of Unit Loads," *Containers*, no. 36 (December 1956): 25–29.

29. Pan-Atlantic Steamship Corporation, "Summary of Operations."

30. "ICC Aide Urges Waterman Sale," *NYT*, November 28, 1956, p. 70; ICC, *McLean Trucking Company and Pan-Atlantic Steamship Corporation—Investigation of Control*.

31. Borruey, *Le port de Marseille*, p. 296. Fitzgerald, "A History of Containerization," p. 2. For photos of Seatrain's vessels on trial in 1928, see *Fairplay*, June 17, 1976, p. 15.
32. Cangardel, "The Present Development of the Maritime Container."

第 4 章

1. Author's telephone interview with Robert N. Campbell, June 25, 1993.
2. Tantlinger, "U.S. Containerization"; Cushing, "The Development of Cargo Ships."
3. The containers, chassis, refrigerated units, and twist locks all are covered by patent 3,085,707, issued after much delay on April 16, 1963.
4. Campbell interview; Tantlinger,"U.S. Containerization." Skagit Steel and Iron was closed in the early 1990s, and most of the company's records were destroyed.
5. *Marine Engineering/Log* (November 1955), p. 104; Tantlinger, "U.S. Containerization"; PNYA, Minutes of Committee on Operations, February 2, 1956, Meyner Papers, Box 44; Paul F. Van Wicklen, "New York—The Port That Gave Containerization Its Oomph," in Containerization and Intermodal Institute, *Containerization: The First 25 Years* (New York, 1981); "Tanker to Carry 2-Way Loads," *NYT*, April 27, 1956. The conversion of the C-2s is discussed in "Full-Scale Container Ship Proves Itself," *Marine Engineering/Log* (December 1957), p. 67, and in author's telephone interview with Robert N. Campbell, June 25, 1993. Bonner quotation appears in McLean Industries, *Annual Report*, 1957, p. 8.
6. McLean Industries, *Annual Report*, 1957 and 1958.
7. McLean Industries, *Annual Report*, 1958; Campbell interview.
8. Author's telephone interview with Earl Hall, October 2, 1992; author's telephone interview with William Hubbard, July 1, 1993; author's interview with Charles Cushing, New York, April 7, 1993.
9. William L. Worden, *Cargoes: Matson's First Century in the Pacific* (Honolulu, 1981), p. 120.
10. Ibid., pp. 114–120; Fitzgerald, "A History of Containerization," pp. 39–41.
11. Matson's caution was described in author's telephone interview with Leslie A. Harlander, November 2, 2004. Observation about hiding pedigrees is from Cushing interview. On Weldon's background, see statement of Matson president Stanley Powell Jr., U.S. House of Representatives, Committee on Merchant Marine and Fisheries, *Cargo Container Dimensions*, November 1, 1967, pp. 48–49. Weldon comment appears in his "Cargo Containerization in the West Coast–Hawaiian Trade," *Operations Research* 6 (September–October 1958): 650.
12. Weldon, "Cargo Containerization," pp. 652–655.
13. Ibid., pp. 661–663.
14. Les Harlander, interview by Arthur Donovan and Andrew Gibson, June 19, 1997, COHP.
15. Harlander interview, COHP; letter, Keith Tantlinger to George D. Saunders, December 3, 1992 (copy in possession of author). In the letter, Tantlinger states, "I caught Les Harlander prowling the vessel to apparently see what he could learn, and I asked him to leave the ship." In a telephone interview with the author, November 2, 2004, Harlander

recalled that he had visited the ship as a guest of Pan-Atlantic.

16. Harlander interview, COHP; American Society of Mechanical Engineers, *The PACECO Container Crane*, brochure prepared for dedication of national historic mechanical engineering landmark, Alameda, California, May 5, 1983. Details of the antiswing device are in L. A. Harlander, "Engineering Development of a Container System for the West Coast–Hawaiian Trade," *Transactions of the Society of Naval Architects and Marine Engineers* 68 (1960): 1079.

17. Harlander interview, COHP; Harlander, "Engineering Development," p. 1053. The containers apparently were well made; in 1981, 23 years after they were built, 85 percent of the original production run of 600 containers were still in service. Harlander interview, COHP.

18. Negotiations with PACECO are recounted in Harlander interview, COHP; the lashing system is described in Harlander, "Engineering Development," p. 1084.

19. Foster Weldon, "Operational Simulation of a Freighter Fleet," in National Research Council, *Research Techniques in Marine Transportation*, Publication 720 (Washington, DC, 1959), pp. 21–27.

20. Fitzgerald, "A History of Containerization," p. 47; American Society of Mechanical Engineers, *The PACECO Container Crane*.

21. Leslie A. Harlander, "Further Developments of a Container System for the West Coast–Hawaiian Trade," *Transactions of the Society of Naval Architects and Marine Engineers* 69 (1961): 7–14; Fitzgerald, "A History of Containerization," pp. 57–59; Worden, *Cargoes*, pp. 143–144.

22. Benjamin Chinitz, for example, devoted only a couple of mentions to containerization, predicting in 1960 that "in the next few decades" few places would have piggyback (container on railcar) service and even fewer would have maritime service with containers; see *Freight and the Metropolis: The Impact of America's Transport Revolution on the New York Region* (Cambridge, MA, 1960), pp. 83, 86, and 161. Jerome L. Goldman, "Designed to Cut Cargo-Handling Costs," *Marine Engineering/Log* (1958), p. 43; McLean Industries, *Annual Reports*, 1957–60; Campbell interview; John Niven, *American President Lines and Its Forebears, 1848–1984* (Newark, DE, 1987), p. 211. Grace's plans were described in U.S. Department of Commerce, *Annual Report of the Federal Maritime Board and Maritime Administration, 1958*, p. 4; Edward A. Morrow, "All-Container Ship Welcomed by Port on Her Debut," *NYT*, January 13, 1960; John P. Callahan, "Container Vessel on First Run," *NYT*, January 30, 1960; "Grace Initiates Seatainer Service," *Marine Engineering/Log* (1960), p. 55; Harold B. Meyers, "The Maritime Industry's Expensive New Box," *Fortune*, November 1967. The ILA may have been behind Venezuelan dockers' refusal to handle Grace's containers; see George Panitz, "NY Dockers Map Annual Wage Drive," *JOC*, December 20, 1961.

23. PNYA, *Annual Report*, various years; "Puerto Rico Trailer Service," *NYT*, April 22, 1960; "Bull Line Gets Container Ships," *NYT*, May 5, 1961; "Transport News: Sea-Land Service," *NYT*, December 17, 1959. Financial information for Pan-Atlantic and Sea-

Land Service is from ICC, *Transport Statistics*, Part 5, Table 4, various years. For the parent company's losses, see McLean Industries, *Annual Report*, 1960. Gerald Toomey, then with Consolidated Freightways, a large truck line, recalled that Consolidated's chairman predicted in 1962 that Sea-Land would not last two years; author's interview, New York, May 5, 1993.

24. Edward A. Morrow, "Seatrain Spurns Shipping Merger," *NYT*, August 12, 1959; Campbell interview; McLean Industries, *Annual Report*, 1958.

25. "Just recruiting" comment from author's interview with Gerald P. Toomey, May 5, 1993. On use of intelligence and personality tests, see Arthur Donovan and Andrew Gibson interview with Scott Morrison, July 8, 1998, COHP. Comment on pitching pennies from Cushing interview, April 7, 1993.

26. Author's interview with Paul Richardson, Holmdel, NJ, January 14, 1992; author's telephone interview with Kenneth Younger, December 16, 1991; author's telephone interview with William Hubbard, July 1, 1993.

27. Container tonnage from PNYA *Annual Reports*. Quotation is from author's interview with naval architect Charles Cushing, who joined Sea-Land in 1960.

28. Sea-Land Service, presentation to Sea-Land management meeting, Hotel Astor, New York, December 12–14, 1963, mimeo.

29. Werner Baer, "Puerto Rico: An Evaluation of a Successful Development Program," *Quarterly Journal of Economics* 73, no. 4 (1959): 645–671; A. W. Maldonado, *Teodoro Moscoso and Puerto Rico's Operation Bootstrap* (Gainesville, 1997).

30. Author's interview with Gerald Toomey, May 5, 1993; author's interview with William B. Hubbard, July 1, 1993; Edward A. Morrow, "U.S. Antitrust Inquiry Begun into Proposed Sale of Bull Lines," *NYT*, March 29, 1961.

31. Sea-Land's practice was to write off its ships over six years, an unusually short period for long-lived assets. Very high write-offs made the short-term profit picture look bleak, but it meant that Sea-Land could report very high profits a few years later, once the ships had been fully depreciated. This accounting, deliberately designed to depress short-term profitability, was not widely appreciated by analysts who examined the company's financial reports. In the mid-1960s, the Internal Revenue Service forced Sea-Land to depreciate its ships over fifteen years instead of six, and its financial reporting became less obscure. Author's telephone interview with Earl Hall, May 21, 1993, and McLean Industries *Annual Report*, 1965. Concerning the bid for Bull Line, see George Home, "Bull Steamship Company Sold to Manuel Kulukundis Interests," *NYT*, April 22, 1961; Edward A. Morrow, "Decision Put Off in Bull Line Case," *NYT*, August 4, 1961. The attempt to block the sale of the ships to Bull was one of the more embarrassing episodes of McLean's career. He told a hastily called congressional hearing on the issue that the government program to sell old vessels to nonsubsidized ship lines was a "give-away program," and was then forced to admit that Waterman had applied for ships under the same program; the Waterman application, he said, was "a mistake," although one that he had not tried to correct. "M'Lean Attacks Ship Exchanges," *NYT*, August 17, 1961.

32. "Bull Line Stops Puerto Rico Runs," *NYT*, June 25, 1962; "Sea-Land to Add to Trailer Runs," *NYT*, June 26, 1962; author's interview with Gerald Toomey, May 5, 1993; author's interview with William B. Hubbard, July 1, 1993; author's telephone interview with Amadeo Francis, April 28, 2005.

33. Toomey interview; U.S. Census Bureau, *Statistical Abstract*, various issues.

34. Sea-Land Service, "The Importance of Containerized Ocean Transportation Service to Puerto Rico," mimeo, n.d. [1969].

35. McLean Industries, *Annual Reports*, 1962 and 1965; Cushing interview; McLean Industries, *Annual Report*, 1962; Toomey interview.

36. Employment figures from ICC, *Transport Statistics*, 1963, Part 5, Table 4. Author's interview with Richard Healey, January 19, 1994; Toomey interview, Richardson interview, July 12, 1992; Hubbard interview.

37. "It wasn't unusual" from Healey interview; Campbell interview; Hubbard interview; Richardson interview, January 14, 1992; George Panitz, "Sea-Land Plans Alaska Service," *JOC*, April 1, 1964.

38. Hall interview; presentations to Sea-Land management meeting, Hotel Astor, New York, December 12–14, 1963; ICC, *Transport Statistics*, various issues.

第 5 章

1. Chinitz, *Freight and the Metropolis*, pp. 21, 50. The number of piers is given in a letter from Edward F. Cavanagh Jr., New York City commissioner of marine and aviation, to Board of Inquiry on Longshore Work Stoppage, January 14, 1952, in Jensen Papers, Collection 4067, Box 16. For a description of the New Jersey freight yards, see Carl W. Condit, *The Port of New York*, vol. 2, *The History of the Rail and Terminal System from the Grand Central Electrification to the Present* (Chicago, 1981), pp. 103–107. Attempts by New Jersey interests to eliminate the single rate led to the formation of the PNYA in 1921. See Jameson W. Doig, *Empire on the Hudson: Entrepreneurial Vision and Political Power at the Port of New York Authority* (New York, 2001).

2. Estimates of truck share of total cargo are based on unpublished PNYA data cited in Chinitz, *Freight and the Metropolis*, p. 41. Average waiting time appears in PNYA, "Proposal for Development of the Municipally Owned Waterfront and Piers of New York City," February 10, 1948, p. 64; *NYT*, May 17, 1952.

3. Waterfront Commission of New York Harbor, *Annual Report for the Year Ended June 30, 1954*, p. 33, and *Annual Report for the Year Ended June 30, 1955*, p. 13. Interesting light on the union's view of public loaders can be found in a July 28, 1952, letter from Waldman & Waldman, the ILA's counsel, to ILA president Joseph P. Ryan recommending changes in the operation of Local 1757, in Vertical File, "International Longshoremen's Association," Tamiment Library, New York University. A formal list of "authorized" public loader charges appears in Truck Loading Authority, "Official Loading Charges in the Port of New York," in Jensen Papers, Collection 4067, Box 13. As late as 1963, the trucking industry complained that truckers spent $1 million a year on bribes to gain

precedence in waiting lines at piers. See New York City Council on Port Development and Promotion, minutes of November 18, 1963, Wagner Papers, Reel 40532, Frame 728.

4. *County Business Patterns*, 1951, p. 56.

5. *County Business Patterns*, 1951, pp. 2, 56; Chinitz, *Freight and the Metropolis*, pp. 31, 96. Detail on plant locations in selected industries in the early part of the century is in Robert Murray Haig, *Major Economic Factors in Metropolitan Growth and Arrangement* (New York, 1927; reprint, New York, 1974), esp. pp. 64–65 and 96–97. Haig's maps make clear that other industries, notably apparel, were not at all reliant on waterfront access.

6. *County Business Patterns*, 1951. Brooklyn estimate from New York City marine and aviation commissioner Vincent A. G. O'Connor, Address to Brooklyn Rotary Club, October 17, 1956, Wagner Papers, Reel 40531, Frame 1585.

7. PNYA, *Outlook for Waterborne Commerce through the Port of New York*, November 1948, Table VIII; Census Bureau, *Historical Statistics*, p. 761; Thomas Kessner, *Fiorello H. LaGuardia and the Making of Modern New York* (New York, 1989), p. 559.

8. Chinitz, *Freight and the Metropolis*, pp. 77–78.

9. Ibid., p. 202. For additional trucking charges, see PNYA, "Proposal for Development," p. 65. Shippers filed eighty-nine "informal complaints" about bills for waiting time, wharf demurrage, and terminal charges during the year ending June 30, 1955, "the greater portion of which were against rates for truck loading and unloading waterborne freight in the Port of New York area." U.S. Department of Commerce, *Annual Report of the Federal Maritime Board and Maritime Administration, 1955*, p. 33.

10. Nelson, *Divided We Stand*, pp. 71–73; Vernon Jensen, *Strife on the Waterfront* (Ithaca, NY, 1974), pp. 105–110 and chap. 6; Philip Taft, "The Responses of the Bakers, Longshoremen and Teamsters to Public Exposure," *Quarterly Journal of Economics* 74, no. 3 (1960): 399. The executive director of the Waterfront Commission, Samuel M. Lane, charged in January 1955 that the New York Shipping Association, the organization of port employers, was "hopeless" when it came to cleaning up waterfront corruption. See Waterfront Commission Press Release 1040, January 27, 1955, in Jensen Papers, Collection 4067, Box 16.

11. The original proposals for the Waterfront Commission came from the Dewey-appointed New York State Crime Commission and from the Port Authority. See State of New York, *Record of the Public Hearing Held by Governor Thomas E. Dewey on the Recommendations of the New York State Crime Commission for Remedying Conditions on the Waterfront of the Port of New York*, June 8–9, 1953, and PNYA, "Comparison of Plans for Improvement of Waterfront Labor Conditions in the Port of New York," January 29, 1953; A. H. Raskin, "C-Men on the Waterfront," *NYT Magazine*, October 9, 1955, p. 15; letters from Lee K. Jaffe, director of public relations, PNYA, to Steve Allen, NBC Television, November 1, 1957, and from Daniel P. Noonan, director of Public Relations, Department of Marine and Aviation, to Steve Allen, October 31, 1957, Wagner Papers, Reel 40531, Frames 1920 and 1922. The film, a musical about a political

campaign between rebels and old-line union leaders on the waterfront, was eventually shot on a privately owned pier.

12. A pier inventory, compiled after some of the oldest had been demolished, can be found in New York City Planning Commission, *The Waterfront* (New York, 1971), p. 89; Cavanagh letter to Board of Inquiry; George Home, "City Action Seen on Port Program," *NYT*, August 7, 1952; Austin J. Tobin, *Transportation in the New York Metropolitan Region during the Next Twenty-five Years* (New York, 1954), p. 7.

13. A massive truck terminal in lower Manhattan, opened in 1932, was the main exception. See Doig, *Empire on the Hudson*, pp. 84–104 and 118–119.

14. Wallace S. Sayre and Herbert Kaufman, *Governing New York City: Politics in the Metropolis* (New York, 1960), p. 341; cover letter in PNYA, *Marine Terminal Survey of the New Jersey Waterfront* (New York, 1949); Doig, *Empire on the Hudson*, pp. 259–260. A prominent article by Cullman published within nine months of the war's end discussed the urgent need for improved port facilities and airports and noted the Port Authority's success at carrying out large capital projects; the subheadline—written at a time when the agency had no responsibility whatsoever for ports or airports—was: "Now the Port Authority, with 25 years behind it, prepares for a new era of sea, land, and air traffic." See "Our Port of Many Ports," *NYT Magazine*, May 5, 1946, p. 12.

15. John I. Griffin, *The Port of New York* (New York, 1959), p. 91; PNYA, "Proposal for Development"; Austin J. Tobin, statement to New York City Board of Estimate, July 19, 1948, Doig Files; PNYA, *Annual Report 1949*, p. 7; PNYA, *Marine Terminal Survey*, 5; Doig, *Empire on the Hudson*, pp. 353–354 and 538. As early as 1946, the city's commissioner of marine and aviation was rejecting suggestions that the Port Authority should organize a port improvement campaign, commenting that "the Port Authority has nothing to do with the Port of New York, and has no authority in it." See "Rejuvenated Port to Rise in Future," *NYT*, November 23, 1946. The ILA's role in opposition is noted in Joshua Freeman, *Working-Class New York* (New York, 2000), p. 161.

16. PNYA, Weekly Report to Commissioners, April 5, 1952; "Betterments Set for Port Newark," *NYT*, April 9, 1952; Charles Zerner, "Big Port Terminal Near Completion," *NYT*, January 31, 1954; Edward P. Tastrom, "Newark Port to Start Operating New $6 Million Terminal Soon," *JOC*, March 9, 1954; "Awaits Bid for Piers," *Newark Evening News*, December 8, 1952; "Modernizing the Docks," *New York World-Telegram*, December 9, 1952; "City's Port Costs Show Blunder in Rejecting Authority's Aid," *Brooklyn Eagle*, December 17, 1952.

17. McLean's plans developed quickly enough that they became public within two or three months; see Raskin, "Union Head Backs 'Sea-Land' Trucks." Tobin, "Transportation in the New York Metropolitan Area during the Next Twenty-five Years," pp. 10–12.

18. PNYA, Minutes of Committee on Port Planning, September 2, 1954, Meyner Papers, Box 43; PNYA, Minutes of the Commissioners, December 9, 1954, 232, Meyner Papers, Box 43; June 29, 1955, 216; October 26, 1955, 316 and 322, all in Meyner Papers, Box 44; PNYA, *Thirty-fifth Annual Report*, 1956, pp. 1–4.

19. Press release, Office of the Governor, December 2, 1955; PNYA, Minutes of Committee on Port Planning, January 5, 1956, Meyner Papers, Box 44. The Port Authority's previous view of Elizabeth's potential was expressed at *Marine Terminal Survey*, p. 26, which discussed the potential for port development in Newark, Jersey City, Hoboken, Weehawken, and North Bergen, but emphasized with italic type that the Elizabeth waterfront was best suited for *industrial* use.

20. Newark share derived from data in PNYA, *Annual Report 1955, p. 9, and PANYNJ, Foreign Trade 1976.*

21. Chris McNickle, *To Be Mayor of New York: Ethnic Politics in the City* (New York, 1993), pp. 97–107; proposed 1954 capital budget, Wagner Papers, Reel 7709, Frame 1372; John J. Bennett, chairman, City Planning Commission, to Henry L. Epstein, deputy mayor, March 11, 1954, Wagner Papers, Reel 7709, Frame 1179; New York Department of Marine and Aviation, press release, August 24, 1955, Wagner Papers, Reel 40531, Frame 1220; Jensen, *Strife on the Waterfront*, p. 147; Wagner letter to City Planning Commission in Wagner Papers, Reel 40507, Frame 843.

22. Cullman to Lukens, December 9, 1955; Lukens to file, December 12, 1955, in Doig Files.

23. O'Connor address to New York Symposium on Increasing Port Efficiency, November 28, 1956, Wagner Papers, Reel 40531, Frame 1554; Department of Marine and Aviation, "Rebuilding New York City's Waterfront," September 5, 1956, Wagner Papers, Reel 40531, Frames 1603–1639.

24. The New York Council on Port Promotion and Development, established by the city, estimated in 1963 that handling general cargo cost $10 per ton in New York versus $5 per ton in Baltimore. Wagner Papers, Reel 40532, Frame 866; "Statement of Vincent A.G. O'Connor, Commissioner of Marine & Aviation, regarding Operation of Grace Line Terminal at Marine & Aviation Piers 57 and 58, North River," Wagner Papers, Reel 40531, Frame 1268; O'Connor address to convention of ILA, July 11, 1955, Wagner Papers, Reel 40531, Frame 1314. Individual longshore gangs had established priority hiring rights on individual piers as "regular" and "regular extra" gangs, and the shift of a carrier from one pier to another could lead to violent disputes over priority status at the new location.

25. Department of City Planning, Newsletter, November 1956, Wagner Papers, Reel 40507, Frame 1596; oral history interviews with Robert F. Wagner, May 21, 1988, Julius C. C. Edelstein, April 5, 1991, and Thomas Russell Jones, June 10, 1993, in LaGuardia and Wagner Archive, LaGuardia Community College, Queens, NY; McNickle, *To Be Mayor of New York*, p. 121; Downtown–Lower Manhattan Association, "Lower Manhattan" (1958), p. 6.

26. Press release, September 4, 1957, Wagner Papers, Reel 40531, Frame 1945; press release, September 11, 1957, Wagner Papers, Reel 40531, Frame 1957; O'Connor statement at Board of Estimate capital budget hearing, November 18, 1958, Wagner Papers, Reel 40532, Frame 1149; interview with Guy F. Tozzoli, New York, January 13, 2004; letter

from Howard S. Cullman and Donald V. Lowe to Mayor Wagner and the Board of Estimate, September 18, 1957, Wagner Papers, Reel 40531, Frame 1448; "Statement by Vincent A.G. O'Connor, Commissioner of Marine and Aviation, regarding Port of New York Authority's Attack on Lease with Holland-America Line for $18,723,000 Terminal, New Pier 40, to Be Built at the Foot of West Houston Street, Manhattan," September 19, 1957, Wagner Papers, Reel 40531, Frame 1936.

27. James Felt, chairman, City Planning Commission, to O'Connor, September 23, 1959, Wagner Papers, Reel 40508, Frame 691; City of New York Department of City Planning, "Redevelopment of Lower Manhattan East River Piers," September 1959, Wagner Papers, Reel 4058, Frame 693; Moses to Felt, September 29, 1959, Wagner Papers, Reel 40508, Frame 688; O'Connor to Board of Estimate, November 25, 1959, Wagner Papers, Reel 40531, Frame 2179. Moses, still a powerful figure in the city and the region during this period, appears to have had no interest in freight transportation. The port, maritime affairs, and freight transportation in general receive no mention in Robert A. Caro's authoritative biography, *The Power Broker: Robert Moses and the Fall of New York* (New York, 1974), and Moses's own memoir says nothing about shipping beyond the observation that, in the late 1940s, "our magnificent port was literally dying." See Moses's *Public Works: A Dangerous Trade* (New York, 1970), p. 894. According to Guy Tozzoli, who knew Moses for many years, Moses was very interested in autos and passenger transportation, but had no interest in port-related matters or in the freight-handling problems of New York businesses. Author's interview, New York, January 13, 2004.

28. Condit, *The Port of New York*, 2:346.

29. U.S. Department of Commerce, *Annual Report of the Federal Maritime Board and Maritime Administration*, 1957 (Washington, DC, 1957), p. 12; PNYA, Minutes of the Commissioners, February 14, 1957, p. 98, Meyner Papers, Box 44; PNYA, Weekly Report to the Commissioners, November 15, 1965, Doig Files; "Full-Scale Container Ship Proves Itself," 6; U.S. National Academy of Sciences, *Roll-On, Roll-Off Sea Transportation* (Washington, DC, 1957), p. 9; "Propeller Club Annual Convention," *Marine Engineering/Log* (November 1958), pp. 64–65.

30. PNYA, "Report on Port Authority Operation of Port Newark & Newark Airport, January 1, 1960–December 31, 1960"; Chinitz, *Freight and the Metropolis*, p. 156.

31. Elizabeth officials protested that the Port Authority was violating a 1951 agreement that it would not condemn land in Elizabeth without the city's consent. See PNYA, Weekly Report to the Commissioners, March 31, 1956; letter, Austin J. Tobin to Elizabeth mayor Nicholas LaCorte, May 21, 1956; New Jersey governor Robert B. Meyner to Elizabeth city attorney Jacob Pfeferstein, June 4, 1956; Memo, Francis A. Mulhearn, PNYA legal department to Tobin, June 29, 1956, all in Doig Files. On the differing reactions to the container, see PNYA, Minutes of Committee on Construction, March 26, 1958, Meyner Papers, Box 44; O'Connor address on Marine and Aviation Day, May 23, 1961, Wagner Papers, Reel 40532, Frame 325; "Creation of a Container Port," *Via—Port of New York*,

Special Issue: *Transatlantic Transport Preview* (1965): 31; Anthony J. Tozzoli and John S. Wilson, "The Elizabeth, N.J. Port Authority Marine Terminal," *Civil Engineering*, January 1969, pp. 34–39.

32. New York Department of Marine and Aviation, press release, January 23, 1961, Wagner Papers, Reel 40532, Frame 357; Remarks by Mayor Robert F. Wagner, August 30, 1962, Wagner Papers, Reel 40532, Frame 457; Walter Hamshar, "Face-Lift for the Waterfront," *New York Herald Tribune*, November 2, 1963; "NY Port Development Scored," *JOC*, December 23, 1963; New York City Planning Commission, "The Port of New York: Proposals for Development" (1964), pp. 8, 13, and Plate 2; Minutes of New York City Council on Port Development and Promotion, November 18, 1963, Wagner Papers, Reel 40532, Frame 728; "Report on Recommendations by the Steering Committee to the Committee for Alleviating Truck Congestion and Delay at the Waterfront of the City of New York," October 7, 1965, Wagner Papers, Reel 40532, Frame 978.

33. King to Tobin, November 8, 1965; PNYA, Minutes of the Commissioners, November 10, 1965; PNYA, press release, November 15, 1965; PNYA, Minutes of the Commissioners, September 8, 1966; PNYA, transcript of "New Jersey Observations," WNDT-TV, November 15, 1965, all in Doig files; "One Dispute at a Time," *NYT*, July 12, 1966.

34. PNYA, *Annual Report*, 1996, p. 14; First National City Bank, "The Port of New York: Challenge and Opportunity," June 1967, pp. 27, 30; *Longshore News*, October–November 1966, p. 4,

35. Edward C. Burks, "Jersey Facilities Set Port Agency Pace," *NYT*, May 11, 1975; Edith Evans Asbury, "Port Agency Scored on Jersey Project," *NYT*, July 17, 1966; PANYNJ, *Foreign Trade 1976*, p. 12.

36. Brown to Lindsay, May 12, 1966, in Mayor John V. Lindsay Papers, NYMA, Reel 45087, Frame 1560; PNYA, "The 1970 Out-look for Deep Sea Container Services (New York, 1967)," p. 2; PNYA, *Container Shipping: Full Ahead* (New York, 1967); "Containers Widen Their World," *Business Week*, January 7, 1967; George Home, "Container Revolution, Hailed by Many, Feared," *NYT*, September 22, 1968; memo, Halberg to Brown, May 11, 1966, Lindsay Papers, Reel 45087, Frame 1561.

37. Halberg to Deputy Mayor Robert W. Sweet, September 29, 1967, in Lindsay Papers, Department of Marine and Aviation, Reel 45087, Frame 1653; *Longshore News*, April 1967, p. 4, November 1967, p. 4, October 1968, p. 1, and October 1969, p. 1; Werner Bamberger, "A 90-Second Depot for Containerships Studied," *NYT*, December 1, 1966; Paul F. Van Wicklen, "Elizabeth: The Port of New York's Prototype for the Container Era" (manuscript prepared for *Ports and Terminals*, April 28, 1969); memo, Patrick F. Crossman, commissioner of economic development, to Lindsay, April 2, 1970, in Lindsay Papers, Confidential Subject Files, Reel 45208, Frame 707; Lindsay to Tobin, June 29, 1970, in Lindsay Papers, Confidential Subject Files, Reel 45208, Frame 668. The proposed vertical terminal for two thousand containers was developed by a New York company called Speed-Park Inc.; see R. D. Fielder, "Container Storage and Handling," *Fairplay*, January 5, 1967, p. 31.

38. Joseph P. Goldberg, "U.S. Longshoremen and Port Development," in *Port Planning and Development as Related to Problems of U.S. Ports and the U.S. Coastal Environment*, ed. Eric Schenker and Harry C. Brockel (Cambridge, MD, 1974), pp. 76–78; *Containerisation International Yearbook 1974* (London, 1974), p. 76; Waterfront Commission of New York Harbor, *Annual Report*, various years; *County Business Patterns*, 1964, 34–91, and *County Business Patterns*, 1973, pp. 34–111.

39. Condit, *The Port of New York*, 1:346; Bill D. Ross, "The New Port Newark Is Prospering," *NYT*, December 12, 1973; Goldberg, "U.S. Longshoremen and Port Development," p. 78; David F. White, "New York Harbor Tries a Comeback," *New York*, October 16, 1978, p. 75; Richard Phalon, "Port Jersey Development Could Cut Brooklyn Jobs," *NYT*, January 14, 1972; New York City Planning Commission, *The Waterfront*, p. 35; William DiFazio, *Longshoremen: Community and Resistance on the Brooklyn Waterfront* (South Hadley, MA: Bergin & Garvey, 1985), pp. 34–35.

40. Bureau of the Census, *U.S. Census of Population and Housing 1960* (Washington, DC, 1962), Report 104, Part I, and *1970 Census of Population and Housing* (Washington, DC, 1972), New York SMSA, Part I. Tract boundaries in 1970 were not identical to those in 1960, so definitive conclusions about economic change in small geographic areas are possible only in scattered instances. Housing data from New York City Planning Commission, "New Dwelling Units Completed in 1975," Mayor Abraham Beame Papers, NYMA, Departmental Correspondence, City Planning Commission, Reel 61002, Frame 167.

41. *County Business Patterns*, 1964, 1967, and 1976, Part 34. For discussion of the economic impact of containerization on New York City's economy, see Marc Levinson, "Container Shipping and the De- cline of New York, 1955–1975," *Business History Review* 80 (2006): 49–80.

42. By the late 1970s, according to one estimate, trucking a container from the waterfront to the railroad yard cost $85 to $120 in Brooklyn, but only $21 in New Jersey; see White, "New York Harbor Tries a Comeback," p. 78. After adjusting for differences in the industrial mix, Edgar M. Hoover and Raymond Vernon found that plants in the New York region built between 1945 and 1956 occupied 4,550 square feet of land per worker, compared to 1,040 square feet in plants built prior to 1922; they also calculated that taxes on industries in big-city locations were much higher than in other parts of the New York region. See *Anatomy of a Metropolis* (Cambridge, MA, 1959), pp. 31, 57–58. Factory relocation data are taken from Marilyn Rubin, Ilene Wagner, and Pearl Kamer, "Industrial Migration: A Case Study of Destination by City-Suburban Origin within the New York Metropolitan Area," *Journal of the American Real Estate and Urban Economics Association* 6 (1978): 417–437.

43. Ellen M. Snyder-Grenier, *Brooklyn! An Illustrated History* (Philadelphia, 1996), pp. 152–163; "Red Hook," in *The Columbia Gazeteer of North America*, 2000 on-line edition; Finlay, *Work on the Waterfront*, p. 61; Richard Harris, "The Geography of Employment and Residence in New York since 1950," in *Dual City: Restructuring New York*, ed.

John Mollenkopf and Manual Castells (New York, 1992), p. 133; New York State Department of Labor, *Population and Income Statistics*; Brian J. Godfrey, "Restructuring and Decentralization in a World City," *Geographical Review*, Thematic Issue: *American Urban Geography* 85 (1995): 452.

第 6 章

1. New York Shipping Association, "Proposed Revision of General Cargo Agreement for the Period October 1, 1954 to September 30, 1956," October 20, 1954, and "Proposed Revision of the General Cargo Agreement for the Period October 1, 1954 to September 30, 1956," December 28, 1954, both in ILA files, Robert F. Wagner Labor Archive, New York University, Collection 55, Box 1.

2. Information on the ILA's relations with McLean comes from author's interviews with Thomas W. Gleason, New York, September 29, 1992, and with Guy F. Tozzoli, New York, January 14, 2004. For background on ILA concerns during this period, see Jensen, *Strife on the Waterfront*, pp. 173–183; Philip Ross, "Waterfront Labor Response to Technological Change: A Tale of Two Unions," *Labor Law Journal* 21, no. 7 (1970): 400; and "General Cargo Agreement Negotiated by the New York Shipping Association Inc. with the International Longshoremen's Association (IND) for the Port of Greater New York and Vicinity, October 1, 1956–September 30, 1959," in Jensen Papers, Collection 4096, Box 5.

The Waterfront Commission was seeking to change hiring procedures in the port to eliminate the corruption that came from shape up. In general, employers hired twenty-one-man gangs rather than individual workers. Each pier (or each employer in Port Newark, where there were no traditional piers) had one or more "regular" gangs that had first call on work. If additional men were needed on a given day, the employer would call for "extra" gangs, with the rules for determining assignment of extra gangs varying greatly in different sections of the port. Pan-Atlantic, for example, had eight "regular" gangs, four Negro and four white. As there was not enough work for all regular gangs every day, a "regular" gang on one pier might also be a "regular extra" gang at another pier if work was available. Employers wanted the ability to choose among available "extra" gangs, but the ILA objected that employers would favor younger workers, leaving gangs with older longshoremen without work. The issue was an extremely difficult one for the union. Newark and parts of Brooklyn had arrangements to equalize earnings among gangs, and union leaders in those areas objected strongly to any attempts to standardize hiring throughout the port, as the Waterfront Commission sought. Manhattan, Jersey City, and Hoboken locals appear to have been much more willing to reach agreement with the com- mission. Despite the intensity of concern, the ILA does not appear to have had much success in equalizing earnings; of the six gangs that worked for Pan-Atlantic between October 1956 and September 1957, one had average earnings of more than $6,000, two had average earnings of $4,500 to $4,999, and one had average earnings of less than $3,500. See transcript of Waterfront Commission of New York

Harbor union-management conferences on seniority issues in ILA District 1 Papers, Kheel Center, Catherwood Library, Cornell University, Collection 5261, Box 1. Wage data are in New York Shipping Association, "Port-Wide Survey of Gang Earnings," September 12, 1958, in Jensen Papers, Collection 4067, Box 13. The ILA was not formally segregated in the Port of New York, but there were two identifiably "Negro" locals, Local 968 in Brooklyn and Local 1233 in Newark. The Brooklyn local never succeeded in controlling its own pier, and its leaders complained that employers discriminated against Negroes in hiring extra gangs; see the testimony of Thomas Fauntleroy, business agent of Local 968, "In the Matter of the Arbitration between ILA-Independent, and Its Affiliated Locals, and New York Shipping Association," September 29, 1958, in Jensen Papers, Collection 4096, Box 5. In 1959, Local 968 merged into the large Local 1814. The Newark local fared better, because, unlike the situation in New York City, Newark custom did not give priority to any local or gangs. Individual gangs were identified in Waterfront Commission records by codes such as "I" (Italian), "N" (Negro), and "S" (Spanish). See P. A. Miller Jr., "Current Hiring Customs and Practices in All Areas in the Port of New York," Waterfront Commission, December 20, 1955, in Jensen Papers, Collection 4067, Box 14. On race relations on the New York docks, see Rubin, *The Negro in the Longshore Industry*, pp. 59–69, and Nelson, *Divided We Stand*, pp. 79–86.

3. New York Shipping Association, "Proposals for Renewal of the General Cargo Agreement Submitted by the New York Shipping Association, Inc., to the I.L.A. (Ind.)," October 29, 1956; ILA Locals 1418 and 1419 proposal, September 5, 1956; New Orleans Steamship Association counterproposal, October 1, 1956; Board of Inquiry Created by Executive Order No. 10689, "Report to the President on the Labor Dispute Involving Longshoremen and Associated Occupations in the Maritime Industry on the Atlantic and Gulf Coast," November 24, 1956, all in ILA files, Collection 55, Box 1, Folder "Agreement, Negotiations, & Strikes, June–Dec. 1956, 1 of 2."

4. McLean Industries, *Annual Report*, 1958, p. 4; Pacific Maritime Association, *Monthly Research Bulletin*, January 1959; "Hopes Dim for Accord between Dock Union, New York Shippers, Pacts Expire Tonight," *Wall Street Journal*, September 26, 1959. Field comment in Jensen, *Strife on the Waterfront*, p. 228.

5. *NYT*, November 18, 1958; and November 27, 1958; Port of New York Labor Relations Committee press release, December 17, 1958, in Jensen Papers, Collection 4067, Box 13.

6. Jacques Nevard, "I.L.A. Demands Six-Hour Day and Curbs on Automation," *NYT*, August 11, 1959; Ross, "Waterfront Labor Response," p. 401.

7. Jack Turcott, "Pier Strike Ties Up E. Coast, Spurs Revolt," *New York Daily News*, October 2, 1959; Jensen, *Strife on the Waterfront*, pp. 235–247.

8. Jensen, *Strife on the Waterfront*, pp. 247–250; "Dock Union, Shippers Sign Agreement on Labor Contract," *Wall Street Journal*, December 4, 1959. Barnett's comment appears in New York Shipping Association, "Progress Report 1959," p. 5, and his views were echoed in Walter Hamshar, "I.L.A. Container Pact Gives N.Y. Cargo Lead," *Herald*

Tribune, January 3, 1960; Jacques Nevard, "Port Gains Noted in New Pier Pact," *NYT*, January 3, 1960.

9. Jensen, *Strife on the Waterfront*, pp. 250–253. Industry concern about the long-term cost is reflected in the statement by New York Shipping Association chairman Alexander Chopin in New York Shipping Association, "Progress Report 1959," p. 8.

10. For background on the ILWU, see Bruce Nelson, *Workers on the Waterfront: Seamen, Longshoremen, and Unionism in the 1930s* (Champaign, 1990); Selvin, *A Terrible Anger; Larrowe, Harry Bridges*; Howard Kimeldorf, *Reds or Rackets? The Making of Radical and Conservative Unions on the Waterfront* (Berkeley, 1988); Stephen Schwartz, *Brotherhood of the Sea: A History of the Sailors' Union of the Pacific, 1885–1985* (Piscataway NJ, 1986); Henry Schmidt, "Secondary Leadership in the ILWU, 1933–1966," interviews by Miriam F. Stein and Estolv Ethan Ward (Berkeley, 1983); and ILWU, *The ILWU Story: Two Decades of Militant Unionism* (San Francisco, 1955). The number of stoppages is from Charles P. Larrowe, *Shape Up and Hiring Hall* (Berkeley, 1955), p. 126. Andrew Herod, *Labor Geographies: Workers and the Landscapes of Capitalism* (New York, 2001), emphasizes the importance of spatial location in the maintenance of longshore unions' power; although he specifically discusses the ILA, his discussion is equally applicable to the ILWU. A list of forty-eight "hip-pocket rules" in the Port of Los Angeles, presented by the Pacific Maritime Association, appears in U.S. House of Representatives, Committee on Merchant Marine and Fisheries, *Study of Harbor Conditions in Los Angeles and Long Beach Harbor*, July 16, 1956, p. 14. The special importance of work rules to unions in an industry that relies on casual labor is emphasized by Hartman, *Collective Bargaining*, p. 41. For examples of the many rules in West Coast ports, see Hartman, *Collective Bargaining*, pp. 46–72, and Lincoln Fairley, *Facing Mechanization: The West Coast Longshore Plan* (Los Angeles, 1979), pp. 16–17.

11. "Working Class Leader in the ILWU, 1935–1977," interview with Estolv Ethan Ward, 1978 (Berkeley, 1980), p. 803.

12. J. Paul St. Sure, "Some Comments on Employer Organizations and Collective Bargaining in Northern California since 1934" (Berkeley, 1957), pp. 598–609.

13. Louis Goldblatt, "Working Class Leader in the ILWU, 1935–1977," interviews by Estolv Ethan Ward (Berkeley, 1977), p. 784; Clark Kerr and Lloyd Fisher, "Conflict on the Waterfront," *Atlantic* 183, no. 3, (1949): 17.

14. St. Sure, "Some Comments," p. 643, claimed that Bridges carefully avoided calling a strike or letting the ILWU contract expire to avoid jurisdictional challenges. See also Larrowe, *Harry Bridges*, p. 352. Bridges' testimony and much other information about the state of the Los Angeles port appears in the record of the Merchant Marine and Fisheries Committee hearings, *Study of Harbor Conditions in Los Angeles and Long Beach Harbor*, October 19–21, 1955, and July 16, 1956.

15. Larrowe, *Harry Bridges*, p. 352.

16. The formal committee statement is in "Report of the Coast Labor Relations Committee to the Longshore, Ship Clerks and Walking Bosses Caucus," March 13–15, 1956, in ILA

District 1 Files, Collection 5261, Box 1, Folder "Pacific Coast Experience."

17. Herb Mills, "The San Francisco Waterfront—Labor/Management Relations: On the Ships and Docks. Part One: 'The Good Old Days' " (Berkeley, 1978), p. 21; Fairley, *Facing Mechanization*, p. 48; Hartman, *Collective Bargaining*, pp. 73–83.

18. Jennifer Marie Winter, "Thirty Years of Collective Bargaining: Joseph Paul St. Sure, Management Labor Negotiator 1902–1966" (M.A. thesis, California State University at Sacramento, 1991), chap. 4. In one well-known incident, the permanent labor arbitrator in the Port of San Francisco was called to a ship to deal with a safety grievance and found only four workers on the job, sitting in the hold, drinking coffee. The rest of their gang, he was informed, had gone to a ball game and would come to work at midnight. See Larrowe, *Harry Bridges*, p. 352. Hartman, *Collective Bargaining*, pp. 84–88; ILWU, "Coast Labor Relations Committee Report," October 15, 1957.

19. Hartman, *Collective Bargaining*, pp. 87–89; Sidney Roger, "A Liberal Journalist on the Air and on the Waterfront," interview by Julie Shearer (Berkeley, 1998), p. 616.

20. Fairley, *Facing Mechanization*, p. 64, discussed how the six-hour day was "perverted" by subsequent practices. For details on the vote, see Hartman, *Collective Bargaining*, p. 91. The leadership's difficulty convincing members on this issue is evident from a cartoon appearing in the *Dispatcher*, the ILA newspaper, showing a tomb-stone with the epitaph "Here Lies Young Mr. Overtimer—Survived by a Loving Family Who Wishes He Had Worked Less and Lived Longer." See ILWU, "Report of the Officers to the Thirteenth Biennial Convention," Part I, April 6, 1959, p. 11.

21. Longshoreman comment from interview with Bill Ward, then a member of ILWU Local 13 in Wilmington, CA, in ILWU–University of California at Berkeley Oral History Project. Warning about automation appears in ILWU, "Report…to the Thirteenth Biennial Convention," p. 10. Comment about Bridges is from Roger, "A Liberal Journalist," p. 187.

22. For more on these talks, see Fairley, *Facing Mechanization*, pp. 103–104; Hartman, *Collective Bargaining*, pp. 90–94; Larrowe, *Harry Bridges*, pp. 352–353. The full text of the ILA proposal is reprinted in Fairley, *Facing Mechanization*, p. 80.

23. Fairley, *Facing Mechanization*, pp. 122–129; Hartman, *Collective Bargaining*, pp. 96–97; Winter, "Thirty Years of Collective Bargaining," chap. 5. Savings per hour calculated from data in Hartman, *Collective Bargaining*, p. 123.

24. Fairley, *Facing Mechanization*, pp. 132–133, and Germain Bulcke, "Longshore Leader and ILWU–Pacific Maritime Association Arbitrator," interview by Estolv Ethan Ward (Berkeley, 1984), p. 66.

25. Pacific Maritime Association and ILWU, "Memorandum of Agreement on Mechanization and Modernization," October 18, 1960; Ross, "Waterfront Labor Response," p. 413.

26. The split among PMA members is detailed in Fairley, *Facing Mechanization*, p. 125, and Winter, "Thirty Years of Collective Bargaining," chap. 5. Hartman, *Collective Bargaining*, pp. 99–100, discusses opposition within the ILWU. Nearly one-third of San Francisco longshoremen were over age fifty-four, and only 11 percent were younger than

thirty-five. See Robert W. Cherny, "Longshoremen of San Francisco Bay, 1849–1960," in Davies et al., *Dock Workers*, 1:137.

27. Hartman, *Collective Bargaining*, pp. 164–166.

28. Ibid., pp. 124–144 and 272–279; Finlay, *Work on the Waterfront*, p. 65.

29. Hartman quotation, *Collective Bargaining*, p. 150; on "Bridges loads," see Larrowe, *Harry Bridges*, p. 356.

30. Bridges statement in ILWU/PMA joint meeting, August 7, 1963, quoted in Hartman, *Collective Bargaining*, p. 147; arbitration award ibid., p. 148.

31. Cost savings from ibid., p. 178; container statistics derived from ibid., pp. 160 and 270. Hartman estimates that the container accounted for about 4 percent of the total productivity increase between 1960 and 1963 and perhaps 7 or 8 percent by 1964 (p. 162).

32. The Canadian version of the Mechanization and Modernization Agreement was signed November 21, 1960, just a month after the U.S. pact, and can be found in Jensen Papers, Accession 4067, Box 15. Kempton column is cited in Jensen, *Strife on the Waterfront*, p. 261.

33. Goldberg, "U.S. Longshoremen and Port Development," 68– 81; New York Shipping Association, "Progress Report 1959." Gleason discusses his background in a July 31, 1981, interview with Debra Bernhardt, New Yorkers at Work Oral History Collection, Robert Wagner Labor Archive, New York University, Tape 44, although much of the information provided in this interview is unreliable. Peter Bell, interview by Debra Bernhardt, August 29, 1981, New Yorkers at Work Oral History Collection, Robert Wagner Labor Archive, New York University, Tape 1OA, discusses dissidents.

34. Waterfront Commission of New York Harbor, *Annual Report 1961–62*, p. 16.

35. Werner Bamberger, "Container Users Study Royalties," *NYT*, November 24, 1960; "Container Board Set Up," *NYT*, April 11, 1961; Panitz, "NY Dockers." Longshore work hours were compiled by the New York Shipping Association, and a partial set can be found in the Vernon Jensen files; unfortunately, missing records make it impossible to reconstruct the full series of hours.

36. Field comment appears in an undated memo to all ILA members in the Port of New York in ILA Files, Collection 55, Box 1, while demand for portwide seniority is in "Local No. 856, ILA, Proposals to 1962 Atlantic Coast District Wage Scale Committee and New York District Council," n.d., Collection 55, Box 1.

37. ILA, "Changes to Be Made in General Cargo Master Agreement," June 13, 1962; New York Shipping Association, "Monetary Offer to International Longshoremen's Association," August 1, 1962; Memo from Walter L. Eisenberg, Ph.D., Economic Consultant, to Thomas W. Gleason, Chairman, ILA Negotiating Committee, Re Employer Proposals of August 1, 1962, n.d.; all in ILA Files, Collection 55, Box 1, Folder "Agreements, Negotiations, & Strikes 1961–63"; John P. Callahan, "Anastasia Balks at I.L.A. Demands," *NYT*, July 17, 1962. Gleason speech to World Trade Club, September 10, 1962, quoted in Jensen, *Strife on the Waterfront*, p. 269.

38. Jensen, *Strife on the Waterfront*, pp. 271–279.

39. "Statement by the Mediators," "Mediators' Proposal," and "Memorandum of Settlement," mimeographed, January 20, 1963; *Congressional Record*, January 22, 1963, p. 700; *Herald Tribune*, September 12, 1963, p. 27.

40. New York Department of Marine and Aviation, press release, January 23, 1961, Wagner Papers, Reel 40532, Frame 357; Remarks by Mayor Robert F. Wagner, August 30 1962, Wagner Papers, Reel 40532, Frame 457; Walter Hamshar, "Face-Lift for the Waterfront," *Herald Tribune*, November 2, 1963; Minutes of New York City Council on Port Development and Promotion, November 18, 1963, Wagner Papers, Reel 40532, Frame 728; John P. Callahan, "Automation Fear Haunts Dockers," *NYT*, June 9, 1964. Gleason comment in Jensen, *Strife on the Waterfront*, p. 301. The comments of Philip Ross also are relevant; by 1964, he argues, ILA leaders believed that the government would not tolerate further strikes, especially where featherbedding was involved. See Ross, "Waterfront Labor Response," p. 404.

41. James J. Reynolds, chairman, Theodore W. Kheel, and James J. Healy, "Recommendation on Manpower Utilization, Job Security and Other Disputed Issues for the Port of New York," September 25, 1964. The ILA's reaction appeared in the *Brooklyn Longshoreman*, September 1964. Jensen argues, probably correctly, that Gleason wanted to avoid a strike in his first negotiation as union president, but that he lacked the power to deliver; see *Strife on the Waterfront*, p. 307.

42. On the Johnson administration's concerns about labor settlements increasing inflation, see Edwin L. Dale Jr., "Johnson Voices Inflation Fear," *NYT*, May 10, 1964. Quotation is from ILA Local 1814, "Shop Stewards Information Bulletin," December 17, 1964, ILA Files, Collection 55, Box 1.

43. George Panitz, "New York Pier Talks Hit Surprising Snag," *JOC*, January 5, 1965; Gleason interview by Debra Bernhardt. The local-by-local tally on the vote was published in the *Congressional Record*, January 12, 1965, p. 582. The settlement in the South Atlantic and Gulf ports reduced minimum gang sizes there to eighteen; see George Home, "2 Southern Lines in Dockers' Pact," *NYT*, February 17, 1965. Despite the ILA agreement, local disputes over manning in Boston led Sea-Land to cancel plans to open service there; see Alan F. Schoedel, "Boston Talks in Deadlock," *JOC*, June 29, 1966, "Boston Containership Handling Dispute Ends," *JOC*, August 4, 1966, and "No Progress Reported in Boston Port Dispute," *JOC*, November 22, 1966.

44. The U.S. Department of Labor's broad concerns are laid out in Norman G. Pauling, "Some Neglected Areas of Research on the Effects of Automation and Technological Change on Workers," *Journal of Business* 37, no. 3 (1964): 261–273. Following an international conference in London in December 1962, the American Foundation on Automation and Employment published "A Report to the President of the United States," April 30, 1963. The labor movement's official view is in Arnold Beichman, "Facing Up to Automation's Problems," *AFL-CIO Free Trade Union News* 18, no. 2 (1963). On the UAW, see Reuben E. Slesinger, "The Pace of Automation: An American View," *Journal of Industrial*

Economics 6, no. 3 (1958): 254, esp. Kennedy's comments were made at a press conference on February 14, 1962. For an interesting discussion of automation issues in the context of the printing industry, which presents many similar issues, see Michael Wallace and Arne L. Kalleberg, "Industrial Transformation and the Decline of Craft: The Decomposition of Skill in the Printing Industry, 1931–1978," *American Sociological Review* 47, no. 3 (1982): 307–324.

45. Ben B. Seligman, *Most Notorious Victory: Man in an Age of Automation* (New York, 1966), pp. 227 and 231; Juanita M. Kreps, *Automation and Employment* (New York, 1964), p. 20.

46. Seligman, *Most Notorious Victory*, pp. 238–241; Benjamin S. Kirsh, *Automation and Collective Bargaining* (New York, 1964), pp. 175–176.

47. Goldblatt, "Working Class Leader," p. 860. Herod, *Labor Geographies*, offers a sophisticated discussion of these disputes revolving around the nature and location of longshore work. Concern about jobs lost to barge carriers, known as LASH (lighter aboard ship) vessels, appears in *Longshore News*, December 1969, p. 3. Critics of the ILWU and ILA agreements have made much of the routinization and "de-skilling" of longshore work due to containerization. See, for example, Herb Mills, "The Men along the Shore," *California Living*, September 1980. Containerization undoubtedly eliminated the need for some skills but greatly increased the need for others. Sea-Land, as one example, employed almost twice as many mechanics at Port Elizabeth in 1980 as were employed in the entire Port of New York two decades earlier. David J. Tolan, interview by Debra Bernhardt, August 1, 1980, New Yorkers at Work Oral History Collection, Robert F. Wagner Labor Archives, New York University, Tape 123. See also Finlay, *Work on the Waterfront*, pp. 20, 121.

48. Bell interview; Finlay, *Work on the Waterfront*, pp. 174–176; Roger, "A Liberal Journalist," p. 569. Stanley Aronowitz, *From the Ashes of the Old: American Labor and America's Future* (Boston, 1998), p. 31, blames the ILWU and the ILA for creating a situation in which longshoremen's sons "are obliged to seek work in low-wage, nonunion retail and service jobs which typically pay half of what factory and transportation jobs pay," under the rather romantic assumption that greater union resistance would have kept the docks as they were.

49. The guaranteed annual income turned out to be a longer-term benefit than anyone at the time imagined. ILA members at the Port of New York claiming to have been displaced by containerization continued to receive payment in lieu of wages as late as 2006, 41 years after the guarantee was instituted.

第 7 章

1. European container census of 1955 reported in *Containers* 7, no. 13 (1955): 9; "Grace Initiates Seatainer Service," *Marine Engineering/Log* (February 1960), p. 56. Marine Steel advertisement is in International Cargo Handling Coordination Association, "Containerization Symposium Proceedings, New York City June 15, 1955," p. 3. Figures

on the U.S. container fleet are from a Reynolds Metals Co. study cited in John G. Shott, *Progress in Piggyback and Containerization* (Washington, DC, 1961), p. 11.

2. Douglas J. Puffert, "The Standardization of Track Gauge on North American Railways, 1830–1890," *Journal of Economic History* 60, no. 4 (2000): 933–960, and "Path Dependence in Spatial Networks: The Standardization of Railway Track Gauge," *Explorations in Economic History* 39 (2002): 282–314.

3. Puffert, "Path Dependence," p. 286; A. T. Kearney & Co., "An Evaluation of the 35' Container Size as a Major Factor in Sea-Land's Growth," typescript, 1967; Weldon, "Cargo Containerization"; "Grace Initiates Seatainer Service," *Marine Engineering/Log* (Febru-ary 1960), p. 56.

4. On "lock-in," see W. Brian Arthur, *Increasing Returns and Path Dependence in the Economy* (Ann Arbor, 1994), chap. 2. There is an extensive literature exploring the economic costs of technological incompatibilities; see especially Joseph Farrell and Garth Saloner, "Installed Base and Compatibility: Innovation, Product Preannouncements, and Predation," *American Economic Review* 76, no. 5 (1986): 940–955; Michael L. Katz and Carl Shapiro, "Systems Competition and Network Effects," *Journal of Economic Perspectives* 8, no. 2 (1994): 93–115; and S. J. Liebowitz and Stephen E. Margolis, "Network Externality: An Uncommon Tragedy," *Journal of Economic Perspectives* 8, no. 2 (1994): 133–150.

5. Minutes of November 18, 1958, meeting of Committee on Standardization of Van Container Dimensions (hereafter Marad Dimensions Committee).

6. Minutes of November 19, 1958, meeting of Committee on Construction and Fittings (hereafter Marad Construction Committee); author's telephone interview with Vincent Grey, May 1, 2005.

7. Minutes of MH-5 Van Container Subcommittee, February 25, 1959.

8. Marad Dimensions Committee, December 9, 1958; Minutes of MH-5 Van Container Subcommittee, February 25, 1959.

9. On railroads' capacities, see Tippetts-Abbett-McCarthy-Stratton, *Shoreside Facilities*, p. 8, while railroad standardization is treated in John G. Shott, *Piggyback and the Future of Freight Transportation* (Washington, DC, 1960), p. 33, and *Progress in Piggyback*, p. 19. Concerning Bull Line, see F. M. McCarthy, "Aspects on Containers," presented to Marad Construction Committee, December 10, 1958. Bull Line's choice of sizes is justified in International Cargo Handling Coordination Association, "Containerization Symposium Proceedings," p. 19.

10. Minutes of Marad Dimensions Committee, April 16, 1959; letter, Ralph B. Dewey, Pacific American Steamship Association, to L. C. Hoffman, Marad, May 25, 1959; memorandum to various steamship company officials from George Wauchope, Committee of American Steamship Lines, June 16, 1959; minutes of Marad Dimensions Committee, June 24, 1959. Matson's position on height is laid out in a "Report on why the standard container height and regional supplementary standard van container lengths, as proposed by the ASA Sectional Committee MH5, should not be approved," submitted

to Pacific American Steamship Association, February 15, 1960; Edward A. Morrow, "Line Chides I.C.C. on Rate Policies," *NYT*, April 17, 1960.

11. Letter, W. H. Reich, chairman, Marad/Industry Container Standardization Committee on Construction and Fittings, to L. C. Hoffman, Marad, June, 25, 1959.

12. Morris Forgash, "Transport Revolution at the Last Frontier—The Thought Barrier," in *Revolution in Transportation*, ed. Karl M. Ruppenthal (Stanford, 1960), p. 59; "Uniformity Urged in Big Containers," *NYT*, September 12, 1959.

13. Minutes of MH-5 Size Task Force, September 16, 1959. See testimony of Les Harlander to the House Merchant Marine and Fisheries Committee, November, 1967. For comments on Hall, see Vince Grey, "Setting Standards: A Phenomenal Success Story," in Jack Latimer, *Friendship among Equals* (Geneva, 1997), p. 40. Pan-Atlantic had not been a participant in the standardization process until that point; Matson had been, but was not notified of the September 16 meeting until the previous day and did not attend; letter of Robert Tate, Matson, to J. M. Gilbreth, Van Container Subcommittee, September 15, 1959. On Hall's interest in preferred numbers, see MH-5 Executive Committee, minutes, May 4, 1961.

14. Ralph B. Dewey, Pacific American Steamship Association, to Herbert H. Hall, November 12, 1959; Dewey to L. C. Hoffman, Marad, November 12, 1959; Hoffman to Dewey, n.d.; Marad Dimensions Committee, January 14, 1960; Pacific American Steamship Association, minutes of special containerization committee, February 8, 1960; Dewey letter and statement to MH-5 committee, February 25, 1960. The vote is given in a letter from Hall to Dewey, June 20, 1961. Grace Line and American President Lines were so concerned by the government's threat not to fund nonstandard containerships that they amended pending application for construction subsidies so that their proposed ships would handle 20-foot containers rather than 17-footers, which Grace was already using.

15. Letter from George C. Finster, standards manager, American Society of Mechanical Engineers, to members of MH-5 committee, June 29, 1960; letter, George Wauchope to Committee of American Steamship Lines members, July 26, 1960; Pacific American Steamship Association, minutes of containerization committee, August 4, 1960; "U.S. Body Enters Container Field," *NYT*, April 28, 1961. For Hall's view on "modular" sizes, see MH-5 committee minutes, June 6, 1961. On the procedures by which the standards were deemed to have been approved, see the testimony of Fred Muller Jr., U.S. House of Representatives, Committee on Merchant Marine and Fisheries, *Cargo Container Dimensions*, November 16, 1967. The standards were codified as ASA MH5.1-1961. Federal Maritime Board and Maritime Administration press release NR 61-35, April 28, 1961.

16. MH-5 minutes, June 6, 1961.

17. Tineke M. Egyedi, "The Standardized Container: Gateway Technologies in Cargo Transportation," Working Paper, Delft University of Technology, 2000.

18. *Containers*, no. 30 (December 1963): 26; Egyedi, "The Standardized Container"; "Is Container Standardization Here?" *Via—Port of New York, Special Issue: Transatlantic*

Transport Preview (1965): 28.

19. Cost estimate appears in "Memorandum of Comment" by John J. Clutz, Association of American Railroads, to MH-5 Van Container Subcommittee #3, December 13, 1961.

20. Minutes, MH-5 Van Container Subcommittee #3, December 14, 1961; Tantlinger, "U.S. Containerization."

21. Tantlinger, "U.S. Containerization"; letter, M. R. McEvoy, president, Sea-Land Service, to Vincent G. Grey, American Standards Association, January 29, 1963.

22. Letter, James T. Enzensperger, Pacific American Steamship As- sociation, to Eugene Spector, American Merchant Marine Institute, November 5, 1964; Tantlinger, "U.S. Containerization."

23. American Merchant Marine Institute, "Van Containers in Service," n.d. [circulated January 1965]; Pacific American Steamship Association, minutes of containerization committee, January 21, 1965; telegram, K. L. Selby, president, National Castings Co., to R. K. James, executive director, Committee of American Steamship Lines, January 7, 1965.

24. Pacific American Steamship Association, "SAAM Proposed Cargo Container Standards," January 20, 1965; Herbert H. Hall, "Facts Concerning the ASA-MH5 Sectional Committee Proposed Van Container Corner Fitting," June 14, 1965; Memorandum, Tantlinger to W. E. Grace, Fruehauf Corporation, August 12, 1965.

25. Murray Harding, "Final World Standards Set for Van Freight Containers," *JOC*, October 5, 1965; Harlander interview, COHP.

26. "Is Container Standardization Here?" p. 30.

27. Various countries' findings are detailed in letter, Harlander to Martin Rowbotham, chairman, second ad hoc panel on corner fit- tings, January 13, 1967, and letter, Robotham to panel members, February 1, 1967. Other sources include Grey, "Setting Standards," p. 41; ISO, "Report of Ad Hoc Panel Convened at London Meeting," January 1967; and author's telephone interview with Les Harlander, November 2, 2004. Ship lines' opposition is reported in the minutes of a meeting of "some members" of the MH-5 Securing and Handling Subcommittee, February 16, 1967. The ISO container and fitting specifications are in *Jane's Freight Containers*, 1st ed. (New York 1968), pp. 4–11.

28. Minutes of MH-5 Demountable Container Subcommittee, July 20, 1967; Edward A. Morrow, "Rail Aide Scores Sea Containers," *NYT*, September 17, 1967.

29. ASA-MH-5 committee, cited in L. A. Harlander, "Container System Design Developments over Two Decades," *Marine Technology* 19 (1982): 366; Meyers, "The Maritime Industry's Expensive New Box."

30. The possibility of such additional restrictions on nonstandard operators was much discussed at the 1967 hearings of the U.S. House of Representatives Committee on Merchant Marine and Fisheries, reprinted in *Cargo Container Dimensions* (Washington, DC, 1968).

31. Minutes of MH-5 Demountable Container Subcommittee, November 9, 1965; memo, L. A. Harlander to S. Powell and others, Matson Navigation Company, November 12, 1965.

32. Minutes of ASA Group 1 Demountable Container Subcommittee, February 2, 1966; minutes of MH-5 Sectional Committee, June 23, 1966; letter, Hall to Tantlinger, November 1, 1966; Harlander interview, COHP; L. A. Harlander, "The Role of the 24-Foot Container in Intermodal Transportation," submitted to ASA MH-5 committee, June 1966; Statement of Michael R. McEvoy, president, Sea-Land Service, in House Merchant Marine and Fisheries Committee, *Cargo Container Dimensions*, p. 130; MH-5 Executive Committee, minutes, June 1, 1967.

33. *Congressional Record*, November 6, 1967, pp. 31144–31151; House Merchant Marine and Fisheries Committee, *Cargo Container Dimensions*, Gulick testimony, October 31, 1967, p. 28; Ralph B. Dewey testimony, November 16, 1967, pp. 162–169.

34. House Merchant Marine and Fisheries Committee, *Cargo Container Dimensions*, Powell testimony November 1, 1967, p. 50, and McLean comment November 16, 1967, p. 121.

35. Ibid., Powell testimony November 1, 1967, pp. 70–71; Harlander interview, COHP.

36. Minutes, combined meeting of MH-5 Load and Testing and Handling and Securing Subcommittees, November 30, 1966; Leslie A. Harlander, "Intermodal Compatibility Requires Flexibility of Standards," *Container News, January* 1970, p. 20; Minutes of MH-5 committee, January 29 and May 20–21, 1970; L.A. Harlander, "Container System Design Developments," p. 368.

37. Marad, "Intermodal Container Services Offered by U.S. Flag Operators," January 1973 (unpaginated).

第 8 章

1. New York figure estimated from PNYA data; West Coast figure taken from Hartman, *Collective Bargaining*, p. 160.

2. Ernest W. Williams Jr., *The Regulation of Rail-Motor Rate Competition* (New York, 1958), p. 208; Werner Bamberger, "Containers Cited as Shipping 'Must,'" *NYT*, January 21, 1959, and "Industry Is Exhibiting Caution on Containerization of Fleet," *NYT*, December 4, 1960. Military freight accounted for one-fifth of the revenues of U.S.-flag international ship lines in 1964; see Werner Bamberger, "Lines Ask Rule on Cargo Bidding," *NYT*, July 14, 1966.

3. McLean Industries, *Annual Reports*, 1957–60; Werner Bamberger, "Lukenbach Buys 3 of 5 Vessels Needed for Containership Fleet," *NYT*, November 26, 1960; George Horne, "Luckenbach Ends Domestic Service," *NYT*, February 21, 1961; "Ship Line Drops Florida Service," *NYT*, March 2, 1961; "Grace Initiates Seatainer Service," *Marine Engineering/Log* (1960), p. 55; Niven, *American President Lines*, p. 211.

4. "Coast Carriers Win Rate Ruling," *NYT*, January 5, 1961.

5. United Cargo Corporation, a freight forwarder, offered container service from the United States to Europe as early as 1959, but the service involved boxes only 10½ feet long, which were carried in ships' holds along with other freight. Jacques Nevard, "Container Line Plans Extension," *NYT*, June 6, 1959.

6. Census Bureau, *Historical Statistics*, pp. 711 and 732; Beverly Duncan and Stanley

Lieberson, *Metropolis and Region in Transition* (Beverly Hills, 1970), pp. 229–245.

7. Census Bureau, *Historical Statistics*, pp. 732–733; ICC, *Transport Economics*, July 1956, p. 10.

8. For information on piggyback operations prior to 1950, see Kenneth Johnson Holcomb, "History, Description and Economic Analysis of Trailer-on-Flatcar (Piggyback) Transportation" (Ph.D. diss., University of Arkansas, 1962), pp. 9–13.

9. *Movement of Highway Trailers by Rail*, 293 ICC 93 (1954).

10. U.S. Census Bureau, *Statistical Abstract 1957*, Table 705, p. 564; Wallin, "The Development, Economics, and Impact," p. 220; ICC Bureau of Economics, "Piggyback Traffic Characteristics," December 1966, p. 6. On Teamster opposition, see Irving Kovarsky, "State Piggyback Statutes and Federalism," *Industrial and Labor Relations Review* 18, no. 1 (1964): 45.

11. Curtis D. Buford, *Trailer Train Company: A Unique Force in the Railroad Industry* (New York, 1982); Comments of Roy L. Hayes, "Panel Presentations: Railroad Commercial Panel," *Transportation Law Journal* 28, no. 2 (2001): 516; Walter W. Patchell, "Research and Development," in *Management for Tomorrow*, ed. Nicholas A. Glaskowsky Jr. (Stanford, 1958), pp. 31–34; Shott, *Piggyback and the Future of Freight Transportation*, p. 7.

12. Comments of Richard Steiner, "Panel Presentations: Railroad Commercial Panel"; Holcomb, "History, Description and Economic Analysis," pp. 43–44; Eric Rath, *Container Systems* (New York, 1973), p. 33.

13. Holcomb, "History, Description and Economic Analysis," pp. 54–67; Rath, *Container Systems*, p. 33.

14. Details here are taken from the ensuing U.S. District Court decision, *New York, New Haven & Harford v. ICC*, 199 F. Supp 635.

15. The relevant sentence in the Transportation Act of 1958 reads, "Rates of a carrier shall not be held up to a particular level to protect the traffic of any other mode of transportation, giving due consideration to the objectives of the national transportation policy declared in this Act." "Coast Carriers Win Rate Ruling," *NYT*, January 5, 1961; Robert W. Harbeson, "Recent Trends in the Regulation of Intermodal Rate Competition in Transportation," *Land Economics* 42, no. 3 (1966). The case was finally decided in the railroads' favor by a unanimous Supreme Court, *ICC v. New York, New Haven & Hartford*, 372 U.S. 744, April 22, 1963. The dubious economics of determining a railroad's "fully-distributed cost" of carrying a particular load are, fortunately, beyond the scope of this book.

16. Holcomb, "History, Description and Economic Analysis," p. 220; Bernard J. McCarney, "Oligopoly Theory and Intermodal Transport Price Competition: Some Empirical Findings," *Land Economics* 46, no. 4 (1970): 476.

17. Five of the ten leading users of the New York Central's Flexi-Van service were freight forwarders, but four leading manufacturers and the Montgomery Ward department-store chain also were on the list; see memo, R. L. Milbourne, New York Central, to managers,

July 10, 1964, in Penn Central Archives, Hagley Museum and Library, Wilmington, DE, Accession 1810/Box B-1872/Folder 15. Alexander Lyall Morton, "Intermodal Competition for the Intercity Transport of Manufactures," *Land Economics* 48, no. 4 (1972): 360.

18. ICC, "Piggyback Traffic Characteristics," pp. 6 and 58–60; Forgash, "Transport Revolution at the Last Frontier," p. 63; Robert E. Bedingfield, "Personality: Champion of the Iron Horse," *NYT*, February 22, 1959; "Trains and Trucks Take to the Ocean," *Via— Port of New York, Special Issue: Transatlantic Transport Preview* (1965), p. 26; ICC, *Transport Statistics in the United States, Part 9: Private Car Lines*, Table 5, various years.

19. ICC, "Piggyback Traffic Characteristics," p. 28. Canada's piggyback carloadings from 1959 through 1961 were about one-third those of the United States, despite a much smaller economy. *Contaiers*, no. 35 (June 1966): 33.

20. Edward A. Morrow, "3-Way Piggyback Introduced Here," *NYT*, August 10, 1960; Robert E. Bedingfield, "PiggyBack Vans Span Ocean Now," *NYT*, March 12, 1961; *Containers*, no. 31 (June 1964): 25.

21. Author's interview with Bernard Czachowski, New York, January 24, 1992.

22. PNYA, *Annual Reports*, various years; Hartman, *Collective Bargaining*, p. 270; McLean Industries, *Annual Report*, 1965.

23. U.S. Department of Commerce, Marad, "United States Flag Containerships," April 25, 1969.

24. "Operators Uneasy on New Ships; Fear of Rapid Obsolescence Cited," *NYT*, May 24, 1959. On 1964 discussions about entering the transatlantic trade, see Scott Morrison interview, COHP.

25. Hall interview; George Home, "Intercoastal Trade," *NYT*, January 29, 1961, "Line Will Renew U.S. Coastal Run," *NYT*, February 23, 1961, and "U.S. Aid Is Denied for Coastal Runs," *NYT*, May 13, 1961. Some of the details here are from Jerry Shields, *The Invisible Billionaire: Daniel Ludwig* (Boston, 1986), p. 224.

26. Earl Hall interview, October 2, 1992; Sea-Land, *Annual Report*, 1965.

27. Morrison interview, COHP.

28. Ibid.; Werner Bamberger, "Rules on Cargo Boxes Revised to Spur Use and Ease Shipping," *NYT*, March 17, 1966; Edward Cowan, "Container Service on Atlantic Begins," *NYT*, April 24, 1966.

29. Cowan, "Container Service"; Edward A. Morrow, "New Stage Nears in Container Race," *NYT*, March 28, 1966; A. D. Little, *Containerisation on the North Atlantic* (London, 1967), p. 14.

30. On whiskey, see Morrison interview, COHP. The estimate of Sea-Land's military cargo comes from memorandum, B. P. O'Connor, director of international freight sales, to J. R. Sullivan, Weehawken division superintendent, New York Central Railroad, April 27, 1966, in Penn Central Archives, 1810/B-1675/8. On competitive bidding, see OAB/NHC, Post 1946 Command Files, MSTS, Box 889, Folder 1/1966; U.S. Department of Defense,

news release No. 750-66, August 31, 1966; "US Is Firm on Its Plan for Bidding," *JOC*, June 29, 1966.

31. PNYA, *Annual Reports*; "The 1970 Outlook for Deep Sea Container Services," p. 2; Edward Cowan, "Container Service on Atlantic Begins," *NYT*, April 24, 1966.

32. Wallin, "The Development, Economics, and Impact," p. 16; PNYA, *Container Shipping: Full Ahead*; "Countdown on for Container Ships," *Via—Port of New York, Special Issue: Transatlantic Transport Preview* (1965): 8; Werner Bamberger, "A Danger Is Seen in Container Rise," *NYT*, September 9, 1967; "Containerization Comes of Age," *Distribution Manager*, October 1968.

33. "Containers Widen Their World," *Business Week*, January 7, 1967; Frank Broeze, *The Globalisation of the Oceans: Containerisation from the 1950s to the Present* (St. Johns, NF, 2002), p. 41.

34. Statement of Lester K. Kloss, A. T. Kearney & Co., in U.S. House of Representatives, Merchant Marine and Fisheries Committee, *Container Cargo Dimensions*, November 16, 1967, p. 183; "Containerization Comes of Age"; comment by U.S. Navy Capt. D. G. Bryce, "MSTS Area Commanders' Conference," March 4–7, 1969, OAB/NHC, Command Histories, Box 193, Folder 2/1989, p. 137.

35. Press release, German Federal Railroad, July 26, 1967, in Penn Central Archives, 1810/B-1675/6. The famed Beeching Report, best known for recommending the closure of hundreds of passenger stations and dozens of services across Great Britain, also urged establishment of a network of "liner trains" hauling 20-foot and 27-foot containers to recapture shipments of manufactured goods that had shifted to road. The report said that with anticipated growth in over-seas shipments in containers, "Liner Train services for ports should be particularly attractive." See British Railways Board, *The Reshaping of British Railways*, Part 1 (London, 1963), pp. 141–148.

36. Letter, J. R. Sullivan, New York Central, to H. W. Large, Vice President–Traffic, Pennsylvania Railroad, April 11, 1966, in Penn Central Archives, 1810/B-1675/8.

37. Aaron Cohen, "Report on Containerization in Export-Import Trade," Traffic Executive Association–Eastern Railroads, April 20, 1966, in Penn Central Archives, 1810/B-1675/9. Charges for empty containers are discussed in statement of James A. Hoyt, Grace Line, to Traffic Executive Association Eastern Railroads, January 30, 1967, in Penn Central Archives, 1810/B-1675/10. On the Whirlpool proposal, see letter, Harold E. Bentsen, manager, international distribution, Whirlpool Corp., to B. P. O'Connor, director, international freight sales, New York Central Railroad, June 28, 1967 and letter, O'Connor to Bentsen, July 6, 1967, Penn Central Archives, 1810/B- 1675/8; on Matson, see memo, D. L. Werby to W. R. Brooks, New York Central, July 20, 1967, Penn Central Archives, 1810/B-1675/10.

38. Letter, John A. Daily to J. R. Sullivan, New York Central, February 6, 1967, in Penn Central Archives, 1810/B-1675/10.

39. Kenneth Younger interview, December 16, 1991.

40. "A Railroader on Containerization," *Distribution Manager*, October 1968; ICC,

Transport Statistics.

第 9 章

1. The formal decision to expand the war was communicated in National Security Action Memorandum No. 328, April 6, 1965.

2. Command History 1964, Military Assistance Command Vietnam (MACV), Record Group (RG) 472, NACP; Edward J. Marolda and Oscar P. Fitzgerald, *The United States Navy and the Vietnam Conflict, vol. 2, From Military Assistance to Combat, 1959–1965* (Washington, DC, 1986), pp. 357–358; *Sealift* 15, no. 6 (1965): 5.

3. Memorandum for the Commander in Chief, Pacific. Terms of reference for Honolulu conference, April 8, 1965, Historians Background Material Files, 1965, MACV, RG 472, NACP. Information on backups is in MACV Fact Sheet, June 19, 1965, Mission Council Action Memorandums, Historians Background Material Files 1965, MACV, RG 472, NACP.

4. Command History 1966, MACV, pp. 709–715, RG 472, NACP; "No Congestion at Saigon Port," Vietnam Feature Service, Record 154933, VVA, Texas Tech University; Memorandum from W. S. Post Jr., Acting Commander, MSTS, to Secretary of Navy, Monthly Background Reports 1964–65, MSTS Command File, Box 895, OAB/NHC, Washington, DC; William D. Irvin, "Reminiscences of Rear Admiral William D. Irvin" (Annapolis, 1980), p. 634.

5. On the push system, see interview with Lt. Col. Dolan, transportation officer, 1st Logistics Command, by Maj. John F. Hummer, March 30, 1966, in Classified Organizational History Files, 1966, 1st Logistics Command, U.S. Army Pacific, RG 550, NACP. Quotation is from Joseph M. Heiser Jr., *A Soldier Supporting Soldiers* (Washington, DC, 1991), p. 104.

6. Edwin B. Hooper, *Mobility Support Endurance: A Story of Naval Operational Logistics in the Vietnam War, 1965–1968* (Washington, DC, 1972), p. 62; General Frank S. Besson Jr., speech to Council on World Affairs, Dallas, TX, May 7, 1968, in Oral History Program Former Commanders—Frank S. Besson, Jr., Historical Office, Headquarters, U.S. Army Materiel Command, 1986. James F. Warnock Jr., "Recorded Recollections of Lt. Col. James F. Warnock Jr., Executive Officer, 29th Quartermaster Group, 1st Logistics Command, 9 April 1966," Port Study, April 29, 1966, Classified Organizational History Files, 1st Logistics Command, Records of US Army Pacific, RG 550, NACP; Logistics Summary for the week ending July 30, 1965, General Records, Assistant Chief of Staff for Logistics, MACV, RG 472, NACP.

7. Westmoreland and Killen memorandum to the ambassador, March 12, 1965, Historians Background Material Files, MACV, RG 472, NACP; Joint Chiefs of Staff, Historical Division, *The Joint Chiefs of Staff and the War in Vietnam, 1960–1968, Part II*, pp. 21-23 and 21-28, Historical Division, Joint Secretariat, Joint Chiefs of Staff, Record 33179, VVA; Command History 1965, MACV, pp. 107–108 and 409.

8. Quarterly Command Report, Second Quarter, FY 1966, Classified Organizational History

Files, 1st Logistical Command, Records of U.S. Army Pacific, RG 550, NACP; "MACV Fact Sheet," June 19, 1965; MACV, Historians Background Material Files, Minutes of Mission Council Meetings of June 28, 1965, July 6, 1965, and July 13, 1965, NACP 472/270/75/33/03, Box 20; *The Joint Chiefs of Staff and the War in Vietnam, 1960–1968, Part II*, p. 21-25; telegram, Secretary of State Dean Rusk to Vietnam Coordinating Committee, August 8, 1965, in Mission Council Action Memorandums, 1965, Historians Background Material Files, MACV, RG 472, NACP; Talking Paper—End of Year Press Conference—Engineer Effort in Vietnam, December 21, 1965; Miscellaneous Memoranda, Historians Background Material Files 1965, MACV, RG 472, NACP.

9. Briefing for Secretary McNamara, Ambassador Lodge, General Wheeler, November 28, 1965, Historians Background Material Files, MACV, RG 472, NACP. The Military Sea Transportation Service had declared Vietnam to be a "danger area" on May 11, which entitled seamen to double pay for each day there plus additional bonuses if their ship was attacked or if a harbor was attacked while their ship was in port; see memorandum, Glynn Donaho, Commander, MSTS, to Secretary of Navy, May 11, 1965, in Monthly Reports, MSTS Command File, 1964–65, OAB/NHC. Ship diversions to Philippines from author's telephone interview with Milton Stickles, June 1, 2004. Quotation about second-class ports from MACV Command History 1965, p. 118; congressional visit in MACV, Historians Background Material Files, 1965, NACP 472/270/75/33/1- 2, Box 8.

10. *Sealift*, March 1966, p. 14; Command History 1965, p. 121, MACV, RG 472, NACP; "AB&T Employees Perform Critical Tasks in Vietnam," *Sealift*, August–September 1969, p. 6; Lawson P. Ram- age, "Reminiscences of Vice Admiral Lawson P. Ramage" (Annapolis, 1970), p. 535.

11. Command History 1965, p. 119, MACV, RG 472, NACP; Testimony of General Frank S. Besson Jr. to U.S. House of Representatives, Committee on Government Operations, Military Operations Subcommittee, August 4, 1970, p. 53.

12. On palletization and other changes, see Highlights, U.S. Naval Operations Vietnam, January 1966, OAB/NHC. Quotation is from author's interview with Robert N. Campbell, June 25, 1993.

13. Author's interview with William Hubbard, August 10, 1993; and Ron Katims interview, COHP; *Baltimore Sun*, January 22, 1966.

14. *The Joint Chiefs of Staff and the War in Vietnam, 1960–1968, Part II*, pp. 37-6 to 37-8; VVA, Record 33179; HQ MACV, Command History 1965, NARA 472/270/75/32/6-7, Box 1, pp. 231–232. Sea-Land had not been involved in the last major MSTS exercise before the Vietnam buildup, which was conducted entirely with breakbulk vessels; see *Sealift*, December 1964, p. 4, January 1965, p. 5, and March 1965, p. 13. A plan for containerships to carry Conex containers is discussed in Alan F. Schoedel, "Viet Containership Plan Eyed," *JOC*, January 26, 1966. The Okinawa contact is reported in Werner Bamberger, "Container Ships Sought for War," *NYT*, May 26, 1966.

15. On Equipment Rental Inc., see Katims interview, COHP, and Operational Report—Lessons Learned for quarter ended July 31, 1966, Command Histories, 1st Logistics

Command, USARV, RG 472, NACP. On Okinawa and Vietnam contracts, see Besson speech to National Defense Transportation Association Annual Transportation and Logistics Forum, Washington, DC, October 14, 1968, Historical Office, Headquarters, U.S. Army Materiel Command; author's telephone interview with Frank Hayden, former deputy head of contracts, MSTS, June 29, 2004; Department of Defense news release 458-66, May 25, 1966, Military Sea Transportation Service, Command History 1966, OAB/NHC, Washington, DC. "Ship Run Bid Refused," *Baltimore Sun*, June 24, 1966.

16. Operational Report—Lessons Learned for quarter ended July 31, 1966, 1st Logistical Command, p. 16. Port delays are reported in Briefing Data Prepared in Conjunction with Secretary of Defense McNamara's Visit to RVN, October 1966, General Records, Assistant Chief of Staff for Logistics, MACV, RG 472, NACP. Data on man-hour requirements are from Besson presentation to Association of the United States Army, October 10, 1966, Historical Office, Headquarters, U.S. Army Materiel Command.

17. Memorandum from Donaho on inspection trip to Asia, Au- gust 2–20, 1966, in Command Files, MSTS, OAB/NHC; Financial and Statistical Report, MSTS, various issues, OAB/ NHC; Logistics Summary for 5–20 August, 1966, General Records, Assistant Chief of Staff for Logistics, MACV, RG 472, NACP; Operational Report— Lessons Learned for period ending January 31, 1967, 1st Logistics Command, RG 472, NACP Logistics Summary, 15 December 1966, 1st Logistical Command, RG 472, NACP; *Pacific Stars & Stripes*, October 14, 1966.

18. Ramage, "Reminiscences," p. 532; Werner Bamberger, "Navy Augments Shipping for War," *NYT*, March 30, 1967; *Sealift*, May 1967, pp. 9–10.

19. Katims interview, COHP; Campbell interview; Logistical Summaries, June and September 1967, USRVN, RG 472, NACP; *Sealift*, October 1967, p. 20; "New Supply Concept Comes to Vietnam," *1st Logistical Command Vietnam Review* 1, no. 1 (1967).

20. Command History 1967, p. 772, MACV, RG 472, NACP; Vice Admiral Lawson P. Ramage, Remarks to Propeller Club of the United States, St. Louis, October 11, 1968, Command History, MSTS, OAB/NHC. On the feeder ships, see John Boylston, interview with Arthur Donovan and Andrew Gibson, December 7, 1998, COHP, Box 639.

21. U.S. Army Materiel Command, "Sharpe Army Depot," November 1966; MSTS Area Commanders' Conference, March 5–8, 1968, p. 92, Command Histories, MSTS, AOB/ NHC; MSTS Area Commanders' Conference, March 5–8, 1968, p. 102.

22. MSTS Area Commanders' Conference, March 5–8, 1968, p. 47; Logistical Summaries, 1968, USRVN, RG 472, NACP; Operational Report—Lessons Learned, October 31, 1968, Classified Organizational History Files, 1st Logistical Command, U.S. Army Pacific, RG 550, NACP; Memorandum from COMSERVPAC to COMNAV-SUPSTSCOMME, June 30, 1968, Classified Organizational History Files, Assistant Chief of Staff for Logistics, RG 472, NACP; Memorandum from Commander, MSTS, September 26, 1968, Organizational History Files, Assistant Chief of Staff for Logistics, RG 472, NACP; Memorandum for Record, Expanded Containership Service to RVN, December 31, 1968, Classified Organizational History Files, Assistant Chief of Staff

for Logistics, RG 472, NACP; Joseph M. Heiser Jr., *Vietnam Studies: Logistic Support* (Washington, DC, 1974), p. 199.

23. "Remarks of Malcom P. McLean" in MSTS, "MSTS/Industry Conference on Military Sealift, 12–23 December 1967," Command History, MSTS, OAB/NHC; Classified Organizational History Files for the Quarter Ending 30 April 1968, 1st Logistical Command, RG 472, NACP; Besson testimony, August 4, 1970, p. 46.

24. Vice Admiral Lawson P. Ramage, Speech to National Defense Transportation Agency 22nd National Transportation and Logistics Forum, October 6, 1967, Command History, MSTS, OAB/NHC; "New Supply Concept Comes to Vietnam"; Besson remarks to National Defense Transportation Association, October 14, 1968, p. 13, and congressional testimony, August 4, 1970, pp. 73–75. The Joint Logistics Review Board's recommendations were controversial and were carried out only in part; see, for example, the objections to merging the MSTS with the army's port and trucking operations, in Edwin B. Hooper, "The Reminiscences of Vice Admiral Edwin B. Hooper" (Annapolis, 1978), pp. 472–474.

25. Frank B. Case, "Contingencies, Container Ships, and Lighterage," *Army Logistician* 2, no. 2 (1970): 16–22. On containerization of ammunition, see "Operation TOCSA: A Containerization First!" *Army Logistician* 2, no. 5 (1970): 14, and *Sealift*, April 1970, pp. 14–16; Besson testimony, August 4, 1970, p. 47.

26. Military Prime Contract Files, July 1, 1965–June 30, 1973, Records of the Office of the Secretary of Defense, RG 330, NACP. On competitive bidding, see Ramage, "Reminiscences," pp. 540–542. Sea-Land's revenues are reported in ICC, *Transport Statistics*, Part 5: Carriers by Water, Table 4.

27. Katims interview, COHP; author's interview with William P. Hubbard, July 1, 1993.

28. MSTS Area Commanders Conference, March 1968, pp. 63, 92, 96; Review and Analysis, March 1968, Command History, 1st Logistical Command, RG 472, NACP.

29. Memorandum from C. F. Pfeifer, Inspector General, on Asia trip October 8–18, 1967, Command Histories, MSTS, OAB/NHC; Classified Organizational History Files for the Quarter Ending April 30, 1968, 1st Logistical Command, Records of U.S. Army Pacific, RG 550, NACP.

30. *Jane's Freight Containers*, p. 309.

31. *Jane's Freight Containers, 1969–70* (New York, 1969), pp. 179–180; Mark Rosenstein, "The Rise of Maritime Containerization in the Port of Oakland, 1950 to 1970" (M.A. thesis, New York University, 2000), p. 95; memo, H. E. Anderson, Traffic Manager, Pacific Command, October 30, 1968, General Records, Assistant Chief of Staff for Logistics, MACV, RG 472, NACP.

32. Worden, *Cargoes*, pp. 150–153; Harlander interview, COHP.

33. Scott Morrison interview, COHP; "Sea-Land Keeps Port Schedule," *Baltimore Sun*, March 18, 1968; Boylston interview, COHP; Rosenstein, "The Rise of Maritime Containerization," p. 96.

34. Marad, Office of Maritime Promotion, "Cargo Data," March 11, 1969.

第 10 章

1. Thomas B. Crowley, "Crowley Maritime Corporation: San Francisco Bay Tugboats to International Transportation Fleet," interview by Miriam Feingold Stein (Berkeley, 1983), p. 33.

2. Census Bureau, *Historical Statistics*, Q495–496, p. 757; Roger H. Gilman, "The Port, a Focal Point," *Transactions of the American Society of Civil Engineers*, 1958, p. 365.

3. Gilman, "The Port, a Focal Point" originally presented in 1956, should be seen as a call for just such involvement by government agencies; Gilman was director of port planning for PNYA.

4. U.S. Census Bureau, *Statistical Abstract 1951*, pp. 590–591.

5. Seattle Port Commission, *Shipping Statistics Handbook* (1963); Erie, *Globalizing L.A.*, p. 80.

6. Fitzgerald, "A History of Containerization," pp. 48, 91–93.

7. Booz-Allen & Hamilton, "General Administrative Survey, Port of Seattle," January 20, 1958, pp. VI-1–VI-12; Seattle Port Commission, "Report of the Marine Terminal Task Force to the Citizens' Port Commission," October 1, 1959, pp. 7, 12, 34; Burke, *A History of the Port of Seattle*, pp. 114–117; Foster and Marshall Inc., "Port of Seattle, Washington, $7,500,000 General Obligation Bonds," May 4, 1961.

8. Erie, *Globalizing L.A.*, pp. 80–88.

9. Woodruff Minor, *Pacific Gateway: An Illustrated History of the Port of Oakland* (Oakland, 2000), p. 45; Port of Oakland, "Port of Oakland," 1957; Ben E. Nutter, "The Port of Oakland: Modernization and Expansion of Shipping, Airport, and Real Estate Operations, 1957–1977," interview by Ann Lage, 1991 (Berkeley, 1994), pp. 51, 84, 139; Rosenstein, "The Rise of Maritime Containerization," p. 45.

10. George Home, "Intercoastal Trade," *NYT*, January 29, 1961; Nutter, "The Port of Oakland," pp. 78–79. American-Hawaiian never received the government subsidies it sought to finance its ships.

11. Rosenstein, "The Rise of Maritime Containerization," pp. 47, 69; Nutter, "The Port of Oakland," pp. 79–80; Port of Oakland, "60 Years: A Chronicle of Progress," 1987, pp. 17–18.

12. Erie, *Globalizing L.A.*, p. 89; Walter Hamshar, "Must U.S. Approve All Pier Leases," *Herald Tribune*, April 5, 1964.

13. Nutter, "The Port of Oakland," p. 82; Rosenstein, "The Rise of Maritime Containerization," pp. 98–104.

14. Ting-Li Cho, "A Conceptual Framework for the Physical Development of the Port of Seattle," Port of Seattle Planning and Research Department, April 1966, p. 15; Arthur D. Little, Inc., *Community Renewal Programming: A San Francisco Case Study* (New York, 1966), p. 34.

15. Rosenstein, "The Rise of Maritime Containerization," pp. 65 and 85–86; Worden, *Cargoes*, 148; Nutter, "The Port of Oakland," pp. 112, 120; Port of Oakland, "1957 Revenue Bonds, Series P, $20,000,000," October 17, 1978, p. 15; Erie, *Globalizing*

L.A., p. 90; Seattle Port Commission, "Container Terminals 1970–1975: A Development Strategy," November 1969, pp. 1, 10.

16. Burke, *A History of the Port of Seattle*, pp. 116, 122; Erie, *Globalizing L.A.*, pp. 85–89; Minor, *Pacific Gateway*, p. 53; Fitzgerald, "A History of Containerization," pp. 91–93; Niven, *American President Lines*, pp. 250–251; Nutter, "The Port of Oakland," p. 84.

17. U.S. Department of Commerce, Marad, "Review of United States Oceanborne Trade 1966" (Washington, DC, 1967), p. 11.

18. Executive Office of the President, Economic Stabilization Program, Pay Board, "East and Gulf Coast Longshore Contract," May 2, 1972.

19. Alan F. Schoedel, "Boston Talks in Deadlock," *JOC*, June 29, 1966, and "No Progress Reported in Boston Port Dispute," *JOC*, November 22, 1966.

20. John R. Immer, *Container Services of the Atlantic*, 2nd ed. (Washington, DC, 1970), chaps. 14 and 15; Philadelphia Maritime Museum, "Delaware Riever Longshoremen Oral History Project: Background Paper," Vertical File, ILA Local 1291, Tamiment Labor Archive, New York University; *Longshore News*, December 1969; Charles F. Davis, "Ports of Philadelphia Posts Impressive Record," *JOC*, February 5, 1970; Bremer Ausschuß für Wirtschaftsforschung, *Container Facilities and Traffic in 71 Ports of the World Midyear 1910* (Bremen, 1971).

21. Matson Research Corporation, *The Impact of Containerization on the U.S. Economy* (Washington, DC, 1970), 1:88–98.

22. Robert J. McCalla, "From 'Anyport' to 'Superterminal,' " in *Shipping and Ports in the Twenty-first Century*, ed. David Pinder and Brian Slack (London, 2004), pp. 130–134; U.S. Department of Commerce, Marad, "Containerized Cargo Statistics Calendar Year 1974" (Washington, DC, 1974), p. 7; Austin J. Tobin, "Political and Economic Implications of Changing Port Concepts," in Schenker and Brockel, *Port Planning and Development*, p. 269. On Richmond's brief experience as a containerport, see John Parr Cox, "Parr Terminal: Fifty Years of Industry on the Richmond Waterfront," interview by Judith K. Dunning (Berkeley, 1992), pp. 181–183.

23. PNYA, *Via—Port of New York*, Special Issue: *Transatlantic Transport Preview* (1965): 12–16.

24. Anthony G. Hoare, "British Ports and Their Export Hinterlands: A Rapidly Changing Geography," *Geografiska Annaler, Series B. Human Geography* 68, no. 1 (1986): 30–32; *Fairplay*, September 14, 1967, p. 5.

25. Wilson, *Dockers*, pp. 137, 309.

26. Ibid., pp. 181–191; Anthony J. Tozzoli, "Containerization and Its Impact on Port Development," *Journal of the Waterways, Harbors and Coastal Engineering Division, Proceedings of the American Society of Civil Engineers* 98, no. WW3 (1972): 335; *Fairplay*, May 16, 1968, p. 51.

27. McKinsey & Company, "Containerization: The Key to Low-Cost Transport," June 1967; A. D. Little, *Containerisation on the North Atlantic*, p. 61; Turnbull, "Contesting Globalization," pp. 367–391.

28. "Developments in London," *Fairplay*, November 17, 1966, p. 29.

29. Wilson, *Dockers*, p. 239; J. R. Whittaker, *Containerization* (Washington, DC, 1975), pp. 35–42.

30. Wilson, *Dockers*, p. 152; *Fairplay*, July 18, 1968, p. 9.

31. Morrison interview, COHP; "UK Dockers Accept Pay Offer," *JOC*, March 23, 1970; Edward A. Morrow, "'Intermodal' Fee Stirs a Dispute," *NYT*, April 8, 1968; "Shipping Events: Inquiry Barred," *NYT*, July 26, 1968.

32. Hoare, "British Ports," pp. 35–39; D. J. Connolly, "Social Re- percussions of New Cargo Handling Methods in the Port of London," *International Labour History* 105 (1972): 555. Connolly charges "the application of cargo handling technology" with "the decline of the traditional dockland communities, and consequently, the debasement of social life among the dockworkers concerned," p. 566.

33. Turnbull, "Contesting Globalization," pp. 387–388; Wilson, *Dockers*, pp. 243–244; *Fortune*, November 1967, p. 152.

34. Bremer Ausschuß für Wirtschaftsforschung, *Container Facilities*, pp. 48–51.

35. National Ports Council, *Container and Roll-On Port Statistics, Great Britain, 1911: Part 1* (London, 1971), p. 31; National Ports Council, *Annual Digest of Port Statistics 1974*, Vol. 1 (London, 1975), Table 41; Henry G. Overman and L. Alan Winters, "The Geography of UK International Trade," Working Paper CEPDP0606, Centre for Economic Performance, London, January 2004. Overman and Winters's figures have been recalculated to exclude airborne trade.

36. *Fairplay*, April 3, 1975, p. 15, and April 17, 1975, p. 56; National Ports Council, *Annual Digest*. Overman and Winters attribute the shift in port performance to the changed pattern of British trade after 1973, and neglect the impact of containerization on the growth or decline of individual ports. See also Whittaker, *Containerization*, p. 33, and UK Department for Transport, "Recent Developments and Prospects at UK Container Ports" (London, 2000), Table 4. Department for Transport, *Transport Statistics Report: Maritime Statistics 2002* (London, 2003), Table 4.3, provides 1965 tonnage figures for sixty-eight British ports, but data for Felixstowe are not available.

37. Katims interview, COHP.

38. *Jane's Freight Containers*, p. 324; A. G. Hopper, P. H. Judd, and G. Williams, "Cargo Handling and Its Effect on Dry Cargo Ship Design," *Quarterly Transactions of the Royal Institution of Naval Architects* 106, no. 2 (1964).

39. Bremer Ausschuß für Wirtschaftsforschung, *Container Facilities; Fairplay*, October 5, 1967.

40. *Jane's Freight Containers*, pp. 303–309; *Jane's Freight Containers 1969–70*, pp. 175–194; Daniel Todd, "The Interplay of Trade, Regional and Technical Factors in the Evolution of a Port System: The Case of Taiwan," *Geografiska Annaler, Series B. Human Geography* 75, no. 1 (1993): 3–18.

41. Port of Singapore Authority, *Reports and Accounts*, 1964 and 1966.

42. Port of Singapore Authority, *A Review of the Past and a Look into the Future* (Singapore,

1971), p. 8.

43. Port of Singapore Authority, *Reports and Accounts*, 1968, p. 22.

44. *Fairplay*, November 7, 1974, p. 15; *Containerisation International Yearbook*; Gerald H. Krausse, "The Urban Coast in Singapore: Uses and Management," *Asian Journal of Public Administration* 5, no. 1 (1983): 44–46.

45. *Containerisation International Yearbook*; Krausse, "The Urban Coast in Singapore," pp. 44–46; Port of Singapore Authority *A Review*, p. 19; United Nations Economic and Social Commission for Asia and the Pacific, *Commercial Development of Regional Ports as Logistics Centres* (New York, 2002), p. 45.

第 11 章

1. Comment by James A. Farrell Jr., chairman of Farrell Lines, to New York World Trade Club, *NYT*, June 7, 1966.

2. Matson Research Corp., *The Impact of Containerization*, 1:151; McLean Industries, *Annual Report*, 1968.

3. Tozzoli, "Containerization and Its Impact on Port Development," pp. 336–337; Marad, "United States Flag Containerships," April 25, 1969. Grace Line's four biggest container-carrying ships, built in 1963–64, had room for 117 first-class passengers; see *Jane's Freight Containers 1969–70*, p. 389. On the complexities of moving containers on breakbulk ships, see Broeze, *The Globalisation of the Oceans*, pp. 29 and 41.

4. The first newly built vessel designed solely to carry containers in cells was the *Kooringa*, constructed in Australia in 1964 for Associated Steamships. *Kooringa* carried containers of 14.5 tons or less—smaller than standard 20-foot containers—on a domestic route between specially built terminals in Melbourne and Fremantle. The ship had two gantry cranes for loading and unloading. *Kooringa* proved to be a dead end in the development of containerization, and lost any competitive advantage after the arrival of standard-size containers. The service was discontinued in 1975 after heavy losses. See Broeze, *The Globalisation of the Oceans*, p. 34, and *The Australian Naval Architect* 2, no. 3 (1998): 6. Roy Pearson and John Fossey, *World Deep-Sea Container Shipping* (Liverpool, 1983), pp. 247–253.

5. McKinsey & Co., "Containerization: A 5-Year Balance Sheet" (1972), p. 1-1. McKinsey's estimate of the outlays was £4 billion, which was $9.6 billion at the 1970 exchange rate; I have inflated this to current value using the U.S. producer price index for capital equipment. For British carriers' earnings, see *Fairplay*, January 12, 1967, p. 92, and January 11, 1968, p. 92A.

6. ICC, *Transport Statistics*, 1965–67; John J. Abele, "Smooth Sailing or Rough Seas?" *NYT*, January 19, 1969; John J. Abele, "Investors in Conglomerates Are Seeing the Other Side of the Coin," *NYT*, April 13, 1969.

7. Toomey interview; John Boylston interview, COHP; Frank V. Tursi, Susan E. White, and Steve McQuilkin, *Lost Empire: The Fall of R. J. Reynolds Tobacco Company* (Winston-Salem, 2000), p. 174; John J. Abele, "Stock Exchange Ends Day Mixed," *NYT*, January 4,

1969.

8. Immer, *Container Services of the Atlantic*, pp. 194 and 198–200; Peter Stanford, "The SL-7: Sea-Land's Clipper Ship," *Sea History*, Fall 1978; Sea-Land advertisement, "SL-7," n.d.

9. *Lloyd's Shipping Economist*, August 1982, p. 36; "Sea-Land Line Orders 5 New Containerships," *NYT*, August 14, 1969; Tursi, White, and McQuilkin, *Lost Empire*, p. 176.

10. United Nations Economic and Social Commission for Asia and the Pacific, *Statistical Yearbook 1975* (Bangkok, 1977), pp. 205–208; Marad, *Foreign Oceanborne Trade of the United States*, 1970.

11. *Fairplay*, June 15, 1972.

12. United Nations, *Statistical Yearbook 1975*, p. 208.

13. Reuters, August 9, 1969; Marad, "Maritime Subsidies" (Washington, DC, 1971), p. 85.

14. Broeze, *The Globalisation of the Oceans*, p. 50; *Fairplay*, October 7, 1971, p. 41.

15. United Nations, *Statistical Yearbook 1975*, pp. 41–43, 127–129, 230–232, and 390; International Monetary Fund, *Direction of Trade Annual 1969–75* (Washington, DC, 1977), pp. 2–3; Matson Research Corp., *The Impact of Containerization*, 1:114–122; "Matson, Sea-Land to Expand Containership Services," *JOC*, March 18, 1970; *Fairplay*, February 16, 1967 and July 15, 1971, p. 11; OECD, *OECD Economic Surveys: Australia*, esp. 1979.

16. McKinsey & Co., "Containerization: A 5-Year Balance Sheet," p. 1-4.

17. Marad, "United States Flag Containerships," April 25, 1969; Pearson and Fossey, *World Deep-Sea Container Shipping*, p. 220.

18. Marad, "A Statistical Analysis of the World's Merchant Fleet," 1968 and 1974.

19. Pearson and Fossey, *World Deep-Sea Container Shipping*, p. 30; *Fairplay*, February 10, 1972, p. 40.

20. Matson Research Corp., *The Impact of Containerization*, 1:24.

21. P. Backx and C. Earle, "Handling Problems Reviewed," *Fairplay*, February 9, 1967, p. 36; McKinsey & Co., "Containerization: The Key to Low-Cost Transport," p. 57; *Fairplay*, November 24, 1966; Matson Research Corp., *The Impact of Containerization*, 2:4; Litton Systems Inc., "Oceanborne Shipping: Demand and Technology Forecast," June 1968, p. 6-2.

22. *Fairplay*, April 20, 1967, p. 42.

23. There is a long-standing debate on the extent to which conferences have succeeded in restricting competition and raising prices. For recent summaries, see Alan W. Cafruny, *Ruling the Waves* (Berkeley, 1987), and William Sjostrom, "Ocean Shipping Cartels: A Survey," *Review of Network Economics* 3, no. 2 (2004).

24. *Fairplay*, August 24, 1967, p. 8; J. McNaughton Sidey, "Trans-Atlantic Container Services," *Fairplay*, October 5, 1967.

25. *Fairplay*, February 9, 1967, p. 41; "U.S. Panel Weight a Boxship Accord," *NYT*, August 28, 1969.

26. Hans Stueck, "2 Big German Shipping Lines Plan Merger, *NYT*, July 4, 1969; George Horne, "U.S. Lines Plans 16-Ship Charter," *NYT*, October 4, 1969; Werner Bamberger, "Line Sets Its Course on Time Charters," *NYT*, January 11, 1970.

27. George Horne, "Grace Line Is Tentatively Sold," *NYT*, February 7, 1969; Broeze, *The Globalisation of the Oceans*, p. 48; Farnsworth Fowle, "4 Freighters Sold for $38.4 Million," *NYT*, August 6, 1970; "Cooling the Rate War on the North Atlantic," *Business Week*, April 29, 1972; "U.S. to Challenge R. J. Reynolds Bid," *NYT*, December 15, 1970; *Fairplay*, July 15, 1971, p. 62, and December 9, 1971, p. 45; ICC, *Transport Statistics*, Part 5, Table 4, 1970 and 1971.

28. Broeze, *The Globalisation of the Oceans*, pp. 42 and 57–59; UNCTAD, *Review of Maritime Transport 1912–73*, p. 97; Gilbert Massac, "Le transport maritime par conteneurs: Concentrations et globalisation," *Techniques avancées*, no. 43 (April 1998); Gunnar K. Sletmo and Ernest W. Williams Jr., *Liner Conferences in the Container Age: U.S. Policy at Sea* (New York, 1981), p. 308; "Cooling the Rate War."

29. Pearson and Fossey, *World Deep-Sea Container Shipping*, p. 25; Wallin,, "The Development, Economics, and Impact," p. 883.

30. U.S. Council of Economic Advisers, *Economic Report of the President* (Washington, DC, 1982), p. 356; UNCTAD, *Review of Maritime Transport 1974*, p. 40.

31. UNCTAD, *Review of Maritime Transport 1972–73*, p. 96; Pearson and Fossey, *World Deep-Sea Container Shipping*, pp. 25, 220; Clare M. Reckert, "R. J. Reynolds Profit Up 3% in Quarter," *NYT*, February 13, 1975; "Their Ship's Finally Come In," *NYT*, September 8, 1974.

32. UNCTAD, *Handbook of International Trade and Development Statistics 1981 Supplement* (New York, 1982), p. 45; UNC- TAD, *Review of Maritime Transport 1975*, p. 36, and *1976*, p. 32; Robert Lindsey "Pacific Shipping Rate War Flares, Mostly on Soviet Vessel Build-Up," *NYT*, July 4, 1975.

33. On costs, see Sletmo and Williams, *Liner Conferences*, pp. 147 and 156. Peninsula & Oriental, a major British ship line, announced in 1968 that its planning was based on the assumption that the Suez Canal was closed permanently, and other carriers appear to have made the same choice; see *Fairplay*, July 4, 1968, p. 79, and Pearson and Fossey, *World Deep-Sea Container Shipping*, p. 248.

34. Relative fuel costs appear in Sletmo and Williams, *Liner Conferences*, p. 162. Opposition by Sea-Land's board to the SL-7 purchase is discussed in John Boylston interview, COHP.

35. On relations between Sea-Land and R. J. Reynolds, see Tursi, White, and McQuilkin, *Lost Empire*, chaps. 15–16 and 23; R. J. Reynolds Industries, *Annual Reports* from 1975 through 1980; transcript of R. J. Reynolds Industries Analyst Meeting, September 19–21, 1976; and comment from R. J. Reynolds Industries' chief financial officer Gwain H. Gillespie at analyst presentation, November 1, 1984, p. 78. These and other relevant R. J. Reynolds documents are available on a Web site that archives documents gathered in conjunction with antitobacco litigation, https://industrydocuments.library .ucsf.edu/

tobacco/.

36. Colin Jones, "Heading for a Period of Consolidation," *Financial Times*, January 15, 1976.

第 12 章

1. Author's telephone interview with Earl Hall, May 21, 1993; "Malcom McLean's $750 Million Gamble," *Business Week*, April 16, 1979.

2. "Pinehurst Club Is Sold for $9-Million," *NYT*, January 1, 1971; author's telephone interview with Dena Van Dyk, May 2, 1994; William Robbins, "Vast Plantation Is Carved Out of North Carolina Wilderness," *NYT*, May 8, 1974; *Business Week*, April 1, 1979.

3. Sletmo and Williams, *Liner Conferences*, p. 39.

4. *Lloyd's Shipping Economist*, September 1982, p. 9; Pearson and Fossey, *World Deep-Sea Container Shipping*, p. 220; UNCTAD, *Review of Maritime Transport*, various issues.

5. Michael Kuby and Neil Reid, "Technological Change and the Concentration of the U.S. General Cargo Port System: 1970–88," *Economic Geography* 68, no. 3 (1993): 279.

6. American Association of Port Authorities; Marad, "Containerized Cargo Statistics," various years; Pearson and Fossey, *World Deep-Sea Container Shipping*, p. 29; *Containerisation International Yearbook*, various years. The figures for this period must be interpreted cautiously, because the statistical definition of "container" had not yet been standardized in terms of 20-foot units, and individual ports' statistics did not always distinguish between loaded and empty containers.

7. Hugh Turner, Robert Windle, and Martin Dresner, "North American Containerport Productivity: 1984–1997," *Transportation Research Part E* (2003): 354.

8. Yehuda Hayut, "Containerization and the Load Center Concept," *Economic Geography* 57, no. 2 (1981): 170.

9. Brian Slack, "Pawns in the Game: Ports in a Global Transportation System," *Growth and Change* 24, no. 4 (1993): 579–588; Kuby and Reid, "Technological Change," p. 280; *Containerisation International Yearbook*, 1988.

10. Port of Seattle, Marine Planning and Development Department, "Container Terminal Development Plan," October 1991; Eileen Rhea Rabach, "By Sea: The Port Nexus in the Global Commodity Network (The Case of the West Coast Ports)" (Ph.D. diss., University of Southern California, 2002), p. 86. Rabach's assertion that port competition is a zero-sum game is not correct; as this study argues, declining costs throughout the transportation system have stimulated the flow of international trade.

11. UNCTAD, *Review of Maritime Transport 1979*, p. 29; Marad, "United States Port Development Expenditure Report," 1991; Herman L. Boschken, *Strategic Design and Organizational Change: Pacific Rim Seaports in Transition* (Tuscaloosa, 1988), pp. 61–65. On the Oakland dredging saga, see Christopher B. Busch, David L. Kirp, and Daniel F. Schoenholz, "Taming Adversarial Legalism: The Port of Oakland's Dredging Saga Revisited," *Legislation and Public Policy 2*, no. 2 (1999): 179–216; Ronald E. Magden, *The Working Longshoreman* (Tacoma, 1996), p. 190.

12. *Fairplay*, July 3, 1975, p. 37; Slack, "Pawns in the Game," p. 582; Turner, Windle, and Dresner, "North American Containerport Productivity," p. 351; author's interview with Mike Beritzhoff, Oakland, CA, January 25, 2005.

13. Boschken, *Strategic Design*, p. 200.

14. Hans J. Peters, "Private Sector Involvement in East and Southeast Asian Ports: An Overview of Contractual Arrangements," *Infrastructure Notes*, World Bank, March 1995.

15. Pearson and Fossey, *World Deep-Sea Container Shipping*.

16. *Lloyd's Shipping Economist*, January 1983, p. 10.

17. Ibid., p. 12 and March 1985, p. 4.

18. Daniel Machalaba, "McLean Bets That Jumbo Freighter Fleet Can Revive Industry," *Wall Street Journal*, September 26, 1986; Ron Katims interview, COHP.

19. Broeze, *The Globalisation of the Oceans*, p. 95.

20. Ibid., p. 84; *Lloyd's Shipping Economist*, April 1984, p. 7, and March 1986, p. 3; UNCTAD, *Review of Maritime Transport 1989*, p. 25; *JOC*, October 15, 1986.

21. Bruce Barnard, "Evergreen Set to Drop Felixstowe," *JOC*, October 22, 1986; Machalaba, "McLean Bets"; Kuby and Reid, "Technological Change," p. 279.

22. *Lloyd's Shipping Economist, January* 1987; Gibson and Donovan, *The Abandoned Ocean*, p. 218; Susan F. Rasky, "Bankruptcy Step Taken by McLean," *NYT*, November 25, 1986.

23. The bankruptcy filing, *In re McLean Industries, Inc.*, was in the Southern District of New York, case numbers 86-12238 through 86-12241. This paragraph draws on docket nos. 106, 107, 111, 133, and 163. On the vessel sale, see Daniel Machalaba, "Sea-Land Will Buy 12 Superfreighters Idled by U.S. Lines Inc. for $160 Million," *Wall Street Journal*, February 9, 1988.

24. Author's interview with Gerald Toomey, May 5, 1993; Daniel Machalaba, "Container Shipping's Inventor Plans to Start Florida–Puerto Rico Service," *Wall Street Journal*, January 31, 1992. For the views of a former U.S. Lines employee, see "McLean Doesn't Deserve Award," letter to the editor, *JOC*, September 16, 1992.

25. R. M. Katims, "Keynote Address: Terminal of the Future," in National Research Council, Transportation Research Board, *Facing the Challenge: The Intermodal Terminal of the Future* (Washington, DC, 1986), pp. 1–3.

第 13 章

1. Comment of Karl Heinz Sager cited in Broeze, *The Globalisation of the Oceans*, p. 41.

2. UNCTAD, *Review of Maritime Transport 1975*, p. 43.

3. *Fairplay*, July 15, 1971, pp. 47 and 53. UNCTAD's estimated shipping costs were:

Average Cost of Handling One Cubic Meter of Freight, 1970

	Capital Cost	Operating Cost	Cargo Handling	Total Cost
Conventional ship	$2.30	$3.81	$17.00	$23.11
Containership	$2.5	$2.47	$5.9	10.87

Source: UNCTAD.

4. Matson Research Corp., *The Impact of Containerization*, pp. 40–41; *Fairplay*, February 1, 1968, p. 8.

5. OECD, "Ocean Freight Rates as Part of Total Transport Costs" (Paris, 1968), p. 24.

6. Antwerp data taken from Bremer Ausschuß für Wirtschaftsforschung, *Container Facilities*. Dart Container Line spent nearly $300,000 in 1973 on a computer to keep track of its 20,000 containers. *Fairplay*, April 5, 1973, p. 40. By 1974, U.S. Lines was spending $1.7 million a year to operate its computers; see *Fairplay*, April 4, 1974, p. 76.

7. Broeze, *The Globalisation of the Oceans*, pp. 55–56. World- wide, the containerships entering the fleet in 1973 traveled at an average speed of 25 knots, compared with 20 knots or less for almost all breakbulk and containerships built before 1968. Wallin, "The Development, Economics, and Impact," p. 642. The 85 percent breakeven point is cited in U.S. Congress, Office of Technology Assessment, *An Assessment of Maritime Technology and Trade* (Washington, DC, 1983), p. 71. Three ship lines surveyed by J. E. Davies in 1980 reported that their fixed costs were between 53 and 65 percent of total costs, implying much lower breakeven points; "An Analysis of Cost and Supply Conditions in the Liner Shipping Industry," *Journal of Industrial Economics* 31, no. 4 (1983): 420.

8. *Fairplay*, February 4, 1971.

9. Sletmo and Williams, *Liner Conferences*, chap. 5; Benjamin Bridgman, "Energy Prices and the Expansion of World Trade," Working Paper, Louisiana State University, November 2003. Fuel cost as a share of operating costs are given in Office of Technology Assessment, *An Assessment of Maritime Technology and Trade*, p. 71. The International Monetary Fund cites the increase in market concentration in shipping following the introduction of containers as another reason for the failure of shipping rates to fall. However, it is not at all clear that pooling agreements and other anticompetitive practices succeeded in holding shipping rates above competitive levels for extended periods. International Monetary Fund, *World Economic Outlook*, September 2002, p. 116; Sjostrom, "Ocean Shipping Cartels," pp. 107–134.

10. *Fairplay*, July 15, 1974, p. 50. In principle, it should be possible to quantify transport-cost saving over time by comparing a country's imports under two different definitions, free on board (f.o.b.), which represents the value of merchandise at the point of export, and cost of insurance and freight (c.i.f.), which is the value at the point of import, including transport costs. In practice, however, the difference between c.i.f. and f.o.b. imports provides little guidance concerning freight cost trends. The accuracy of the underlying data is questionable; if IMF figures are to be believed, insurance and freight accounted for a mere 1 percent of Switzerland's imports as long ago as 1960. Data for countries with large-scale trade in bulk products, such as coal and oil, may not reflect changes affecting manufactured goods. More problematic, the use of aggregate c.i.f. and f.o.b. data assumes that the composition and origin of imports have not changed over time. Scott L. Baier and Jeffrey H. Bergstrand, "The Growth of World Trade: Tariffs, Transport Costs, and Income Similarity," *Journal of International Economics* 53, no.

1 (2001): 1–27, show that for 16 wealthy nations, transport fell from 8.2 percent to 4.3 percent of import value between 1958–60 and 1986–88, but the various factors cited above make this conclusion unpersuasive.

11. Indexes of "tramp" charter rates were compiled during the 1960s and 1970s by several sources, including the *Norwegian Shipping News* and the British Chamber of Shipping. The price for a single-voyage charter, adjusted for the capacity of the vessel, yields a vessel cost per ton shipped. Japanese shippers were the tramps' main customers. The tramp market was somnolent in the early 1970s, and it appears that most tramp charters involved bulk freight rather than breakbulk freight of the sort that would have been competitive with container shipping. *Fairplay*, July 1, 1971, p. 73.

12. The German Liner Index did not purport to measure rates on freight in other parts of the world. As UNCTAD pointed out, it did not fully reflect changes in rates or surcharges and was "rather narrowly based and greatly influenced by declining currency exchange ratios of the Deutschmark versus the United States dollar." See UNCTAD, *Review of Maritime Transport 1972–73*, p. 81, and *1984*, p. 42. It also appears that the index as published in the 1960s and 1970s did not clearly distinguish liner freight rates overall from container shipping rates. The index as published in the 1990s did make this distinction, revealing very different trends. The index for all liner rates, for example, fell from 101 in January 1994 to 96 in June 1997, whereas the subindex for container rates fell much more steeply, from 101 to 90, during the same period. See UNCTAD, *Review of Maritime Transport 1997*, p. 50. For more discussion of both indexes and an attempt to adjust them for inflation, see Hummels, "Have International Transportation Costs Declined?"

13. For the Hansen index, see *Fairplay*, January 15, 1981, p. 15.

14. Tursi, White, and McQuilkin, *Lost Empire*, p. 185.

15. UNCTAD's annual *Review of Maritime Transport* provides data on container shipping in developing countries; see also Pearson and Fossey, *World Deep-Sea Container Shipping*, p. 27. The containerized share of U.S. imports appears in the *Review* for 1974, p. 51.

16. Sletmo and Williams, *Liner Conferences*, p. 80. Hummels, "Transportation Costs and International Trade in the Second Era of Globalization," disputes the view that containerization led to lower ocean freight rates.

17. According to Pacific Maritime Association data, base wages for longshoremen on the U.S. Pacific Coast nearly doubled, from $3.88 per hour in July 1966 to $7.52 in July 1976. Data available at www.pmanet.org. At U.S. North Atlantic ports, longshoremen who were entitled to four weeks' vacation and eleven paid holidays in 1966 were eligible for six weeks' vacation and thirteen paid holidays by the early 1970s. *Longshore News*, November 1969, p. 4A.

18. OECD, "Ocean Freight Rates as Part of Total Transport Costs," p. 31.

19. Hummels, "Have International Transportation Costs Declined?"; *Fairplay*, May 16, 1968, p. 49.

20. On New Zealand, see *Fairplay*, February 19, 1976, p. 3.

21. No accurate measures of insurance-rate changes are available. Insurers initially resisted

lowering rates for container shipments, mainly with the reasoning that container shipping might lead to less frequent but larger losses if an entire container were stolen or damaged. In addition, a full container was usually handed off from one carrier to another without being opened, making it difficult to determine which carrier was responsible if damage did occur. *Fairplay*, September 2, 1971; Insurance Institute of London, "An Examination of the Changing Nature of Cargo Insurance Following the Introduction of Containers," January 1969. By 1973, an insurance expert was ready to admit that "cargoes carried in containers appear to be bringing improved claims experience." *Fairplay*, July 5, 1973, p. 55.

22. Marad, "Current Trends in Port Pricing" (Washington, DC, 1978), p. 19.

23. Real oil prices in dollar terms rose until 1981; see U.S. Department of Energy, *Annual Energy Review* (Washington, DC, 2003), Table 5.21. The German liner-freight index discussed above also began to decline in the late 1970s, after adjustment for inflation.

24. Pedro L. Marin and Richard Sicotte, "Exclusive Contracts and Market Power: Evidence from Ocean Shipping," Discussion Paper 2028, Centre for Economic Policy Research, June 2001; comment from J. G. Payne, vice chairman of Blue Star Line, in *Fairplay*, April 11, 1974, p. 7.

25. The former competitors involved in the North Atlantic Pool were American Export–Isbrandtsen Line, Belgian Line, Bristol City Line, Clarke Traffic Services, Cunard Line, French Line, Hamburg-American Line, Holland-America Line, North German Lloyd, Sea-Land Service, Seatrain Lines, Swedish American Lines, Swedish Transatlantic Lines, United States Lines, and Wallenius Line. On shippers' councils, see U.S. General Accounting Office, *Changes in Federal Maritime Regulation Can Increase Efficiency and Reduce Costs in the Ocean Liner Shipping Industry* (Washington, DC, 1982), chap. 5. UNCTAD encouraged the formation of regional shippers' councils, which were formed in Central America, East Africa, and Southeast Asia.

26. *Fairplay*, July 1, 1971; UNCTAD, *Review of Maritime Transport 1972–73*, p. 80, and *1975*, p. 44.

27. Office of Technology Assessment, *An Assessment of Maritime Technology and Trade*, p. 72.

28. U.S. General Accounting Office, *Centralized Department of Defense Management of Cargo Shipped in Containers Would Save Millions and Improve Service* (Washington, DC, 1977).

29. Author's telephone interview with Cliff Sayre, former vice president of transportation at DuPont, January 24, 1992.

30. According to Sayre, DuPont had more than fifty loyalty agreements and had relationships with more than three hundred individual ocean carriers in 1978.

31. Prior to containerization, Evergreen Line operated as a non- conference carrier on the Japan–Red Sea route, pricing 10 to 15 percent below conference rate. On the Japan–India route, however, Evergreen decided to join the conference after finding that Japanese steel mills would not use its services because they had loyalty agreements with the conference. See *Fairplay*, August 9, 1973, p. 60.

32. Broeze, *The Globalisation of the Oceans*, p. 65.

33. *Fairplay*, September 21, 1972, p. 11; November 23, 1972, p. 59; and June 28, 1973, p. 44; Eric Pace, "Freighters' Rate War Hurting U.S. Exporters," *NYT*, September 11, 1980; *Fairplay*, February 12, 1981, p. 9.

34. James C. Nelson, "The Economic Effects of Transport De- regulation in Australia," *Transport Journal* 16, no. 2 (1976): 48–71.

35. U.S. General Accounting Office, *Issues in Regulating Interstate Motor Carriers* (Washington, DC, 1980), p. 35.

36. Matson Research Corp., *The Impact of Containerization*, 2:64; U.S. General Accounting Office, *Combined Truck/Rail Transportation Service: Action Needed to Enhance Effectiveness* (Washington, DC, 1977). One company reported in 1978 that sending a trailer on a flatcar the 1,068 miles from Minneapolis to Atlanta cost $723; the cost of through trucking service for the same commodity was $693. See Frederick J. Beier and Stephen W. Frick, "The Limits of Piggyback: Light at the End of the Tunnel," *Transportation Journal* 18, no. 2 (1978): 17.

37. Iain Wallace, "Containerization at Canadian Ports," *Annals of the Association of American Geographers* 65, no. 3 (1976): 444; "The 'Minibridge' That Makes the ILA Boil," *Business Week*, May 19, 1975; General Accounting Office, *American Seaports— Changes Affecting Operations and Development* (Washington, DC, 1979); Lee Dembart, "'Minibridge' Shipping Is Raising Costs and Costing Jobs in New York," *NYT*, February 27, 1977; Marad, "Current Trends in Port Pricing," p. 20.

38. The role of contracts in changing the economics of freight transportation has generally been neglected. For an exploration of the issue, see Marc Levinson, "Two Cheers for Discrimination: Deregulation and Efficiency in the Reform of U.S. Freight Transportation, 1976–1998," *Enterprise and Society* 10 (2008): 178–215. See also Robert E. Gallamore, "Regulation and Innovation: Lessons from the American Railroad Industry," in *Essays in Transportation Economics and Policy: A Handbook in Honor of John R. Meyer*, ed. José A. Gómez-Ibañez, William B. Tye, and Clifford Winston (Washington, DC, 1999), p. 515. Number of contracts appears in Wayne K. Talley, "Wage Differentials of Intermodal Transportation Carriers and Ports: Deregulation versus Regulation," *Review of Network Economics* 3, no. 2 (2004): 209. Clifford Winston, Thomas M. Corsi, Curtis M. Grimm, and Carol A. Evans, *The Economic Effects of Surface Freight Deregulation* (Washington, DC, 1990), p. 41, estimate the total saving from deregulation at $20 billion in 1988 dollars, with the loss to railroad and trucking workers estimated at $3 billion.

39. Gallamore, "Regulation and Innovation, p. 516; John F. Strauss Jr., *The Burlington Northern: An Operational Chronology, 1970–1995*, chap. 6, available online at www.fobnr.org/bnstore/ch6.htm; Kuby and Reid, "Technological Change," p. 282. Paul Stephen Dempsey, "The Law of Intermodal Transportation: What It Was, What It Is, What It Should Be," *Transportation Law Journal* 27, no. 3 (2000), looks at the history of regulations governing intermodal freight.

40. Robert C. Waters, "The Military Sealift Command versus the U.S. Flag Liner Operators," *Transportation Journal* 28, no. 4 (1989): 30–31.

41. *Lloyd's Shipping Economist*, various issues; Hans J. Peters, "The Commercial Aspects of Freight Transport: Ocean Transport: Freight Rates and Tariffs," World Bank *Infrastructure Notes*, January 1991; author's interview with William Hubbard; Daniel M. Bernhofen, Zouheir El-Sahli, and Richard Kneller, "Estimating the Effects of the Container Revolution on World Trade."

第 14 章

1. Paul Lukas, "Mattel: Toy Story," *Fortune Small Business*, April 18, 2003; Holiday Dmitri, "Barbie's Taiwanese Homecoming," *Reason*, May 2005. For discussion of the toy industry's supply chains, see Francis Snyder, "Global Economic Networks and Global Legal Pluralism," European University Institute Working Paper Law No. 99/6, August 1999.

2. This description of just-in-time procedures is taken from G.J.R. Linge, "Just-in-Time: More or Less Flexible?" *Economic Geography* 67, no. 4 (1991): 316–332.

3. The counts, drawn from approximately a thousand business and management periodicals, are taken from Paul D. Larson and H. Barry Spraggins, "The American Railroad Industry: Twenty Years after Staggers," *Transportation Quarterly* 52, no. 2 (2000): 37; Robert C. Lieb and Robert A. Miller, "JIT and Corporate Transportation Requirements," *Transportation Journal* 27, no. 3 (1988): 5–10; author's interview with Cliff Sayre.

4. According to calculations based on the U.S. National Income and Product Accounts, private nonfarm inventories in 2004 averaged about $1.65 trillion, or about 13 percent of final sales. Through the early 1980s, the ratio was in the range of 22 to 25 percent. That 9 percentage point reduction measured against 2004 final sales of $12.2 trillion yields an annual saving approaching $1.1 trillion. An alternative measurement examines the average length of time goods are held in inventory by retailers, wholesalers, and manufacturers. Analyzed in this way, if inventories had risen at the same rate as sales since the early 1980s, U.S. department and discount stores would have kept an additional $30 billion of stock on average during 2000, durable goods manufacturers would have held an additional $240 billion of inventories, manufacturers of nondurables would have had inventories about $40 billion higher than the actual number, and wholesale inventories might have been $30–$40 billion higher. This method yields a decline in average inventories relative to sales in these sectors of more than $400 billion. See U.S. Census Bureau, *Monthly Retail Trade Report*, and Hong Chen, Murray Z. Brank, and Owen Q. Wu, "U.S. Retail and Wholesale Inventory Performance from 1981 to 2003," Working Paper, University of British Columbia, 2005.

5. On earlier forms of globalization, see Kevin H. O'Rourke and Jeffrey G. Williamson, *Globalization and History: The Evolution of a Nineteenth-Century Atlantic Economy* (Cambridge, MA, 1999), and O'Rourke and Williamson, "When Did Globalization Begin?" Working Paper 7632, NBER, April 2000.

6. Robert Feenstra, "Integration of Trade and Disintegration of Production in the Global Economy," *Journal of Economic Perspectives* 12, no. 4 (1998); Rabach, "By Sea," p. 203.

7. David Hummels, "Toward a Geography of Trade Costs," mimeo, University of Chicago, January 1999; Will Martin and Vlad Manole, "China's Emergence as the Workshop of the World," Working Paper, World Bank, September 2003. For examples of how global sourcing works in practice, see Victor K. Fung, William K. Fung, and Yoram (Jerry) Wind, *Competing in a Flat World* (Upper Saddle River, NJ, 2008).

8. Ximena Clark, David Dollar, and Alejandro Micco, "Port Efficiency, Maritime Transport Costs, and Bilateral Trade," *Journal of Development Economics* 74, no. 3 (2004): 417–450.

9. Erie, *Globalizing L.A.*, p. 208; Miriam Dossal Panjwani, "Space as Determinant: Neighbourhoods, Clubs and Other Strategies of Survival," in Davies et al., *Dock Workers*, 2:759; Robin Carruthers, Jitendra N. Bajpai, and David Hummels, "Trade and Logistics: An East Asian Perspective," in *East Asia Integrates: A Trade Policy Agenda for Shared Growth* (Washington, DC, 2003), pp. 117–137. Figures on private port investment in China are taken from the World Bank Private Participation in Infrastructure Database, ppi.worldbank.org.

10. David Hummels, "Time as a Trade Barrier," mimeo, Purdue University, July 2001.

11. Joel Mokyr, *The Gifts of Athena: Historical Origins of the Knowledge Economy* (Princeton, 2002), p. 232.

12. Clark, Dollar, and Micco, "Port Efficiency," p. 422; Nuno Limão and Anthony J. Venables, "Infrastructure, Geographical Disadvantage and Transport Costs," *World Bank Economic Review* 15, no. 3 (2001): 451–479; Robin Carruthers and Jitendra N. Bajpai, "Trends in Trade and Logistics: An East Asian Perspective," Working Paper No. 2, Transport Sector Unit, World Bank, 2002.

13. Clark, Dollar, and Micco, "Port Efficiency," p. 422; Jakov Karmelic, Cedomir Dundovic, and Ines Kolanovic, "Empty Container Logistics," *Transport Logistics Review* 24 (2012): 223–230; Jean-Paul Rodrigue, Claude Comtois, and Brian Slack, *The Geography of Transport Systems* (Abingdon, UK, 2009), ch. 5. For data on U.S. grain exports by container, see U.S. Department of Agriculture, Agricultural Marketing Service, *Grain Transportation Report.*

14. Increase in shipping volume cited in Carruthers and Bajpai, "Trends in Trade and Logistics," p. 12; on Hamburg, see Dieter Läpple, "Les mutations des ports maritimes et leurs implications pour les dockers et les regions portuaires: L'exemple de Hambourg," in *Dockers de la Méditerranée*, p. 55.

15. Alkman Granitsas and Costas Paris, "Chinese Transform Greek Port, Winning Over Critics," *WSJ*, November 20, 2014; Claude Comtois and Peter J. Rimmer, "China's Competitive Push for Global Trade," in Pinder and Slack, *Shipping and Ports*, pp. 40–61, offer an interesting discussion of the logic behind Chinese port development; United Nations Conference on Trade and Development, *Review of Maritime Transport 2014*

(New York and Geneva, 2014), p. 67.

16. Clark, Dollar, and Micco, "Port Efficiency," p. 441; United Nations Conference on Trade and Development, *Review of Maritime Transport 2013* (New York and Geneva, 2013), p. 96; World Bank, "Tanzania Economic Update, May 2013," 37.

17. Bruce Barnard, "Third 2M Service Adds to Wilhelmshaven Momentum," *JOC*, December 22, 2014.

第 15 章

1. Fernand Braudel, *The Perspective of the World* (Berkeley, 1992), p. 143.

2. Author's interview with Jan Blomme, Antwerp, Belgium, October 23, 2014.

3. Yossi Sheffi, *Logistics Clusters: Delivering Value and Driving Growth* (Cambridge, MA, 2012).

4. Andrew Gibson and Arthur Donovan articulate in detail the connection between U.S. maritime policy and the decline of Ameri- can shipping; see *The Abandoned Ocean*.

5. Chinitz, *Freight and the Metropolis*, pp. 161–162, 100. For examples of such studies, see A. D. Little, *Containerisation on the North Atlantic*; Litton Systems Inc., "Oceanborne Shipping: Demand and Technology Forecast," June 1968, p. 6-2.

6. UNCTAD reports worldwide container throughput in 2013 to have been 651 million TEUs. This statistic would have double counted each container. See *Review of Maritime Transport 2014*, p. 65.

7. Jeffrey C. Mays, "Newark Sees Cash in Containers," *Star-Ledger*, February 4, 2004; Natural Resources Defense Council, "Harboring Pollution: The Dirty Truth about U.S. Ports" (New York, 2004); Deborah Schoch, "Pollution Task Force to Meet for Last Time on L.A. Port," *Los Angeles Times*, June 21, 2005.

8. Allianz, *Safety and Shipping Review 2015*; Organisation for Economic Co-operation and Development, International Transport Forum, *The Impact of Mega-Ships* (Paris, 2015), p. 19. Among the early proposals for offshore ports was one at Scapa Flow on the Orkney Islands, off the northern coast of Scotland. As envisioned, huge ships arriving from Asia or North America would make such a location their only port of call in northern Europe; the savings in ships' port and sailing times were estimated to more than make up for the additional cost of transshipping the containers. See Scottish Executive, "Container Transshipment and Demand for Container Terminal Capacity in Scotland" (prepared by Transport Research Institute, Napier University, December 2003).

貨櫃與航運

搶船、搶港、搶貨櫃，你上船了嗎？
貨櫃推動的全球貿易與現代經濟體

The Box: How the Shipping Container Made the
World Smaller and the World Economy Bigger - Second Edition

作者：馬克・萊文森(Marc Levinson)｜譯者：吳國卿｜總編輯：富察｜主編：鍾涵瀞｜編輯協力：徐育婷｜企劃：蔡慧華｜視覺設計：Bianco、薛美惠｜印務：黃禮賢、林文義｜社長：郭重興｜發行人兼出版總監：曾大福｜出版發行：八旗文化／遠足文化事業股份有限公司｜地址：23141 新北市新店區民權路108-2號9樓｜電話：02-2218-1417｜傳真：02-8667-1851｜客服專線：0800-221-029｜信箱：gusa0601@gmail.com｜臉書：facebook.com/gusapublishing｜法律顧問：華洋法律事務所　蘇文生律師｜出版日期：2021年8月／初版一刷｜定價：520元

國家圖書館出版品預行編目(CIP)資料

貨櫃與航運：搶船、搶港、搶貨櫃，你上船了嗎？貨櫃推動的全球貿易與現代經濟體系/馬克・萊文森(Marc Levinson)著；吳國卿翻譯. -- 初版. -- 新北市：八旗文化出版：遠足文化事業股份有限公司發行，2021.08

448面；14.8×21公分

譯自：The Box, 2 Edition：How the Shipping Container Made the World Smaller and the World Economy Bigger - Second Edition

ISBN 978-986-0763-23-2 (平裝)

1.貨櫃 2.貨運 3.航運史

557.44509   110010333